张异宾卷

张异宾 著

江苏社科名家文库

江苏人民出版社

张异宾自述

　　承恩于父母赋予我有限的真实生命，喜悦于我的黄皮肤、黑眼睛和古老阳刚的中国血脉,受泽于我生长于斯的南京——这座悲情历史名城千年沉淀的生存场境；感激南京市解放路小学、雨花小学、第五十四中学、南京大学和中山大学所有老师一路行来的教化与栽培，深谢一切爱我的和我所爱的人的共在。希望，我尽了努力的思想构境与苦乐夹杂、悲欢相与的现实生命跃动，曾经也正在为你们带来此世向上的驱力、照亮行道的光。

　　在物性的世界中，趋于无序是必然，有机生命的本质在于负熵，即不懈地构序。人的存在之正当理由，应该是创造出世界不曾发生过的生存构境。人在青壮年，创造性总是溢出的，而半百之后，只有通过抵抗不断发生的氧化才获得生存的持存。面对终将逝去的大限，作为有死者的人会变得紧张起来，时间被拧出水来，分秒厚载。我只是知道这个道理而已。

　　并且，物性无我，由于你而出现的独特思想质性会长存。由此，我还需要努力，直至不在。

张异宾简介

张一兵（本名张异宾），男，1956年3月生于南京，祖籍山东茌平。1981年8月毕业于南京大学哲学系哲学专业。哲学博士。现任中共南京大学党委书记，马克思主义社会理论研究中心主任，南京大学特聘教授，哲学系资深学者，博士研究生导师，中国马克思主义哲学史学会副会长，中国图书评论学会副会长，江苏省哲学社会科学界联合会主席，江苏省哲学学会会长。代表性论著有：《回到福柯——暴力性构序与生命治安的话语构境》（上海人民出版社2016年）；《回到海德格尔——本有与构境》（第一卷，商务印书馆2014年）；《回到马克思——经济学语境中的哲学话语》（江苏人民出版社，2013年第3版）；《马克思历史辩证法的主体向度》（武汉大学出版社，2010年第3版）；《反鲍德里亚——一个后现代学术神话的祛序》（商务印书馆2009年）；《回到列宁——关于"哲学笔记"的一种后文本学解读》（江苏人民出版社2008年）；《不可能的存在之真——拉康哲学映像》（商务印书馆，2006年）；《文本的深度耕犁》（第一卷，中国人民大学出版社，2004年；第二卷，中国人民大学出版社，2008年）；《问题式、症候阅读和意识形态——关于阿尔都塞的一种文本学解读》（中央编译出版社，2003年）；《无调式的辩证想象——阿多诺〈否定的辩证法〉的文本学解读》（北京三联书店，2001年）等。

在南京大学哲学系读书时的相片

话剧《于无声处》剧照

1986 年，在南京市委党校与
赵逢境教授在一起。

2003 年，在英国学习时的照片。

2007 年，聘任著名哲学家齐泽克为南京大学荣誉教授。

2010 年，在中央音乐学院演讲。

2013 年，在东京出席《回到马克思》日本版首发式。

2014 年，在中山大学讲学。

为新生作入学报告

与南京大学的毕业生
在一起

以更多的学术名家名品引领和推进
江苏社科强省建设

厉以宁

《江苏社科名家文库》(以下简称《文库》)收集的成果是由 10 位"江苏社科名家"完成的,涉及哲学、社会学、经济学等学科,这些成果展现出几个方面的鲜明特色。

开阔的学术视野。从时间维度看,《文库》的内容贯穿于改革开放以来的各个发展阶段,是历史与现实相对接的思维,是对经济社会热点问题的深邃思考,也是对 30 多年来的体制转型与发展转型实践的理论提炼。从空间维度看,《文库》成果从不发达区域到发达区域、从省内到省外、从国内到国外,全方位对经济和社会发展中的重大问题进行了理论阐释和实证分析,其中既有区域研究的战略思考、地域特色的人文探讨,也有江苏发展的实践总结、学术前沿的讨论争鸣。

独有的思维张力。《文库》的 10 位作者分别对多学科的众多理论与实践问题进行了深入探讨,成果中既有令人耳目一新的理论阐释,也有让人十分叹服的实践分析。

质朴的行文风格。细细浏览之后,感到《文库》的绝大部分内容都是引用经典而不晦涩,系统阐述但不乏味。作者们的行文没有从概念到概念的推演，更没有"要如何如何"的说教，而是用叙述取代推演，用事实取代空议，寓理论于事件、故事之中，真正做到了深入浅出，表述方式接地气，用语质朴亲切。阅读《文库》，犹如在听作者讲见闻、讲故事，在轻松有趣的交流中了解深刻的社会科学道理。

《文库》是江苏社科发展的缩影。与《文库》的光芒相辉映的是，改革开放以来江苏哲学社会科学研究的不断拓展。

一是涌现出一大批有创见、有价值的理论精品，创出了具有江苏特色的社科品牌。社会科学界的专家和学者们以极大的热情，坚持与时代同进步、与实践共发展，在经济社会发展的每一个重要阶段，都始终站在时代潮头，以不畏艰难、追求真理的科学精神，探索、发现中华历史文化的精髓和现代经济社会发展的规律，在各自长期从事的专业研究领域形成了独特的学术体系和学术观点，推出了一批重大理论创新成果，不仅在江苏甚至在全国都产生了重要影响。例如，上个世纪80年代由匡亚明发起主编、共200部6000万字的《中国思想家评传丛书》，成为我国影响重大的原创性思想文化项目；由全省160多名社科专家编撰的14卷本430多万字的《社会主义核心价值观研究丛书》，是目前国内第一套全面研究和阐释社会主义核心价值观具体范畴的系列研究著作，得到全国学术界的高度评价。

二是致力于研究经济社会发展的重点难点问题，提出建设性意见。改革开放之初，以胡福明为代表的一批社科工作者，以大无畏的理论勇气积极参与真理标准问题大讨论，为冲破"两个凡是"的禁锢与束缚，推动全民族思想大解放，开启拨乱反正和全面改革的历史新时期，发挥了应有作用。在经济建设大潮中，江苏一批经济学人，在提炼"苏南模式"、总结园区发展经验、完善创新驱动战略、优化全面小康和基本现代化建设目标内涵等方面，先后出版了近百部专著,发表了近千篇论文,提出了近万条决策咨询建议,为江苏经济发展提供了有力的理论指导和智力支撑。为了更好地担负起决策咨询的重任,成立于 1997 年的"江苏发展高层论坛"已连续举办 33 次,先后有五任省委书记在论坛活动中向 500 余位专家学者问计。

《文库》的鲜明特点和江苏社科界取得的相应成就决定了它的出版至少具有两方面的价值。

首先,有助于促进江苏社科人才队伍建设。系统推出 10 位名家的个人专集,从一个侧面展示江苏深厚、丰富的社科研究底蕴,反映江苏社科界在改革开放的伟大实践中不断解放思想、创新理论的探索历程,彰显江苏哲学社会科学事业不断发展和壮大的辉煌成就,打造江苏哲学社会科学的高原和高峰,传播江苏学人丰硕的研究成果、严谨的治学态度、鲜明的学术个性和德学双馨的人格魅力。这是对江苏社科强省建设成果的最好展示,是对江苏社科名家影响力的再宣传、再放大,必将有助于增强广大社科工作者的荣誉感和使命感,从而有助于促进江苏社科人才队伍建设。

其次,有助于引导和激励江苏社科工作者更积极地投身于"迈上新台阶、建设新江苏"的伟大实践。习近平总书记 2014 年 12 月在江苏视察指导工作时殷切希望江苏积极适应经济发展新常态,紧紧围绕率先全面建成小康社会、率先基本实现现代化的光荣使命,协调推进全面建成小康社会、全面深化改革、全面推进依法治国、全面从严治党,努力建设经济强、百姓富、环境美、社会文明程度高的新江苏。实现习总书记为江苏发展明确的新坐标和新任务,迫切需要广大社科工作者对人民群众创造的新鲜经验进行科学总结和理论升华,以便更好地指导和引领新的发展实践。《文库》的出版,将进一步发挥江苏社科名家对整个江苏社科界的引领、示范和激励作用，从而增强江苏广大社科工作者的责任心和主动性，促使他们更加积极地投身于"迈上新台阶、建设新江苏"的伟大实践。

我是江苏仪征人，1948年毕业于南京金陵中学高中部。我在这里衷心地向故乡的杰出学者们致敬，希望他们在各自专长的领域内做出新成绩。

（2015年5月27日）

目 录

学术小传

代表性学术成果

学术小传

一

我的本名为张异宾，"异宾"是两个颇有些典故的用字。在四个姐姐（张金川、张莎亚、张莎丽、张莎莎）陆续出世之后，我的迟迟到来，着实让已有两代单传的父亲松了一口气。"异宾"，意为奇异的来客，其实是太难等来的男孩。

依从父亲，我的祖籍在山东省荏平县，妈妈的老家馆陶县（南馆陶）以前也隶属山东，1949 年之后被划给了河北。所以说自己是一个山东人的后代，倒也是很纯粹的。高大英俊的父亲张士诚，从外形上看，面容真有些欧洲人的轮廓，他的家境应该不错，因为他是在济南城里上到初中，1938 年从中学直接参加革命打日本鬼子的。妈妈黄灵芝，家里很穷，她的文化是到部队才开始学的，据要过饭的姥娘说，不到 20 岁，漂亮的妈妈就已经扎着皮带斗地主了。也因为父母亲都在部队工作，所以姐姐们像遍地开花一样地出生在祖国各地，可我自己倒是一个土生土长的南京人。呱呱落地、再从幼儿园到高中、兵役、大学和最后的工作，迄今我都没有离开过南京这座让人依恋和总是心动的城市。所以，南京算是地道的家乡。或者精准地说，我是一个**祖籍山东的南京人**。

1955 年 6 月，因为父亲从解放军野战部队调入南京军事学院政治教授会任教员，故举家迁往南京。1956 年 3 月 17 日晨六时，我出生于南京城东的军事学院大院。在大院里，也搬过几次家，我开始记事的时候，是在马标 10 号楼一号门三楼。从幼儿园到小学二年级，已经不清晰的记忆里似乎尽是些不开心事儿：要么是不愿上幼儿园，周一一早端个小木凳偷偷躲上四层的楼梯隔间，然后被妈妈揪出来大哭大闹地要赖；要么是因为多吃一个煮鸡蛋而忍痛放弃看电影；要么是因为总跟姐姐们要好的一群女娃娃在一起玩，被小伙伴所嘲笑；要么是因为调皮，在小姐姐之后很晚才被批准加入少先队而郁闷生气。好玩事情不多，唯一记得的一件是生病打针的故事。我一直害怕打针（现在还怕），一般打针都是妈妈领着去，打一次哭一次，每次打完眼泪巴巴地看到护士在打针的单子上画一个圈圈。可大一点，一生病打针，后面几次妈妈竟然让我自己去，嗯，结局是我自己在打针单子上画一个圈圈，然后在院子里面玩上一圈再回家。当然,进门的时候要做出很疼的样子。小学三年级之后,我们搬进了马标7号楼的三门二层东。这是我儿时印象最深的家。

1958年8月,我进入北京西路军事学院幼儿园。不知道什么原因,1962年9月,我提前一年上了小学,所以与只比我大一岁的小姐姐同时升入南京市解放路小学一年级,但也可能因为没有上过幼儿园大班,少了一年的规训,所以在课堂上总会不专心,总会不听话,也总会受到老师的批评。记得一次上课时,不好好听课,用橡皮刻自己名字的印章,被老师发现,当场没收并课后罚站,可我却大声骂老师是"强盗",这次事件的结果是被校长训斥和第一次被父亲武力教训。那时候,我那不知天高地厚的小小脑袋里,总觉得以后**自己一定会比其他那些听话的好孩子强**。这种荒唐的念头,通常是我夜晚时躺在草地里的凉床上,望着满天的星星乱想一气时生成的。很多奇怪的念头,通常都发生在这种疯狂的主观想象和漫游中。好像也是有一天晚上,突然想到从小带我的姥娘会死,竟然伤心地大哭起来。1964年9月,我从小学三年级转入雨花小学,那时,这还是军事学院的子弟小学。上学的路很长,刮风下雨,都要穿过从西南到东北的整个大院。其实,没有上完四年级,"文化大革命"就开始了。得到的好处是,不上课的我们开始无约束地在军事学院后花园的池塘边和树林里疯,成天与鸟儿和鱼儿混在一起,身心与感受力获得了完全的解放。坏处是,我们这一代缺失了基底上的文化滋养。所以我也常说,我们这一代先天不足的人必将是过渡性的人物。

也是在这一时期,最早的生命领悟开始出现。一是对死亡的体知。一天下午,我和另外五个小伙伴在卫岗奶牛场看完小牛生产后,骑着一辆脚踏三轮车从南京卫岗坡①由东往西的反道斜坡上高速冲下来,我们都很享受那种风从耳旁呼啸而过的感觉,可是当飞驰的三轮车接近坡的下端时,突然发现前方坡路上竟然有两名向下走的妇女,而马路的另一面是正在上坡的公共汽车,这时骑车的小伙伴猛一拐车龙头,飞一样的三轮车向右急冲过去,猛地一头撞在路边一棵巨大的法国梧桐树上,我自己紧擦着树飞了出去,眼前一黑失去了知觉,应该没有多久我就苏

---

① 南京的卫岗坡当年是位于城西中山门外的一个坡度很大的双面坡岗。今天,为了车辆的畅行,它已经被削平了。

醒过来,可当我坐起来的时候,却看到我们中间的一个小伙伴已当场魂断在那棵大树上。那是我第一次看到刚才还活着的人顷刻之间离我们而去的场景。**人是会死的**,亲人会死,我自己会死,从那一刻起从来没有被我忘记过。不会忘记的奇怪事情还有,一脸铁青的父亲,竟然一句都没有训斥裹着一头纱布的我。因为先行传回到院子里的消息,竟然是我"出事"了。与此有一些关联的事件,是1971年8月一次在后花园的水塘玩耍时,一个名叫李玉波的小伙伴因为不知道水塘是锅底形的,结果,不会游泳的他一下子滑到水中,已经游到水塘中心的我听到了他的叫喊和扑水声,我什么也没有想立即连滚带爬游回塘边,没有救人经验的我正面迎向他,被他一把抱住脖子一同沉下去,好在已经离岸边不远,我在还有意识的情况下,死死抓住水边大树伸在水中的根茎,硬是慢慢爬上了岸。这是大幸运,否则将断送两条人命。二是对人性和社会生活的第一次怀疑,缘起为革命的老师带着我们这些"革命"的小学生去抄另一位"反动派"老师的家,作为我们的语文老师,已经年纪很大的她,只因为先生是国民党第74师的参谋长,在摧毁了她的"资产阶级老窝"之后,革命的老师当着我们的面用一桶墨汁倒在她的头上。虽然我不是一个听话的好孩子,但当时在心里还是被这种发生在大人之间的场景吓住了。

当然,任何事情的深切体知,总会是从自己受到直接伤害开始。一天下午,正与小伙伴在广场上打篮球的我,突然听到架在房顶上的大喇叭中喊到父亲的名字,然后是一阵"打倒"之类的口号。晚上,父亲回到家,没有了领章的他一直面色铁青沉默无语。后来知道,那天下午军事学院的造反派正在大礼堂开"走资派"王平老政委的现场批斗会,痛斥其反动罪行时提及我父亲为"大走资派"的红人,立刻就有人喊:"把走资派的走狗张士诚揪上来!"于是,父亲在现场就被一群人撕去领章押上台去跪在王平旁陪斗。当然,后来作为"狗崽子"的我还是带着一小伙伴,将那个"革命派"的儿子打得鼻青脸肿,并且用弹弓把他家玻璃打碎了不少块。那时,这可能算得上是"阶级报复"呢。没有多久,母亲又因为被打成市委书记社教团中的"反动骨干",一群平时很亲近的叔叔阿姨竟然来抄了我们的家,连我的房间墙上的每一幅画都被从背面仔细检查了。结果,"反动"的父亲母亲都被造反派关了起来。我从父母亲的脸上看到了深深的无奈、困窘和无法掩饰起来的痛苦。

那个年代,能够读到的东西很少。被关闭的军事学院的图书馆,是我们经常翻墙爬窗进入的地方。大一些的孩子，会常常从那里抱走一些厚厚的书，而我们这些半大的孩子，只能找些军事图书和画册。那时最先开始吸引我的书，竟然是福尔摩斯的侦探小说。故事里的精密推理和情节上的扑朔迷离令我疯一般地浸入其中，最后，福尔摩斯的大部分经典故事，我都能倒背如流，几乎一有机会就会在伸手不见五指的广场上绘声绘色地讲给小伙伴们听。"文化大革命"的中后期，因为政治批判的需要，国内突然翻印了《西游记》、《水浒》、《三国演义》和《红楼梦》，让我们这些缺失民族文化基因的少年第一次遭遇自己本根性的东西。可是，虽然也会吃惊于孙悟空的无所不能、武松的侠胆情怀、关公的忠诚和大观园中诗句的精美，但客观地说，我们没有能力真实地进入这些重要的文本。或者说，我们根本无法打开这些经典。

　　1969年，应该在前一年小学"毕业"的我被分配到了大院旁边的"八一工读"（后来，这所学校先后更名为"五四中学"和第五十四中学）。在中学，我仍然不是一个听话的好学生，每次考试虽然都会是在别人刚做了一半时第一个很神气地交卷，但成绩永远是刚刚及格。并且，我还常常为自己成绩单上一排黑色的60多分而开心，没有一个红灯呀！为了防止我上课做小动作，班主任老师范德荣（也是我们的政治课老师）总会安排一位学习好的干部同学作我的同桌。但不知道为什么，老师和同学都特别喜欢我这个捣蛋鬼，也许是我的恶作剧常常令安静发闷的课堂里响起笑声。范老师每一次骂我的时候，都忍不住嘴角的笑意。其实在中学里，那时印象深刻的事情是每一个学期都必须践行的"学农"和"学工"。每到春耕秋收，我们都会自己背着背包步行数十里路，来到今天的栖霞区的农村（"十月人民公社"）帮助老乡插秧或者收割粮食。对城里的孩子来说，水稻田插秧时趴在腿上的蚂蟥和睡在稻草上浑身过敏的肿块，让我们第一次知道了农家的辛苦。我们的"学工"是在今天的熊猫集团（那时叫国营"714厂"），我好像总是被分配到做钳工的四车间。从早上进到车间，我们就与一些上了年纪的女工围坐在几个大配件箱前，唯一的工作就是用"三角刮刀"（三角锉在砂轮上磨制而成的十分锋利的刀具），将被冲床压制后的铝制半成品上遗留的"毛刺"刮掉。一天8个小时做这种简单的重复劳动，唯一的感觉就是时钟"不走"。回想起来，毛泽东当时提倡的走到田间车间第一线"向工人阶级和贫下中农学习"还是有意义的，就像少年海德格尔跟随父亲从小习作木工，使他后来讨论上手劳作中的工具和关涉环顾关系会有其深刻领悟构境。这些深入劳作的直接体验，成了我今天在课堂里描述感性劳动场景的必说之事，也是自己学术构境总会**面对现实**的重要依存经验基础。

1969 年底，南京军事学院被解散，大院被南京部队机关接收。原来军事学院的人员除去部分并入北京的国防大学，大部分人员都被分配至全地各地。不久，军区机关及其干部家属就全面搬进了大院，也因为高年级的大男孩都已经不在，于是，我就成了军区大院的"孩子王"。差不多也是在此时，父亲被造反派"解放"了，不久，他就去了北京中央广播事业局"支左"，所以，连续几年的夏天，我都会在暑假期间去北京待上两个月。说真的，我很喜欢当时那个没有被现代化的老北京城。到了 1970 年底，原来在大院里一起玩的小伙伴绝大部分都当兵去了，姐姐们也已经全部成了军人，当时我也提出到部队的想法，可是父亲一口回绝了。他只有冷冷的一句话："好好上完高中！"记得，为此我伤心了好几天。可现在看来，父亲在当时的家长中还是深有远虑的。也许，没有高中两年的学习，就没有今天的我。那两年，好像我还真的认真了一些，不可思议地喜欢上某些课程的内容，甚至包括几何学。

1972 年夏天，我已经临近高中毕业（那时的初中和高中都只有两年，我应该是 1973 年 3 月毕业），父亲终于同意我年底入伍。从北京回南京前，他交给我一袋大米，淡淡地说："你回一趟山东的老家看看。"于是，我傻傻的一个城市大男孩，背着 20 斤米，从北京坐上火车，在山东禹城下车，再按父亲交给的路线图乘长途汽车到茌平县城，下车后步行几十里路去魏庄——我父亲出生长大的那个"老家"。说来也巧，离开县城不远就遇上一位赶着马车的老乡，一问，他竟然就是去魏庄，于是就捎上了我。第一次坐马车的我开心死了，虽然屁股在木头车板上颠得酸痛。傍晚时分，在老乡的指点下，我终于到达了魏庄。在西斜的阳光下，我站在自己本来应该属于这里的老家面前，几乎是目瞪口呆，半天回不过神来。这是几间用黄泥筑墙的茅草房，院落的地面和已经垮掉一半的院墙都是泛白的黄土坯。记得，父亲的出身栏经常填着"富裕中农"，据说还雇过一位长工，家境算是好的，不然他也上不了中学。可是眼前这一切，彻底解构了过去支撑自己生存的所有的优越幻境。如果父亲没有出去打鬼子，那么，我就可能属于这方土地。**我的根，就是山东茌平的农民**。1979 年冬天，《人民日报》头版刊登了一幅照片，上面是一个幸福的老奶奶的笑容，照片下面的说明文字写着："茌平的媳妇给婆婆做上了新棉衣。"这就是我贫穷的老家。

其实，因为我的祖父和父亲都是独生子，父亲早年参加革命之后，孤身一人在老家的祖父张凤鳌由一位远房的叔叔张士余照顾。很快，我去了爷爷那间漆黑不透亮的屋里。屋子的中间，放着一口黑色的木棺，这是爷爷每天都守着的他心爱的归属之物。开心的爷爷流着老泪从棺材里拿出一些泛黄的纸片，那是当年日伪汉奸通缉八路头子张士诚的悬赏传单，用已经不太清楚的山东话讲他自己被抓去坐牢的故事。爷爷还让叔叔出去，合上已经没有牙的嘴悄悄地对我说："这几间房屋都是给你的。"也是这时，我才突然想起，在我14岁那年，爷爷写信给父亲，说在老家已经为我说了一个媳妇，让我回去成亲。父母只是作为笑谈，不久就忘记了这事。13—14岁娶媳妇，这是老家过去的习惯。那一周，白天是远房叔叔骑自行车带着我跑各家远房亲戚家串门，吃饭的时候，会将一瓶白酒倒在一个搪瓷杯中，然后每个人轮着喝，很是亲热。有时，也会带我到田里看看，或在屋后的枣树林中摘一些还不甜的"红溜溜"。家里的主食是高粱和棒子面，为了我，叔叔从市场上专门磨了一些麦子"白面"，每天为我下点鸡蛋面。这一最好的细粮——面条在口中会发出小石子被咬碎的声音。睡觉的土炕上，全是小咬，一天下来浑身上下都是红红的包，奇怪的是，那些虫只叮我一个人。其实，在老家的那一周，我没有一天晚上能够睡着，一是小咬们辛苦忙碌的结果，二是我第一次对自己个人主体存在的真正内省。因为我终于知道，自己祖上不过是一个普通的农民家庭。那是我第一次在人格心理上的放下，永远记着自己的草根性。真的谢谢"老谋深算"的父亲。

二

1972年12月，我从南京"走后门"应征入伍。那时，我不到十七岁。开始，我倒也是从中学组织的南京市正常的征兵报名体检程序通道走的，可一切条件合格之后，我竟然被别人"走后门"顶掉了。所以，在我们班的高中毕业照片上，因为入伍戴上大红花坐在第一排的两位同学中并没有我。这样，父亲才找到了在南京部队任职的当年的老领导，于是，我与另外九位"后门兵"一起踏进了南京部队通信兵训练大队板仓营房的大门。现在，这个我经常站岗的大门，却怪怪地出现在我每天上班去仙林校区的路途上，而这条路，却又是中学时，我们背着背包徒步走到学农基地——"十月人民公社"的路。很快，我们这十个人就被打散在学员班中，我学习的业务是通信报务，每个班只有一位我这样的城市兵。偶尔开心的事情是，那时候早上出操，竟然会遇见骑自行车到天文仪器厂上班的妈妈，而莎亚姐的部队正好在我头顶的紫金山上，所以有时候晚间的篮球比赛，姐姐和她的战友们可以为我当啦啦队。说实话，部队真的很苦，因为对于一个从来没有吃过苦的城市孩子来说，当兵每一天遭遇的事情都是艰难的。新兵训练的时候，正值寒冬，我们会连续几个小时趴在冰上泥里训练，可我们还会喊着口号唱着歌坚持到最后。南京的冬天很冷，但按照传统，室内没有取暖设备，长江以南的部队一律不发过冬的大衣，晚上只有一床重四斤的薄棉被，我们会在满屋的脸盆结冰中夜夜成为不眠的"团长"。那时，我们每天的伙食费只有四角五分，所以，日常餐盘中永远都是萝卜白菜，只是在节日才能吃到一点肉。春夏秋冬，我们都必须多班倒站岗放哨，一次夜里，我因为胃被冻得痉挛晕倒在雪地。不过，已经把自己放在普通人位置上的我真还是蛮拼的，一会是射击成绩优秀，一会是为了与班里农村来的战友比挑水掉进水塘，一会是背200公斤的大米摔倒，一会是"压码"①比赛中的苦练，一会是自编自演相声和其他文艺节目②，一副十分要求上进的样子。我想，那个总是调皮捣蛋的小家伙，也是从这个时候发生了根

---

① 快速通信听力中，将电报发送的电波码暂存并准确抄写的技术。
② 先是参加部队的文艺演出队，然后又被选为司令部直属队文艺演出队成员（1975年12月），最后竟然入选全军业余曲艺调演（1976年5月）。

本改变。这一变，就让很多熟悉我小时候的人开始对不上号了。18岁那年，我应该是十个"后门兵"中最先加入中国共产党的家伙。实际上，我对部队还是有很深的感情，因为家庭的原因，从小生活在部队的大院中，已经习惯了满眼绿色的军装和红色的五星。所以，大院的男孩子当兵似乎成了一种天职。更重要的是，四年多艰苦的部队生活真的锻炼自己的心智、筋骨和顽强毅力。也是这个充满阳刚气和正能量的"革命大熔炉"，让我获得了一个男人应该具有的独立自处能力、下意识中抹不去的正义感和同情心，还有一种不求回报的愿意帮助别人的英雄冲动。

1973年，父亲从北京回到野战部队工作，跟着父亲，我们家从南京先是搬到了浙江的湖州（白雀），然后又到了河南开封，最后落脚在湖北武汉（何家垅—茶岗）。作为一位部队的高级干部，父亲的一生是精忠为国和光明磊落的，作为那一个年代里读过书的军事将领，他对民族大义的理解和对这块土地的热爱是理性和深刻的。当然，他也曾经是一位部队军事院校的政治理论教授，可以说，面对我们民族的历史和马克思主义理论思想，他也是认真研究和积极思考的，在他给我留下的《马克思恩格斯全集》《列宁全集》和《斯大林全集》以及相当多的文本上都留下了他的细致的阅读印记。我后来在马克思主义哲学研究的道路上，之所以能走出这么远，当然也算是有一点"家学"传承。按中国的传统，同样很早就参加革命的母亲实际上为父亲贡献了她的一生，养育了一大堆孩子，一次又一次地跟随父亲的工作变动而变换职业。她的思想和实际工作能力都决不在父亲之下，可是，她只是默默地存在于平静的家庭生活和尽心尽力的平凡工作之中。可以说，一个中国传统式的和谐家庭氛围和稳定宽松的童年生活对于我后来健康的心理结构和良好性格的塑造极为重要。父亲的深沉理性和现实性以及母亲的外在热情和创造冲动，是我自己在成年后的生活、工作道路和治学过程中时常显露出来的**理性与感性、创造与现实二元矛盾体共生**现象之原因。我真的为能够有这样的父母亲和家庭而感到幸运和骄傲。

还应该提到的"学术"事件，大约是在1975年前后，通过一位部队的战友，我第一次读到一批西方的经典小说，这是西方现代性的启蒙精神对我未来思想构境基因的最初激活。其中对我触动最大的是雨果的《悲惨世界》。我常常会捧着这一本书，一个个情节反复读，然后久久地发呆。可以说，书中的主人翁冉阿让从并非天生的坏人（"小偷"）到"好人"(市长)的曲折存在,打破了在我心中那种简单的好人—坏人模式,我开始领悟到人的生存历程的多变复杂性和人性的丰厚立体层级。也因此,刚上大学之后,作为哲学系学生的我却有一个疯狂爱好,就是大量阅读中国和欧洲文学史上的经典小说和诗歌。这一爱好后来又延伸到对西方古典音乐的痴迷。迄今,无限制地收藏唱片和典藏诗歌仍然是我的嗜好之一。可能也是在这个时候,父母亲在"文化大革命"中变成"坏人"的遭遇才第一次被自己认真思考。这也是我到现在上课时总是提及这本书对自己的"开悟"作用的原因。

1976年上半年,我所在的部队开始推荐"工农兵上大学"的人选,因为专业的原因,我们部队每年都会有推选优秀战士到外语类大学学习的名额,我最初被推选的去向也是外语类院校,但父亲却表达了不同的看法,他坚持自己的儿子应该学习**非工具类**的社会科学。相近的事情是,在"文化大革命"开始之前,我一个姐姐在已经被南京市外国语学校录取的情况下,遭到了父亲的反对。于是,1977年3月,我从部队直接进入南京大学哲学系学习(当时还叫政治系)。不能说,是我选择了哲学,但今天看,**哲学却真是非常适合我的生命实现方式**。

从紧张的部队生活到宽松自由的大学生活,对我来说,当然是一种全面的解放。大学里的一切,都是令人兴奋和充满新奇感的。这可能也因之于那时的大学和社会都还没有被金钱彻底功利化,我们没有对专业的价值评估和对未来工作的担忧。老实说,我天生不是一个死用功读书和听老师话的学生,一下子,仿佛原来那个"坏孩子"在某种程度上又被复活了。除去听课和讨论,我可能更喜欢参加学生会的各类活动。1978年,入选团委的"南京大学广播站"的播音员,最后干脆做了播音组长,每天一早,整个南园里回响着我自己"南京大学广播站,今天第一次播音,现在开始"的声音,中午吃饭的时候,餐厅里放着自己朗诵的中文系女诗人《我是一个柠檬色的女人》的诗,真是开心死了。后来的韩星臣书记就是当时直接指导我们工作的宣传部的老师。再后来,凭着过去在部队业余演出队的经验,跑去应聘话剧《于无声处》的演出,竟然得到了男一号欧阳平的角色,在导演李澄清老师的指导下,演出大获成功,当我在台上入境地表演时,用余光看到下面观众席上泪流满面的老师和同学,可有成就感了。

在南京大学哲学系的学习中,我幸运地遇到了一批优秀的老师,如孙伯鍨(马克思主义哲学史)、胡福明(马克思主义哲学原理)、李华钰

（马克思主义哲学原著）、孙叔平（中国哲学）、林德宏（自然科学思想史）、夏基松（现代西方哲学）、郁慕镛（形式逻辑）、朱亮（西方古典哲学）等。印象深刻的授课场境:孙伯鍨老师的青年马克思哲学,胡福明老师的列宁"哲学笔记"解读,李华钰老师的列宁《唯物主义与经验批判主义》文本精读,孙叔平老师的中国哲学史稿,林德宏老师的科学思想史论,郁慕镛老师的形式逻辑推理说,朱亮老师的黑格尔《逻辑学》解读。也因为那时候还没有研究生,所以,不仅老师能够热情饱满地上好每节本科生的课,并且,所有专业老师都会到宿舍参加我们的每一次小组讨论。当然,哲学学习不是知识传递,而是**开悟和思考**。这恰恰是我的长处。有时,我也会抱着黑格尔的《小逻辑》或者列宁的"哲学笔记"入睡,但更多地会是与大师们对话而不是简单的相信。所以,很早我就可以对西方和中国古典哲学中的经典命题提出自己的反对意见。得承认,不死读书,喜欢耍小聪明,是我通常用来掩盖自己不太用功的把戏。所以,我显然不是孙伯鍨老师所喜欢的那一类学生。

　　1979 年,我报考了南京大学哲学系马克思主义哲学专业李华钰老师的硕士研究生。有趣的是,今天与我搭档的陈骏校长正好是同一届报考的学生,他还记得体检排队时正好站在我的身后。这可能是我在大学里真正用功的开始。自己那大半年复习真是艰苦卓绝的,在今天河海大学城西校区的那个小山头上最后一遍看完复习提纲咬牙切齿地冲进考场那一场境还历历在目。最终,我以专业第二名的成绩被录取。这里还可以说一下的好玩故事是,事后一位参与批改试卷的老师告诉我,在我提交的西方哲学史考试试卷上,有一道 25 分的大论述题,是关于赫拉克利特哲学本质的说明。当时的我真是天真得可爱,竟然在答卷上直接指认赫拉克利特作为世界本原的火并不是传统解释中那种质朴实在论的感性物质之火,而是一种对现象和运动背后本质和规律的理性抽象,在这个意义上,赫拉克利特的火与毕达哥拉斯的数是相近的。可是,批阅试卷的专业老师在看到这个答案的时候大为光火,据说他当时的评语是:"还不会走就想跑了。"当然,这 25 分我一分都没有拿到。

　　1979 年夏天,已经知道自己即将入读研究生的我,在开封的父母身边度暑假。一天,我因为普通的感冒症状住进了当地军队的 155 医院,虽然没有任何严重的不适,但可能由于低烧迟迟不退,只好入院接受检查。在第一次常规验血之后,神情严肃的医生进行了十分仔细的询问,随后又让我进行了更加复杂的各种检查。到这个时候,我还没有什么心境上的任何异常。可是,此后每一天的分分秒秒里,我都会从来到医院的父母亲和姐姐那种过度的关照和无法掩饰的铁青脸色上似乎感觉到了什么。我得了不治之症?虽然没有任何人告诉我病情,但生性敏感的我却一天天从猜疑到确定地将自己现在度过的每一天视作一种走向生命终结的倒计时中的减数。在那时的每一个不眠之夜中,我会想象自己的追悼会,想象自己疯狂的行为,想象亲人们的痛苦。清晨走进医院的花园,会不自觉地深深呼吸空气,并细细观察平时从不注意的景色,晚上,会在睡前留恋于以后再也看不到的星空。其中,最揪心的事情就是追悔自己白白浪费的无数大好时光,因为**人只有真实地面对自己的死亡,才第一次知道活着的意义**。当然,后来我并没有死掉。事后妈妈告诉我,是我的血象中出现了所谓"左移现象",即血液中的幼稚细胞超过了正常许多倍,已经符合白血病的基本数值。所以,医生和家人都陷入焦急状态之中。一周多以后,我的血象完全恢复到正常。这一切,对于我来说是一次非常重要的经历。这不一定是假象,而是一种死的告诫。现在,不少人都不能理解我为什么会如此努力,其实没有任何秘密,只有对死亡的时时面对。人一生下来就在走向坟墓,而我自己早就可以看见那个黄土堆的尖尖。

1979 年 9 月,我正式入读南京大学马克思主义哲学专业的研究生。这恐怕是我学术生命的真正开始。回顾自己的研究生生涯,真正领着我步入马克思主义哲学殿堂的导师是南京大学哲学系的李华钰教授。她身体力行地昭示了一种进入精神悟境的指教:先做一个真实的人,再做学问。并且,同样让我感到十分荣幸的是得到了胡福明教授和孙伯鍨教授的点拨:胡先生提供了理论框架的开放前提和思想敏锐性,而孙先生则铸成了后来整个哲学建构的基本逻辑和历史解析的方法和构架。我能在哲学理论道路上走到今天,以及将来或许可能获得的某些学术建树,都得益于这几位先生铺垫的每一块基石。1980 年夏天,在李华钰老师的建议下,我赴厦门大学哲学系请教商英伟、张澄清老师。商先生是当时国内研究唯物辩证法的专家,而张先生则是黑格尔《逻辑学》研究的重要学者。也是在那些访问交流的日子里,我为厦门大学哲学系 77 级同学报告了自己关于黑格尔《精神现象学》学习心得体会。

大约是在 1980 年末,我与李华钰老师商定以马克思的辩证法为研究方向,初步确认以否定之否定规律为思考对象。次年年中,我完成硕士论文初稿,约 22 万字,主要内容为以否定之否定为线索,重构唯物辩证法逻辑体系结构。将初稿送导师组的各位老师审阅之后,李老师还没有看完,孙伯鍨教授很快就在退给我的稿子上批了二字:"重写。"孙老师说,与其说写这样一个黑格尔式的逻辑体系,不如写一点否定之否定形成的思想史。李华钰老师同意孙老师意见,我只好重新思考。这样,虽然我按期拿到了研究生毕业证书,但我的论文答辩、学位和转业(因为仍然是现役军人)参加工作都大大推迟了。

　　1982 年 4 月,我在《南京大学学报》第 2 期发表《唯物史观逻辑起点的历史考察》一文。论文讨论了物质生产与再生产作为历史唯物主义逻辑起点的历史生成线索。这也是我的第一篇公开发表的学术论文。导师李华钰老师和学报编辑蒋广学老师为之倾注大量心血。同年 5 月,硕士学位论文通过。论文题目为:《否定之否定学说的内在逻辑结构》,约 58000 字。这时,我已经意识到,在唯物辩证法理论的逻辑中内嵌有人类主体的客观实践结构,尽管我也试图在传统哲学解释框架中对所谓唯物辩证法的逻辑体系进行一种"有机的"改造,但当时并没有也不可能意识到离开具体的历史的现实实践情境去建构一种本体论哲学体系的非法性。所以,看起来表层的理论逻辑平滑之下,其实遮蔽着严重的隐性悖结。好在这种理论矛盾不久就得到了直接显露并真实地爆裂开来,这导致了我自身理论探索的一次自我否定和向**实践结构**问题的挺进。这一年的 12 月,经过在南京大学哲学系的六年的学习,仍然是现役军人的我从部队转业,任中共南京市委党校哲学教研室教师。那时的教研室主任是赵逢境教授。由此,开始了我在南京市工作的十年。

三

一所市级党校的教学和科研工作，实际上主要是面向实际政府运转的需要，围绕培养和训练基层领导干部展开的。固然对于学术研究来说，它的平台实在是太低了，但在党校工作的十年（其中不到一年在市委政策研究室工作），却让我有机会仔细了解了我们国家最重要的市、区级政府的具体权力结构及其微观运转机制，特别是近距离地观察了承担基层社会活动组织和建构的一大批杰出骨干的实际工作和生活情况。这是任何一个大学老师和学者可能永远无法获得的感性经验。之所以在后来我对中国现实问题的思考中，能保持平静和理性的心态，在从事行政工作时，能够有一定的掌控定力，恐怕与这一段经历都有脱不开的干系。

在党校的教学中，虽然主要都是宣传时下的政策和工作方法，我倒很快适应了。并且，我从来没有放松自己独立的科学研究和学术思考。但必须坦诚地说，在市委党校做科研真是太难了。一是党校教学的侧重点与自己学术兴趣离得太远；二是在这个平台上发表成果也是难上加难，在最初的几年，我收到的各种杂志的退稿信就有上百封。1984年初春，我开始启用第一本研究性思想笔记。因为从上中学以后，我倒是有一个喜欢摘抄格言警句的爱好，所以很早我就会有一些厚厚的摘录笔记本。回想起来，可能也是从那个时候起，我已经不再**无目的地阅读和跟随学界的研究热点**，而是坚定不移地朝着自己制定的学术方向行进，这种状态一直坚持到现在。还应该提到的事实是，参加教研工作之后，我实际上比在学校做学生时要勤奋得多，并且越来越努力。在研究进程中，我开始不断重复在研究生学习时已经养成的**专题研究**的方式。也是在那时，我草拟了一个"**论人类社会总体实践的历史结构——关于马克思主义哲学的探索**"思考提纲。此刻，在对自己的辩证法逻辑结构的反省中，已经是开始形成"实践结构是一个时期人的行为和意识的基础"的观点。并且，我开始关注库恩的"突现"和"重构"概念，系统研究皮亚杰的发生认识论。在这两位思想家的影响下，形成作为生产内部的诸种"要素"结合起来的结构——"生产格局"的概念，并意识到这种"怎样生产"的结构决定思想理论框架。随即，再将生产结构扩展到社会总体行为结构的实践结构。可以说，很快将其他领域里重要的范畴挪移到哲学构境中，是我很早就能得心应手的方法。

首先，我开始思考这样一个问题：唯物辩证法的逻辑结构其实不是直接来自于**外部**世界的客体结构，而主要是基于人类社会实践及其历史发生的功能性结构。于是，我的研究重心逐步地转到了有关实践结构（格局）的思想实验上来。这从一开始就超出了传统哲学解释框架那种将实践限定在认识论范围中的理论视域，而把实践作为全部马克思主义哲学的总体性规定来对待了。由于这一时期我同期进行的专题阅读正好是现代自然科学方法论和认识论，所以大量当代自然科学的范畴被引述到我的理论建构中，形成了"实践场"、"实践功能度"、"实践格局"、"实践构序"、"实践惯性"、"科学理论框架"和"隐性文化心态圈"等一大批极具启发意义的新概念。但我很快自省到这种研究实际上还是沿着一条实证地描述社会历史进程的**客体向度**展开的，这必然导致主体性批判张力的消失。这也是我后来转向历史辩证法**主体向度**研究的直接导因。

其次，我逐步意识到，只有把实践内含于自身的科学唯物主义才是马克思主义哲学的本真形式，这是一种马克思主义经典文本视界与现代科学视界的融合，必须在科学理论建构的基础中真实地回到马克思科学哲学视界的本真基点上来，当然这不是指回到马克思的书本，而是背负着一个半世纪以来自然科学和社会实践的全部成果回到马克思实践唯物主义的活生生的基本立场、观点和方法。在我看来，实践唯物主义不是一种空洞的口号，而是一个新的哲学框架。因此，我自己最早的哲学探索的一条主要思路是关于**人的客观实践结构**的研究。

其三，我已经知道，在爱因斯坦以后的时代里，如果有人还以为自己拥有绝对真理是一件十分可笑且可悲的事情。实际上所有的人都不过是在一定的理论参照系中，相对地持有具体的、不可避免地带有历史性的真理。这些东西从最初形成开始就是注定要被超越的。所以，在我自己的治学道路中，从不会简单地固守在某一种观点上，反倒会因发现自己先前的谬误而兴奋。

一个有意思的生活情节是，1984 年 11 月，我当选南京市哲学学会秘书长，第一次主持年会时，我的高中班主任范德荣老师竟然坐在第一排。他作为高中政治课老师，是哲学学会的会员。于是，以后每一次开会，他都会上来热情地与当年我这位"坏孩子"握手，然后激动地对其他人说:"这是我的学生!"①还有一件需要交代的事情,是 1985 年 6 月,我正式恢复了自己的原名"张异宾"。大约是在小学三年级,因为自己的名字常常按妈妈喜欢用的繁体字被写成"张異賓",同学们便开始用各种同音字代替这两个难写的字,所以,我的名字就成了"张义兵"、"张亦兵"、"张宜兵"等,最后多用"张一兵",那时好像已经进入"文化大革命",父母亲就说,干脆就用"张一兵"吧。在恢复原名后,曾用名"张一兵"也就成了我发表学术论著时的笔名。

在 1985 年前后,我的研究专题主要集中在自然科学方法论、哲学认识论和心理学等方面,并且开始重新阅读《马克思恩格斯全集》。其收获有:一是发现马克思新世界观中的哲学基本问题并非抽象的物质与意识关系,而是社会存在(实践方式)与意识的关系。二是注意到马克思的人类社会发展与"自然历史过程"是相类似的观点,都是在特定的经济的社会形态中、在否定的意义上使用的。由此认识到社会规律不以人的意志为转移这一观点应是历史的:在经济必然性的王国中,规律不以人的意识为转移,这是对的;但在未来的自由王国中,社会发展的规律是必须以人的意志为转移的。三是确认科学技术系用非物质的逻辑模拟操作替代原先生产中的物性操作,随着信息论、控制论和系统论的出现,特别是基于计算机中的信息交往、系统工程和自动控制的实践运用出现,实践格局将被重组。最后,实践结构不是物的实体框架,而是一种活动的"格";社会存在则是一种"关系"**场存在**。社会活动场由人类主体发出的物质、能量和信息交互作用场构成,其中有历史演变。由此体会到社会行为场与文化场、认知场的关系。这些重要的思想火花,在后来我的不同层面的思想构境中都逐步得到进一步的思考和阐发。

当然,我没有依循传统哲学解释框架那种闭环式的思路。在研究马克思主义哲学正面深入同时,我十分注意从其他视角进行理论反省,即"去远方才能反观生存近处的清新"。我开始系统探究西方马克思主义哲学的"第三条道路",并在这一研究领域中,首次提出了对西方马

---

① 还有一个令人伤感的场境,范老师晚年患肝癌陷入脑昏迷状态,一天,我的高中同学高晓东找到我,说因为范老师在昏迷中经常叫到我的名字,师母希望我能去医院看一下。我连忙赶到人民医院范老师的病床前,当师母轻轻地对他说:"你的学生张异宾来看你了!"昏迷多日的范老师竟然很快苏醒过来,握着我的手十分清楚地说了很多话。我当时眼泪就下来了。可见一个学生在老师的心目中所占的位置。

克思主义哲学深层逻辑结构的系统看法，尝试了在历史与逻辑相统一的交叉视角中探寻西方马克思主义理论**逻辑发展的内在线索**，一改国内西方马克思主义研究中那种仅仅从人头出发的专题资料式的研究状态，提出了西方马克思主义哲学的总体理论原则、历史发展中的内在逻辑悖结和冲突等具有创见性的分析见解。据此，1990年，我在南京出版社出版了《折断的理性翅膀——西方马克思主义哲学批判》一书。应编辑要求，在副标题上加"批判"二字。这也是我的第一本个人学术专著。

除此之外，我还涉猎过一些现代西方哲学，如皮亚杰的发生认识论、布洛赫的人本主义哲学、波兰尼的意会哲学等。特别是对马斯洛的哲学探讨，形成了国内第一本从哲学逻辑上研究马斯洛的学术专著（《西方人学第五代》，学林出版社1991年版）。在这本书中，我通过较深层次的哲学逻辑解析，使隐匿在心理学家马斯洛思想中的一条新人本主义思路昭然显现，并揭示了这一新人学的基本理论意向：**科学主体化和人性实证化的双向建构**，向人们展现了一种新的人学存在论、人学认识论和人论。同时又以这种人学理论在现实生活和科学中的有效泛化，表明了这一新人本主义在西方的巨大影响。并且，基于对马斯洛和波兰尼的研究，我第一次提出了"**科学人本主义**"的概念，指出了正在当代西方哲学认识中出现的将人类主体价值与科学理性重新统一起来的人学新动向。

也是在这些专题学习和思考中，我形成了一些重要的新观点。比如在1986—1988年期间：确认意识是一种非物质的**突现场存在**；形成"隐性文化心态圈"概念，以对应实践中的**惯性行为**。在自己的哲学思想中第一次确认实践结构的不同层次：一是作为格物方式的生产活动；二是人的社会行为结构；三是人的生活行为方式；四是人的惯性行为。形成**实践负熵**（实践信息）概念，亦即以人的主体价值取向为核心；同时，意识到实践有序有时发生的"异化"现象。在1989年的思想实验中，我还获得以下的重要认识：一、形成流形主义—场境论—功能建构论—外赋整体质说—框架制约论—交射说—像境论等观点。二、开始思考实践格局论的具体构成：自然图景论—人的社会行为场论—意识的主观境论—历史的总体进程。三、开始意识到必须建构区别于西方哲学的中国传统文化中的东方式的境说和术说。四、确认实践格局论是**场境论**，自觉指认境论是反西式结构论的一种主体性存在：实践之境—意识之境。境的突现与粉碎,境之异化。并且,选中英文词 situation。这可能是我后来提出的构境论的最早萌芽。

必须提及的一个重要事件是:1987年,我学会使用个人计算机汉字输入系统,所以,在我的电子文档库里,最早的电子文件是在1988年开始出现的。这样,我的研究性思想实验和写作就从手工抄写进入电脑写作时代,极大提高了学术写作的生产力。其实,一直到了1992年1月,我才有经济条件购置了第一台"286"个人计算机,这让我在家里的写作完全电子化。

1987—1988年,我开始在市委党校担任一些行政职务,并且在干部考察的过程中被认定为"理论脱离实际",所以,被安排到市委政策研究室农林处工作了七个月。那时候,正值市委书记程为高当政,他的精干、雷厉风行给我留下深刻印象。于是,大半年就跟着秘书长、主任们参加各种调查研究、起草市委的会议报告和文件,列席没完没了的会议。这个"深入基层"的锻炼,真的使人获益良多。它让我在不长时间内真正了解了一个地方权力机构运转的机制和日常运转形态。1988年秋天,谢绝了市委秘书长留我在机关工作的好意,回到党校,先后担任哲学教研室主任、副教育长。因为参加校委领导班子的行政工作,每天必须坐班,白天的主要时间都被日常事务所占用,自己的学术研究开始成为"业余爱好"。这是我第一次亲身体知**生存异化**的真实构境。大约在1992年下半年开始,上级领导为了进一步培养这个"有前途但缺少实际工作经验"的青年干部,提出让我到南京市大厂区做三年的常委、宣传部长,被我拒绝之后,又改任一年区委政策研究室主任。我觉得,这会严重影响到自己的学术研究。正值南京大学哲学系在筹备申报马克思主义哲学专业的二级博士点学科,孙老师和李老师都希望我回母校工作。于是,1992年底,在"下海"的浪潮席卷整个中国大地的时候,我向中共南京市委党校和市委正式提出辞呈,选择放弃仕途,重新回到母校。1993年3月,我回到南京大学哲学系做了一名普通老师。

四

1993 年 3 月到 1996 年 6 月,可能是我的学术生涯中最幸福的时光。在回哲学系工作前,我曾经问过李华钰老师一个傻傻的问题:"如何才能不再做行政?"李老师也干脆:"别讲话。"于是,我几乎三年没有进过哲学系领导的办公室,也没有在公开场合讲过任何话。做了三年开开心心的老师。在这一段时间里,我在学术研究上获得了以下一些重要的进展。

首先,我的哲学研究中的一条主要思路是对马克思主义哲学史的深层反思。我历来反对传统哲学解释框架对马克思主义哲学史的教条式的理解,反对那种将经典著作视为字字为真的非科学的研究方式,而主张以马克思主义的观点来研究马克思主义,即既要用具体的现实的历史的观点对待经典作家和经典著作,并同时将马克思主义的科学文本置于当代科学视界中,以达到与马克思的哲学视界的立体融合。因此,在马克思主义哲学史的领域中,我能够不断地走出传统哲学解释框架那种以"原理"反注原著的做法,注意恢复科学文本的真实面貌。1995 年,由河南人民出版社出版的《马克思历史辩证法的主体向度》(此书在 2002 年由南京大学出版社出版第 2 版;2011 年在武汉大学出版社出版第 3 版。同年,在德国出版英文版)一书,便是我对传统哲学体系历来认为是真理的所谓"人类社会历史发展永远是一个自然历史过程"的反诘式专题研究。马克思关于人类社会发展在一定历史时期出现似自然性和物役性现象的理论,是马克思主义科学世界观中历史辩证法逻辑**主体向度**的重要内容。可是,相当长一个时期以来,马克思这一重要的科学批判话语却一直为人所忽视。我在对大量经典文献精心研读的基础上,重新提出和确证了这个重要学说:人类社会历史发展并非永远是一个自然历史过程,只是在人类社会实践功能度的特定水平上,社会历史发展才呈现类似自然界盲目运动的历史现象;在这个特殊的历史时期中,人类主体畸变为外部力量(自然和人的物化世界)的奴隶,而社会历史发展则外化为一种近似于自然历史运动的"无主体过程";这种特定的社会历史似自然性与物役性并不是永恒的自然规律,随着人类社会实践的发展,人类将最终超越这种历史性生存状态,从人类社会发展的史前时期(必然王国)走向人的全面自由发展时期(自由王国)。也是在这本书中,我提出了**广义**历史唯物主义与**狭义**历史唯物主义、**基础**与**主导**、**客体向度**与**主体向度**、**似自然性**和**物役性**等一系列新的概念。

其次,在 90 年代初对新版《哲学笔记》的重新研读中,我搁置了"反注"式的传统思路,直接参照黑格尔的《逻辑学》等书,还原式地体会列宁读书时的真实情境,并同时查阅了与此有关的众多支持性背景资料。我希望通过这种特殊的研究方式表明,学习和研究这部文献最重要的方面,不是力求让列宁笔记中的每一句话都变得无比英明,而是要真正理解列宁是如何十分艰难地逐步进入黑格尔大厦,而后又在黑格尔的逻辑巅峰上比肩于马克思,终而获得辩证法真谛的总体逻辑思路。这也是我在进一步的研究中始终遵循的方法论原则。然后,才会建构我自己之后的"回到马克思"的文本学解读和研究过程,回过头去看,这一研究从 1988 年到 1998 年,经历了整整十个年头。我自认为其结果是终于使自己基本摆脱了在指认某一观念、特定文本语境中历史地标注"马克思认为"时一直持有的浮现悬虚的心理焦虑。在面对西方马克思主义、西方马克思学的理论家对马克思的批评和"发展"时,也有了基本理论逻辑的防守反击底线。这一研究成果,集中实现为我 1999 年在江苏人民出版社出版的学术专著《回到马克思——经济学语境中的哲学话语转换》。这是一条从马克思经济学研究深层语境反观其哲学话语变革的全新道路。

首先,在这本书中,我提出了**解读模式**的问题,这个问题实际上是进入这本书的一个前提性条件。该书导言中界划了马克思哲学思想研究中的五大解读模式,即西方马克思学、西方马克思主义人本主义、西方马克思主义科学方法学派、传统马克思主义哲学史研究和南京大学孙伯鍨教授开创的深层历史解读法。解读模式问题是我对方法论自觉的一个很重要的具体践行。它不是一个口号或理论花招,而是与传统马克思研究方法的一个隐性争执。这个争执是什么?过去理解马克思,只有**一种**真理性的理解,就是斯大林式的官方意识形态的解读,准确地说,是前苏东教条主义的解读模式,这就是对真理的一种**线性的**解读、**独白式的**解读。传统教科书传给我们的东西都是不能质疑的真理,不按照教科书去理解的,都是封建主义和资产阶级的错误思想。我在《回到马克思》中开始试图引出的问题,就是对**独断式方法论**的历史性解构。在我看来,解读模式实际上就是明证一种解读方法的相对性,不同的解读方法必然会产生**对同一文本的异质性理解**,显然,这里我想动摇的是过去意识形态居统治地位的前苏东的解读模式,那个解读模式同质于真理,同质于唯一性的绝对正确,人们即便在对文本的具体诠释中存在差异性,但实际上整体的意识形态线索是完全一致的。所以,我在那里进入问题讨论域的时候,提出的第一个关键性问题就是方法论自觉,实际上,也是指认了在对马克思文本的理解中存在着解读模式的多样性或多种可能性。当然,我自己并不是一个多元化主义者。在这里,我既拒绝了前苏东的解读模式,也没有跟着西方马克思学和西方马克思主义走,而希望真正走出当代中国学者自己的一条道路,我称之为"中国人自己面对文本的过程"。其次,我提出了马克思面对古典经济学所经历的三个重要理论时期:人学社会现象学批判时期、广义历史唯物主义的科学批判时期和基于社会认识论之上的历史现象学批判时期。《回到马克思》的面世,体现了我对马克思哲学的认真研究和对传统教科书体系的深刻反思,有力地推动了国内马克思主义哲学研究的拓展和深化。该书特点有三:首先是哲学话语在经济学语境中的凸现,通过深度剖析马克思的经济学研究揭示其哲学发展的内在机理,开启了新的研究视阈;再者,我在创作过程中占有并充分利用了丰富的文献资料,尤其是 *MEGA2* 的最新研究成果;其三,还从哲学角度区分、评估了马克思理论写作中的三类文本——摘录和笔记,手稿和书信,完成发表的文献。这本书得到了国内外马克思哲学研究学者的普遍关注(此书出版之后三次重印,并分别于 2009 年和 2014年由江苏人民出版社出版了修订第二版和第三版。又在 2013 年在日本出版了日文版,2014 年在德国出版了英文版,目前正在进行德文版的翻译和出版工作)。

随后,我开始以同样严谨、务实的态度进入国外马克思主义研究领域,通过直接面对大量国外马克思主义的系统文本,力图建构特定的真实历史语境,找出其理论逻辑和主旨的"症候"所在,从而能够真正透视现代西方哲学文化视域,在深度解读的基础上,开始新一轮的理论拓荒,实现对批判对象的深层理论框架的真正解构。立足历史、依据文本、对话当代,这一科学的方法论为我近年来所一直强调并坚持。在经典西方马克思主义研究领域,《无调式的辩证想象》(北京三联书店 2001

年版)①、《问题式、症候阅读和意识形态》(中央编译出版社 2003 年版;2014 年在德国出版英文版;2015 年出版土耳其文版)和《文本的深度耕犁》(第一卷,中国人民大学出版社 2004 年版;第二卷,中国人民大学出版社 2008 年版。其中第二卷 2011 年在德国出版英文版和土耳其文版)三部作品相继问世,这一方法得到了集中展现。我直接面对阿多诺、阿尔都塞、卢卡奇、施密特等西方马克思主义,德里达、鲍德里亚和齐泽克等后马克思思潮代表人物的一手文献,着力于真实历史语境的剖析,把握其理论逻辑和主旨所在。从而完成对经典文本的深度解读,实现研究范式的全新建构。我认为,就国外马克思主义研究的推进而言,最重要的问题并非在旧有思路上盲目前进,而是实事求是地转过身来,以精耕细作的姿态和深度耕犁的方式重新面对我们一度以为完成了的文本和人物。

2000 年前后,我再度提出了一个在全国学界引起广泛反响的国外马克思主义研究中的全新的研究范式的问题,即提出了**西方马克思主义逻辑的历史终结、后现代马克思主义、后马克思思潮**与**晚期马克思主义**这几个全新的概念。我试图通过以上理论努力建立一个全新的当代国外马克思主义研究的基础性理论平台,重新定位当前国外马克思主义哲学发展的最新动向。这在 2004 年出版的《西方马克思主义哲学的历史逻辑》(南京大学出版社,与胡大平合作)一书中进行了详细论述。在我看来,当前国外马克思主义研究的重要理论前置是关于研究范式的转换问题,新左派以及传统西方马克思主义阵营在 1968 年法国"五月风暴"之后出现了很大的分化,尤其是在当今全球化条件下,传统"西方马克思主义"研究范式(如本真马克思和资本主义政治批判两大主题)的内涵与外延已不再能统摄纷繁复杂的后现代景观。倘若再不进行研究范式上的重新界划,我们无疑将陷入理论逻辑上的混乱之中。基于这种认知,我提出必须通过一种新的历史性理论逻辑界说来反省这一现象,即只有指认西方马克思主义逻辑的历史终结并建构出后现代马克思主义、后马克思思潮与晚期马克思主义的并存新格局,才能重新审视国外马克思主义哲学发展的最新动向。

此外,在自己的哲学思考中,我已经意识到构境论的生存层级:体→事件→场→系统→构境。界划场与境象的差别:场——他性—形

---

① 也是在这本书的写作中,第一次明确设定了自己独有的文本多异体字标识格局:正文为宋体,被强调的概念和观点为黑体,诠释逻辑以外的夹述评论为楷体,引言为仿宋体,大段背景文字为方格内楷体。这一独有的文本建构方式为我以后的所有论文和论著的写作所遵从。

成一客体;境——我性—构成—主体。识构境为人类独有的构序层面,系一种突现的主体之境。点—面—体—场—系统—境。关注历史学与构境:史料只有被重构境,否则是死的。标注构境论是交互主体论,不再是人类中心主义的占有性的支配与被支配,而是一种互动生存论。并且,我开始关注话语理论。不过,因为"回到马克思"和重构西方马克思主义这两个浩大的理论工程,我自己的构境论思考也开始悄然退到黑暗处。

不得不说的事情是,我的快乐时光结束得过早。虽然我采取了回避的姿态,但在1996年哲学系的换届选举中还是被意外推选为哲学系主任。在组织部长找到我征求意见时,我明确拒绝了这一提议,但学校党委还是强硬地坚持。这时,我又找到李华钰老师大倒过去做行政无法进行学术研究的苦水,希望获得她的同情。可她竟然一反常态:"张异宾啊,哲学系现在是最困难的时期,系里培养了你,我觉得你应该出来做些牺牲。"说哲学系处于"最困难的时期",是因为在我回到哲学系工作时,由于内部矛盾,系里的教师走得只剩下20余人,每年学校给经济上最困难的院系四万元"扶贫款",理科是数学系,文科是哲学系。无奈之下,我只得再次在南京大学走上行政工作的道路。我对党委表示,只做一届。可是谁知道,这一走,便是不归途。

1996年下半年,我的主要精力用在了办班创收上,利用自己在南京市工作的优势,一口气办了十几个培训班,发动各方面的积极性,先后设立了一批奖教金,迅速解决了哲学系的经济问题。经济基础上的宽裕,使队伍得到了基本的稳定,我立刻着手制定了一批涉及各方面工作的制度,并且宣布自己不参加系里任何资源的分配,能直接觉察得到,那些过去所谓不能解决的所有矛盾都立刻消失了,专业教学和研究都开始呈现向上的势头。可是,我当这个哲学系主任还不到一年,正值南京大学行政换届,新任校长蒋树声教授在搭班子的时候,要为分管文科的洪银兴副校长配一个助理,也不知道什么人的推荐,我又在完全不知情的状态下突然被任命为校长助理。我还记得那天蒋校长找我谈话的情形,他开始说:"我对文科不太了解,我们随便聊聊。"我原以为是新校长要了解哲学系目前的发展情况,所以就概要介绍了一下我解决创收、稳定队伍和对下一步学科发展的考虑。可谁知道,我讲完之后,蒋校长简短地想了一下,很开心地对我说:"异宾,我想你到学校来工作,当校长助理,配合老洪抓文科。"我一下就呆坐在那里,心里非常难受。

停了一会,我向蒋校长报告了自己为什么回到南大来的缘起,也谈及哲学系刚刚起步的局面,明确感谢校长的厚爱,但希望不到学校来工作。当时,蒋校长就发了火。他生气地对我说:"你讲的这些话,我对教育部领导也说过。我就是要让不想当领导的人来做!你们这些教授不是成天说学校这不好那不好么,你们来管,让南京大学变得好起来!好,此事不再讨论。哲学系主任可以兼一段时间。"于是,1997年7月,我走进北大楼,就任南京大学校长助理。这以后,我又开始了每天坐班的日子。

五

从 1997 年到现在,我已经先后当过南京大学的校长助理(1997—2002)、副校长(2002—2009)、党委副书记(2009—2010)、常务副书记(2010—2014),2014 年 5 月,中共中央任命我为南京大学党委书记。总体上说,在 20 年学校行政工作的这些岗位上,自己还是尽责尽职的。在 2014 年 5 月我任党委书记的全校大会上,自己说过这样一段话:"我将在工作中加强调研、学习和自省,尤其是去浮躁、慎用权、保清廉;我将保持平常之心,秉承理性持重稳健的作风,在推进改革的同时,也守住传统和特色,做经得起历史检验的事情。"其实,这也是我在所有行政工作中一贯秉持的作风。不过平心而论,在我到目前为止在学校的领导工作中,虽然也有过业务与工作的时间分配之纠结,但还是真心努力的。心底始终记着导师李华钰和老校长蒋树声的教导,在韩星臣、洪银兴等老师的直接带领下,与领导班子里陈骏校长等众多优秀科学家和管理者们齐心协力,一步一个脚印地尽心做事为人,在每一个岗位上都尽可能把自己手中担负的工作做好,不辜负老师和学生的厚爱。永远记着自己是一名普通的大学老师,永远不失去书卷气,永远心里装着学生和普通教职工。可以说,为培养自己的母校做了 20 多年的行政工作,虽然牺牲了自己的大量时间,还是无怨无悔的。在这些繁杂的日常工作中,也是得到了很多在学术研究中无法获得的东西,为南京大学走向中国特色的世界一流大学的进程贡献了自己的一份微薄力量。

也在我刚刚上任校长助理的时候,父亲突然查出晚期肺癌,对我们全家来说,如同晴天霹雳。他老人家才 70 多岁啊!虽然,我很早就知道生存的有限性,但一知道此消息,还是一个人在厕所里掉了半天眼泪。有时候,面对一种特殊的构境,如生死如苦恋,作局外之人,谁都可以劝慰,理性透视,但如自己掉入其中,便瞬间成为无智境奴。在大多数这种亲情苦境中,往往是所有亲人都知情,而当事人迷。可是父亲是极聪明的人,我能觉察到他自己内心里早已经知道真相。每个去看他的亲人都会装作轻松的样子,他也非常配合,愿意将这最后一幕亲情剧演得出色。在那些走向老人家最后时光的日子里,现在我还能清楚记得的场境有二:一是我和小莎姐一起在他床头,莎姐为了逗父亲开心,就说："爸，小宾现在发展多好啊，都快超过你了吧？"谁知他斜着眼看了我一眼，大声地说："他啊，早呢！"从小到大，爸爸总觉得自己的儿子是那么不争气，似乎从没有当面肯定过我什么。父亲对我有太高的期望，他自己就是一个心比天高的人。二是在陪护他老人家最后的日子里，我还在抽空修改《回到马克思》的第三稿。为了让老人家高兴，我也对他说，这本书将会是多少年来中国人写得最好的关于马克思思想的书之一。可父亲对此表示了怀疑。然而在那令人心碎的最后几天里，他还一直挂念着我的这一著述，当我概要地说起这本书一些自己认为有闪光点的内容时，他也只能简单地且非常艰难地说："好！好！"现在，这本献给父亲的《回到马克思》不仅在国内学术界有了一定的影响，并且已经译成多种外文在国外出版并引起了较大反响。我想，天上的父亲一定会为自己的儿子骄傲的。

父亲的去世对我的打击是巨大的。它突然抽空了自己精神支撑中最重要的东西。他老人家火化的那天，突然接到蒋校长从南京打来的电话，刚听到蒋校长的声音，我一下子就泪流满面。这可能是我这一生至今情感最脆弱的一个情境。记得那些日子会整夜整夜地无法入睡，有一天突然提笔给妈妈写一封信，当然这是一封不会发出的信。因为它完全是写给我自己的。

亲爱的妈妈：

爸爸走的匆匆，很难让人接受这梦一样的情境。那些天姐姐每天讲得最多的一句话是："不能相信这是真的！"

妈妈，您知道我最不信命运，不信鬼神，可这一次却让我疑惑。到武汉那一天，我本应该从机场去医院，可正是那一天武汉的所有街道全浸在大水中，小徐的车过不来，我坐的出租车从三条路去医院，都因水可没顶而止。回家了，却要住在大水的那一边。这水如果是后来泪的一种隔绝，就是凶兆。回家没几天的一个夜里，武汉再起狂风暴雨，也是在爸爸将去的那个时辰，我和小莎姐听到了这一生最响的雷，其中一个雷炸开在我们家的正顶上，雷鸣过后，我两耳嗡嗡作响，胸中难受。这一天起，爸爸一天天以极快的速度失去生命。徐一江（小姐夫）在父亲的唁电中有一句"南极星坠落"，这是真的。爸爸去世那一天（8月7日），皇历上只有一句话：日值四绝。他老人家三七那天（8月28日），恰是七月初七。我真的疑惑了。

爸爸是在等我，等他的孩子们回来。我见到他那天，他还坐在椅子上看报。可就是那天晚上吃饭，爸爸已有了后来那种无法抵抗的呼衰征象。中午与小莎姐通电话，我说："爸爸还不错。"晚上我对小莎姐说："快回来，爸爸不好。"这是我见到爸爸最好的一天，他完全像以往一样。就这以后的两周，我每天在爸爸身边眼睁睁地看着他坠向黑暗。这是我一生中最可怕的两周。

这些天里，作为儿子，我看到了爸爸最不愿让我看到的一切。他的高傲，他的尊严，全都撞碎在这条界限不清的生死线上。他在我的怀里上了最后一次厕所，我看着他呼出最后一口气，跳完最后一下心动……在走入熊熊烈火时，还是儿子与他在这人间最后一次照面。

爸爸真的没有了。姐姐总是说，他会在另一个空间里。这是一种期望。实际上，爸爸自然是活着的。我们每一个孩子身上，都流淌着他的血；我们的灵魂中，都存有着他不灭的精神。我们活着，他老人家始终与我们同在。

儿　小宾

1998 年 9 月 1 日于南京

其实，父亲的去世像是一种构境面死而生的事件，极大地刺激了我。让我越来越有活着的紧迫感。这恐怕也是我后来会将一天拧成许多细片去刻意装满，一年当十年去拼的真正缘起。这些年，很多人都在猜测：这个做行政的家伙，为什么每年还会出这么多成果？肯定是有一个团队在帮他生产和制作。其实，真的只有我一个人。况且，我写出的东西，可能任何人都模仿不了。

2003 年 6 月，已经 47 岁的我获得中山大学哲学博士学位。博士论文题目为：《问题式、症候阅读与意识形态——关于阿尔都塞的一种文本学解读》。导师为叶汝贤教授。

在我担任南京大学校级行政工作的这一时段中，我基本上利用业余时间坚持自己的科学研究工作。这个业余时间，主要是指周末和假期，以及所有出差的路途和开会的间隙。研究生毕业之后，我晚上从来不熬夜，早睡早起，清晨可能是我一天中最有效的思考和写作时间。这一段需要提及的研究成果如下：其一是我主持完成的关于资本主义理解史的重要成果即六卷本的巨著：《资本主义理解史》。这是马克思、恩格斯去世之后，对马克思主义经典作家关于资本主义科学批判理论形成及其发展历史的第一次重要的学术概念史考察。可喜的是,这恰恰由中国新一代马克思主义研究者所完成。20世纪70年代,法国史学家布罗代尔指出,马克思根本没有使用过"资本主义"这一词语,最早在西方学术语境中使用此词的人为桑巴特。① 这使得当时的整个马克思主义学术界为之震动,因为一个多世纪以来,人们惯常地将马克思看作是科学地批判资本主义社会的始作俑者,如果马克思没有使用过"资本主义"一语,那他毕生研究和批判的对象会是什么? 2004年,南京大学在"985工程"二期建设规划时,我组织南京大学马克思主义哲学与政治经济学、历史学的世界史等学科的老师共同搭建了一个联合研究群体,乃名"当代资本主义研究",并且选择了马克思主义关于资本主义认识和理解的整个严肃的思想史研究作为起步。在前苏东的学术语境中,思想史的僵化方法导致了对原始文献和历史研究关系的畸变,所以人们并没有仔细地去考察马克思、恩格斯在资本主义认识和理解过程中的真实变化。口号优先、结论优先式的思想史构境成为一种迎合意识形态大他者质询的主观假定。其实,上一世纪90年代我之所以提出"回到马克思",只是想提倡在马克思哲学思想史的研究中,努力去摆脱前苏东意识形态构架,从而使中国学者用自己的眼睛真切地重新解读马克思的原始哲学文献,以形成我们有可能与之对话并在当代将其推向新发展阶段的理论基础。可是,在马克思主义关于资本主义的研究中,这种从原始文献出发,科学地探究经典作家关于资本主义批判理论的历史形成、基本概念和范式的谱系学考查,以及完整地梳理全部马克思主义视域中的资本主义理解的历史,却仍然是一项需要从头去做的事情。所以,这是一项最基础性的基本任务,即从马克思、恩格斯开始,经过第二国际和列宁,一直到今天国外马克思主义左派学者关于资本主义理解和认识的发生、发展的思想史。这也就是现在已经呈现给读者的六卷本的《资本主义理解史》(江苏人民出版社2009年版)。

其二,2005年,我在《学术月刊》组织发表了一组马克思思想史方法论的笔谈文章②。在那里,已经明确提出中国的学术研究特别是哲学思想史研究中一个需要内省的问题,即不是**直接去讨论问题**,而首先是自我意识到在进入学术讨论时所持有的方法论是什么,并判断你所批

---

① [法]布罗代尔:《资本主义的活力》,《资本主义论丛》,中央编译出版社1997年版,第85页。
② 张一兵:《如何真实地呈现马克思主义哲学的发生史》,《学术月刊》2005年第10期。

评或者赞成的研讨对象的方法是什么,这是有可能正面、实质性地进入讨论的关键性前提。现在学术界发生的很多所谓学术讨论,经常出现的情形是论辩双方根本不在一个讨论域或者思考层面上互殴,奇怪的是,双方还会相互以为在讨论同一个对象。真相是,批评者和回应者都没有内省自己的方法论,即**怎样言说**的话语方式。在海德格尔的哲学方法论思考中,他在现象学的基础上提出从现成对象的"什么"(Was)转向功能性的"怎样"(Wie),思考的正是这一问题的实质。在我看来,进入任何一个学科的讨论,最重要的问题首先都是一个**方法论自觉**的问题。我在什么立场,以什么样的标准、以什么样的话语塑形方式进入一个领域,这是我们发生真正的学术对话、争论,进而推进一个理论深化的最重要的合法性明证。

其三,在马克思主义哲学和国外马克思主义的理论探索中,我还非常注重补遗性研究,这既是其方法论的自觉使然,又体现了独到的理论洞察力。例如我对日本马克思主义学者广松涉、法国精神分析学家拉康和鲍德里亚哲学的关注,近年来,我组织翻译出版了《文献学语境中的〈德意志意识形态〉》(广松涉编注,南京大学出版社 2005 年版)等广松涉哲学的十部重要著作,并出版了《不可能的存在之真——拉康哲学映像》(商务印书馆 2006 年版;2015 年在台湾出版了繁体字版),《反鲍德里亚——一种后现代学术神话的祛序》(商务印书馆 2009 年版;2014 年在德国出版英文版;2015 年出版土耳其文版)等学术论著正引发国内学者的普遍关注。其实,从 2000 年开始,我与周宪和周晓虹在南京大学出版社合作主编了"当代学术棱镜译丛",至今已经出版了一百二十本,在学术界产生了较大的引导作用。

其四,2006 年初,我决定公开自己原创性的哲学观点,即**构境理论**。也是在这个时候,构境论思考再一次回到我的思想实验中心。我新的认识包括:境与格式塔突变,音乐乐谱与演奏构境,网络远程在场与虚拟构境,构境与电影蒙太奇。其中,认识到电影构境:死的胶片—光影记忆—场景的伪像—剪接的蒙太奇;电视构境:特性光点与声音的组合,看就是建构。音乐构境之立体声:作曲为第一层构境,硬化为谱;指挥和演奏(唱)家吃透曲谱,为第二构境层;现场演出为第三构境层;听众即为第四构境层;录音则为另一种复构境。另外还有戏剧排演到演出之境,等等。2009 年,我出版《回到列宁——关于"哲学笔记"的一种后文本学解读》(江苏人民出版社 2009 年版;2011 年在德国出版英文版;2015 年出版土耳其文版;2016 年在日本出版日文版)。我在列宁哲学思想的总体评价上取得了一些非常重要的认识:一是打破了苏东学界将"哲学笔记"当作一本独立的著作来看待的意识形态幻象,将其界定为一组具有理论差异的文献群;二是甄别了列宁不同时期的特设思考语境和复杂背景,将列宁真实的思想进展呈现出来;三是第一次明确提出了列宁的"伯尔尼笔记"这个说法,它指的是列宁 1914—1915 年在瑞士写下的关于黑格尔哲学的读书笔记群在。也是在这本书中,我第一次运用了自己一直在思考的构境中的思想构境理论的部分观点。从"思想构境"出发,我自然会得到一种不同于现代性文本学的研究方法。我在《回到列宁》一书的"作者的话"中,将这种研究方法称为"文本构境法解读",或是"思想构境论"。这也是我对自己在《回到马克思》中使用的文本学解读法的一种超越,我不再仅仅停留在现代性的文本学讨论域之中,放弃了哲学解释学意义上的那种对文本原初语境的逼近假像。甚至可以说,我在一定的意义上承认了后现代文本学的合法地位,也认同晚期巴特所说的"文本阅读不是还原,而是创造性的生产"的观点。构境论是我关于人的存在论的一个东方式的总体看法,它不涉及传统基础本体论的终极本原问题,而只是讨论人的历史性存在的最高构成层级和高峰体验状态。我区分了生活空间中的物性构序结构和人的不同生存层级,特别是不同生存状态和意识体认可能达及的不同生活情境,我将主体存在的最高层级界定为自觉的存在性构境。在现实历史事实中,构境存在通常是与伪构境(幻象)同体共在的。在此书中,我还创立了从**他性镜像**到**自主性构境**的思想史模型。在"思想构境论"之外还包括另外一个基础性的层次,就是"历史构境论"。二者虽然在方法论原则上是共通的,但后者的讨论域显然要比前者宽泛得多。我在对历史唯物主义的当代阐释中,提出了四个新的概念,并初步拟定了其英文相关词,拟定构境论中关键概念的英文:塑形(shaping);构式(configuring);创序(ordering);筑模(modeling);构境(situating)。劳动塑形表现为生产过程的主体性活动方面;而关系构式则细化了传统生产关系中的劳作技术协动结构;生产力概念在突破实体性定义域之后,显象为全新的生产创序;一旦我们将生产方式从结构化框架中解放出来后,社会结构筑模范式就会显示它全新的精准视域。历史唯物主义的当代阐释是历史构境论的前提,而社会生活构境则为思想文化构境提供了重要的现实历史基础(《哲学研究》2009 年第 11 期)。我关于这个理论原创性的工作目前仍处在思想试验的过程之中。

六

最后,是我目前正在进行的学术研究情况。

首先,按照自己原来的计划,我现在应该在认认真真地做广松涉的研究,并且,此项工作自 2009 年夏天我从日本回来后就已经正式开工,经过大半个假期,稿子也有了几万字粗略的样子。可是,不需要遮蔽的真相是,我自己实在写不下去了。因为在关于广松涉思想的导言中,我首先得面对他所骂了的康德、马赫、胡塞尔和海德格尔。对于康德和马赫的批评,我似乎还能勉强驾驭,而对胡塞尔和海德格尔,说实话,我真的不能确认广松涉对他们的贬斥是否真的值得肯定。再加上,广松涉两厚本《存在与意义》中,他的原创性话语的主要逻辑构件是与现象学相关的所谓四肢结构,而全书的核心关键词则是海德格尔的"用在性"(上手性)。我知道,这一次又是躲不掉的缘债。我不得不重读海德格尔。这个重读的结果就是《回到海德格尔》(商务印书馆 2014 年版)一书。首先,我在《回到马克思》和《回到列宁》中对文本所做区分的四种类型(公开发表的文本、手稿和书信、笔记和摘录、拟文本)已经无法运用于这里对海德格尔的文本分类,而必须从追问文本的"何所向(Worauf)",即"写给谁看?"这一问题出发,在构境论的意义上,从作者的主观视位出发,从文本的在手之"是"(Was)进入到文本生成的"怎样"(Wie)。正是在这个意义上,我第一次发现并区分了海德格尔文本中的四个不同类型,即被迫臣服式的表演性(vorführen)文本、争执式的表现性(Ausdrticklich)文本、垂直在场的现身性(Gegenwart)文本和隐匿性的神秘(Geheimnis)文本。而这四类不同文本充分体现了海德格尔依自己保藏的本真思想与专为不同构境层面他性观看所制作的"学术逻辑建构"过程。也就是说,通过有意识、有目的地对自身文本进行区分,海德格尔成功地完成了进入"学术治理场"并保存自身"本真思想"之主体的任务。其次,与传统海德格尔哲学研究很不一样的地方,是我在此书中提出了一种新的观点:海德格尔一生的学术生涯只是在"重返(Rückkehr)希腊"的过程中做了两件事情:一是"克服形而上学",二是"弃绝存在"。我们可以说,海德格尔一生的思想历程完成了**双重归基**(*Zurückgrund*)或**双重扎根**(*Wurzellosigkeit*)的两件大事:其一是

1922 年开始的对形（存在者）而上学（对象化表象逻各斯）的透视和克服，使其**归基**为以**不是对象物**（Was）**的怎样**（Wie）开端的存在论，这件事情，贯穿海德格尔的思想进程始终，请一定注意，海德格尔从来没有简单地**肯定**这个被归基的**存在**；其二是 1932 年开始生成异质于全部形而上学基础——存在论的**本有思想**，这恰恰是青年海德格尔本己之思的基始起点，只是在克服了形而上学对存在的遗忘之后，他开始**清算暴力性存在**本身，并在 1936 年开始进行本有思想的秘密生产，这一思想的明确生成，标志着海德格尔的最终决断放弃人类已经走过的征服世界的第一条道路，而进入弃让存在的另一条**归基**于本有的道路。

其次，按照 2007 年开始的新的译介计划，我们准备在南京大学出版社推出关于朗西埃、巴迪欧、维利里奥、阿甘本、齐泽克、斯蒂格勒和斯洛特戴克等人的欧洲激进思想家系列，因为蓝江博士已经在重点研究巴迪欧的思想，所以我先选择了朗西埃和阿甘本。可是，在思考和写作的过程中，我在这两个人的思想构境和演变进程中都感到了福柯无所不在的影响。特别是阿甘本，他干脆就直接将福柯的整个方法论和后期生命政治思想作为自己的思想构境前提。为此，我不得不重新阅读十几年前曾经自认为是认真看过的福柯。这一看，结果是又掉进了"危险的福柯"的话语事件之中。于是，我又写出了《回到福柯》（上海人民出版社 2016 年版）一书。在这本书中，我从大的构境断面将 1970 年福柯当选法兰西学院院士作为一个思想分水岭，此前是**青年**福柯的话语哲学探索之路，此后则是他对资本主义现实进行批判的生命政治哲学。前期，青年福柯的思想努力是以考古学和谱系学的方式批判性地揭示支配布尔乔亚世界的话语**认识型的多重断裂谱系**；后期，他则通过认知（权力）的话语实践批判，将全部思考重心集中于发生在资本主义统治形式内部的深刻变形——**生命政治治理**。

其三，我也基本完成了关于阿甘本和索恩-雷特尔的两本论著的写作。阿甘本，原来会是我已经开始的《文本的深度耕犁》第三卷的一章内容，写作的过程中，意外地将其写成了一本小册子《不在场之在场：赤裸生命的例外悬临——阿甘本的激进生命政治哲学》。阿甘本是我所指认的欧洲后马克思思潮中的一员重要大将。在我看来，阿甘本应该算得上近年来欧洲左翼知识群体中哲学功底比较深厚、观念独特的原创性思想家之一。与巴迪欧基于数学、齐泽克受到拉康哲学的影响不同，阿甘本曾直接受业于海德格尔，因此铸就了良好的哲学存在论构境功底,加之他后来对本雅明、尼采和福柯等思想大家的深入研读,所以他的激进思想往往是以极为深刻的原创性哲学方法论构序思考为基础的。并且,与朗西埃等人1968年之后简单粗暴的"去马克思化"(杰姆逊语)不同,阿甘本并没有简单地否定马克思,反倒力图将马克思的批判精神与当下的时代精神结合起来,以生成对当代资本主义社会存在更为深刻的批判性透视。他关于"911事件"之后的美国"紧急状态"(《国土安全法》)和收容所现象的一些有分量的政治断言,是令西方资本主义国家政要为之恐慌的天机泄露。这也是我最喜欢他的地方。

而索恩-雷特尔则是我近期发现的一位重要的德国西方马克思主义哲学家。我在《发现索恩-雷特尔——先天观念综合发生的隐秘社会历史机制》一书序言里说了这样一段话:"如果有一个人,六十八年写了一本书,然而却不被后世所知,这算是一个个人的不幸。可是,如果这个人的观点直接影响到了两位重量级的思想大师(阿多诺和齐泽克),并且他所写的是一本对思想史有重要价值的学术论著,这恐怕就会是学术界的悲剧了。令人些许伤感的是,这并非一个无所指的格言,而是一个我刚刚发现的真实历史故事:这个今天仍然不著名的人叫阿尔弗雷德·索恩-雷特尔,那本不被世人所知的书是《脑力劳动与体力劳动——西方历史的认识论》。我现在觉得,索恩-雷特尔的这本书,是自己所读到的西方马克思主义哲学发展史中最重要的文本之一,所以,这是一个不应该发生的个人不幸和学术史悲剧。于是,我下决心重新**发现索恩-雷特尔**。"

此外,自2012年12月起,我已经在尝试以**非理性逻辑的方式**写作关于构境论的《格言集》。也是在2012年,我在《马克思主义研究》第9期发表《学术文本词频统计:马克思主义思想史的一个新视角》一文。明确提出学术文本词频统计的方法,并将其运用于《回到马克思》的第三版修订中。所谓**文本词频统计**,是指统计一个思想家在其经典文本母语原文中居权力话语结构中的支配性概念或范畴出现的频率,并将其与不同时期中发生重要思想变异的文本的词频统计结果进行历时性比较研究,并且在二维词频图上以可直观的曲线图标识出来,以达到对已有文本学分析的数据支持。词频统计之所以必须建立在文本母语中,是因为在语言翻译转换中,新的翻译文字已经在一个陌生话语体系中被重新构境。在我看来,词频统计本身并不直接产生文本分析的结果,而只能是对深度文本学研究进行辅助说明的一个实证科学的工具性手段。在《回到马克思》一书的第三版修订中,我依据 MEGA2 和其他德文原始文献的全文数据库对马克思在不同文本中重要学术关键词的出现和消失、增多与减少情况尝试进行了一定文献数据统计工作,说实话,这种文献计量工作使得我自己原先的文本学研究有了一个全新的思考维度。

在做南京大学党委书记的这些年,我的行政工作已经占用和超出正常的工作时间,因为周末和寒暑假的时间几乎都被公务所征用,所以,我的学术研究和写作已经完全被挤压到清晨和往返南京到北京的高铁路途中。辛苦,倒也开心。我常想,人活着就是用来将时间拧出有效性汁水的过程,在这种碎片式的时间利用中,往往会有常人所没有的专注和无法体验的得意。

代表性学术成果

"回到马克思"的原初理论语境

原载《中国社会科学》2001 年第 3 期

内容提要:马克思哲学不竭的生命力在于它不断与每一个"当下在场"的思想视域所发生的历史性融合。这种阐释学的处境通常以返本开新为其前提性要件。"回到马克思",作为当代新的理论条件下重新廓清马克思哲学学术地平的基础性研究,是中国新一代马克思主义理论工作者义不容辞的历史性任务。它的现实学术价值在于否定了前苏东传统教科书教条主义体系哲学及其变种的合法性,并为马克思哲学学术创新奠定了全新的思考起点。本文在此主要评说了"回到马克思"与学术创新的关系,以及这一理论工程中原创性的文本学研究方法之要义、马克思经济学语境中哲学话语转换以及"历史现象学"的原初意义场。

关键词:回到马克思　文本学研究　经济学语境　隐性哲学话语
历史现象学

在一个习惯于动辄大谈"发展"和"当代性"的传统马克思主义讨论域中,有人声称要通过"回到"某种尚未达及的历史性场域来廓清理论地平时,显然会冒一定的理论风险。我的《回到马克思——经济学语境中的哲学话语》(以下简称《回到马克思》)一书在上个世纪末(1999 年)出版时,有些批评和误读是事先想到的,可后来出现的某种言说倒真是出乎意料。说意料之中的东西,首先无非想到过理论前辈们可能愤怒地声讨我的轻狂:"回到马克思? 人家都没有弄懂?!"其次,会是那些作为全球胜利者的布尔乔亚自由主义们的嘲笑声:"现在还在折腾马克思?"意料之外的是,一些中青年马克思主义学者却从"回到马克思"中嗅出了历史的"霉腐"味道,然后,"马克思是我们的同时代人"被升腾为一种口号,以马克思主义的现代性旨趣来拒斥据说是面向过去的"原教旨"情结。对于这一类反应,原来我倒真没有思想准备。不过,现在我愿意接受这一挑战性的解读,再次回到"回到马克思"这一话题上,以对话的姿态重现这一理论工程的原初讨论域。① 在《回到马克思》一书中,我曾对该书的学术目标做了如下的概括:"在文本学的基础上,通过对马克思经济学研究语境中隐性哲学话语转换的描述,实现一个 90 年代中国马克思主义研究中应该提出的口号:'回到马克思'。"②这一段话,如果加上"历史现象学"就涵盖了本文所要讨论的五个关键词。

一、我们在什么意义上言说"回到马克思"?

在某些学者那里,《回到马克思》的理论意向被狭义地修饰成一种**原教旨**意味,误导读者形成一种错误的理解,似乎"回到马克思"不是要重建我们从未曾达抵的全新(文本阐释)的历史视域,以使我们真正有可能重新建构马克思思想的开放性和当代生成,而是唆使人们脱离现时代、无视当代资本主义的最新发展和中国改革开放的实际,回到过去的书本,停留在对文本进行一般的考古学诠释上,把马克思哲学演变成一种"理论实体主义"的文牍运作。这真算是一种很聪明的策略。原由很简单,这是一种话语权的维护。如果传统解释框架中马克思的语境不是"已经在手"的**现成性的终结之物**,它自然是可重新生成的(无论是《马克思恩格斯全集》历史考证第二版[以下简称 MEGA2]的新文本还是传统文本在当代理论视域中的全新解释效果),这种新的"上手"必然会使那种特定历史条件下铸成的体系哲学丧失权力话语的居上地位。所以,拒绝历史语境的开新是维护一种旧有的持存性,即马克思是**现成的**(解释学意义上的终结性),因此现在的事情只要宣布"马克思是我们的同时代人"就行了。事情果真如此吗?

让我们先按这种思考理路来做一个假定,即马克思的思想果真具有"在手状态"的现成性,这也就必然可以排除了对其历史地平进行廓清的必要性,那么顺理成章的结果将是原有的斯大林式的教条主义体系哲学或"修修补补"后的亚体系哲学("实践唯物主义"、"类哲学"等)仍应作为言谈马克思"当代性"的逻辑前件。我以为,这一假设的可证伪性是不言而喻的。而如果从方法论上承认这一出发点,即意味着必

---

① 其实,这本书出版以后,我已回到当代西方马克思主义哲学的研究中去了,《无调性的辩证想象——阿多诺〈否定的辩证法〉文本学解读》一书即将出版,一批解读青年卢卡奇、施米特和科西克的论文也正在发表过程中。

② 参见拙著:《回到马克思——经济学语境中的哲学话语》,江苏人民出版社 1999 年版,第 8 页。

须正视这样一种颠覆性的事实：**马克思的思想在今天的历史语境中从来不是现成性的，它甚至并不具备必须居有的"上手性"**。这种真相披露所造成的震撼无异于从根基上摧毁一座建成的大厦，甚至杜绝了对其进行枝节性"修缮"的可能。也惟此，这个具有颠覆性的问题在历来的讨论甚至学者们运思的潜意识中被一遮再遮，始终不能浮上水面。对"回到马克思"的拒绝才潜藏了一种理论无根性的恐慌。

由于在过去我们自己的原著研究中始终处于被"喂养"状态①，中国读者并没有经过自己对第一手文献所进行的认真深入的解读，形成我们自己（"黄皮肤黑眼睛式"）独立的、具有**原创性**的见解，并在此基础上与马克思达到的历史语境的特定交融（这也是我反讽地所指认的"上手性"）。那么，对于我们来说，失却历史语境融合的马克思必然成为外在的、对象化的无思的现成物。这种情况的出现，排除政治意识形态的原因，更主要的是源于方法论前提上的错误预设，即马克思是可以现成地"居有"的，似乎只要翻译一套全集，打开一部文本，马克思的思想便毫无遮蔽地在一个平面上全盘展开，剩下的只是根据我们现实的需要，任意地对其中的片段进行同质性（从第一卷的第一页，到最后一卷的最后一页）的抽取，拿它"联系实际"，拿它来与当代对话，拿它作为"发展"的前提。马克思学说的历史性生成（"上手"）在这里荡然无存。人们甚至根本意识不到前苏东传统教科书解释框架对马克思文本先在的结构性编码作用。其实，所谓"回到马克思"不过是对此进行**祛魅**的一种策略罢了。

在当代哲学史中，胡塞尔曾以"回到事情本身"作为现象学的重要理论入口。而后来这一阐释学意义上的"回到"，又成为海德格尔通过**回到**苏格拉底以前所谓思之本真性**重写**当代思想史的开端。其实，在解释学的常识中，任何"回到"都只能是一种历史视域的整合。同样，"回到马克思"中的这种"返本"也不是出于"顽强的崇古意识"，"退回到马克思的原典上去"，而是要摆脱对教条体制合法性的预设，消除现成性的强制，通过解读文本，以造就新的"上手状态"。这也是中国人过去所说的"返本开新"。"回到马克思"本身就已经是带着我们今天最新的

---

① 我们国家的马克思主义经典文献的翻译完全依赖前苏东马列编译局的前期工作，从早期的马列主义文选到后来的《马克思恩格斯全集》、《列宁全集》（第1—2版）和《斯大林全集》，无一例外。这项工作倒没有受到意识形态冲突的影响。在原著研究方面的情况就更是如此。一句话，前苏东的传统教科书解释构架是我们原著研究唯一的制约性前设。

方法和语境在一个开放的视域中面对马克思了。① 换句话说，按照解释学的观点，马克思不再是那个原初的对象，已经成为一种被阐释的历史效果。一个全新但有据可寻的马克思展现在我们面前。显而易见，马克思现在不是也从来不是现成的，脱离了"回到马克思"的历史语境单单言说马克思的"当代性"，在我看来，更多的是一种写作策略上的考虑，一种有意识的遮蔽。

以我的见识，马克思哲学与当代性的问题并不是一个新命题，它是前苏东传统学界在 60 年代就炒作过的一个教化体制中的写作方式。如前所述，这里无意识悬设的一个虚幻关系是，假定传统解释框架诠释马克思的完成性和现成性。说透一点，它的意识形态本质是想遮蔽前苏东传统马克思哲学诠释**非历史**绝对话语权的非法性。事实上，马克思哲学**必须走向当代**从来就是一个不争的事实，关键在于这一意向生成现实何以可能。是回避马克思哲学在教条主义解读模式下形成的历史视域之必然消解，麻木地以其为前提口号化地制造一种马克思当代化的宏大叙事，还是勇于重释旧经典，正视新文本，脚踏实地地返本开新，在一种新的历史视域中真正解决当代生活世界的新问题？这可能是我们争论这一问题的辨析实质所在。"马克思是我们同时代的人"，作为一种理论口号，这是萨特在 20 世纪 50 年代、德里达在 90 年代相同口号的某种摹写。但需要追问的是，实现马克思之思的当代性言说，究竟是在一种"在手"状态的外在层面上使马克思的思想与"当代人的生活旨趣"做简单的对话，还是准确地捕捉到马克思思想逻辑最重要的问题接合点，以造成一种新的"**接着说**"的学术创新关系？这也是我在这一问题上的一个关键的异质性思考点。

我坚持认为，假如没有一个对马克思哲学文本（特别 MEGA2）的第一手精心解读，没有对马克思思想发展脉络的科学的全面把握，就不可能真正实现马克思哲学的当代性言说，即使强制性地生造出马克思与某种当代思潮的"对话"，就会出现诸如将《1844 年经济学哲学手稿》中的人本主义话语误识成马克思最重要的哲学理念，并将其与新人本主义之后的各种资产阶级意识形态混为一谈之类的非法性言谈。这些

① 巴黎塞伊出版社 2000 年推出了法国年轻女哲学家伊莎贝尔·加罗的新著《马克思对哲学的批判》。在这本被评论界称为"回到马克思"的论著中，作者用新的方法和观念探索了马克思哲学主要概念的形成过程，并以此为基础，用马克思的理论对生态学、女权主义以及全球化资本主义新的生产方式等问题进行了深入探讨。这是一个重要的佐证。

所谓的"对话"看起来似乎颇具"当代"意味,但实际上无不是在现成性
教条体制统摄下的一种非法的外在链接。这难道不已经是一种值得关
注的理论灾难了吗? 还不应该让青年一代认认真真把学问建立在踏实
的马克思哲学文本的历史解读之上吗?

二、什么是文本学的解读模式?

在《回到马克思》一书中,我明确提出了马克思哲学研究中关注**解
读模式**的重要性。在今天我们的学术讨论中,这仍然是一个没有被认
真对待的方法论问题。当下发生的许多学术论争中,学者们明明居以
不同的研究方式,却在以不同的理论尺度争论同一个问题。比如"人
学"、"实践唯物主义"等专题问题,还有青年马克思的《1844 年经济学
哲学手稿》、马克思的晚年"人类学笔记"等重要文本的重新阐释,其实,
站在传统哲学解释框架的立场上,或者在西方马克思主义的支援背景
下,其理解结果的异质性是可想而知的。可是,人们在争论问题前谁都
不去首先确定自己的理论前提,即在什么意义上、何种解读模型中涉入
一定的理论讨论域的。这不能不说是一个必须加以认真注意的学术规
范问题。当然,我这里主要关心的还是文本学意义上的解读模式问题。

依我的观点,"以不同的话语、不同的阅读方式面对相同的文本,其
解读结果可能会是根本异质的。还原到我们这里的研究语境,即以不
同的解读方式面对马克思的文本,会产生出截然不同的理论图景"。①
也因此,我在该书的导言中,明确区分了在理解马克思哲学发展史上客
观存在着的"五大解读模式",即西方马克思学的模式、西方马克思主义
人本学的模式、阿尔都塞的模式、前苏东学者的模式和我国学者孙伯鍨
教授的模式。孙先生是我国马克思主义哲学史研究的名家,上个世纪
70 年代,他以对马克思主义哲学经典原著的精心而深入的解读著称。
除去他"马克思恩格斯思想的**两次转变论**和《1844 年经济学哲学手稿》
中的**两种理论逻辑**相互消长的观点",对我影响极大的就是他这种独特
的文本研究法,也是这种解读模式被我命名为**文本学**的研究模式。对
此,我再做一些说明。

我这里所谓的文本学的对象域就是过去传统意义上的"马克思主

① 参见拙著:《回到马克思——经济学语境中的哲学话语》,江苏人民出版社 1999 年版,第 2 页。

义经典原著研究"。专门标定文本学这样一个新概念，为的是要明确造成一种理论逻辑上的界划。虽然文本学也是研究经典著作，但其基本的认知模型和方法与传统的原著研究已经相去甚远。从狭义的文本学角度来看（广义的文本可以泛指一切可解读的对象），所谓"文本"，并非是指特定论著中文字的总和，同时，文本的建构也背负了一个极其复杂的**历史语境**。任何文本的生成，都必然与作者历史的文化背景和写作背景密切相关，并且，由于作者本身的认知系统在创作文本的过程中是随着思的动态语境而改变的，这就必然决定了一个作者的文本本身不是一个静止同一的对象，不是一成不变地从第一本书的第一句话同质性地说到最后一篇论文的最后一句话。因而假设文本的每一句话都具有同样的言说背景和言说意义，从根本上来说是一种非法的同质性逻辑。而且，文本自它诞生之日起，作者就已经"消隐"了（福科在同一意义上说"作者死了"），我们所能遭遇与对话的永远是历史性的文本而非写作者本人（这一点对已故的文本作者表现尤为突出，马克思也在此列）。因此，文本所蕴涵的思想不是在其字里行间的显性逻辑中呈线性地自行布展开来，它需要阅读主体通过自身的解读来历史性地获得。于是，读者的"支援背景"即在很大程度上影响了解读过程。伽达默尔所说的文本诠释中不同视域历史性融合和作为解释结果的"历史阐释效果"，都是说明了这个意思。而与伽达默尔的解释学最根本的不同，是我这里标注的文本学没有任何**本体论的僭妄**。

我多次指认过，我们马克思主义经典原著传统研究中的主导话语和言说方式始终是非反思性的。它的最大问题在于过于强调马克思哲学中的"刚性"的"边界"，将公开著作与其他类型的文本视为一个严整的同质性总体。在这样的解读背景下，马克思理论文本的原初思想理路被先在地**栅格化**了。以哲学文本为例，原著研究即用所谓教科书式的"哲学原理"非历史地反注马克思的文本和手稿，马克思原来文本写作中的历史性生成和针对不同对象的理论专题，被非历史地分割成"哲学基本问题"、"辩证法"、"认识论"和"历史观"。这里发生的事件是，马克思哲学文本被非历史地"原理化"了，这实际上是一种荒谬的"按图索骥"。更有甚者，不同时期文本的异质性也一再被忽略，成了完全同质性的、可以任意援引的"语录堆砌体"。正是这样一种方法论上的误区导致了我们关于马克思哲学文本的研究长期在低水平徘徊，理论创新缺乏活力。我认为，要改变这一状况，只有借助于**历史性的**"文本学解读"，使过去在传统解读构架内的**熟知**文本重新"陌生化"，以建构一种全新的历史性理解视域。由于文本的形成过程不是一个静止的或线性的思维平铺，也不是一个毫无异质性的自我"独白"，而是作者在与他同时代的人的思想交锋和碰撞中陆续形成的（大量的文本群就尤其如此），这就决定了文本的解读必须建立在发生学基础上，从历史性中去评估其在理论建构中的真正价值。如果转换到对马克思哲学文本的历史性解读上，就是坚决将体系哲学的前见（"原理"）悬设起来，将原来的文本阐释结果加上括号，以历史本身的时间与空间的结构，让马克思的文本原初语境呈现出来，从而获得一种全新的理解结果。这实际上是一个马斯洛所说的"再圣化"的过程，它要求读者将已有的成见置于阅读行为之外，非直接性地面对文本。简言之，即胡塞尔的"放弃现成的给定性"，**回到事物本身**。这也是"回到马克思"的原初语境。

在《回到马克思》一书中，我的文本学研究起码有两个值得提及的学术创新点。一是关于马克思理论文本的**分类学界划**。我第一次指认，从《马克思恩格斯全集》历史考证第二版（MEGA2）已发表的文献来看，马克思所遗留下来的著作群大体可分为三类不同的各具意义和价值的文本：一是读书摘录笔记与记事笔记；二是未完成的手稿和书信；三是已经完成的论著和公开发表的文献。在我们以往的研究中，得到普遍重视和着力探讨的往往是第三类论著，第二类文献也得到过一定关注，而第一类文本却根本没有获得应有的解读和研究地位。但事实上，恰恰是第一、二类文本，才更加真实地展现了马克思思想发展和变革的本真心路历程和源起性语境。以笔记的写作为例，话语的断裂、边界的布展以及理论逻辑中独特的异质性都在一种毫无遮掩和非形式化的状态中"无蔽"地呈现出来。由于笔记本身记录的是阅读者对阅读对象语境的进入状况和思想实验的经过，不存在预先的定论性，因此从中我们可以直接看到对一些学术观点摘录的理论意向性、最初的评论和由议论产生的写作计划与构想以及各种思想最初形成的理论激活点和渊源性线索。它是对第一文本的"互文性"重写，是作者与第一文本撞击后的效果意识的即时呈现，既非一种无原则的机械认同，也不是没有根基的主观妄断。而这些重要的原发性理论边界和"亚意图"的即兴思考，是在一般理论手稿和论著中所无法获得的。譬如，不研究1844年的《巴黎笔记》中马克思从萨伊、斯密、李嘉图到穆勒经济学探索中的递升式理解逻辑，尤其是《穆勒摘要》中从经济学学习的跟读语境的"失语"状态到人本主义哲学话语的统摄性运作的转换,就无法解读同期写作的《1844年经济学哲学手稿》的本真语境,从而失去对手稿理解评估的真实客观基础。而不研究《1850—1853年伦敦笔记》,也就不会深入发掘出《1857—1858年经济学手稿》的内在哲学逻辑,自然与马克思经济学语境中的重要哲学理论建树失之交臂。

其二,是文本解读中的**功能性深度阅读法**。这个比喻性的说法是从阿尔都塞那里借用的,他曾经提出一种"症候阅读法",即从显性的文字中读出隐性理论构架,从马克思已经写下的文字中读出没有说出的东西来("读出空白")。实际上,孙伯鍨先生《探索者道路的探索》一书提出的同一文本中的"双重逻辑",也已经很深地言说了这种深度文本阅读法。① 这里我可以举《回到马克思》中的一些实例。首先是**比较性功能阅读法**。面对马克思的笔记,我没有仅仅停留在写下的文字上,而做了更多的思考,比如青年马克思《克罗茨纳赫笔记》中的失语状态的判定,就是在同时参照马克思不久前写下的《伊壁鸠鲁笔记》之后做出的。我发现,"青年马克思在进入历史学领域时,他那种刚刚在《莱茵报》经受了现实打击的哲学话语——唯心主义观念论还没有全面崩溃,但在新的历史事实面前一开始就完全退缩在文本摘录和评述之外。我将这种情况称之为马克思在进入新的历史学研究领域时,原有哲学理论话语的**失语**状态。在青年马克思以往的理论作风中,这是一种十分少见的情况(我们可以在这之前的《伊壁鸠鲁笔记》等摘录性笔记中看到,马克思面对哲学文本的那种自由自主的话语统摄状况。他几乎对每一摘录文本都进行透彻的解读与批判)"。② 其次是马克思笔记性文本的复杂阅读结构。例如我将青年马克思《巴黎笔记》阅读语境中的认知结构区分为**焦点意识**和**支援意识**。③ 焦点意识即马克思**直接有意图的前台理论目的**。在这里主要是否定资产阶级经济家所肯定的东西。在马克思《巴黎笔记》的读书进程中,他的直接目的是颠覆资产阶级经济家指认为合理事实的东西,这是一种简单的**颠倒阅读法**。支援意识是指在**亚意图层面上支持马克思完成认知过程的后台性语境**。这主要

① 参见孙伯鍨:《探索者道路的探索》,南京大学出版社2002年第二版。
② 参见拙著:《回到马克思——经济学语境中的哲学话语》,江苏人民出版社1999年版,第145—146页。
③ 这是我从英国意会哲学家波兰尼那里借用的概念。参见[英]波兰尼:《个人知识》,贵州人民出版社2000年版。

有两个层面:一是直接性的参考背景,这是指赫斯、青年恩格斯和蒲鲁东对国民经济学的批判和社会主义(青年恩格斯与赫斯是共产主义,而蒲鲁东则是西斯蒙第式的小资产阶级的社会主义)。从笔记的前期摘录内容上看,主要是恩格斯的影响。第二个层面是更深一层的费尔巴哈和黑格尔的哲学逻辑,而且主要是费尔巴哈的哲学人本主义(不仅仅是自然唯物主义)。其三是手稿文本中的**复调话语结构**。例如在对青年马克思的《1844年经济学哲学手稿》一书的文本解读中,我在孙伯鍨教授的"双重逻辑说"基础上,进一步指认了这一文本是"一个极其复杂的**多重逻辑线索构成的矛盾思想体**"。因为,**两种完全异质的理论逻辑和话语并行在马克思的同一文本中**,一是以异化劳动理论为中轴的人本主义哲学逻辑,二是一条从经济现实出发的客观线索,二者在同一文本无意识交织着,呈现了一种奇特的**复调语境**。这倒真是一种不自觉的复调(这不同于后来巴赫金所讲的自觉文本创造中的复调变奏),因为这种复杂语境是在马克思经济哲学批判中不自觉发生的。在该书的第一手稿中,我进而区分了三种不同的话语,一是处于被告席上的资本主义制度及国民经济学(直接被反驳的对象);二是蒲鲁东—青年恩格斯(实际上是李嘉图社会主义的再表述)的审判与指认;三是马克思超越这种在国民经济学范围内的指控的哲学人本主义批判(里面又暗含着自然唯物主义前提)。这是一种很深的极复杂的理论对话。

三、马克思经济学语境中的哲学话语

在对文本学的解读模式进行了方法论上的理论梳理之后,我们要进入一个更加具体而微观的话题中,即《回到马克思》所确立的、带有原创性特征的新型解读视角,也即它的副标题指认的:经济学语境中的哲学话语。相对于传统马克思哲学史的研究,这是一种独特的研究视角,即**从马克思经济学研究的深层语境中去重新探索他的哲学话语转换**。从我读到的国内外文献中,以这样的思路完整地将经济学与哲学研究结合起来考察马克思思想发展的全程,在马克思和恩格斯去世之后可能还真是第一次。

首先,从马克思一生的学术研究全程来看,自他1842年下半年开始第一次涉足经济学研究起,经济学内容就始终在他中后期的学术研究中占到了70%以上的主要地位,到晚年这一比例甚至高达90%。

1846年以后,对于一位作为马克思主义创始人的马克思来说,**纯粹的哲学和科学社会主义**就像依附于鲜花的馨香,在独立的意义上甚至根本从来没有存在过。马克思在对资产阶级政治经济学经典作家的文本解读中认识到,经济学所面对的种种状况正是当时的社会现实。用恩格斯的话说,在那时,经济就是唯一的现实。所以,要从客观历史现实出发,首先要完成的便是对经济学的理解和深入,也只有弄清这一主导性研究本身的真实历程,才能从根本上明白过去那种"纯而又纯"的哲学和科学社会主义发展线索的真实基础。

其次,从经济学语境中去探寻哲学线索内在脉络的意义,还在于打破传统解释构架中那种条块分割式的僵化理论边界。我认为,在我们传统的马克思主义理论研究中,过分硬化了马克思主义理论子系统之间的边界。这也就是说,在马克思理论研究的真实进程中,他的哲学、经济学和社会历史现实批判(科学社会主义)是一个完整的始终没有分离的整体,各种理论研究相互之间是渗透和包容的关系。所以,我们对马克思的经济学研究不理解马克思的哲学观点不行,哲学分析完全离开对马克思经济研究也同样不行,这两种研究脱离了马克思批判资本主义的现实目的更不行。从我自己的认识来说,研究马克思的哲学是一定要认真读懂马克思的经济学著作的。否则,将不可避免地流于形而上学的轻浮。这也正是《回到马克思》的原发性研究意图和全新视角所在。下面我将就马克思哲学思想发展中的三个理论制高点的发现来谈谈经济学研究的重要性。

青年马克思哲学思想的第一次转变,即从唯心主义转向一般唯物主义、从民主主义转向社会主义(共产主义)。这一转变始发于《克罗茨纳赫笔记》,经过《黑格尔法哲学批判》和《论犹太人问题》,在《巴黎笔记》后期和《1844年经济学哲学手稿》中达至最高点。这是马克思在历史研究和与社会主义工人运动的实践接触的现实基础上进行经济学研究的结果。从当时欧洲思想史整体断面的视角来看,马克思的这一思想转变并非一种简单的理论创新,而是在诸多背景因素(包括费尔巴哈的一般唯物主义、黑格尔的辩证法和青年恩格斯、赫斯和蒲鲁东基于经济学的哲学批判和社会主义观点)制约下发生的逻辑认同。更重要的是,客观存在于古典经济学中的社会唯物主义思路与方法,这一点恰恰是此时还处于人本主义异化史观构架中的青年马克思拒绝和否定的方面。如果不能通过马克思经济学研究的理论参照系来确证,对《1844

年经济学哲学手稿》的解读则仍将是停留在"纯粹"哲学话语层面的名词释义罢了。那样,劳动异化史观被指认为唯物史观,人学被误识为马克思主义哲学,就不足为怪了。

马克思思想的第二次转变也即他的第一个伟大发现——广义历史唯物主义的创立才是真正意义上的马克思主义的哲学革命。它发生在马克思第二次经济学研究《布鲁塞尔笔记》和《曼彻斯特笔记》的进程中,自《关于费尔巴哈的提纲》始,经过《德意志意识形态》,一直到《马克思致安年柯夫》。这一转变最重要的理论基础是马克思对政治经济学科学批判基点的形成。我以为,除去社会主义实践和其他哲学观念的作用,马克思正是在对古典经济学中斯密、李嘉图社会历史观的社会唯物主义的认同以及对资产阶级意识形态的批判性超越上,才创立了历史唯物主义与历史辩证法。在这个意义上我们也可以说,马克思越是深入研究政治经济学,他也就越是接近历史唯物主义。

我认为,历史唯物主义是马克思与以往的一切形而上学进行了"彻底决裂"之后,在经济学话语之上建立的新的哲学话语。这是一种全新的现实的历史话语。在《关于费尔巴哈的提纲》中,他还是以实践作为哲学的总体逻辑入口,解决了一种理论悖结,初步呈现了新世界观的逻辑意向,即历史性的语境;而《德意志意识形态》则已经直接将这种新的历史性逻辑展现为一种完整的"历史科学",即关注一定社会历史阶段的具体历史现实的社会关系和科学的历史性生存的"本体"性规定的历史构境论。这不是一般哲学基本问题的解决,因为它是以"走出哲学"为前提的。在赫斯的启发下,马克思已经从施蒂纳的利己主义狂想中意识到了一个根本问题,即从神到人、从逻辑学到人的类本质、从自我意识到劳动的自我活动、从民主主义的自由和正义到共产主义,包括施蒂纳的个人和"无",只要作为一个形而之上的逻辑命题,都还只是哲学家的一种职业对象。即使被换成了实践、生产甚或"科学社会主义"(赫斯)的字眼,也还是从观念和逻辑出发的。至此,马克思不再自认为是传统的旧哲学家,他放弃了用哲学构架来描述周围世界和社会历史的理论方式,确立了从做一个普通的人去面对社会生活和历史情境开始的新哲学世界观。这种决断使马克思能够真正摆脱由爱利亚学派滥觞的走向事物背后的彼岸理念论,返回到现实的历史的具体的社会生活本身。因此,我们可以得出结论,在这一非常性的革命时期中,马克思主义的哲学变革并非如传统研究所确认的在创立唯物史观之后转向政治经济学,而是与政治经济学科学研究的开端同体发生。这使得马克思面对世界的哲学起点,第一次与古典政治经济学的前提重合了。

　　马克思第三次哲学思想的重大转变仍然基于他的第三次经济学研究。这个过程从《哲学的贫困》开始,经过《1850—1853年伦敦笔记》,在《1857—1858年经济学手稿》中基本完成。在我看来,这第三次转变并非异质性的思想革命,而是他哲学研究的进一步深入,即建立在狭义历史唯物主义和历史认识论之上的历史现象学的创立。其直接基础就是马克思在经济学中具有革命性突破的伟大发现——剩余价值理论的形成。1847年以后,马克思开始对以"资产阶级社会"为生产力发展最高点("人体")的人类社会历史进行科学的批判考察。面对资本主义大工业所实现的生产方式,他在完成政治经济学科学理论建构的同时,实现了以人类社会历史发展的生产力最高水平为尺度的对人类社会及其个体的现实存在的哲学确证与批判。因此,在这一研究过程中,哲学探讨不但没有被放弃,反而获得了真正的实现。因为正是在马克思对前资本主义社会特别是资本主义社会的经济历史研究中,人类社会发展的历史本质才第一次得到了科学的说明,每一社会历史发展的特殊运行规律也才第一次被揭示出来。人与自然的关系、人与人的社会关系,第一次在真实的社会历史情境中被具体地指认。这也就是马克思创立的狭义历史唯物主义哲学理论的主要内容。在"资产阶级"社会化大生产过程中,分工和交换所形成的生活条件必然导致人的社会劳动关系(类)的客观外在化(价值),以及资本主义市场条件下进一步的物役性颠倒关系(资本),因此也就历史地构筑了有史以来在社会生活方面最复杂的社会层面和内在结构,这必然形成独特的非直接性的历史认识论的全新哲学基础。而批判性地去除资产阶级意识形态拜物教,透过各种颠倒和物化的经济关系假象,最终科学地说明资本主义生产方式的本质,就是马克思新的科学批判理论——**历史现象学**的主体内容了。

四、"历史现象学"的意义场

　　那么,历史现象学,作为我用来重新命名马克思的**科学批判理论**的特设指认,它的真实内涵究竟是什么?这是我在本文最后将要辨识的一个问题。与学界对上述研究方法的缄默态度形成鲜明对比的是,"历史现象学"这一概念提出以后,立刻遭到了一些学者的质疑,其中也包括我的老师孙伯鍨先生的批评。他们的疑问是：用"现象学"来指认马克思哲学的理论成果，其合法性何在？应该说，这是一个很有意义的提问。我以为，问题的关键是对"现象学"的历史界划。

自《逻辑研究》发表以来，现象学作为20世纪西方哲学的"显学"广为人知。只要一看见这三个字，人们很容易将它与胡塞尔、海德格尔等大师联系在一起。然而，必须声明的是，我在《回到马克思》一书中使用这一概念的意义场，并不是来自胡塞尔的现代现象学，却更多地是类似康德以后直至黑格尔所指称的**古典意义上的**现象学，它是在传统本体论和传统认识论之中生发出来的。与胡塞尔主张的"意识现象学"不同，这种现象学并非要求人们以自我的内省或体验以及一种意识的精致微观结构去面向"事实"，达到一种先验本质的"澄明"境界，相反，它是从休谟的经验怀疑论开始，由康德断裂开来的二元世界中的"现象界"奠基，再经费希特、谢林的主体性努力，最终在黑格尔的绝对观念中达及现象与本质的统一。黑格尔所创立的"精神现象学"，就是在本体论和认识论相统一的批判立场，它要求人们关注从具体地感知物像到构成感性确定性的"知觉"直至自我意识构架的**分层现象结构**，以及在现象背后作为**最终本质和规律**的绝对理念的揭示。这种古典意义上的"现象学"，是黑格尔在批判康德认识论的基础上发展起来的通过研究事物（本质）在时间内的历史地呈现（显相）出来的认知科学。以黑格尔自己的话说，精神现象学的主要任务是，"运用辩证的方法和发展的观点来研究分析人的意识、精神发展的历史过程，由最低阶段以至于最高阶段分析其矛盾发展的过程"。① 因此，黑格尔本人在《精神现象学》的序言和导论中都曾说过："精神现象学所描述的就是一般科学或知识的形成过程。"说到底，这也是揭示物化在自然存在和社会存在背后的精神本质和运动规律的**物相批判理论**。这也是我借用这一概念的缘起性语境。当然，马克思从来并没有用"历史现象学"来指认自己的理论，这只是我**在黑格尔古典现象学批判语境中的一种借喻**。即马克思在经济学研究中确认，面对资本主义经济生活过程，必须经由对多重物化颠倒的商品—市场中介关系的历史性剥离，才有可能达到对事物本质非直接性的批判认知。这种历史性的批判现象学，在很大程度上与列宁所说的"透过现象看本质"是一致的。关于这一点，我在《回到马克思》一

① ［德］黑格尔：《精神现象学》，商务印书馆1981年版，上卷，第16页。

书中是这样论述的。

首先我认识到,费尔巴哈在批判黑格尔的唯心主义和神正论过程中,创立了批判人的类本质异化的**人学现象学**,这是对黑格尔的哲学逻辑颠倒。而青年马克思在1845年最初的经济学批判中,在赫斯的经济异化批判理论基础上提出了劳动异化理论。在马克思看来,赫斯由于缺乏真正的哲学基础,尤其是对费尔巴哈和黑格尔的深刻了解,他的论述是不够鞭辟入里的。更主要的是,赫斯的交换(金钱)异化论已经被马克思从劳动生产(对象化)异化出发的更深一层的完整经济异化理论所取代了。虽然相对于古典经济学现实的客观思路,马克思的这种人本主义逻辑——理想化的悬设的劳动类本质还是隐性唯心史观的,他不得不为了革命的结论而伦理地批判现实,但这也正是他自我指认的一种新的批判思路的出现,不同于费尔巴哈的人学现象学,它是一种在全新的逻辑建构中穿透资产阶级经济现象批判的人本主义**社会现象学**。

而在1845—1847年的哲学革命中,马克思在抛弃人本主义异化批判逻辑时,实际上已经在实证科学的意味上否定了**现象学认知**(往往与异化逻辑相同体)合法性。可是,在《1850—1853年伦敦笔记》(以下简称《伦敦笔记》)对经济学资料的详尽占有过程中,他再一次在科学的视域中意识到现实资本主义经济关系的颠倒和物化的复杂性,所以,在超越古典经济学的意识形态边界的同时,马克思重新创立了在**狭义历史唯物主义**和**社会认识论**基础上的历史现象学。马克思这时关心的问题不再是一般广义历史唯物主义的原则,而以狭义历史唯物主义的观点去透视这种颠倒的假象,即如何去掉一层层现象和假象,达到那个真实存在的本质和规律。这是由于,资本主义经济现实的自然性(自在性)中客观发生的多重颠倒和客观异化,这才需要非直观和非现成的批判性现象学。这里,它不是黑格尔精神现象学所面对的主观现象,也不是费尔巴哈和青年马克思自己原来那种否定现实经济现象的人本主义社会现象学,因为马克思这时的历史现象学的前提是社会关系的客观颠倒,这种颠倒的消除不可能在观念中实现,必须由物质变革来完成。科学的社会历史的现象学说明资本主义经济现象中的这种颠倒是如何历史形成的,它要揭露资本主义生产方式中客观颠倒的社会关系,以最终揭露资本主义经济剥削的秘密。具体地说,马克思必须面对复杂的物、物相、外在关系、颠倒了的关系、物化关系,非主导性的关系(如过去了的封建关系），在科学的历史抽象中找到原有的关系（简单关系），再一步步再现今天真实的复杂关系和颠倒了的社会结构。这不是直观或抽象反映，而是一种重构式的反映。这里既要一步步破除社会关系中由于颠倒所产生的迷碍，获得史前的简单的社会关系，又要从这种抽象的关系一步步复归于颠倒的各种复杂的经济具象。这就使马克思进一步发现，直接面对资本主义经济现象中的资本、货币、价值、商品等，个人和一般人的常识眼睛是看不清它们的本质的，因为这是一种颠倒的歪曲的社会现象。资产阶级政治经济学（包括它的社会唯物主义）同样是以这种假象作为全部理论的肯定性前提的。马克思这时关心的问题就是去掉意识形态，发现经济现实（物相）的本真性（生产关系）。这是马克思历史现象学的根本基点。也在这个意义上，我才提出，马克思的历史现象学正是他政治经济学革命的内在逻辑前提。这是过去我们传统研究没有认真注意的方面。所以，历史现象学是马克思《1857—1858经济学手稿》的最重要的哲学成果，也是马克思哲学思想发展的最重要的理论制高点。

*　　　*　　　*　　　*

我以为，马克思哲学研究中一切当代性的学术创新是有前提的，这就是不可跨越的我们自己"回到马克思"的基础性研究。其实，"回到马克思"作为一种口号是空洞的，它本身并没有太大的争论价值，关键倒是在这一口号之下，我究竟是否做了一些值得批评的具体研究？比如上文已经讨论了作为一种马克思哲学研究新方法的文本学的解读模式，从马克思经济学研究的内在思路来反观他哲学发展的逻辑的新视角，MEGA2 的新文本群的意义，还有我所标注为"历史现象学"的马克思批判理论之新解。令人生疑的是，《回到马克思》一书这些具体内容却被大多数批评者有意无意地遮蔽了。可能因为这种具体的批判比起对口号的评说来，会辛苦和艰难得多。我期待一种**具体的**批判和论争。因为，这将是中国马克思哲学研究的一次深刻挺进。重要的不是我的观点之对错，而是我们这些黑眼睛黄皮肤的年轻一代马克思哲学的研究者是否需要脚踏实地地使马克思在我们手中直接"上手"一回。

最后，我想援引我的老师孙伯鍨教授的一段作为本文的结语："任何发展都好像是历史的延伸，但又不是简单的历史延伸。在发展的道路上不仅充满了曲折和迂回,而且仿佛还有向出发点的回归。但这种回归不是要放弃已经卓有成效地获得的一切,而是要寻找新起点,以便向更高的目标推进。马克思在谈到无产阶级社会主义革命不得不在苦难和挫折中曲折发展时说道:'像19世纪的革命这样的无产阶级革命,则经常自己批判自己,往往在前进中停下脚步,返回到仿佛已经完成的事情上去,以便重新开始把这些事情再作一遍;它们十分无情地嘲笑自己的初次企图的不彻底性、弱点和不适当的目的;它们把敌人打倒在地上,好像只是为了让敌人从土地里吸取新的力量并且更加强壮地在它们面前挺立起来一样;它们在自己无限宏伟远大的目标面前,再三往后退却,一直到形成无路可退的情况为止……'。① 马克思主义哲学的发展经历着和上述情境相同的道路。'回到马克思','回到马克思的最初文本',这几乎是当今所有致力于研究和探讨马克思主义哲学的人们的共同意向。如果像上述马克思所生动描写的那样,不惜把事情重作一遍,以便坚决地、更彻底地把马克思的思想和事业推向前进,这自然是十分正确而明智的。回到马克思,回到的原初作品,是为了凭借一个多世纪以来革命史和学说史的丰富经验(成功的和失败的,正面的和反面的),借鉴马克思以后全世界历史发展的多方面丰富而生动的事实,进一步探索马克思主义哲学革命变革的真正本质。通过这种探索进而去挖掘马克思主义哲学的新的理论层面和精神内涵,以便使马克思的学说不仅成功地运用于破坏一个旧的世界秩序,而且能成功地运用于建设一个新的世界秩序;不仅能成功地运用于革命和战争的旧时代,而且能成功地运用于和平和发展的新时代,这是时代的呼唤,历史赋予马克思主义哲学的新使命。马克思主义哲学能不能面对时代的挑战,肩负起历史的重担,这是当今中国的马克思主义哲学家们集中思考的大问题。"②

①《马克思恩格斯全集》,人民出版社,中文1版,第8卷,第125页。
② 参见孙伯鍨先生为拙作《马克思历史辩证法的主体向度》一书所作的序。《马克思历史辩证法的主体向度》,南京大学出版社2002年第二版。

拉康哲学的问题式

原载《哲学研究》2005 年第 4 期

内容提要:本文第一次从哲学的视角讨论了拉康哲学的深层问题式。作者首先提炼出拉康逻辑的两个重要学术构件:一是否定性关系本体逻辑,二是证伪性存在论。然后重点讨论了拉康哲学逻辑中颠倒海德格尔筹划论的他者篡位式、强暴式的伪先行性。最后,作者分析了拉康哲学的历史性语境,特别是他与学术支援背景的颠覆性关联。

关键词:拉康哲学　存在的不可能性　否定性本体论　先行性篡位

拉康(Jacques-Marie-Emile-Lacan,1901—1983)是当代法国著名的精神分析学家和魔幻式的原创性思想大家。在今天这个后现代语境中,他的学术影响似乎一天天增大起来。其实,拉康的思想属于他活着的那个地方和时代。我以为,理解拉康的入门钥匙倒不是对拉康文本的独立解析,而在于首先懂得他所思考和解决的问题式之历史性缘起。这一点,对于费解的拉康真是太重要了。这也就是说,拉康哲学的难解性主要不是话语的玄虚,而在于他形上逻辑入口的非常性。通识话语中的大多数概念在拉康这里几乎都是转喻性的。

一

依我的理解,拉康的所谓思想革命发生在存在论之中,在于他所揭示的人的生存戏剧的三个观看的舞台或三种表演**辖域**(registre/register)。[①] 拉康认为,这是精神分析学过去从来没有接触到的基本层面。它不是生存领域的分界,而是三个**窗口**。拉康将这三个窗口分别**命名为想象的**(imaginaire/imaginary)、**象征的**(symbolique/symbolic)

---

① 人们经常将拉康的 registre 错译成"界",其实拉康选用的此词本意却是"注册"和"登记"。他显然不想用实体性或硬化了的概念来表征人的生命活动的复杂关系和功能层面。因此,registre 一词译作"域"似乎更贴切一些。

和**真实的**(réel/real)。① 拉康在这里,没有直接使用概念(名词),而是将形容词特指性使用。这是人的生命活动中的三种力量,它们分别是**意象**(imago)、**能指**(signifier)和**不可能之真**(impossible real),它们实际上是交织和混杂的,但它们各自又有自己的活动轨迹,对此,拉康又特地用活动中的**有序性**(ordre/order)来进行标注。于是,就有了想象域/意象序、象征域/能指序和真实域/真实序之逻辑分列。我还有一个不一定恰当的比喻,拉康这里三个存在域的划分与研究阶段的逻辑,真有些像马克思《资本论》的三卷结构,第一部分是自我主体的生产和发生,第二部分是主体在语言流通中的建构和实现,第三部分是主体存在的总体和事实真相。

我以为,这是三个生命活动的层面,并有着各自相异的有序功能结构。这三个重要的功能性指认正好有三个直接的否定对象,即拉康以前对个人主体建构的三个关键性规定,一是弗洛伊德的自我(moi/ego);二是施蒂纳、克尔凯郭尔以来的全部新人本主义的个人主体(subject)②;三是海德格尔那种非石化的本真性存在。一些论者总是论说拉康的自我理论或主体理论,其实拉康从来没有打算承认**建构主义的逻辑**。这是他与达利在 1930 年就完全达成一致的共同点。如果人们硬要说明拉康的这三种批判性的描述,那也只能是**伪**自我理论、**伪主体理论**和**不可能的**存在之真。从表面上看,拉康似乎是在对应弗洛伊德晚期的本我—自我—超我的人格系统,真实替代了本我,想象替代了自我,而象征替代了超我,其实不然,这不是一种简单的替代关系。拉康不是看不到现实生活中个人主体的物性实存,他只是想说明这种现实中的实存的背后是由什么东西构成的。这还真有点希腊老芝诺的那个超出感性现象运动的背后的"飞矢不动"的状况。在他的眼里,弗洛伊德实体性的本我(本能原欲)从来就不存在,原初在世的**人格心理自我**却是在想象性的镜像异化关系中被建构,自恋的真相是小他者的强暴和异化之他恋。而**社会化的成人主体**固然进入到一种形式上平等、非强暴性的言说和对话中,可是它又更深刻更隐秘地沦落为语言象征系统的奴隶,即能指关系(大写他者)的无意识的附属物。主体的秘密是:"象征通过想象什么样的中介而左右了最为隐秘的人的结构。"③

---

① 拉康:《拉康选集》,上海译文出版社 2001 年版,第 322 页。
② 拉康常常用大写字母 S 来表示主体。
③ 拉康:《拉康选集》,上海译文出版社 2001 年版,第 1 页。

当然,拉康的革命并非仅仅是抽象的否定和批判,他倒真地在颠覆中有一点小小的给予,当然,这并不是对新主体正面的肯定。有如施蒂纳反对类人后的唯一者、尼采反对残破主体之后的超人、海德格尔拒斥石化本体论后的存在。拉康的革命,远远超出了弗洛伊德精神分析学的学术平台,他颠覆的是整个当代西方新人本主义的个人主体观,最深刻之处,是直接否定了海德格尔对本真存在的价值悬设,因为本真性存在仍然不过是人在想象—象征之网格式化中的残余物,这个**物**(thing)又恰恰是暗合康德语境中的本体论和认识论上的**不可能**。这个不可能严格异质于布洛赫的存在论上的"尚未",它就是存在的不可能,不可能就是真实存在本身。一听起来,拉康的逻辑几乎是无法以常知逻辑甚至传统哲学话语来破解的。

我还有一个重要的观点,拉康的思想发生不是一个严格时间逻辑中的历史进程,他并不像有些论者说的先在早期提出了想象的镜像理论,然后在1953年又受结构主义影响提出了能指的象征语言理论,最后在1960年之后又建立了真实域的理论。其实,拉康的思考在其开端上就是根本性的变革。总体上说,拉康的思考是批判和否定性的,而并非建构性的。当然,拉康的思考是分步推进的。在1936—1951年间,拉康主要研究和探讨他的镜像理论,其中形象—意象是其重要的逻辑构件,而镜像、小他者(这是后来反指的)和**伪自我**是这一时期的关键词。从理论逻辑上看,拉康这一时期的研究较偏重"自我"发生学分析,可是,这种发生学研究正好与建构主义的发生学(如皮亚杰)相反,他是说明"自我"现实建构背后真实发生的误认和自杀悲剧。还有一点需要指认的是,拉康的这种发生学研究是建立在关系本体论之上的,固然这是一个带负号的关系本体论。1953年以后,拉康直接从语言学结构主义中汲取了大量学术资源,开始了他对**伪主体**理论的重点分析。其中,象征性的能指关系成为此时的主要逻辑工具,而语言中的无意识象征、能指链和大写他者是其关键词。自然,共时性结构的隐性关系是其逻辑平台,但这也是更深一层意义上的伪主体的批判发生学。1960年之后,拉康更加重视自己理论的本体论层面研究,**不可能的**存在之真成为他关注的焦点。幻象、欲望结构、症候和对象 a 成为关键词。至此,拉康哲学渐入神秘的玄学情境。

在我看来,拉康哲学是当代一种深刻的新人本主义主体批判理论,他意在否定和解构整个西方现代哲学思想中最重要的新人学基础,特别是对施蒂纳、克尔凯郭尔以后发展起来的以个人主体为基始的存在论进行了釜底抽薪式的革命。拉康的思想直接影响了福科、阿尔都塞和后来的德鲁兹，是法国当代哲学中**祛主体化**运动中最重要的理论基石，也成为后现代思潮、新女权主义和后马克思思潮的深层思想基础之一。当然，齐泽克反对这种说法，他明确指认拉康与后现代主义的异质性。然而，拉康的哲学理路和独特性还在他绝不是打算肯定性地重建主体，他的思考逻辑始终是**证伪**，而非重新证实。拉康从早期就口口声声说，要依从现象学的方法①，可是他在关于主体问题上"回到事物本身"的结果，却是人的本体存在之死。并且，这一次人死得很难堪。在拉康一生的理论努力中，他一直致力于批判弗洛伊德式的心理自我、拒斥笛卡尔以来的一切主体观念（主要是新人本主义的个人主体），但他绝无意在否定之后重新提供一种类似施蒂纳的"唯一者"、尼采的"超人"或者海德格尔的"本真存在"那种正面确认的个人主体的本真存在。拉康那里，人的存在就是他的法国同胞加缪的存在论上的西西弗斯性的荒谬，不过，这一次个人存在的荒谬被叫作**存在的不可能性**。不可能即个人存在之真。这是他全部哲学的要义。

首先，可以认为，拉康是在当代第一个宣布**个体**主体"我"死亡的人，正是他，谋杀了施蒂纳的唯一者，从而使从克尔凯郭尔发端的整个**新人本主义的本体性基根**陷入窘境。施蒂纳宣布了启蒙理性中那个**类人的死亡**②，而克尔凯郭尔则是在这个类概念（绝对理念、总体和本质）废墟上建构了个人（感性痛苦）本位的新人本主义主体哲学。以后才有尼采的超人和海德格尔的此在。必须指出，拉康对个人主体的证伪思路正好与皮亚杰③的建构主义发生逻辑相反，他不是想肯定性地说明个人主体的历史性发生和建构，而是着力于否定性地说明个人主体**被构成**的虚假性④。因为在人的存在本体的原初发生中，它就是一个**空无**，人的成长不过是用镜像（想象）之无、社会（象征）之无贴在那个原本空无一物的缺位上。拉康这里的观点受到了柯热夫解读的黑格尔哲学的影响。柯热夫所引用的耶拿时期青年黑格尔那句"人是一个黑夜"影响

---

① 拉康：《拉康选集》，上海译文出版社 2001 年版，第 73、76、85 页。
② 参见拙文：《类哲学人本逻辑的颠覆》，《开放时代》1998 年第 10—11 期。
③ 关于皮亚杰，可参见拙文：《皮亚杰与马克思主义认识论研究》，《张一兵自选集》，广西师范大学出版社 1999 年版，第 130 页。
④ 拉康：《拉康选集》，上海译文出版社 2001 年版，第 40 页。

了一大批法国思想家。① 更关键的一点是,拉康证伪的对象从一开始就不是实体性的个人主体,不是个人感性经验生活的实在过程,拉康的否定对象正是马克思、海德格尔、广松涉②以后的**关系存在论**。拉康批判性的革命发生在关系本体论中! 他旨在说明,个人主体在存在论上的"关系**格式塔(Gestaten)**"③建构恰恰是一种误认式的倒错存在。马克思说,人是一种"社会关系的总和",那还是一种历史性的肯定。而海德格尔已经看到,人的存在"不是一种物,不是实体,不是对象"④,它是一种行为建构中的关系,人是一种去在世与他人共在的历史性时间中的关系性的此在,可是,海德格尔已经看到个人主体通过物性上手"去在世"的对象性异化本质。到了拉康这里,一切主体内居于这些本体关系的社会—文化建构都是幻想性的、即将人的真实存在抹去的异化关系。拉康是将马克思、海德格尔发现的关系本体论,即个人主体每天在现实生活中建构的格式塔生存恰恰视作一个蒙人的骗局。拉康的批判对象从不是外显的。他真的深刻得可怕。

其次还需要说明的是,拉康的逻辑是**超现实的否定性的**关系本体论。如果海德格尔说:"凡是如存在者就其本身所显示的那样展示存在者,都可在形式上合理地称为现象学。"⑤那拉康这里则是说,现象学只会是一种**无意识的**意象,因为存在者"本身的显现"和"展示"都更深地是**他者**的无意识强制。马克思那里,建立在劳动生产之中的周围世界,或者海德格尔那个此在通过物性上手建构的周围世界,现在成了拉康眼中大、小他者隐性创造的想象—象征化的世界。所以,已经异常深刻的非直观的真理不再是海德格尔所说的解蔽与遮蔽同体,它就是他者牵引下的必然性**误认**。这是一个非常重要的逻辑入口,拉康的镜像—

---

① 黑格尔的原话为:"人是一个黑夜,一个空洞的虚无。"这是青年黑格尔在"耶拿精神哲学"手稿中的一句名言。黑格尔原来的意思是说,人是一种来自于精神的否定性,在自然物质实有的意义上,他是一个无。黑格尔的这一思想深刻影响了巴塔耶、阿尔都塞、萨特和拉康。不过前两者都在肯定的意义上使用了黑格尔的语境,如巴塔耶说上帝、神性奇迹是一个世俗功用世界中大写的"无有"(NOTHING)和空白,阿尔都塞干脆说历史是一个无主体的过程。只有拉康是在否定的意义上使用了这个空无。巴塔耶的说法可参见:巴塔耶:《色情、耗费与普遍经济——巴塔耶文选》,吉林人民出版社 2003 年版,第 219—220 页、第 224 页。
② 关于广松涉的关系本体论,参见我为广松涉书列所写的"代译序"。《事的世界观前哨》,南京大学出版社 2003 年版。
③ 拉康:《拉康选集》,上海译文出版社 2001 年版,第 276 页。
④ 海德格尔:《存在与时间》,北京三联书店 1987 年版,第 59—60 页。
⑤ 海德格尔:《存在与时间》,北京三联书店 1987 年版,第 44 页。

想象关系、能指—象征关系和真实性关系都不直指个人存在的感性经验存在，而是在更深的一个"超现实"、超实体的心理实在语境中得到确指。这一点，拉康认同了超现实主义的语境，人最重要的东西是在世俗现实之外的真实关系。达利在半疯狂的状态中，使自己的超现实之真直露出来。[1] 可是，拉康进一步发现，正是这种作为人最重要的本质关系，如想象、象征关系中先锋人杰们所追逐超验理想恰恰是更深的异化！这种宣判对一切乌托邦主义和美学、神学救赎论真是毁灭性的。依拉康之见，个人之"我"的形成发生于一种**异化的强制性自我认同**。无论是"我"最初在世的心理"自我"的建构，还是社会生活中复杂的语言象征关系中的主体确立，统统是一种幻想式的**镜像自欺**。我们如果挪用一下萨特的话语，这叫做"内在的自欺"。[2] 越理想化，自欺即越深。

其三，拉康哲学是一种深刻的**证伪主义存在论**。前面已经指认，证伪的逻辑是拉康哲学的内里构架。我们知道，在知识论上，首先提出证伪逻辑的是波普尔。他倒转了全部传统知识论和科学观的评价尺度，将科学的标准从培根以来就确认的证实逆转为证伪，由此，科学不再是简单的外部规律的直映，而成为必定内含有限性误识的假说；真理不再是通过实验证明观念与事实的绝对符合，而是一种发现历史性知识自身包含错误的认识过程。科学不是"全真教"，任何一种知识必须证明自己有误才进入科学的思想过程，科学知识有错才是唯一的真理。拉康的逻辑正是证伪主义在存在论上很深的体现。他颠倒了传统一切关于人的生存的肯定性看法，人存在，但人并不是自己存在，人总是作为他者的奴性认同——**非我**而在场。幼小个人心理自我的最初的建构即踏上了他性的意象—想象之途，因为只是非我的镜像成为伪自我的基始性缘起；进而，主体性在象征域中的确立，是通过能指链的暴力篡位实现的，从一开始，文化教化中发生的人的主体即是大写他者幻化的伪主体。人的存在只能在证伪中出现在他处，用拉康的话语说，即真实的东西——对象 a，只是作为象征域同一化失败的剩余出现的。所以，人的存在之真实即本真生存**不可能**。

最后，我们还会发现拉康哲学的核心之处，即个人主体存在的一种全新的无意识原则。拉康的无意识不再是弗洛伊德那种被主体压抑到

---

[1] 参见我第一幕中对达利画境的哲学分析。
[2] 萨特：《存在与虚无》，北京三联书店 1987 年版，第 85 页。

意识阀之下的本能原欲,而转喻成对主体自我确立的一种反讽:在镜像阶段中,幼小的个人心理最初建构的自我,只不过是借助镜像(小他者Ⅰ形象)无意识获得的一种**先行性篡位的**反射性凝滞幻觉,进而,他人之面容(小他者Ⅱ意象)强制性地建构出个人自我深一层的关系构架中的无意识想象自居(认同)。在象征域中,个人进入总是**先行的**语言和社会性交换的文明教化生存之中,在此,能指关系结构是主体建构的唯一路径,其间,作为取代物与人存在的象征——能指链成为主体建构的无意识支配结构,即先行存在的大写他者。弗洛伊德的无意识是人的存在本相仍然可以被拉康认可,然而无意识这里却是大写他者话语。此时,无意识成为人的存在之死,无意识象征了人之存在中最大的先行的侵凌性强暴。可悲的是,人却无意识地拥抱这种强暴,并将先行的侵凌本身内居为自己最重要的存在。如果说,我们原先会因为发现弗洛伊德所揭示的自主意识背后支撑性的无意识感痛苦,可这里,我们一定会因自己最本根的无意识的他性感到绝望。

二

从本体论的层面上看,拉康哲学是一种深刻的批判性生存辩证法。他颠倒了存在主义的本真性逻辑,如果在海德格尔那里,与外部决定论的被抛相对的此在本己的筹划 Entwurf 是一种积极的先行性(在萨特那里,叫个人的超越性谋划)[1],而在拉康这里,筹划恰好是一种自欺,你以为是自己的打算和理想,可它却是他者操控的无意识结果,"成为你所是的"[2]必然变为**成为他者所让是的**。在此时,海德格尔的"面死而生"绝不再居有诗意,因为事情的真相是**生不如死**。

在海德格尔所言说的那个过去、现在和将来的三维同一时间辩证法中,沉沦的常人往往是"从'当前'来领会'过去'"[3],而作为本真性的此在的存在则是从将来出发的。在此,将来是使此在的本真性先行具有(Vorhabe)的重要维度[4],"此在总是从它所**是**的一种可能性,从它在

---

① 海德格尔:《存在与时间》,北京三联书店 1987 年版,第 177 页。
② 海德格尔:《存在与时间》,北京三联书店 1987 年版,第 178 页。
③ 海德格尔:《存在与时间》,北京三联书店 1987 年版,第 459 页。
④ 海德格尔:《存在与时间》,北京三联书店 1987 年版,第 386、452 页。

它的存在中随便怎么样都领会到的一种可能性来自身为存在者"①,将来是指"此在借以在最本己的能在中到来的那个'来',先行使此在**本真地**是将来的"。② 海德格尔那里先行的意思是,"此在在本真地生存之际作为最本己的能在让自己来到自己"。③ 而拉康这里,先行的可能性(应该)却是他者的一种直接强暴,最本己的先行性成了恶意的非我的先在,这是一种**伪先行性**。拉康曾经说:"在我的历史中所实现的,并不是作为已逝者的确定的过去(le passé défini),因为这已经不存在了;也不是我现在所居有的完成了的现在(le parfait),而是对于我的形成中将成为什么的这一先行的未来(le future antérieur)。"④初看起来,这一段表述像是对海德格尔时间辩证法的复述,可是,拉康此处的"先行的未来"是指镜像阶段中小他者(镜子影像和他人的面容之镜)向"自我"强行提供的**先行看到**(Vorsicht⑤),而在象征域中,则是大写他者对具象事物和个人主体的**先行掌握**(Vorgriff⑥)。依拉康的逻辑深想下去,他其实否定了全部人类文化的发端,因为,文明之起缘起于概念(类、本质和"一")。那么,这里拉康就将否定类对个别的先行,本质对现象的先行,"一"对多的先行,存在者对存在的先行。这是本体论中的恐怖主义。

可是请一定注意,拉康这里的先行性都是贬义的,先行意味着镜像给予的"我"还不是(Being)的先行看见的虚假自我,意味着象征性能指对死去了的对象性事物和空无主体的先行命名和询唤。拉康的先行性无一不是他者**篡位式**的**强暴式**的伪先行性。这个本体性的篡位是非常关键的,拉康常常说,初始的"我"是一个空位,它(Es)后来被小他者的影像、大写他者相继篡位,所以,主体是在空无之上用无建构起来的。在这一点上,萨特的一句话正好被倒过来反讽式地理解了。萨特认为,个人生存的本质是超越性的谋划,人总是否定自己的现存,因此,人尚不是超越性的可能(虚无)将成为一种积极的本体内驱。"自我性的特点事实上就是人总是与他所是的东西相分离,而这种分离由他所不是

① 海德格尔:《存在与时间》,北京三联书店 1987 年版,第 54 页。
② 海德格尔:《存在与时间》,北京三联书店 1987 年版,第 386 页。
③ 海德格尔:《存在与时间》,北京三联书店 1987 年版,第 399 页。
④ 拉康:《拉康选集》,上海译文出版社 2001 年版,第 312 页。译文有改动。Écrits:A Selection, trans. by Alan Sheridan, London and New York: W. W. Norton & Co, 1977, P. 86.
⑤ 海德格尔:《存在与时间》,北京三联书店 1987 年版,第 184 页。
⑥ 海德格尔:《存在与时间》,北京三联书店 1987 年版,第 184 页。

的存在的无限广度造成"。① 这里萨特的"人总是与他所是的东西相分离"说得是肯定性的超越可能,而拉康则发现人总是与自己的真实存在相分离,人总不是他自己。

为此,我有一个判断,如果说相对于存在主义的向死而生,布洛赫的"希望原理"是"带负号的存在主义",那么拉康则是布洛赫的**再颠倒**。人存在,可是他从来不是自己存在,人不过是他者的无意识的奴隶。更可悲的是,"人自认为是人"!② 人以为自己是自主的个人,人觉得自己是有激情和思想的主体,"此在就是我自己一向所是的那个存在者,存在一向是我的存在"③,这统统是疯话。拉康宣布,他将带来一种使个人主体为核心的整个思想世界的"地震"。

拉康极为深刻地看到,存在的先行性的本质实为人的隐性的无意识心理层面中发生的**侵凌性**(agressivité/aggressivity)。依我的理解,侵凌是一种强制,但与外部的暴力不同,侵凌是一种"甜蜜的权力"。这样说,可能会使侵凌性成为一种费解的东西。在此,我们可以看一下拉康的具体分析。拉康认为,侵凌性最早是"主体的成长过程中与自恋结构有关的张力"④,它是"自我"的建构过程中由于对象性认同所产生的一种基始自拘性,或者叫"意愿的压力"。对这个意愿的压力,拉康说得很重:"意愿的压力腐蚀人,败坏人,使人解体,使人无能;它导致死亡。"⑤这一宣判会使作为侵凌性成为一个存在论意义上极为严重的问题。他认为,对于一个个人主体来说,我们可以在他的无数不经意的症候里测度出这个压力:

> 在不明言的他的行为与回绝的目的中;在他行动的失误中;在他成人的自己偏好的幻想中;在他梦幻世界的疑谜中。……在常常贯穿整篇言辞的要求的调子,在停顿中,在迟疑中,在其思绪中和口误中,在叙述的失误处,在规则应用的不一贯中,在其迟到和其故意的缺席中,在其指责和其批评中,在其虚妄的恐惧中,在其

---

① 萨特:《存在与虚无》,北京三联书店1987年版,第47页。
② 拉康:《拉康选集》,上海译文出版社2001年版,第195页。
③ 海德格尔:《存在与时间》,北京三联书店1987年版,第141页。
④ 拉康:《拉康选集》,上海译文出版社2001年版,第113页。
⑤ 拉康:《拉康选集》,上海译文出版社2001年版,第100页。

愤怒的情绪反应中,在其威吓性的逞能中。①

拉康想要找寻什么?其实,他是想说明时刻存在于我们身上自我强加于自身的那种**无意识的自我压迫**。在拉康那里,这种无意识的压迫形成于个人心理最初建构的自我确认中,由于镜像中影像对个人早期无能的生存"某个时刻的凝滞",先行看见的小他者以一种空洞的无强占了自我的位置,并且这个虚假的"自我"却对个人存在本身进行先入为主的侵凌。可悲的是,人不仅无法意识到这种强制,反而将这种侵凌性的压力自居为自己本真的意愿。弗洛伊德的"自恋结构"。在这之后,先行到来的侵凌反客为主式地成为个人主体生存在一切阶段上的内里逻辑。拉康正是在这个意义上发现了主体存在的妄想性结构,或者通俗地说,人的疯狂。因为,人总存在于他处,他只能作为另一个(other,他者)人在场,他才能活着。"人与他人的一切关系中甚至在最善意慷慨的帮助中"也必然存在着侵凌性。② 人没有他者对其存在的强暴,他就无法生存。这就是侵凌性的本质。

拉康还由此将侵凌性上升到社会存在的意义层面,他认为,全部主体性文化的本质就是先行到来的他者对具体对象和个人自下而上的侵凌,这也是我们**全部文明的基础**。拉康说,侵凌性在我们的文明中处于显赫的地位,"它的应用被看作是在社会上不可或缺的,是广泛地被接受的一种道德的行为"。拉康这里的意思是说,文明中道德的本真性是一种隐性强制。这倒是一个新的解读。传统道德真是由外部强制直接支持的,而现代西方文明的道德是一种自我惩戒,在这一点上,他与福科的话语同构。所以,拉康声称:

> 在达尔文之前,黑格尔提供了关于人类本体论的侵凌性功能的最终理论,显然是预见了我们社会的铁的法则。从主人和奴隶之间的斗争他推断出我们的历史的整个主观和客观的进程。并从这些危机中展示了最后达到的综合,这个综合是在西方所给予人的地位的最高形式中可以看到的:从斯多葛派到基督徒,甚至到未

① 拉康:《拉康选集》,上海译文出版社 2001 年版,第 100 页。
② 拉康:《拉康选集》,上海译文出版社 2001 年版,第 95 页。

来的大同国度的公民(citizen of Universal State)。①

拉康认为,自己的努力正是要揭露这种隐匿得很深的侵凌性,特别是要揭示出"隐伏在慈善家,理想主义者,教育家,以至改革家的行动后面的侵凌性"。② 他声称,"在现代社会'解放'了的人"身上,存在着由深层侵凌性构成的"内在的裂痕",即"自我惩罚"式的慢性自杀。

由此,拉康还有一个从人的存在本体论上的侵凌性分析上升到**知识论批判高度的观点**。他认为,主体由象征关系造成的客观面像(弗洛伊德的"自恋")正是一种特殊的认同模式,他将这个方式称之为"**形式的凝滞**"(formal stagnation),"这个特性在于它们是由某个时刻的凝滞而造成的,其古怪的样子正像电影片子停止转动时演员的模样一样"。更为严重的是,"侵凌性是种与我们称之为自恋的一个认同方式(*mode of identification*)有关联的倾向,这个认同模式决定了人的自我的结构形式,并也决定了他的世界特有的实体域记存的结构形式"。③

这个形式的凝滞与人类知识的最普遍的结构是相近的:那个以恒定性、同一性和实体性的特征来构成自我及其对象的结构,简单地说就是以实体或"物"的形式来构成的结构。这些东西是与经验让我们在按动物性欲望而展开的变动的场景中分离出来的格式塔相异质的。④

也是在这个语境中,拉康说全部人类知识的本质是一种可怕的不可能的僭妄,因为以象征概念为基础的知识体系是用凝固了的东西替代鲜活存在的过程,更要命的是,自以为是的知识体系却自指为存在。爱利亚学派的"一"。它无法意识到,在这种客观的物相化过程中,"这个形式的固定了某种层面的断裂以扩人的机体与他的外在世界之间的某种不和谐。事实上,这个形式的固定无限延伸了人的世界的他的力

---

① 拉康:《拉康选集》,上海译文出版社 2001 年版,第 118 页。译文有改动。*Écrits: A Selection*, transl. by Alan Sheridan, London and New York: W. W. Norton & Co, 1977. P. 26.

② 拉康:《拉康选集》,上海译文出版社 2001 年版,第 96 页。

③ 拉康:《拉康选集》,上海译文出版社 2001 年版,第 106 页。译文有改动。*Écrits: A Selection*, transl. by Alan Sheridan, London and New York: W. W. Norton & Co, 1977. P. 16.

④ 拉康:《拉康选集》,上海译文出版社 2001 年版,第 108 页。译文有改动。*Écrits: A Selection*, transl. by Alan Sheridan, London and New York: W. W. Norton & Co, 1977. P. 17.

量,它给予他的对象以工具性的多种价值,象征的多个声音和武装的潜力"。① 也由此,"人类特有的那种要在现实中打上自己形象的印记的狂热是意志的理性干预的隐秘基础"。② 拉康认为,人类的知识是另一种形式上的**妄想狂**。③ 当然,拉康这里所讲的妄想狂并不是正肯定达利和超现实主义的那种反叛性,而是转喻人类理性的那种不切实际的万能论中的原初暴力。所以,对作为知识论目的的真理,拉康会作这样评论:"真理不是别的,只是通过运动它的无知才知道的东西。"④

三

人们常说,拉康是在超现实主义和黑格尔主奴辩证法思想的影响下,将结构主义语言学引入精神分析学,形成了一种很具哲学意味的批判性玄思。在大的思想背景上,这是不错的。可是,大多数论者却忽视了一个关键性的问题:拉康与他的理论支援背景的思想关系从来不是现成性的引入,没有任何一种他人的观念在他的思想中只是肯定性的原装应用,几乎所有对他有影响的理论思想,无一例外地都是通过**革命颠覆和逆转**获得新生的。这使得拉康与自己的思想资源的关系变得异常复杂。其实,在进入拉康语境的几个重要讨论域之前,我们有必要交代一些支援性的内在思想线索。我仔细排了一下,主要是作为拉康**思想内驱力**的超现实主义,作为拉康**思想镜像物**的达利,作为拉康**哲学平台**的黑格尔的主奴辩证法,作为拉康哲学**核心研究对象**的他者理论,作为拉康主要**概念资源群**的索绪尔和语言结构主义理论,以及作为拉康**存在之真实域**背景的巴塔耶哲学。还应该说明的是,在拉康的哲学思考中,胡塞尔现象学中的意向概念和海德格尔的时间中的存在本体论都是他很深的逻辑支撑,但考虑到这两种东西都已经是中国西学研究中的"本真行话",故不在此书中做过多的介绍性分析。这一点请读者在拉康文本中遭遇胡塞尔和海德格尔时一定不要忘记。⑤ 如果综合地

① 拉康:《拉康选集》,上海译文出版社 2001 年版,第 108 页。
② 拉康:《拉康选集》,上海译文出版社 2001 年版,第 113 页。
③ 拉康:《拉康选集》,上海译文出版社 2001 年版,第 92 页。
④ 拉康:《拉康选集》,上海译文出版社 2001 年版,第 606 页。
⑤ 米歇尔·古柏尔(Michel Guibal)说,拉康与海德格尔有私交,阅读拉康,一定要懂胡塞尔和海德格尔。参见古柏尔在四川大学哲学系题为"关于拉康、精神分析与中国文化"的演讲的第三讲。网址:www. siwen. org。

说,这会是拉康的哲学逻辑在历史发生学意义上的**谱系学**。这可是走出拉康迷宫的线路图。

第一,拉康与最早影响他思想的超现实主义的关系。有人说,拉康思想中那种诗性力量就来自超现实主义,甚至他的那本著名的《文集》"有许许多多地方直接或间接涉及到了"超现实主义。① 这是对的。可是,超现实主义者那种想要透过颠覆观念奴化现实的艺术作品呈显无意识的世界,用奇幻的宇宙取代麻木平庸的日常生活,创造出超越现实的真实生命情境的意图,并不是与拉康思想直接匹配的东西。拉康兴奋于超现实主义对现实的艺术化颠覆,他与达利共同想到反对肯定现实的建构主义,但是他没有盲从布勒东式的彼岸灵魂革命,也没有将达利那种以直接狂想实现生命欲求的个性化道路视为自己的理论平台,拉康关心了超现实主义废弃的现实生活本身,他的思考正是想揭露这个伪现实世界(它的核心话语即是个人主体性所布展的主人权利关系)是如何被自欺性地建构的。拉康十分巧妙地利用了超现实主义的内里逻辑惯性,却开采出别有一番意味的更精深的学术平台来。

第二,拉康与黑格尔主奴辩证法的关系,本身已经经过柯热夫等新黑格尔主义的中介。毫无疑问,即使是被克尔凯郭尔式的存在主义"油炸"过黑格尔,特别是他的自我意识即欲望,自我意识确立的对象性反指关系以及主奴关系中的他者性辩证法,的确都成为了拉康全部哲学逻辑内里基础。然而,黑格尔那种"人是一个黑夜"的观点被直接篡改为人是一个空无,个人主体的欲望(包括那个达利妄想狂中的真实欲望)被消解为他者无意识控制的非本真对象,那另一个自我意识的镜像确认关系被负指为幻想性误认,更重要的是主奴辩证法中那种在对象化劳动中发生颠倒的自反关系,在拉康这里失去了全部现实历史基础,黑格尔作为世界本质的绝对观念(逻各斯化的上帝)却被宣判成隐性的暴君式的大写的他者。正是这个后来被列维纳斯哲学重新阐释过的他者概念,被拉康劈裂成大、小他者,其根本性的逻辑意向也已经被逆转了。

第三,拉康与语言学结构主义的关系,也是最重要和最复杂的理论关系。我们从拉康中后期的研讨和记录文本中看,语言学结构主义的概念满天飞,这让许多拉康的研究者简单地将拉康描述成一个将结构

---

① 斯特罗克:《结构主义以来》,辽宁教育出版社 1998 年版,第 170 页。

主义引入弗洛伊德话语的结构主义精神分析学。这恰好应验了拉康对真理的定义：我们总是在误认中抵达真理。准确地说，拉康是反对结构主义的。在一条证伪主体的"去中心"意向中，拉康与结构主义是同路人，可是，在结构主义中替代主体的结构本身（俄罗斯形式主义的"形式"、布拉格学派的语言功能系统），在拉康这里正是那个大写的他者。在这一点上，拉康的起点与早期德里达的思考是同质的。

最后，是拉康与他的理论之父弗洛伊德的关系。拉康口口声声说："回到弗洛伊德"，他也将自己的学术人生说成是"弗洛伊德的事业"，可是我们却发现，拉康同样是在回归弗洛伊德中时时处处颠覆着弗洛伊德。有的论者认为，拉康的回到弗洛伊德实质上是回到青年弗洛伊德。特别是他的无意识理论。① 这是有道理的。用阿尔都塞的话来说，拉康开始了一种对弗洛伊德理论的"意识形态批判"和"认识论的澄清"②。后来拉康承认，"回到弗洛伊德的口号意味着一个逆转"。③ 拉康与弗洛伊德的关系是最重要的逻辑线索。也因为这一点至为关键，所以我们来以一个著名的拉康式的**过度**诠释来看他是如何"回到弗洛伊德"的。

拉康多次谈及弗洛伊德晚年的一个表述（有时他也将其称之为弗洛伊德最后的"遗嘱"④），即后者在 1932 年《精神分析引论新编》中第31 条中的一个表述："它在哪里，我便将在那里（Wo Es war, soll Ich werden）！"⑤本来，弗洛伊德的语义是十分清楚的，本能的本我（它）在哪里，驾驭它的自我（我）便出现在哪里。恩斯特·琼斯（Ernest Jones）的英译文为："Where the id was, there the ego shall be"（本我曾在的地方，自我将在那里存在）。在此，英译者将那个代词"Es"（本应直译为"It"）直接意译成本我（Id），而将"Ich"（本应译为"I"）意译为自我（Ego）。由玛丽·波拿巴（Marie Bonaparte）法译文字更简单："Le moi doit déloger le ca"（自我将取代本我）。⑥ 其实，如果在弗洛伊德自己的语境中，这两种翻译都没有大错，可是拉康却觉得问题大了。他说，弗洛伊德这里故意没有使用定冠词"das"，这里有"特别的意味"：

① 库兹韦尔：《结构主义时代》，上海译文出版社 1988 年版，第 139 页。
② 阿尔都塞：《列宁与哲学》，远流出版公司（台湾）1990 年版，第 212 页。
③ 拉康：《拉康选集》，上海译文出版社 2001 年版，第 384 页。
④ 拉康：《拉康选集》，上海译文出版社 2001 年版，第 400 页。
⑤ 弗洛伊德：《精神分析引论新讲》，安徽文艺出版社 1987 年版，第 89 页。
⑥ 法文中的"déloger"原意为迁出或赶走。

Wo，那儿；Es，没有 das 和任何客体化冠词的主语；war，在，这是存在的地点，在这个地点；soll，这是宣布了一种道德上的责任，就如在这句话之后结束全章的那句一样；Ich，我，我须在那儿（正像人们说："这是我"之前说的是"我是这"）；werden，就，就是说，并不是到达，也不是出来，而是在那个存在的地点产生。①

所以拉康对弗洛伊德这一名句的解释为："在它曾在的地方，——我们可以说——，在它绝对所在的地方，——我们在使人理解为——，我有责任生成在那里"。② 拉康的意思是非常复杂的。但我可以明确地指认，是拉康有意曲解了弗洛伊德。他反对后者**本能式的**本我，以拉康的理解，本我是**本体论上的无**，它从来没有在场过，所以本我只是一个应该存在但没有出现的"它"，那实际上是一个空位。自我，不过是一个"以一系列异化认同构成其内核"的伪自我，这主要是指由小他者镜像反射虚构成的未成年个体主体，而进入文化语言关系的个体主体就更悲惨了，它不过是一个大写他者异化认同的象征关系结点。所以，拉康会故弄玄虚地说，那个与德语"Es"同音的主体（sujet）起始字母 S，作为不是自己的"它"出现的"绝对主体的形式"。S 不过是它应该在但并没有存在的地方，而不是"它曾在的地方"，现在"我"真地出现在那个地方，可是，"'我'变成了消失在我所说的之外的存在"。主体 S 是已经死掉的，不过它自己不知道罢了。这个观点，我们后面还会做更仔细的讨论。"'我'作为主体是以不在的存在而来到的。这个主体与一个双重疑难相协调：一个真正的存在却会因自知而破灭；一个话语却是由死亡来维持。"③**他不知道他是死了。**S 以后将背上把自己划去的斜线，成为 Ŝ。这是一种可怕的**异化之异化**。或者叫做：

> 双重的异化，因为不仅主体的制作被他者所窃，这还是所有工作的构成关系；而且主体也不能在作为他的工作的理由的制成物中辨认出他自己的本质，他自己"不在其中"。他已在主人死亡的

---

① 拉康：《拉康选集》，上海译文出版社 2001 年版，第 401 页。此处，中译文将"war"错写成"was"了。

② 拉康：《拉康选集》，上海译文出版社 2001 年版，第 401—402 页。译文有改动。*Écrits: A Selection*, transl. by Alan Sheridan, London and New York：W. W. Norton & Co, 1977. P. 128. 中译本第 610 页。

③ 拉康：《拉康选集》，上海译文出版社 2001 年版，第 661 页。

那个预期的时刻,主人死后他才能活;但是,在等待主人的死时他讲自己认同于死了的主人,由此,他自己已经死了。①

这已经不是原来那个弗洛伊德了。拉康杀死了他。在这大他者父亲的死亡中,他才实现了自己的革命。

如果说,海德格尔的存在主义试图通过此在在历史性时间中的在世,摆脱传统主体哲学的"无根基状态"②,那么,拉康却在说,个人生存(历史性的此在)的真相就是**无根性**!弗洛伊德革命的意义在于说明笛卡尔理性主体的不做主,"自我不是自己家里的主人"!而拉康则是说,人从来就没有家,自我与主体都不过是不同程度的幻象和自欺骗局。因为根本没有什么存在之本真,所以荷尔德林-海德格尔式的乡愁被彻底熄灭了。

---

① 拉康:《拉康选集》,上海译文出版社 2001 年版,第 328 页。
② 海德格尔:《存在与时间》,北京三联书店 1987 年版,第 27 页。

从他性镜像阅读到自主性理论空间的转换

——列宁"伯尔尼笔记"研究①

原载《哲学研究》2007 年第 10 期

内容提要:本文认为,列宁的哲学思想发展是一个包含一定的非连续性的认识进程。特别是他著名的关于黑格尔哲学研究的"伯尔尼笔记",其中存在着一个从他性镜像思想空间向自主性思想构境的转变过程。在"伯尔尼笔记"中,列宁前期阅读的思考逻辑是一个他性的同一,而不久,在他的阅读和研究深入中,这种虚假的同一性就消解了,列宁自己的思考逻辑中不断出现矛盾甚至是逻辑分裂,其直接结果是列宁通过研究黑格尔,进而深入地理解了马克思的一些重要观念和基本思考逻辑,从而最终获得自己独立思考中的重要认识飞跃。

关键词:列宁 "伯尔尼笔记" 黑格尔 辩证法 他性镜像阅读 自主性理论空间

在我看来,列宁在马克思主义经济学和政治理论方面的著述,的确很早就成熟起来,并在与俄国民粹主义、第二国际理论家、普列汉诺夫和孟什维克的现实斗争中,愈来愈站在了马克思主义当代发展的高点上。可是,在哲学理论方面却不尽然。列宁的理论起步不是哲学观念,而恰恰是俄国革命的现实,他对哲学的关注也是因为对现实斗争与科学世界观关系的深刻理解。在前苏东学术界传统研究中,对列宁哲学思想发展的理解缺乏真实的历史**时间性**,为了建构和维护一种同质性的"列宁主义哲学",不惜抹煞列宁思想过程的**具体理论质性**,而以**平滑的同质连续逻辑总体**对其进行非历史的思想史定位。特别是在关于列宁最重要的黑格尔哲学研究成果"伯尔尼笔记"②的思考中,始终存在着

---

① 本文为教育部重点科学研究基地重大课题"列宁的社会理论与当代社会主义实践"(05JJD710128)的阶段性成果。

② "伯尔尼笔记"是我对列宁在 1914—1915 年写于瑞士伯尔尼的一组哲学笔记的重新命名。这由八个笔记本组成的摘录性笔记中,其核心部分是列宁弄懂和研究黑格尔哲学的学习性笔记和心得,而非先前人们所认定的关于唯物辩证法专著的未完成手稿。

两个层面上的问题:一是基于主观预设的"计划构想论"占据着支配地位,二是将列宁二十年的读书研究过程变成一个目的论的实现过程。今天看,这显然是一种基于主观主义的平面化的线性逻辑。对此,我在最近的研究中得出了完全相反的看法,即必须承认列宁哲学思想的深刻历史变化的逻辑进程。本文依据作者最新的思想构境方法,仅就"伯尔尼笔记"中列宁哲学思想的质性认识转换逻辑作一概要的梳理,以期更多深入的关注和思考。

一

也是针对前苏东学界关于列宁哲学思想史研究的问题,我提出列宁哲学思想是一个包含一定的**非连续性**的分期断代认识。依我的看法,列宁哲学思想发展的起点大约是在 19 世纪末,这一有着内在逻辑联系的思想进程从总体上可以分成三个时段:一是**早期**列宁哲学思想发展阶段,这应该是从 1894 年的《什么是人民之友以及他们如何攻击社会民主主义者?》(以下简称为《什么是人民之友?》)开始,一直到 1906 年以前。在这个时期中,列宁的哲学思想并不表现为理论学术上的研究和进展,而是他作为一个马克思主义实践家在现实革命实践中灵活运用马克思主义哲学的过程。二是 1906 年至 1913 年这一时期,我觉得,这是列宁**研究和掌握哲学唯物主义**理论的重要时期。在这个历史时期中,除去日益复杂激烈的政治斗争,列宁已经开始系统地学习和研究哲学理论,并在马克思主义哲学的唯物主义和认识论的基本理论的深入理解中获得了重要的进展。三是 1914 年开始的时期,这个时期的主体部分是列宁在 1914 年到 1916 年间对黑格尔辩证法和认识论的专题哲学研究,即列宁在"伯尔尼笔记"中的不断变化着的革命性哲学思考。

我认为,即使是从 1895 年一直到 1915 年,列宁对马克思主义哲学理论的认识和理解的第一时期和第二时期的思想发展,也呈现了一个复杂的转换和深入的过程。关于这一点,我会另文专题讨论,在此,我们只是集中地来重新梳理一下列宁哲学思想发展的第三个时期,特别是"伯尔尼笔记"的内部逻辑进展线索。关于这一时期的列宁思想发展,在前苏联学者凯德诺夫那里,生成了对列宁哲学思想的一种带有**先验目的论**色彩的解读模式。这也就是至今仍然支配我们研究列宁"哲学笔记"("伯尔尼笔记")的传统模型,即所谓列宁写作一部唯物辩证法学术专著的**计划构想论**。① 正是凯德诺夫关于列宁"哲学笔记"研究的这个"计划构想论",在相当长的一个时期内成为这一研究领域中重要的理论参照模型,影响甚远。然而,以我自己对列宁二十年的哲学学习和研究的文献深入探讨和分析的结果,现在可以断定凯德诺夫的这个"计划构想论"完全是一种带有**意识形态意味的伪构境**。这个伪构境以非历史的拟像,制造了列宁关于写作辩证法专著这一并不存在的理论思想史假象,这个理论构境是经不起严肃的文献学和理论学术追问的。

固然,列宁从登上社会历史舞台开始,在普列汉诺夫等人的指引下,就成为一位坚定的马克思主义者。在政治、经济和许多重大现实问题上,他都将马克思主义的基本观点成功地运用到对俄国的革命实践中去。这已经是一个不争的事实。可是,这并不意味着,列宁在**全部**马克思主义基本理论上就一定都是成熟的理论家。我认为,哲学,就是列宁起初并没有高度重视的思想领域。所以,在 1908 年以前,列宁对马克思主义哲学的学习和了解,相对于政治和经济学等方面,总的说还是不系统和不够深入的。在一定的意义上,他对马克思主义哲学的基本立场和观点的认识,主要是依存于他的老师普列汉诺夫等人的。在这一阶段,列宁根本不可能产生什么哲学学术研究和创造的现实动机和可能性学术基础。这是其一。其二,1908 年,为了反击和批判俄国马赫主义的错误,促使列宁进行了第一次对哲学理论的系统学习和研究,这种学习也只是使他在哲学唯物主义理论方面获得了长足的进展。可是,与整个第二国际理论家和普列汉诺夫一样,列宁此时还没有真正意识到**唯物辩证法**理论在马克思主义哲学中的关键性地位。于是,凯德诺夫所说的那个关于唯物辩证法理论"计划"根本没有存在的思想条件。这种状况,一直到他读到马克思恩格斯的大量通信之后才被彻底改变。加之现实斗争的实际需要,这才触发了他在伯尔尼下决心认真研究黑格尔的哲学,特别是他的辩证法思想,从而给我们留下了重要的"伯尔尼笔记"。

而拿"伯尔尼笔记"来说,列宁面对黑格尔哲学那种艰难的极为复杂的思想实验进程,被凯德诺夫漫画式地改写为一个外在的理论搭建过程。以我现在的看法,凯德诺夫的"计划构想论"只是一种**简单性叠**

---

① 凯德诺夫:《列宁〈哲学笔记〉研究》,求实出版社 1984 年版,第 377—378 页。凯德诺夫:《论辩证法的叙述方法》,中国社会科学出版社 1986 年版,第 314 页。

加的伪复杂。我的新问题是，在列宁关于黑格尔哲学的读书过程中，他的思考逻辑是否总是同一的？或如同凯德诺夫所判断的那样，仅仅是一个制作唯物辩证法体系的"计划"形成和实现过程？我现在的研究结论是否定的。我发现，"伯尔尼笔记"中列宁前期阅读的思考逻辑是一个**他性的同一**，而不久，在列宁的阅读和研究深入中，这种虚假的同一性就消解了，列宁自己的思考逻辑中不断出现矛盾甚至是逻辑分裂，其直接结果是列宁自己获得的重要认识飞跃。而在全部研究结束时，列宁在自己的理论小结中又无意识地建构了一种新的**非同一性**。

面对列宁"伯尔尼笔记"的读书过程，真实地看，是他十分投入的一次思想实验，这个实验的思考焦点是辩证法。在我看来，相对于专业哲学家也是思辨哲学大师黑格尔和创立马克思主义哲学的马克思，列宁的这次阅读和研究过程并没有展现他足够的哲学积累，列宁真不是一个经过专门训练的哲学家。固然他很早就已经接受和信仰了马克思主义，这是他与青年马克思的思想立场上完全不同的地方，但他并没有完全进入马克思恩格斯创立的历史唯物主义理论思境。即使，在他完成全部黑格尔哲学研究并达及很深的思想境界时，也不能轻易地言称列宁**发展了**马克思主义哲学。客观地说，列宁通过研究黑格尔，进而深入地理解了马克思的一些重要观念和基本思考逻辑，在**一些问题上**他超越了马克思的思考。这恐怕才是一种事实求是的精神。

二

其实，整个列宁二十年的读书和思考进程都没有这么简单。为了反对前苏联学者对列宁此处哲学思想实验的平面化、线性目的论的主观预设，我这里提出一种新的思考方式，即文本学解读的空间化和立体化拟现和重新建构，我将其命名为思想**构境论**。在我的新的方法作用下的研究情境中，列宁这一重要的思想实验则呈现为一个极其复杂的功能性变换的**逻辑空间**，这种逻辑空间并不直接是列宁的，而是由我建构的**模拟性的**理论思想之境。[①] 依构境式的解读语境，我现在开始认识到，就每一个原创性的思想者来讲，独创性思考之境的生成本身就是一个十分复杂的情况。不过，我发现，比较多见的思想史范例可以显现的

---

① 参见拙文：《思想构境论》，《学术月刊》2007 年第 5 期。

一个一般模式,也就是说,几乎每一个思想家的理论逻辑生成过程,大约都是一个从**他性镜像构境**经由**自主性思想构境**,再到**独创性的思考构境**的转变过程。

所谓**他性镜像构境**,即一个人的学术思想建构表现为其学术思考的支配性话语,主要是对作为**他者镜像**①在场的他性学术思想逻辑(文本)依存和自觉或不自觉的挪用,一般而言,他性思想构境会以一种或多种理论资源(学术记忆集群)和他性理论问题式,作为理论建构有意图或者亚意图的支撑构件,由此激发出一种特定的接合式的思考。挪用和改写一下克莉斯多娃的话语,这是一种**简单的互文性**。由此生发出一定的生产性和相对的理论独立性,此时被激活的突现思考之境,从根本上说,是镜像式的无意识认同。更复杂的是,他性构境中的学术记忆常常会是以理论误认的形式重现的。我发现,这种他性逻辑构境通常发生于一个思想家的早期学术发展时期。比如我们这里研究的列宁早期哲学思想,虽然他在社会经济发展研究和现实政治斗争领域的思考,已经是成熟的马克思主义者,可他的早期哲学认识却多为他性认知结构中的产物,即依托普列汉诺夫、狄慈根等人的哲学观念。这一现象,还出现在列宁研究黑格尔哲学的初始阶段上。当然,普列汉诺夫本人的哲学思想始终是处于他性结构之中的,其中很少的独创性却是对马克思的误解,如地理环境决定论。一个更复杂的问题是,在整个中世纪的神学统治和在斯大林教条主义的意识形态构架下,他性结构成为思想存在的唯一方式。在那里,思想是停滞和死亡的。

而**自主性思想构境**,则是一个思想家开始走向成熟的过渡性的思想发展环节,在这个时期里,思想家通常开始摆脱他性理论构架的支配,开始立足于自己的独立思考,固然还有深层的互文思考,但多数情境下都会将原来作为外在镜像的他性构架转化为我性思考。比如,1844 年前后的青年马克思的思想,实际上是同时受到多重他性思想资源的影响,深层逻辑中的黑格尔和费尔巴哈,直接对话层面上的青年恩格斯和赫斯,以及否定语境中的古典经济学。可是我们发现,青年马克思从来不简单地屈从于任何他性构架,他总将别人的东西转变为自己的理论逻辑构件,所谓劳动异化理论就是这种更深意义上互文

---

① 拉康的概念,但他那里,他者又分小他者(other)和大他者(Other)之分,前者为个人主体自我确立初期,对自我的镜像投射的存在论误认;后者则是整个语言符号系统对个人主体的质询性建构。参见拙著:《不可能的存在之真——拉康哲学映像》,商务印书馆 2006 年版。

性的自主性思想构境结果。当然,虽然青年马克思已经站在了无产阶级的政治立场上批判资产阶级,可他所居有的理论问题式却仍然是他性的,即费尔巴哈式的人本主义异化逻辑。这是另一个更深层次的问题。

独创性的思考之境则是指思想家通过原创性的理论生产,建构出自己独立的整体理论逻辑和思考空间的过程,这当然多发于一个思想家的理论成熟期。在此时,思想家一般会以批判性超越自己原有的他性思考构架为前提,将前人假性解决的终极答案扬弃为一个他性幻象。学术记忆,则从原来那种无意识的镜像认同和误识伪相中摆脱出来,通常是在有意的变形和转喻的意义被激活,并在一个全新的话语或自主性的理论问题式中深化前人的思想,直接建构自己新的独立的思考空间。这个时刻也就是一个伟大的思想变革的时刻。在这个思想变革之后,甚至全部思想史都会在一种新的理论回路中随之改写或重写。当然,从后现代语境来看,绝对的思想原创是不可能存在的,所以,这种所谓自主性思想构境,从本质上看也是一种更加高级的互文性的思想编织(巴特语)和整合罢了,我觉得,思想史上一些最伟大的理论学术原创大都发生在这种逻辑整合的构境之中。如苏格拉底之后柏拉图的理念论,休谟之后康德的先验认识论,费希特、谢林之后黑格尔的绝对观念,黑格尔、费尔巴哈和李嘉图之后马克思的1845—1858年创立的历史唯物主义,克尔凯郭尔、胡塞尔之后海德格尔的存在论,等等。

当然,就一个思想家的思想发展全程来讲,无论在任何一个思想生产时段中,都可能发生不同思想构境的整体转换,但最重要的思想空间的转换,还是从他性镜像构境向自主性思想构境的格式塔转换。这个转换是一个从量变到质变的过程,他性构境不断地让位给自主性的思考,最终确立原创性的理论生产方式。比如我最近正在研究的早期鲍德里亚思想,在1969年至1973年间,他的表层思想表现为对列斐伏尔、巴特和德波的理论挪用,进而较多地开始将索绪尔的话语作为重要逻辑参照,还有从肯定到否定语境中的马克思的批判逻辑,可是,他的思想深处实际是由莫斯-巴塔耶的草根浪漫主义他性话语所支配。鲍德里亚几乎没有一个简单的他性思想构架支配的阶段,他一开始的学术出场就是具有自主性观念构境的。而到了《象征交换与死亡》一书,鲍德里亚通过拟像—拟真范式突显出自己的原创性思想构境。我最近正在准备写作关于早期鲍德里亚三本最重要的学术论著《符号政治经济学批判》、《生产之镜》和《象征交换与死亡》的批判性著作——《反鲍德里亚》。其中,我会详尽分析这一问题。

这个新的观点,同时也应该算是我目前最新的**思想史解读模式**。我们这里关于列宁的研究,显然与第一、二种思想情境相关,况且,又还是关于"拟文本"思想实验的研究。我在《回到马克思——经济学语境中的哲学话语》一书中已经大致区分了马克思文本的三种基本形式,即完成了的**正式文本**,通常是作者公开发表的论文、论著和其他作品;二是**生成性文本**,这是指作者生产文本过程中形成的各类手稿和未完成作品;其三是发生学意义上的**拟文本**,这里主要是由摘录性笔记和各种思想理论提纲构成。这三种文本类型是我原先已经界划性地确认的,这里我只是重新命名这三类文本。因而,研究的情况也许会更复杂一些。列宁研究哲学时给我们留下的文本,主要是以摘录笔记、随想式的心得、思想提纲、读书批注和少量未完成的文本的形式的前两类文本,即拟文本和生成性文本。更有意思的是,我发现,列宁自己的哲学思想发展,恰恰也是以一个从他性镜像思想空间向自主性思想构境的转变过程。这是我的重要理论发现。

以这样一种新的方法和心态来重新面对列宁哲学思想的历史演进过程,前苏东学界的那种平面化、线性目的论的主观预设就必定会被消解。我们将会看到一个全新的列宁哲学思想发展的历史逻辑线索。

列宁在"伯尔尼笔记"中对黑格尔哲学的研究过程并不是一个平滑的同质性逻辑进程,在这一认知进程之中,列宁对黑格尔哲学的认识也并总是完全正确的。在我看来,"伯尔尼笔记"映射出列宁的思想经历了多重思想认识转换和重大认识飞跃。仔细分来,可界划为这样几个异质性的阶段:第一个阶段为列宁在**他者镜像语境**中以否定性的观念面对黑格尔的认识阶段;第二个阶段为不同逻辑认知构架激烈冲突的思想矛盾时期;第三个阶段是列宁哲学思想在**自主性思考**中产生重大思想转变和认识飞跃的阶段;第四个阶段是他对自己哲学研究的思想小结。

我认为,在进入列宁"伯尔尼笔记"研究之前,至少有如下几个需要自觉思考的方法论问题:首先,在最初进入黑格尔哲学的阅读时,列宁自觉地建构了一种**他性的阅读构架**,借用拉康的大他者理论,我们不难发现这是一个外在地来自于马克思恩格斯、普列汉诺夫、费尔巴哈和狄慈根的**镜像他者**。按拉康的话语逻辑,他者为一个不是我的外在显像,可是我却在失却自己的过程中内居他者之中。① 但是,我这里使用的他性镜像并不是简单意义上的贬义概念,而是一个**中性的**判断,它只是指列宁此时的在面对黑格尔哲学的某种**外部**理论权威参照。这个他者镜像由三个部分构成列宁面对黑格尔的认知情境:一是没有被正确理解的马克思关于黑格尔辩证法"颠倒说"的抽象能指;二是由费尔巴哈和狄慈根的观念建立起来的一般唯物主义哲学立场;三是由普列汉诺夫转述和重构的质量不高的对马克思主义哲学的含有误认的理论诠释。其中,第二、三个理论构件是第一个抽象能指的支援背景。要命的是,列宁在开始阅读的时候,他的思考主体却是由这种**他者询唤**建构的。他以为这是自己正确的阅读参照系,可是,结果却事与愿违。这种外在的镜像他者建构着一种列宁前期阅读中的理论回路,在前期阅读中,他几乎每一次文本改造的定性判断都来自于这个不断返回的立场和原则基础的**闭合式的**思路。所以,可以断定列宁在前期阅读中的理论思维场境的主体运作实为一个**他性思想空间**。

其二,黑格尔的巨型思辨哲学逻辑以及列宁开始对它的简单定性判断,以及后来逐步对这个思辨逻辑体系的接近和理解。这里有原生的黑格尔的思辨学术情境,在列宁的前期摘录中,它们多半处于**没有被激活**的状态,更不要说再现式地生成黑格尔的原初逻辑情境了。当然,其中也有列宁对这种理论逻辑的另一种激活,这至多是一种外在的理论成像。只是在列宁的思想发生重大思想转换后,列宁才开始真正激活黑格尔辩证法的逻辑情境,并通过它达到对马克思哲学语境的重新认知和激活。我以为,不能说简单地认为列宁最终已经完全重合性地把握了黑格尔哲学。在这一点上,我们会看到由于不同的认知构架,列宁的思想中呈现出两种完全不同的**思想理论构境**。

其三,马克思恩格斯建立的马克思主义哲学以及列宁对它的理解和发展。马克思恩格斯共同创立的马克思主义哲学新视界,是列宁已经接受和理解的基本立场、观点和方法。我们可以确定地说,他在阅读黑格尔哲学之前就已经是一名马克思主义者。可是,当后来列宁说,"20世纪,没有一个马克思主义者是理解马克思"时,我们不难发现,列宁的思想话语情境中存在着一个对马克思主义哲学理解的重要深化进程,这个深化不是阿尔都塞式的"认识断裂",但却表现为一个飞跃式的

---

① 参见笔者新作:《不可能的存在之真——拉康哲学映像》,商务印书馆2006年版,第2章;第7—8章。

认识进步。我以为,这种认识进步并不是建立在对马克思恩格斯的文本的直接解读之上,而是基于对黑格尔哲学逻辑的正确激活和对马克思哲学思想的**重新构境**之上的理论思考之中的。由此,列宁进入了马克思哲学之思的另一个更高的思考层面。

其四,列宁此次系统哲学研究的真实实践旨趣。在列宁关于黑格尔哲学的全部读书和研究进程中,这并不是一种显性的理论直白,而是一种体现在思想构境中的看不见**逻辑射线**。我以为有二:一是关注无产阶级现实的主体能动性;二是实际斗争革命策略中的灵活性。前者,在于反对第二国际以及普列汉诺夫的经济决定论,以判断俄国革命的真正前程;后者则是列宁处理现实复杂斗争中辩证关系的直接思考,如处理第一次世界大战时的革命策略、十月革命胜利初期的"布列斯特和约",以及之后的"新经济政策"的重要政策调整。

三

下面,我们再来看一下列宁"伯尔尼笔记"中,他的哲学认识发展基本进程。

在列宁最初开始阅读黑格尔哲学**第一个阶段**中,他所建构的一个研究性的阅读空间里,存在着最基本的两个重要的话语线索:

一是作为历史文本形态的黑格尔哲学逻辑,它存在于未被激活的《逻辑学》、《小逻辑》、《哲学史讲演录》和《历史哲学讲演录》之中。其实准确地说,这还不是黑格尔哲学逻辑境的全部,因为列宁没有阅读《精神现象学》和哲学全书中的另外两个部分(《自然哲学》和《精神哲学》)。二是列宁已经理解并认同为自己理论逻辑的马克思主义基本观念。但从哲学论域来看,列宁没有读到青年马克思的《1844年哲学经济学手稿》,真正生成广义历史唯物主义思想话语境的《德意志意识形态》,以及《致安年柯夫的信》和《1857—1858年经济学手稿》等重要哲学文本。这注定列宁对马克思哲学思想话语境的理解不可能是绝对完整的。

在第二个话语线索之中,列宁又是以马克思恩格斯对黑格尔辩证法的"唯物主义颠倒"为自己的主要理论参照系,进而批判性地阅读黑格尔哲学和改造黑格尔的唯心主义辩证法的。仔细分析,列宁的这一话语线索又隐匿着多重逻辑思考支点,一是马克思恩格斯关于黑格尔辩证法的颠倒问题,关于这一点,列宁开始的理解实际上只是一种外在的他性理论镜像。二是列宁关于哲学唯物主义的理解镜像,这主要由费尔巴哈、狄慈根的哲学文本,以及普列汉诺夫的误认性诠释构成。这里的关键逻辑支点是不以人的意志为转移的客观存在的物质和外部自然界。这倒成为列宁前期阅读中颠倒黑格尔的一个重要透视点。

由此,在这两种话语线索在列宁的前期阅读中发生解释学意义上的关联时,列宁并非打算**现象学式地**进入黑格尔哲学,即在黑格尔所设定的理论逻辑构件之上重建绝对观念之思境,因此,列宁一开始就是以唯物主义哲学家的立场拒斥承认黑格尔哲学逻辑总体的合法性为前提的,所以,他从来没有想过要获得一个完整的黑格尔哲学语境的想法。这也就是说,列宁与黑格尔的相遇是建立在一种**总体否定性**之上的解构活动,列宁面对黑格尔哲学,只是想从这种解构了的唯心主义废墟中选取能为马克思主义哲学所用的辩证法成分。后来他称之为辩证法的要素。这样,列宁对黑格尔哲学的最初的定性判断是,黑格尔哲学(唯心主义、神和上帝的观念)是**胡说**。他并没有意识到黑格尔哲学逻辑中的真正秘密。在这一证伪性的话语相交中,在列宁前期阅读的逻辑运思空间中根本没有黑格尔哲学之境被激活和完整建构的任何理论可能性。所以,我们看到列宁所关注和选摘出的黑格尔哲学观点,常常是从一定的逻辑语境碎裂中获得的非激活的理论要点,并且,再经过列宁的唯物主义颠倒,其思想观念原有的系统质已经不复存在,而且部分内容即使是在列宁的思考逻辑之中也无法重新确立起来。我认为,列宁对黑格尔哲学研究的前期阅读,总体上是在一种外在的他性镜像支配下发生的并不成功的思想实验,这是一种封闭式的理论回路中发生的**假性阅读**。因为,如果黑格尔哲学的总体理论逻辑**不在场**,如何谈得到对其辩证法思想的真正获得?

不过,这一状况在列宁读书的**第二阶段**中发生了重要的改变,从文本的内在逻辑走向看,这种变化开始并不是列宁的直接意图,而是他在阅读进程中的一种**被动摄入**,他越是走近黑格尔,《逻辑学》等文本固有的总体逻辑所产生的新的**理论思考场**就越是使他靠近马克思。在列宁的阅读进程中,似乎要出现另一条新的读书思路,在列宁原来的阅读思路中,黑格尔是被置于马克思的**对立面**的,而在这个新的思想情境中,黑格尔的辩证法**逻辑**(不是唯心主义!)被放在了马克思历史唯物论和达尔文进化论的同一思路上。在进一步的读书过程中,列宁的这一重要的理论意向被不自觉地不断加深了,可是,他自己原有的阅读构架仍然居主导地位,所以,在处于第二阶段读书中的列宁思想中,经常会出现两种阅读构架发生冲突的理论逻辑矛盾现象。我认为,列宁这时的读书视界中已经开始内含着两条不同逻辑的冲突。但在此时,前者还是居统治地位的逻辑,用时髦一些的话说,叫权力话语,而后者不过是**一种新的否定性**罢了。显然,列宁阅读黑格尔哲学的第二阶段的理论构境处在一个双重逻辑矛盾的无意识交织进程中,当然,这是一个新旧交替的相互消长过程。在经过一段时间思考之后,新的具有激活作用的点点思想火花终于爆燃为一个全新理论情境。由此,列宁重新建构了他对黑格尔哲学和马克思主义哲学的理论语境。

在**第三阶段**阅读中,列宁的哲学思想发生了极为重要的革命性思想转变,这种思想转变由**两次**重要的认识转变构成。

以我的判断,第一次认识转变,发生在列宁对黑格尔《逻辑学》一书"概念论"的"推理"规定阅读和思考中,在此处,列宁通过一个复杂的革命性思想实验使一种新的读书逻辑——对黑格尔哲学的总体认识和评价的基本看法——突现了,这种思想飞跃正是建立在对原有解读框架的总体否定之上。由此,两条阅读思考逻辑的矛盾和冲突被彻底解决了。然而,原有的读书思路不是被判定为**错了**,而是成为新的读书逻辑构架中并不和谐的**无意识子结构**。列宁仍然在批判性地阅读黑格尔的哲学,但这种批判无疑被大大地加深了。同时,列宁终于发现,马克思全部理论的结构性因素之一,是唯物主义改造了的黑格尔哲学中的**历史辩证法**逻辑。一旦列宁的认识发生了重大改变之后,原有的阅读和思想实验所构筑的理论逻辑空间则随即发生重要的格式塔改变,原来作为他者镜像的一般唯物主义被解构了,这种解构的结果是以分裂的形式实现的:一是被深刻理解的马克思恩格斯的哲学逻辑第一次在场了。二是被超越的普列汉诺夫为代表的被误认的马克思主义哲学**诠释物**。三是这种理论诠释物直接转变成了批评对象,甚至不如黑格尔"聪明"的马克思意义上的"旧唯物主义"(费尔巴哈和狄慈根)。四是列宁发现有必要从辩证法加深对康德-马赫主义的批判。我们会发现,当这些重要的理论逻辑参数发生重要改变时,列宁的思想理论构境自然也会重组。这种新的思想理论构境表现在列宁一系列新的见解和思考中。其中最重要的认识是,列宁意识到通过理解黑格尔哲学的辩证法思想,才更深刻地接进马克思恩格斯的哲学视域。列宁第一次如此深刻地理解了马克思的真正科学的辩证法思想,理解了马克思恩格斯正是以这种科学的理论(逻辑)去认识世界、指导实践改造世界,在新的**辩证的、历史的**唯物主义视界中**更深刻地**批判一切唯心主义和不可知论,最终超越旧唯物主义,实现哲学的革命。

我还发现,在第三阶段的阅读和研究中,列宁思想还出现过第二次认识转变。这主要表现为,列宁在新的理论中对唯物辩证法真谛的真实获得和创造性的发展,由于对黑格尔哲学态度的转变,使列宁在对辩证法总体结构的把握上也随之发生了突变:一个崭新的辩证法理论视界突现了,这就是**客观的、现实的实践辩证法**的出现。以我的判断,这一次转变发生在第一次转变之后不久,即在列宁研读黑格尔《逻辑学》"概念论"第二篇(客观性)第三章"目的性"之中。在这里,列宁第一次以**对比**的方式,把自己理解的唯物辩证法与黑格尔的唯心辩证法进行了总体结构上的对置。列宁的这一重要发现的逻辑前延的接口是上述关于**哲学本体规定上的主体参与性**,这种参与不是黑格尔所说的主观理念,而是实践,实践是作为**本体论的**辩证法基础出场的。我以为,这是理解列宁"伯尔尼笔记"中第二个认识飞跃的关键。他第一次在读书进程中初步领会了人的能动的、客观的**实践辩证法**在人与对象的关系和外部世界中的地位和作用,而且在其思考语境中,列宁已经达及了马克思恩格斯在《德意志意识形态》中哲学新视界的深层理论逻辑:我们**周围的**自然是实践的结果,客观的实践辩证法是马克思主义哲学新世界观的真实基础,而这一切,又都是历史唯物主义的最重要的基础性原则。并且,在不久之后的第二个对比性的思考中,列宁进一步意识到了实践在**绘制客观世界图景**,这是最终确定实践辩证法在哲学本体层次上的重要地位。人的客观世界图景不是对外部对象世界的直映,其编织经纬线是改变外部现实,即根据人的目的(需要)变更客体的这些或那些方面和质。

"伯尔尼笔记"的第四个阶段,是列宁对自己这一次黑格尔哲学研究的小结。这个小结起始于《逻辑学》一书研读的最后("绝对观念"章),它首先以"辩证法的十六要素"的形式出现,然后陆续散落在多篇摘录性笔记、札记和心得之中。

与凯德诺夫的观点不同,我认为"十六要素"并不是列宁对唯物辩证法理论**体系**有意识的建构,而不过是对他已经获得的关于唯物辩证法认识的归纳,而且仅仅是对主观辩证法的归纳。离开这一特设语境将其抽象地拔高,特别是把"十六要素"直接作为客观辩证法的结构,是不符合列宁在这里的思考原意的。最有意思的是,列宁在这个小结式的理论要点中,完全没有涉及他已经在研究和思想实验中发现的新东西,即实践的逻辑。依我的看法,列宁此处的小结并不是打算作为自己正面建构一个唯物辩证法理论结构的供进一步发挥的写作计划,而只是简要地概括一下在读书进程中黑格尔哲学给自己印象最深的东西,特别是在辩证法(和认识论)方面的观点。所以,他没有深一步提出辩证法和认识论的实践基础问题。而在不久之后列宁开始的关于黑格尔哲学史著作的阅读中,列宁则再一次确认了自己不久前发现的实践辩证法。他发现了唯物辩证法的逻辑结构,即人的主观辩证法与客体辩证法在运动着的实践辩证法的中介下构成特定的基本逻辑构架。在这里,**主观辩证法并不与客体辩证法直接同构,而是与实践辩证法结构同步**,并通过**具体的、现实的、历史的**人类实践,"同实在事物的无限多的方面中的一个方面相符合"。列宁深刻地注意到,主观辩证法并不直接映射客体辩证法,而是要通过不断发展的实践辩证法("技术、历史"),在一定的历史条件下的实践功能度中,人们才能在认识的"一定环节"上反映客体辩证法的一定规定性。

列宁在结束对黑格尔哲学的阅读之后,集中地写下过三个思想小结,即《黑格尔辩证法(逻辑学)的纲要》《拉萨尔〈爱非斯的晦涩哲人赫拉克利特的哲学〉一书摘要》,以及《谈谈辩证法问题》。依我的看法,其一是**读书小结**,其二是对辩证法理论结构形成的再评估,其三是列宁自己关于学习辩证法和想要展开说明的**心得**。我认为,其中《黑格尔辩证法(逻辑学)的纲要》是最重要的,因为这是列宁对自己全部读书活动的逻辑整体构析。在这篇文献中,列宁更清醒地认识到,黑格尔的辩证法结构是人类主体认识结构的**逻辑映照**,他的错误正是把这个主体的**主观认知结构**唯心主义地确定为客体存在结构的**基始性本质**,我们批判性地改造黑格尔,决不是再把这个主观认知结构直接说成是客体结构本身,而是要在主体中重新确定主观认知结构的真正基础,这就是实践!人的主观认知结构(逻辑)是由人的客观实践进程的结构和逻辑制约的,黑格尔所描述的逻辑递升有序度只能是主体走向客体的实践掘进度!客体结构只是透过实践结构的中介才历史性地表现出来。我认为这是列宁在阅读黑格尔哲学著作进程中所达到的**最高点**!也是在这一点上,他极其深刻地从总体上把握了马克思的唯物辩证法的实质。

最后我还想说明的一点是,列宁哲学思想场境在"伯尔尼笔记"中的这种格式塔转换并不是直接来自于马克思恩格斯，他多年以前认真阅读研究过马克思的《资本论》和其他已经公开发表的重要文本，这一次，他却是通过他真实力图否定的黑格尔哲学逻辑场境，激活了他对马克思哲学逻辑更深刻的总体性理解。照此看来，表面上似乎是由于列宁读懂了黑格尔的辩证法进而深刻理解了马克思的历史辩证法和革命批判精神，但从根本上看却并非如此。我认为，这里的关键性驱动环节其实是每时每刻困扰着列宁的**现实革命实践和斗争**。我们知道，相当长一个时期以来，列宁所领导的布尔什维克的俄国革命道路，始终面临着来自自己的老师普列汉诺夫和整个第二国际的批评和质疑，俄国的资本主义初期发展的现实生产力基础，难道能够达及马克思恩格斯关于无产阶级革命的客观物质前提吗？列宁在马克思恩格斯留给后世的政治经济学文献中真的找不到现成的答案。而在阅读黑格尔哲学最令他激动的高峰理论构境中，他恰恰发现了马克思实践辩证法中那个**实践创造和改变存在**的命题。应该说，对于列宁的哲学思想改变来说，这**是一次无意识的学术话语异轨**。当他激动地说，20 世纪以来，没有一个马克思主义者是理解马克思的，并非仅仅是指哲学理论，而恰恰是指作为现实无产阶级革命的科学辩证方法。

当然，列宁的研究与分析是未完成的。在黑格尔哲学研究的最后，不是走向一本**有定论的有体系**的唯物辩证法专著的写作，他实际上已经意识到这将是一个巨大的理论工程。前苏联学者特别是凯德诺夫所提出的"计划论"是一种不顾文本史实的有意拔高，这是一个方法论上的目的论假设，更多的是主观臆想。这种简单而武断做法的结果，必然是将此后的唯物辩证法研究引入逻辑误区。在十月革命前夕，列宁为什么要写一本哲学书？他研究黑格尔哲学，研究辩证法问题，是为了写书还是为了现实的革命？！当然，这并不是一个主观判断的问题，而是要科学地面对文本，尊重文本，祛除意识形态的幻象。我以为，这个幻象的实质就是列宁哲学研究中的"凡是论"，好像列宁总会是正确、高明和万能的。在这一点上，我倒是站在斯大林一边，即"哲学笔记"不过是一种思想实验，列宁在"哲学笔记"中写下的大量拟文本式的笔记和提纲是"不成熟的"。斯大林曾经说，"哲学笔记"（应该是"伯尔尼笔记"）是列宁的一个**不成熟的**思想实验，去除一定的政治意图，斯大林真的讲对了。当然，这并不反证斯大林的教条主义是成熟的。

我还有一个看法是，即使在列宁研究黑格尔哲学的最后时期，他也没有完全达到马克思恩格斯所建构的历史唯物主义**完整的**理论水平。可以肯定的是,在祛除前苏东学界那种不必要的意识形态教条之后,我们会发现,在哲学理论断面上,并不存在超越了马克思恩格斯的思想的**独立的列宁主义阶段**。当然,这并不是说列宁的哲学思想发展时期中没有重要的和极为深刻的科学内容,同时,这绝不排除列宁在经济学特别是科学社会主义理论上创造性地将马克思主义推进到全新的列宁主义阶段。这恐怕是一种马克思主义的事实求是的科学认识。

劳动塑形、关系构式、生产创序与结构筑模

——关于构境理论与历史唯物主义的一种逻辑袭承

原载《哲学研究》2009年第11期

内容简介：在历史唯物主义的当代阐释中，劳动塑形表现为生产过程的主体性活动方面；而关系构式则细化了传统生产关系中的劳作技术协动结构；生产力概念在突破实体性定义域之后，显象为全新的生产创序；一旦我们将生产方式从结构化框架中解放出来后，社会结构筑模范式就会显示它全新的精准视域。历史唯物主义的当代阐释是历史构境论的前提，而社会生活构境则为思想文化构境提供了重要的现实历史基础。

关键词：历史唯物主义　劳动塑形　关系构式　生产创序　结构筑模　构境论

在最近的构境论的研究①中，我已经意识到自己在《回到列宁》一书中的关于思想构境论的表述，在许多方面都是不完整的，虽然我也发表了关于历史构境论的论文，但其整个思想方法的逻辑叙事都还有待进一步的完善。所以，我会陆续撰写一些新的论文，从不同的论说视角对其进行必要的补充性说明。在此，我只指出构境理论是一个**基于**马克思历史唯物主义**当代诠释**基础之上的哲学思考方法，它不是一种具有存在论意义的世界观，而是历史存在论的顶层构件。在对马克思的历史唯物主义的当代阐释中，我希望用四个范畴来进行重新构境式的诠释，即主体面向物质存在和自身的劳动**塑形**（shaping）、主体与被塑形物在一定的功效关系场中的系统化**构式**（configurating）、主体在生产和社会活动中通过特定历史条件下对物性实在和社会存在的组织化的生产**创序**（ordering），以及在人的社会实践以及个人行为和语言活动中功能性地建构和解构的日常生活和社会存在结构**筑模**（modeling），之后，才是我所说的存在高点上的现实生活与思想的**构境**（situating）。②

---

① 参见拙文：《思想构境论：一种新文本学方法的哲学思考》，《学术月刊》2007年第5期；《历史唯物主义与历史构境》，《历史研究》2008年第1期。

② 大家可能注意到，我在选择这五个概念的英译对应词时，同时使用了加"ing"的动名词。这当然首先是受海德格尔那个"Being"的影响，此外，我还直接受到了当代科学社会学家、美国著名学者皮克林先生的启发。他在《实践的冲撞》一书中，使用了诸如筑模（Modeling）一词。参见［美］皮克林：《实践的冲撞》，邢冬梅译，南京大学出版社2004年版。

一

　　劳动**塑形**(shaping)一词，是马克思在《1857—1858年经济学手稿》中说明劳动生产过程时，具体指认**主体对象化的**劳动活动时提出的一个概念。关于这一点，我在《回到马克思》一书已经做过一定的说明，在马克思此时的思考语境中，他是为了从《德意志意识形态》(1845—1846)的广义历史唯物主义中基于客体向度的物质生产**重新回到主体性的劳动**①，即"作为活动的劳动"。② 此时他意识到，虽然物质生产是全部社会存在和变化的基础，但是，在物质生产过程中的劳动对象和工具都不作为，其中的核心驱动力量恰恰是人有目的的主体性的劳动活动塑形。其实，这也就是承认**主体劳动活动**在物质生产创造社会历史存在过程中的**根本性地位**。我以为，这正是马克思狭义历史唯物主义的**逻辑出发点**。③ 从哲学逻辑上看，马克思**再一次从主体向度出发**，这也是他的历史现象学的现实历史原点。需要专门说明一下，这个劳动活动不是《1844年手稿》中那个**应该存在但没有存在的**理想化的人的类本质，而是在所有现实社会的生产中客观存在的劳动活动。④

　　依马克思的看法，在一般的生产过程中，"劳动是活的、塑造形象的

---

① 因为，马克思在面对资本主义复杂的物化经济关系结构时，他突然意识到，从生产来直接进行批判是存在问题的。生产只是对象性的物化，作为主体活动的劳动关系才会历史地发生颠倒性的异化。当然，这里异化不再是《1844年经济学哲学手稿》中那种本真类本质的劳动异化，而是现实经济关系中工人活劳动关系的颠倒和变形。

② 《马克思恩格斯全集》第46卷，上册，人民出版社1979年版，第256页。

③ 广义历史唯物主义的逻辑出发点是人们熟悉的物质生活条件的生产与再生产。

④ 在《回到马克思》一书中，我曾经概括地说明过马克思从《1844年手稿》到《1857—1858年手稿》的思想逻辑："在总体的哲学逻辑上，马克思的思路正好经过了从人本主义的劳动规定到实践，经过生产**再回到科学的劳动规定**的历程。换种说法，即从价值主体到历史客体再回到历史主体的逻辑演变。用图式表述如下：

　　1.《1844年手稿》：劳动(类本质)异化→复归；人本主义异化史观、主体、伦理的**价值批判**；

　　2.《关于费尔巴哈的提纲》(1845年)：实践→人的历史本质→现实：感性活动、实践唯物主义、革命的**现实批判**；

　　3.《德意志意识形态》(1845—1846)：生产→一定的社会历史生存→生产方式：现实的个人、广义历史唯物主义、历史辩证法、经济学的**实证批判**；

　　4.《1857—1858年手稿》：劳动(一定社会关系的本质)→价值('类关系')→货币(物化关系)→资本：狭义历史唯物主义、经济学和历史学中的**历史现象学批判**。"

　　参见拙著：《回到马克思——经济学语境中的哲学话语》，江苏人民出版社1999年版，第599页。

火;是物的易逝性,物的暂时性,这种易逝性和暂时性表现为这些物通过活的时间而被赋予形式"①。这里马克思所说的"赋予形式",是指物质存在在人的劳动中获得一种异质于自身自然存在形式的**易逝性和暂时性**的新形态。可是,主体性的劳动活动本身并不能独立地实现物质塑形,它必须在具体的生产过程中通过工具与劳动对象发生关联才能得以实现。这样,塑形总是由劳动发动的有目的的物质生产行为。工具,通常是人的劳动功能的物性延伸,这种由主体劳动经由工具赋予对象物的非自然形式、结构或形态中,劳动活动的对象化物性实现。所以,所谓塑形即人类劳动活动为我性地改变物性对象存在形式的生产和再生产过程。物质是不能创造的,但劳动生产却不断地改变物质存在的社会历史形式。**人的劳动在生产中并不创造物质本身,而是使自然物获得某种为我性(一定的社会历史需要)的社会存在形式。**② 用海德格尔带有浪漫主义色彩的话说,就是不让物以原来自然的形态"物着"(存在),而是将物经由"此在"劳作的上手中成为一种人的用在性③物质存在。其实,这也是马克思所说的人类通过生产获得物质生活资料的社会存在最基始的过程。

在很多年以前,我曾经指出过:"马克思最终超出旧唯物主义的地方,正是把社会生活的本质看成是实践的。社会生活的基础应该是人的能动的不断向前的实践过程,这也是人类历史生存的本意。**历史**的实质不是物体上年轮的量的增加,而是社会主体实践**流动的创化绵延**。所以,社会的本质不能仅仅停留在物的机械性上,而是要从革命性和辩证性的角度把社会存在看成是一团'永不熄灭的燃烧着的活火'。"④现在看来,这种创造性的"活火"正是劳动塑形。依马克思之见,在生产过程之中,只有人的劳动才可能主体性地使自然存在发生改变。历史性地看,劳动塑形的出场路径是多样化的:其一,长期的自然经济过程中的农林畜牧业生产与再生产中,人的劳动只是通过为我性的优选对外部自然对象进行简单的塑形,比如自然经济中对自然条件的人为舍取,使物种区分为**益害群种**,在益我性的物种中出现了家禽、畜牧对象和五

---

① 《马克思恩格斯全集》第 46 卷,上册,人民出版社 1979 年版,第 331 页。

② 参见拙著:《回到马克思——经济学语境中的哲学话语》,江苏人民出版社 1999 年版,第 630 页。

③ 用在性,是日本著名马克思主义哲学家广松涉将海德格尔的 Zuhandensein 日译汉字,此词的中译通常译为上手性。

④ 参见拙文:《论社会实践场》,《江海学刊》1988 年第 5 期。

谷粮食,人类也通过工艺劳动**仿生性地**创造了替代动物皮毛的衣物和替代洞穴的村落式宅所。更重要的方面,是劳动历史性地改变了人自身的存在样式,这是最大的存在论意义上的生活塑形。这一点,也是恩格斯在《劳动在从猿到人的转变过程中的作用》一文中论说的重点。其二,在工业性生产与再生产过程中,劳动塑形不再表现为自然物质存在形式的选择性舍取和仿生性简单变形,而开始着眼于物质存在方式的**质性创造**。工业现代性的本质,是整个自然界成为人类劳作的对象(海德格尔语)。并且,在工业生产中,自然界不再是模仿的对象,而是被支配性和征服性重组的质料。工业生产的本质是劳动塑形创造出自然界没有的物质存在方式。在这里,劳作中的创意想法变成了科学,物性操作的工艺转化为技术,工具则系统化为机器装置。工业物质生产之上,才有了完全基于人类劳动的"社会财富"(配第-斯密的劳动价值论)和充分劳动分工和交换之上的商品—市场经济。更重要的方面是,在工业生产的后期,以科学技术为主体的创造性知识劳动逐步地取代物性体力劳动的地位,成为直接生产塑形先行性系统操控和创造活动,而原有的物性生产则转换为技术操控和对象化实现进程。在后工业生产系统中,知识性创意、原代码创作、简单复制性编程,再到数控操作和体力安装,生产劳动已经演化为一个复杂的体系,但是,这并没有根本改变劳动塑形的本质。与此相对应,机器系统已经生成为一个接近亚主体性的自动运作和控制母体(MATRIX)。

这样,以劳动塑形为原动的物质生产与再生产就成为马克思恩格斯确认人类社会历史存在和发展一般基础,同时,也是马克思恩格斯所奠定的历史唯物主义的最基础性范式。当然,马克思恩格斯关于生产的思考从一开始就是两种生产的观点,即除去物质生产之外,还有人自身的生产,后者在远古社会中往往居主导性地位。物质生产只是发生附属的作用。

需要说明的两点是,首先,在马克思那里,生产劳动并非鲍德里亚所指责的那样,是社会存在和人类主体的确立性本质,在任何历史条件下,生产劳动都只是社会存在和人类生存的基始性前提。[①] 人之生存立足于生产劳动域,但并不停留于劳作之中,人类超拔于动物生存的更高

---

① 鲍德里亚对马克思历史唯物主义的批判,特别是"我生产故我在"本体论逻辑的证伪,可参见他的《生产之镜》(中央编译出版社 2004 年版)一书,而我对他的反批判,参见拙著:《反鲍德里亚——一个后现代学术神话的祛序》,商务印书馆 2009 年版。

生存之境恰恰都在效用性的劳作之外。在这一点上,阿伦特和哈贝马斯的思考确有正确的出发点。只可惜路走偏了。① 可是,在进入对抗性社会历史形态之后,统治阶级却将劳动生产变成了他们非劳作生存的物性踏脚石和人间地狱。其次,在人们一般社会生活和日常生活之中,**非劳作的**主体性塑形活动也是生活情境的最基础性的行为,以及艺术活动的基础性物性活动。后者是一个更加复杂的主体活动场境。

二

关系**构式**(configurating)是指人与物、人与人主体际的客观关系系列及其重构(再生产)。② 这是人类生存超拔出动物生存最重要的**场境关系**存在论基础。马克思、海德格尔和广松涉,以及当代的拉康和鲍德里亚其实都是这种"关系本体论"。③ 我还认为,这是长期以来被斯大林式的教条主义教科书体系严重遮蔽的马克思历史唯物主义的重要思想,即生产关系的**劳作和技术层面**的协动关系。与有目的、有意图的主体性的劳动塑形不同,关系构式往往是呈现为一种受动性的结构化的客观结果。它既是社会生活的场存在形式,又是社会空间的建构。列斐伏尔后来的"空间生产"逻辑即是由此缘起的。可是,关系构式却是劳动塑形和其他塑形活动得以发生的必然历史形式,并且以**社会先验性的客观条件**出现在每一个历史时期中人们进行劳动塑形活动之前。

① 参见[美]阿伦特:《人的条件》,竺乾威等译,上海人民出版社 1999 年版;[德]哈贝马斯:《合法化危机》,刘北成、曹卫东译,上海人民出版社 2000 年版。

② 我不久前刚刚看到当代建筑学研究领域中的所谓"空间句法(Space Syntax)理论"。空间句法是一种通过对包括建筑、聚落、城市甚至景观在内的人居空间结构的量化描述,来研究空间组织与人类社会之间关系的理论和方法(Bafna, 2003)。它是由伦敦大学巴利特学院的比尔·希列尔(Bill Hillier)、朱利安妮·汉森(Julienne Hanson)等人发明的。其中,有一个很有意思的构式(configuration)概念,它原来的定义是指"轮廓由其各部分或元素配置决定的外形"(据美国传统辞典),而希列尔将构式定义为"一组相互独立的关系系统,且其中每一关系都决定于其他所有的关系。"(Hillier, *Space is the Machine: A Configurational Theory of Architecture. Cambridge*, UK. Cambridge University Press, 1996, p35)。这已经是一个十分复杂的范式,它表征了从感性物质操作向关系性结构创序的转换。

③ 不过,拉康和鲍德里亚都是反建构主义的否定性的关系本体论,相对而言,拉康则更彻底一些,他将不可能性的关系视为存在之真,而鲍德里亚则是反对效用性的使用价值和经济交换关系,主张复归原始性的象征交往关系之境。关于他们的这一思想,可参见拙著:《不可能的存在之真——拉康哲学映像》,商务印书馆 2006 年版;《反鲍德里亚——一个后现代学术神话的祛序》,商务印书馆 2009 年版。

这二者的关系,也是萨特所关注的个人活动的生成性与社会实践惰性结构,以及后来吉登斯等人讨论的**原动与结构**的最初基始的关系层面。

首先,在劳动生产过程中,关系构式表现为劳动协动关系以及生产结果的客观关系系列。

第一点,如前所述,劳动不能离开劳动工具和劳动对象独立发生,所以,它只作为物质生产过程的**原动**因素在场。更重要的是,劳动塑形活动并非仅仅是一个孤立的活动,劳动总是在一种特定的人与被塑形物、劳动主体际关系构式的场域空间中发生,这就是马克思恩格斯所指认的劳动生产关系中往往被忽略了的基始性层面。生产关系构式不仅仅是生产过程中人与人的社会(阶级)关系,而首先是劳作的**上手性活动之间的**构式,即一种为我性功能与另一种功能的链接和接合。这就是劳动生产的客观关系**场存在**。在工业性生产出现之后,这种劳动协动关系直接实现复杂的劳动分工与协作。历时性地看,上手活动的关联性构式,在自然经济和手工业生产与再生产中,通常是以代际的劳动工艺经验来传递和重建的,而后来的现代性生产与再生产中则由技术参数来复现、保持和重构。

第二点,人、被塑形物,在一个特定的功能效用关系构式中被建构成一种社会存在的物性基础。其实,这个特定的人与被塑形物**环环相扣的构式有序链接**就是社会存在的直接物性基本构成,它的直接结果通常是作为生产结果的历史性的塑形物和工具的特定历史关系系统表现出来。在劳动过程中,一种劳动塑形必然与另一塑形活动相关联,在劳动塑形活动之上又生成更加普遍的社会活动链,以形成一个人类生存的最直接的生活世界基础,并且,作为生产结果的被塑形物,总是生成于一种以人类生存价值为中心的为我性的效用关系构式之中,它们同样**环环相扣**建立起来一种超出自然物质存在的周围物质世界。这也是海德格尔所说的,上手活动与上手物"环顾"而成的生活世界,或鲍德里亚所进一步勘破的所谓功用性的客体体系(物体系)。这种上手性的物性世界,在自然经济存在中,表现为优选和加工后的自然条件物,而工业和商品经济王国中,这则是一个彻头彻尾的人造效用物的经济体系。鲍德里亚在《客体的体系》一书①中深刻地揭示了这一点。

当然,劳动生产塑形活动的关系构式的发生和重构是一个历史性

---

① [法]鲍德里亚:《物体系》,林志明译,上海世纪出版社集团 2001 年版。

的过程：在物质生产早期，劳动塑形的构式是通过物性操作的递接性关联实现的，而在现代工业的后期，塑形则从劳作的具体操作转移为技术**构式**操作，今天则是电脑系统中的虚拟构式和编码过程。从一般劳动塑形活动构式到**技术构式**的转变，是劳动生产过程中的一个重要飞跃。这是一个复杂的历史转换过程。与此相关联，不同历史时期中的劳动塑形物和工具系统的有序性当然也是异质的。在此基础之上，才会有人们其他的社会生活塑形和构式。

其次，关系构式也是社会生活的主要建构形式。这是建立在上述劳动活动和被塑形物的关系构式基础之上的马克思社会生产关系以及现代性经济关系的所指。必然专门指认的是，马克思历史唯物主义中所指认的社会存在中的**物**，并非社会生活中持存的物质实体（包括历史性的被塑形物、物性工具系统和其他社会活动的客观附属物），而恰恰就是这种人与人之间历史发生的**客观社会关系场存在**。其实，固然，费尔巴哈和赫斯将交往视为人的类本质是不科学的，但人的相互交往和共在的确是建构社会生活的关键性路径。特别是在经济的社会形态之中，人与人的关系在商品—市场结构中颠倒地表现为物与物的关系，这大大加深了身处此山中人的物象化误识。

在二十多年以前，我已经提出过比较抽象和总体性的**社会实践场**的概念，当时我觉得："提出社会实践场的范畴，并不意味着将这种场存在视为某种原初的基始存在，而在于进一步微观地确认社会存在中物质实体相对应的更为重要的主客体相互作用过程，确认社会存在中人类实践活动的**客观功能效应网**。所以，所谓社会实践场也就是指社会实践中主客体相互建构作用，主体共振所产生的客观效应整体，这是一种现实存在的实践作用场。"①我这里的观点，应该被看作是上述思想的进一步深化。

三

生产**创序**（ordering，构序），对应的马克思所说的物质生产力概念。其实在很多年以前，我就反对过将马克思的物质生产力概念误识为**实体性的物性要素**的做法：即将生产力视为劳动者、劳动工具和劳动对象

---

① 参见拙文：《论社会实践场》，《江海学刊》1988 年第 5 期。

的三种实体性的东西之和。这是斯大林教条主义教科书体系错误地挪用马克思《资本论》劳动过程三要素来诠释生产力范畴的结果。① 其实，在马克思那里，生产力概念从一开始就不是实体性的物性生产要素，而是生产过程现实发挥出来的**功能性水平和程度**的概念。与主体性的劳动塑形和关系构式不同，生产力总是指一定社会物质生产过程中**客观地发挥出来的物质生产水平**。在一定的意义上说，生产力恰恰是对劳动塑形和关系构式现实运作的物质生产过程所作的功能化历史抽象。这一点，从马克思最早接触李斯特和赫斯等人的生产力范畴开始就是如此。

在李斯特 1837—1841 年提出的生产力理论(the theory of powers of production)中，生产财富的能力远远重要于财富本身，"生产力是树之本，可以由此产生财富的果实，因为结果子的树比果实本身价值更大"。② 李斯特自己说，法国经济学家查·潘迪第一个在《关于法国的生产力》一书中充分认识到生产力的重要性。③ 这使得**生产力的观点**实际上第一次真正摆脱了对社会基础的理解中那种**实体性**的看法，确定了社会基础的**功能性**的规定。李斯特的深刻之处还在于，他看到了不同国家物质生产和经济发展所体现出来的生产力的不同历史性质。这也是他用以反对在发达资本主义与后进国家之间的不平等交换，进而提出贸易保护主张的依据。赫斯的观点也很有意思，在他将人与人之间的交往关系确认为人的现实本质之后，他直接将人与人之间的这种共同协作与交往看作是人的社会本质，交往就是个人实现、发挥自己力量和本质的形式，也是**生产力**的实现形式。这是对劳动生产中关系构式的一种不准确的表述，因为他主要关注的还是**主体际关系**，而完全忽视了人与对象以及被塑形物之间的关系性构式。在 1843—1844 年，赫斯指出："人与人的交往越发达，他们的生产力也就越强大，在这种交往还狭小的时候，他们的生产力也就低下。"④如果说在李斯特那里，生产力的概念还只是简单地表征为一种抽象的客观能力范畴，那么在赫斯这里，他则在生产力的概念中加入了人与人之间协同活动的**关系本体论**

---

① 参见拙文：《论社会实践场》，《江海学刊》1988 年第 5 期。

② [德]李斯特：《政治经济学的国民体系》，陈万煦译，商务印书馆 1961 年版，第 46—47 页。

③ 参见[法]查·潘迪：《法国的生产力和商业》，两卷本，巴黎，1827 年。

④ [德]赫斯：《论货币的本质》，刘晔星译，载《国际共运史研究资料》第 7 辑，人民出版社 1982 年版，第 180—181 页。

的元素。这两种观点都不同程度地影响到马克思。

马克思的生产力观念,生成于他从创造性的实践活动(《关于费尔巴哈的提纲》)中进一步确认了物质生产实践作为社会历史存在的**第一层级**的基始前提。这是 1845—1846 年《德意志意识形态》中,马克思恩格斯建构广义历史唯物主义的第一步。我们可以感觉得到,马克思第一次确认生产力概念时,就指认了人们的"共同活动方式就是生产力",这显然是参照了赫斯。在马克思恩格斯的广义历史唯物主义中,生产力是社会历史运动和发展的动力因素。

其实,也是在二十多年以前,我已经直接确认过所谓"实践构序"的观点。当时我提出:"在马克思的哲学新视界中,生产力是人对自然的能动关系,所谓生产力就是人类主体利用工具(人的自然器官的延长),按照自己的目的改变自然对象为我所用的**特定能力和水平**。在这里,生产力的本质既不是作为生产结果的对象,也不是作为生产中介的工具,而是人类**主体**自身的**物质创造能力**。那么,什么是这种'从主体出发的'客观创造能力呢? 我认为,这就是**人类通过具体的实践历史地构成特定物质存在层系的人的社会存在的带矢量的有序性**。"①现在看来,在马克思那里,这个生产力的概念恰恰是李斯特那种以现代工业性生产系统的功能水平为核心的综合社会生产力(他甚至将文化也包括在生产力之中),再加上赫斯所指认的人与人的共同活动的生产力(这缘起于斯密的劳动分工所突现的生产率),被整合为一种呈现现代社会存在**特定有序性**的生产创造能力。不过,马克思在 1845—1846 年他所创立的广义历史唯物主义中,将其指认为一般社会历史存在和运动中,由物质生产创造的特定有序关系。

与主体性的劳动塑形活动和客观的主体活动关系、塑形物的链接构式不同,生产创序是整个社会生产过程中活生生表现出来的特定组织编码和功能有序性,或者叫保持社会存在消除其内部时刻发生的坠回到自然存在无序性熵增力量的有序性**负熵源**。社会历史存在中的创序能力是由劳动塑形为主导的整合性的社会创造能力,这种创序能力随着社会生产的日益复杂化而丰富起来。我注意到,马克思在其中、晚期经济学研究中,将生产力视为一种生产过程综合因素所突现的创造能力。在今天,生产创序这种特定的社会存在有序关系的生成,越来越

---

① 参见拙文:《实践构序》,《福建论坛》1991 年第 1 期。

从物性生产操作中转移到科学技术实践中。

四

　　社会结构**筑模**（modeling），是历史唯物主义中最核心的生产方式概念一种现代重写。原来，我将生产方式改写为**实践格局**，目的是为了打破对马克思这一重要范式的石化的在者式的理解。在马克思那里，在社会历史发展的进程中，人对自然的有序关系（生产力）和人的生产主体际有序关系（生产关系）的特定构式是历史的本质结构，其中生产力创序与生产关系构式都不是孤立的物质实体，而是人们在实践中的客观性的**创序能力和功能性有序结构**。被塑形物质实体（包括构式关系中的经济后果）都不过是生产力和生产关系的"附属物"，就像马克思在谈到社会上层建筑及其附属设施一样。社会生产方式这一历史的特定有序结构显然带有**主体的**意义。也就是说，社会历史发展的基础和决定性动因，不是主观动机，不是离开人的物体，也不是抽象的人类主体活动，而是一定历史条件下现实构成的社会实践的能动创序结构。在那时，我将其称之为社会**实践格局**。① 社会实践格局正是一定"社会实践场"的**支配性功能结构**，也是现实社会生活发生特定实践整合的结构性制约基础。实践格局是社会历史的**深层制约结构**。我们说，实践格局表现为人类客观活动的关系构成，但这不是一种实体或实体连带物，而是一种功能性结构。（"生产方式"）并不是外在于人类生存的实在形式（结构），它本身就是一种**有序构造**。传统哲学解释框架在理解生产关系、生产方式等范畴时，重蹈了牛顿的覆辙，即把物质实在的存在形式视为独立的实体构架。这种理解完全不符合马克思的原意！用马克思的话来说，实践格局即是"实践的即以活动为基础的关系"，"人并不'处于'某一种关系中，而是积极地活动"②。因此，实践必然是一种带结构的创造活动及其客观现实，它当然就是社会存在的"本体"！在

---

① 马克思在自己的文本中，多用"交往形式"和"生产方式"一类词语，他主要想表征一种社会活动本身构成的动态功能结构。由于结构、形式等词通常带有静力学的意味，我才选用了"格局"这一范畴。也因为格局往往表示一种动态过程中形成的内在功能态势和非实体变化结构。在这一点上，我受到皮亚杰行为格局论（action-scheme，又译行为图式）的启发。

② 《马克思恩格斯全集》第19卷，第404页。

这一点上,我们再来体会马克思所说的"社会是关系的总和"①,人是现实的"社会关系的总和"②之类命题,也许会更深刻一些。实践格局是一种融于实践之中的功能结构,它就是**构序活动**,正是它不断创造着社会存在和历史进化的**负熵源**。在社会历史过程中,物质实体并不创造历史,生物学意义上的人也不创造历史,而是作为积极进行社会活动的人类社会总体才是创造历史的真正主体。③ 这也是我在 20 年前写下的东西。当时选用皮亚杰的"格局"一语,就是因为要避开对生产方式的实体化和非主体化的理解,那个时候,我的思想直接受到了科学结构主义的影响,所以,虽然也力图想使生产方式确立一种非凝固化的动态功能结构,但还是多有构架式的痕迹。

"筑模"(modeling)一语是从皮克林那里挪用的,而现在我觉得用它来指认"生产方式"一词是更贴切的。因为,当下地、功能性地生成一种模式,可以更精准地呈现马克思生产方式观念的意思。当然,筑模也同样发生在更复杂的思想逻辑建构之中。

五

最后,才是我已经提出社会历史构境和思想构境。④ 在已经发表的论文中,我将构境论表述为关于**人的历史存在论**的一个**东方式**的总体看法,它不涉及传统基础本体论的终极本原问题,而只是讨论人的历史性存在的最高构成层级和高峰体验状态。⑤ 正是在上述关于历史唯物主义的当代重写中,我区分了社会生活空间中的**物性塑形、关系构式、创序驱动和功能性的筑模**之上的人的不同生存层级,以及与这些不同生存状态和意识体认可能达及的不同生活情境,我将主体存在的最高层级界定为**自由的存在性生活构境**。很显然,在当代思想的形而上学内省和焦虑中,人们因为担心存在变成石化的在者、概念变成死亡的逻各斯本质,于是做作地在存在和概念的文字上打叉(海德格尔的"删除"

① 《马克思恩格斯全集》第 46 卷,上册,第 190 页。
② 《马克思恩格斯全集》第 3 卷,第 7 页。
③ 参见拙文:《实践格局》,《求是学刊》1989 年第 5 期。
④ 参见拙文:《思想构境论:一种新文本学方法的哲学思考》,《学术月刊》2007 年第 5 期;《历史唯物主义与历史构境》,《历史研究》2008 年第 1 期。
⑤ 在 2007 年 11 月台北的一次关于学术范式与学科整合的学术讨论会上,当我提及自己的构境理论与历史学研究的关系时,台湾"中央大学"的一位史学界的老先生在提问中将我误指为"唯心主义"。

和德里达的"涂抹"),而构境之存在就是当下同体发生的建构与解构性。情境之在不存留,只是每每辛苦的重建。当然,在现实历史事实中,构境存在通常是与**他性镜像**①与**伪构境**②(幻象)同体共在的。这是一个需要仔细考察的更复杂的问题。

需要重点说明的是,意识与思想构境的实现,其最重要的现实基础恰恰是历史性建构起来的社会生活,**实践性的物性塑形、关系构式、存在构序和功能性的社会结构筑模**正是全部精神构境现象真正的本体性依托。显然,真实的社会存在不是地理环境和作为肉身存在的人口,它是人们当下活动和相互作用建构起来的人的生活过程。当我们用人的对象化活动(生产)所环顾起来的**物性附属物**取代了社会生活本身时,我们已经错过了马克思所说的社会存在。的确在今天,日常生活的基底中实存着各种不同的可以离开人而独立运转的物性系统,如计算机系统、网络系统、水电力系统、电话系统、煤气系统等等(晚上当人们进入梦境时,它们仍然存在和运转着),可是,这些系统是人们构成自己社会生活的物性**有序组织**依托,它们的物性存在并不等于**人**的社会生活本身,如果没有人的活动与相互作用建构出来的生活**场境**(**关系构式、存在构序**之上的生活情境),如果没有支配和建构这种行为场域的**功能有序性**(**社会结构筑模**),这一切物性条件在生活世界的意义上就都是非存在的。为了更好地说明社会存在的当下建构性,我们甚至可以认为:"**社会**"在夜晚是不存在。因为,每一天的清晨,都是人们用自己的工作和交往重新建构起来的社会生活情境和复苏起来的文化思想情境。这是思想构境论的生活现实基础。一定的社会历史条件之下的社会生活构境每时每刻生成着文化思想构境。也由此,与现代性的结构主义逻辑不同,我提出的思想构境理论不再是停留在某一种线性关系系统的统摄、先在理念支配构架之中,思想构境即是完整的意识现象**突**

---

① 他性理论镜像:他性是拉康意义上的支配性误认,这主要是指一个思考主体依附于他者观念时形成的结构化思考方式。

② 关于伪构境问题,拉康的大、小他者理论,阿尔都塞的意识形态理论和鲍德里亚的拟真理论中都有十分深入的讨论。而我在此处借喻和重新建构的伪构境观念,除去拉康、阿尔都塞和鲍德里亚意义上的反指性意识形态质询关系以外,还指涉一种历史性的思想史环节,即一个时期中被人们假定为存在真谛和真理的东西,在新的存在层级和认知阶段上被重识为伪构境现象。这是一个十分复杂的理论问题。

现，它表明了一个人、一种思潮历史性生成的复杂性样态和建构性本质。① 原来康德式的科学结构主义的理性构架座架和索绪尔式的语言符号系统编码只是思想构境的一个简单性呈现，因为相同的理性构架与符号系统中，不同个人主体和群体的意识情境生成可能是完全不同的。

可是，思想理论逻辑本身实现为特定条件下的认识与意识则更复杂得多。信仰、情感、价值尺度，以及个体或群体的隐秘心理情结，都可能是构境的偶发性**主导**因素。意识和思想构境是一个精神生活的**全景式突现**，人们只是在写作、言说和表意情态中显现了其**可明示的**理性结构、逻辑意向和情感冲动而已。在这个意义上说，思想构境往往会是**无意识**发生的。其中，不可言明的各种**逻辑射线**在思想构境中起到了关键性的作用。

在思想构境论的新近理解中，我主要思考了理论逻辑构境的一些微观机制，如意识观念中的逻辑凸状（convexity）②与凹点关系，我用凸状概念来描述认识活动和理论逻辑中的一种突显的可视观点和可理解视区。相反，逻辑凹点即是不可视和隐匿盲区。再有，在思想建构进程中，从一般的词语塑形，到概念创造的有序性新增（"负熵"），再到一定

---

① 先在理性构架统摄论的典型体现，是在新康德主义潜在影响下，于上个世纪 50—60 年代逐步形成的一种认知结构理论。它由几条不同论域中的逻辑线索构成：一是当代自然科学史学方法研究中的突破性，这由波普开创的科学历史学派和法国巴什拉的新认识论科学观异曲同工地体认出来，前者由库恩抽象为范式说以描述科学发展的结构性"革命"；后者则由巴什拉的"认识论断裂"说以概括常识与科学的异质性历史递进，这一观点后来为早期的福科用"知识型"理论和阿尔都塞的问题式理论所共同标识。二是结构主义思潮的逻辑线索，这由索绪尔开创的语言学结构主义和皮亚杰为代表的科学结构主义共同突显，前者强调了语言符号自身差异性关系系统的共时性支配结构，而后者则主张认知主体不断发生和建构起来的功能性认知心理匹配结构。与结构主义思潮相关的理论线索还有认知科学中的西蒙的符码产生式和乔姆斯基的深层语言转换系统。三是当代自然科学方法论中的复杂性科学，在系统论、协同论和突变论的基础之上，耗散结构理论主导了一种功能性的动态建构存在样态和系统结构，这也是理性构架支配观在当代自然科学方法论中的最早消解。在上世纪 60 年代中期以后，先在理性构架论在所有领域遭到解构，库恩的范式说经过拉卡托斯的软性特设说明，最后死于费耶阿本德"怎么都行"的知识无政府主义；福科的知识型毁于他自己新的话语布展逻辑的"手榴弹"之中；索绪尔的语言结构消解在德里达的解构理论、晚期巴特-克里斯多娃的互文观、拉康-齐泽克的大他者理论和犬儒意识形态之中。所以说，今天认识论论域也可以被指认为"后范式时代"。有意思的是，当我在上面提到的那个"范式转移"的研讨会上提及"后范式时代"时，大多数与会的文史学者们都显得十分的惊悸和木然。

② 凸状概念也是我从现代建筑学研究中引入的，凸状本是个数学概念。连接空间中任意两点的直线，皆处于该空间中，则该空间就是凸状。因此，凸状是"不包含凹的部分"的小尺度空间。从认知意义来说，凸状空间中的每个点都能看到整个凸状空间。这表明，处于同一凸状空间的所有人都能彼此互视，从而达到充分而稳定的了解和互动。

的理论生产方式的筑模,最终得以获得全新的格式塔思想构境。这与社会历史构境的发生似乎是同构同序的。所以,我原先提出的那个构境论的思想史构架①就会有一定的改变,在一个思想家早期的他性镜像阶段中,他对他人学术资源的使用和认同,只是停留在词语塑形和无思的挪用上,而在自主性理论建构中,他性学术资源开始成为思者有序性创造的逻辑筑模的有机逻辑构件,而只是在思想原创的阶段,才会通达理论的全新话语构境层级。

我更有意思的发现是,在后现代思潮一类的西方思想家那里,正好出现了一条完全相反的异质性逻辑,即反建构主义的**非塑形**、**祛序**和**解构**。拉康、德里达和福科均是如此。而鲍德里亚的逻辑几乎就是历史唯物主义逻辑的整体颠倒。

---

① 参见拙著:《回到列宁——关于"哲学笔记"的一种后文本学解读》,江苏人民出版社 2009 年版,第 53—57 页。

科学实践场与社会历史构境

——兼评皮克林的《实践的冲撞》①

原载《哲学研究》2010 年第 6 期

内容提要:科学知识社会学(SSK)是当代西方科学哲学中突现的重要学术流派,通过强调科学知识生产中社会因素的作用,铸就了科学理性结构发生的全新社会认识论。尤其是其当代主将之一皮克林的实践冲撞论,更是将 SSK 引入传统历史唯物主义的问题域,情境化的、当下建构着的科学文化—实践场,以社会历史文化多重因素的特定耦合,突现了解构式的功能化科学结构筑模。皮克林的这一思考路径,很深地与历史构境论相近。

关键词:科学哲学 SSK 皮克林 实践 筑模 历史唯物主义
社会历史构境

在整个近代哲学思想史的进行逻辑中,科学观念的改变始终是形上思想构架质变的直接基础。特别是当代,在现代发达国家的社会实践结构中,广义的科学实验活动及其理论模式和数码、影像模式和网络操控的创化作用已经逐步替代了马克思所指认的物质生产活动中那种直接物性操控实践的主导性地位。② 而上个世纪 50—60 年代,继波兰尼之后,西方科学方法论研究中的社会历史学派已经突显了传统科学知识论中“神目观”和线性发展观的弊端。特别需要提及,这一有着丰富思想内涵的新的历史性逻辑构境,在“强纲领”的科学知识社会学(sociology of scientific knowledge,简称 SSK)的社会力量影响和建构

---

① [美]皮克林:《实践的冲撞:时间、力量与科学》(*The Mangle of Practice:Time, Agency and Science*),南京大学出版社 2004 年版。

② 当然,即使如此,这也并没有根本改变马克思广义历史唯物主义所指认的物质生产作为整个社会存在和发展的一般基础的“自然必然性”。在这一点上,鲍德里亚对物质生产基始性的简单否定是错误的。

科学研究的思境中达及它的最高点。^① 并且,我注意到在"SSK"新一代人物皮克林倡导的所谓"实践转向"中,一种更有意思的逻辑意向出现了,即向马克思的历史唯物主义并不准确的无意识回归。更重要的是,在皮克林的"实践冲撞"理论中,晚期海德格尔和后现代的德勒兹的观念成为他逻辑构境的他性学术镜像,并与我自己目前的哲学理念相接近。

一

自上一世纪初的物理学革命之后,特别是爱因斯坦的相对论和量子力学的出现,使科学研究场境中传统的客观主义**神目观**^②的统治地位发生了动摇。然而,西方学术界关于科学实践的历史性研究,其实是从迈克尔·波兰尼(Michael Polanyi,1891—1976)1946 年发表的《科学、信仰与社会》^③开始的。其中,身为科学家的波兰尼批判了实证主义的科学观,因为在他看来,传统科学观中的客观实证观和还原主义式的他性镜像消灭了作为科学主体的人本身,使科学成为一种毫无激情的非主体性的物的机械信息处理过程。这显然是一种神目观的意识形态幻象。受西方新人本主义思潮^④的影响,波兰尼提出**以个人为基点**的科学**信念**、科学**直觉**的内在创造作为科学研究之基础的观点。他发现,科学家的个人判断和寄托是科学进化的重要动因,科学知识离不开人,热情、价值和雅美同样也是科学的本质属性。由此,波兰尼第一次明确提出了科学与价值、科学家个人与科学理性权威的内在关系,以此成为科学历史学派的重要思想先驱。在 1958 年发表的《个人知识》(*Personal Knowledge*)^⑤一书中,波兰尼则更加旗帜鲜明地指出,科学从来就是由

---

① SSK 为当代欧美学界最重要的科学哲学思潮,其学术发源地为英国爱丁堡大学。其早期主要代表人物为爱丁堡大学的巴恩斯(Barnes)、布鲁尔(Bloor)和巴斯大学的柯林斯(Harry Collins)。1966 年,爱丁堡大学在社会学系正式成立"科学研究所"(Science Studies Unit),后逐步影响和扩展到欧美其他国家,其有影响的学者先后有法国的拉拖尔(Latour)和美国的皮克林(Pickering)、林奇(Lynch)、夏平(Shapin)等人。

② 来自上帝的无偏见的观察,用以比喻传统科学观中的绝对客观主义。

③ [英]波兰尼:《科学、信仰与社会》,王靖华译,南京大学出版社 2002 年版。关于波兰尼的一般情况,请参见我为此书写下的代译序。

④ 指自施蒂纳、克尔凯郭尔以来,拒斥以抽象理性为本质的类主体,高扬个人有限生存的人本主义,这种新人本主义观念,历经尼采、海德格尔等人,在后现代思潮中的"人之死亡"中走到尽头。

⑤ [英]波兰尼:《个人知识》,贵州人民出版社 2002 年版。

具有充分人性的**个人知识**构成的，科学研究是人的意会式（tacit）复杂构境的创造性活动，而不是物的外部静止投射和**零度**客观描述。由此，波兰尼提出了一种新人本主义的个人意会科学认知论框架，并从中引申出一个**人学的**科学本体论来。波兰尼极力主张科学与人应该是合一的，科学本身就应该是充满人性（个人情趣）的温暖的东西。在我看来，这是现代科学观之哲学内省中被揭开的全新一页。

同样是 1958 年，美国科学哲学家汉森（Norwood Russell Hanson，1924—1967 年）发表了《发现的模式》①一书。不同于物理化学家的波兰尼，汉森的背景是理学士、文学硕士和哲学博士的三料复合思考构境空间。相比之波兰尼，汉森的观点是更加具体而深入的，一直作为实验科学根基的**中性的**客观观察被去神圣性了，一义性的观察语言被指认出先在性的**理论负载**（theory-loaded）和渗透。在《发现的模式》一书中，汉森是从维特根斯坦对"看"的分析开始思考的。我们知道，在《逻辑哲学论》中，维特根斯坦提出"逻辑脚手架"（Das logische Gerust）建构着我们所看到的世界，②所以，我们看到的往往是逻辑结构生成的图景本身，而非逻辑结构**代理性**表征的对象。这个"逻辑脚手架"，其实是康德先验理性构架的某种变形。这句话成了汉森《发现的模式》开篇的第一段引语。与波兰尼一致的地方，是汉森同样揭露了科学实验中观察的**伪零度**认知和伪客观性，"看是一件'渗透着理论'的事情"③，因为一切观察中的看都已经受到"不同的理论、不同的诠释或者不同的智力结构的影响"。④ 理论对观察的渗透表现为一个当下的瞬间建构，"看"，已经是一种**理论建构物**，用汉森的话语来说就叫"瞬时诠释"。⑤ 其实，我倒认为，这并不存在人为的自觉的诠释，而是一种无意识的经验建构。它属于更大的一个逻辑构境的底层经验织体和封闭性理论回路。皮克林后来十分强调这种构境式的瞬间突现性。

还需要说明的一个问题是，汉森与波兰尼冲击传统科学神目观的方向是一致的，可是二人的逻辑构境标的却是大不相同的。波兰尼强调的是科学家个人主体存在的**感性生命特质**对科学建构的普遍理性的

---

① [美]汉森：《发现的模式》，邢新力等译，中国国际广播出版社 1988 年版。
② [奥]维特根斯坦：《逻辑哲学论》，商务印书馆 1962 年版，第 36、40 页。
③ [美]汉森：《发现的模式》，邢新力等译，中国国际广播出版社 1988 年版，第 22 页。
④ [美]汉森：《发现的模式》，邢新力等译，中国国际广播出版社 1988 年版，第 6 页。
⑤ [美]汉森：《发现的模式》，邢新力等译，中国国际广播出版社 1988 年版，第 12 页。

尺度的动摇,它突现了新人本主义的个人对**大写的**科学理性逻各斯的反抗,显然这是一个来自于新人本主义的批判张力。有意思的是,波兰尼开辟的这一新人本主义科学观道路却没有直接的后来者。这一重要的逻辑线索跳跃式地为后来的 SSK 所承袭。而汉森的批判逻辑并非是承接波兰尼,他是**倒过来**突显了理性框构对个人经验观念的座架,从而直接动摇了支撑科学理性逻辑本身客观性霸权的实验(观察)基础。汉森的思考逻辑是维特根斯坦观念的**科学重演和翻新**。然而,维特根斯坦的东西又传承自更早一些的康德的认识论构架。康德逻辑是当代认识论中结构座架观的**理论回路**。[①] 在康德那里,他把培根-洛克的科学是"拷问自然"的思想大大深化了,自在之物成了彼岸的上帝之城中的住客,我们所面对的现象世界不过是人类自觉地运用先验的理性框架来"统觉"感性经验材料和座架知性认识的结果,因此,在康德的眼里,科学的实质必是"向自然立法"! 人类科学真理也就成为导因于自在之物,而**构形**于"为我"关系的先验理性框架的结果了。

我曾经指出过,在汉森之前,康德的先验理性构架支配说在科学研究中的推进,是上一世纪初由赫尔巴特和冯特从哲学走出去的心理学道路。著名的格式塔(Gestalt,完形)心理学学说反对冯特的感觉原素还原论和知识积累说,并把那种简单地连接知觉并决定心理整体的统觉理论发展成一种心理意识现象的**深层整体构境理论**。他们第一次提出了心理感知场境的突现性建构问题,指出了心理现象的发生和发展是由主体意识内部的某种结构性建构完成的,而各种心理现象的确定和稳态状态(心理态势)都取决于特定意识背景的功能整体突现。但是,在现代心理学中真正自觉地高扬康德认识论的是皮亚杰。上一世纪 70 年代,他从儿童心理发生和生长过程入手,进而研究了整个人类总体认知系统的发生和运行,直接提出了**理论格局**(schemes)制约论的学说。

当然,面对现代科学的进步,重新在哲学逻辑上内省并加深这种理解的是英国哲学家波普。他在自己的证伪主义的平台上明确提出了**"理论先于观察"**的思想,汉森的理论**负载**转换为科学理论构架对实验

[①] 理论回路:回路一词原本指一电路上电流通过其他介质后回流的通道,回路一般也叫闭合电路。在脑科学中,回路也用来说明神经网络中突现的意识生成途径。我在此用理论回路来表征一种存在于理论确证中的认同式他性思路。此概念的使用,最早是在《回到列宁——关于"哲学笔记"的一种后文本学解读》。

观察的**先在性**。波普将培根开始的"科学始于观察"这种近代实验科学的重要原则称之为"过时的神话",其理由是现代科学并非始于实验,而是基于特定的科学理论框架。波普尔从现代科学史的角度重申着康德的论断:从来就没有纯粹的观察,任何实验的观察都必然是依据一定理论参考系的观察,这是"一种有目的、并由一定的问题以及期望的范围引导的活动"。① 在这一点上,波普尔和皮亚杰完全走到一起去了。在他们看来,所有人类的认识活动都是在特定的理论框架制约下发生和发展的,一定的理论深层结构(或称认识结构和范式)始终决定和无形地建构着特定的认知活动,而这种理论框架的认知参考坐标系的改变也必将引起全部知识活动的格式塔场境转换。这就是现代哲学认识论中的**理论框架决定论**。这似乎是康德在**新的科学基础上的**重新复活。

库恩的科学理论**范式**说是波普尔科学哲学逻辑的集成和在自然科学史方法研究中的具体对象化。在理论逻辑前提上,库恩自称直接受到了皮亚杰和格式塔心理学的影响。② 而在另一条逻辑线索上,巴什拉的科学认识论思考构境中那种特定的科学思想与常识的"断裂",在库恩这里被转换成科学自身的内在理论逻辑结构——**范式**(paradigm)的格式塔革命。巴什拉的两位学生早期福科和阿尔都塞,分别以更大视区中的**知识型**(一定社会历史形态中决定整个文化基本性质的逻辑结构)变革论和**问题式**(problematic,决定一个思想家如何提问和思考的理论生产方式)③转换说,在文化思想史和马克思主义哲学史研究中演化和拓展了这一主题。在库恩那里,所谓范式是"在科学实际活动中某些被公认的范例——包括定律、理论、应用以及仪器设备统统在内的范例——为某一种科学研究传统的出现提供了模型"。④ 在库恩这里,科学运动不再是一种渐进式积累,而是一种科学范式向另一个**不可通约的**新的科学范式的整体性转换之发展。从科学的**常规**发展到反常性例外集聚所导引的非常性范式质变,**科学革命**说成为一种新的科学史学观。甚至,它造就了后来拉卡托斯、劳丹一直到费耶阿本德的**后现代科学观**思考之全部理论基础。在我看来,这可能就是当代 SSK 问题式生

① [英]波普尔:《无穷的探索》,福建人民出版社 1984 年版,第 50 页。
② [美]库恩:《科学革命的结构》,上海科学技术出版社 1980 年版,第 ii 页。
③ 参见拙著:《问题式、症候阅读和意识形态——关于阿尔都塞的一种文本解读》,中央编译出版社 2003 年版,第 1 章。
④ [美]库恩:《科学革命的结构》,上海科学技术出版社 1980 年版,第 8 页。

成的来自于认识论的隐性历史前提。我注意到,刘华杰博士比较全面地讨论过 SSK 思考的直接思想来源,即 19 世纪德国关于"教会编史学"的图宾根学派、20 世纪曼海姆等人的"旧的知识社会学"和美国默顿学派的科学社会学、维特根斯坦的后期哲学思考以及库恩的科学范式革命理论。①

二

科学知识社会学——"SSK"在当代西方学术舞台的登场,不再是传统科学哲学方法论研究中的认识论逻辑,甚至也不同于已经存在的从外部承认社会影响的科学史研究("弱纲领"),SSK 是从科学理论生成的内部机制突显**社会力量的决定性作用**("强纲领")。并且,它在英国经验论的历史语境逻辑中,强化了科学研究的社会学**田野**工作方法和全新的**建构**主义维度。作为 SSK 大本营的爱丁堡大学,也是英国经验论始祖休谟的老家。所以,与波兰尼的个人认识论不同,SSK 的逻辑构架实际上是科学发生学意义上的**社会认识论**。如果说,波兰尼是想说明科学家**个人**的情感、价值与信仰对科学认识的建构具有基础性的影响,汉森直到库恩是要说明**理论逻辑构架**对科学观念生成的统摄作用,那么,SSK 则是想揭示存在于社会历史生活中的科学家**群体**,在从事科学认识活动时根本无法摆脱现实存在的种种社会利益和欲望因素的隐性支配和建构性影响。皮克林后来反复讲,"SSK 关注的不是直接可见的社会因素,而是试图挖掘隐藏的社会结构"。② SSK 再一次回到**人**。于是,科学理论生产的一个被遮蔽的构境层面被揭露出来:科学不是对自然存在本质的规律性描述(牛顿),也非单纯的科学理论结构**自我统摄的孤立结果**(库恩),波兰尼强调的人在科学思想建构中的作用被重新关注了,不过,这一次不再是科学家个人的作用,而是突显了科学观念是被不同的人类**社会力量**有意识或无意识地共同制造的。也是在这个意义上,后来的皮克林将 SSK 的科学观指认为关注人类力量的

---

① 最近我也才看到,皮克林自己也明确自指了波兰尼、汉森、库恩和费耶阿本德的历史线索。参见
　〔美〕皮克林编:《作为文化和实践的科学》,柯文、伊梅译,中国人民大学出版社 2006 年版,第 3—
　4 页。
② 〔美〕皮克林编:《作为文化和实践的科学》,柯文、伊梅译,中国人民大学出版社 2006 年版,中译版序
　言,第 3 页。

人本主义。于是,科学中的"所有的知识都包括某种社会的维度,而且这种社会维度是永远无法消除或者超越的"。① 更具体些说,科学的对象就不仅是在实验室中技术性地被生产,而且是"符号性、政治性地被建构的"。② 这倒很有现代意识形态话语批判的意味。有趣的是,SSK不仅仅是形而上学式的理论逻辑断言,而且还是实证性的社会学经验考察。几乎所有SSK的文章和论著都有大量一手的实证性事例说明或者实验记录。我以为,SSK的重要一步,是从封闭的自然科学向社会现实跨出的。恰好,这一步不自觉地离马克思很近。

我认为,SSK的重要意义不是凭空产生的,不是垂直性突现的思想构境,只不过是20世纪西方科学思想史内省逻辑的一次重新布展。固然,SSK的思想家通常都喜欢将自己的思想谱系回溯到库恩的思考点,可是,库恩对此却万般拒斥。因为在他看来,可能与费耶阿本德一样,SSK不过是后现代疯子们"走向解构"的一种科学表现。库恩自认为,他仍然是在捍卫科学知识理论和追求真理的最后基础。我觉得,库恩拒绝的主要是科学以外的社会历史因素的入侵,在经典科学范式中,社会历史性即为主观性。他意识不到的问题,正是SSK新提示的思考层面:**科学认知构架本身恰恰是由社会建构的**。我后面会谈到,SSK的这种指证是以不准确的形式表现出来的。因为,SSK所使用的大量关注社会历史存在的概念都是空泛和非历史的。在SSK那里,科学研究活动是不可能摆脱社会生活及其价值因素的影响的,所谓"科学事实"和对这种事实进行表征的科学知识,本质上是一种社会性的产品,而非绝对客观的自然实在及其直映。这是由于,所有科学家群体总是在一定的历史**与境**(context)③之中以一定的社会利益结构介入科学研究活动的,所以,科学家指认的科学知识之**真**中,总会掺杂着某种特定的属于一定科学家群体或机构的价值判断和现实利益。这一论点显然与历史唯物主义相近。所以,在一定的意义上,自然科学中的真理,并非优越于"文学铭写"。这种观点,是让库恩大跳其脚的关键性指认。我个人

① [英]布鲁尔:《知识和社会意向》,艾彦译,东方出版社2001年版,中译版序言,第2页。

② [奥]诺尔—塞蒂纳:《制造知识》,王善博等译,东方出版社2001年版,中译版序言,第3页。

③ Context在现代西方学术话语中,缘起于文本学研究中对文本上下文关系生成的特定语境,在语言学、文学理论和文本学研究中,译词通译为"语境",这是恰当的。而在SSK的研究中,此词的所指已经扩展到科学活动中实验和社会活动的特定情境,所以意译为参与活动的特定情境之意的"与境"也是很好的。

认为,SSK 在建构论基础上科学认知观研究中是向前走的,问题在于这种逻辑性的"元勘"①是否过头和片面了一些。

一定会令库恩更加疯掉的事件,是 SSK 族谱中新增加的所谓的"实践转向"②的一批新人。因为,他们直接就是受到后现代思潮影响的一代。不知是否受到法国情境主义思潮③的影响,拉拖尔引入了范内格姆和德塞脱的"日常生活实践批判"④的思路,科学知识制造的日常实践被细解为一种网络性的科学实验和陈述行动,特定的情境(situation)建构导致科学事实的不确定性和黑箱式的迷雾。林奇的观点是更加深入的,他已经意识到科学知识生成的本质远非仅仅指认社会利益和价值取向就能完成,他直接提出拓展社会建构论的"文化泛建构论"的概念。这很像阿尔都塞在"多元决定论"中的校正努力。当然,我以为最值得我们马克思主义哲学研究界关注的人物就是皮克林。在"作为实践的科学"(science as practice)的口号下,皮克林干脆将 SSK 推进到实践哲学或"实践本体论"。我觉得,他可能并没有真正感觉到,自己正在走着马克思曾经踏上过的历史构境论的道路。据皮克林 2003 年 7 月给中国学者邢冬梅的邮件,他认为马克思是一个非常令人感兴趣的问题。

皮克林是 SSK 中真正具有一定思辨能力的学者,他可能不为传统的科学哲学家喜欢,恰好因之于他超越了爱丁堡学派和整个科学社会学的经验论层面。固然他也在自己的讨论中,尽可能保持了经验社会学的例证法则。但读起来,却很像是黑格尔《逻辑学》中的物性注释。皮克林思考的前提是当代科学哲学中的历史学派,当然,他直接认同汉森、库恩和后现代的费耶阿本德的激进路线。⑤ 然而,皮克林竟能自省到,"科学远非'怎样都行'这般简单"。这是一种重要的界限。他的思

---

① 刘华杰先生将 SSK 的"Science Studies"意译为"科学元勘",这是很有哲学意味的。

② 其中最重要的学者为拉拖尔(Bruno Latour)、林奇(Micheal Lynch)和皮克林(Andrew Pickering)。皮克林自己将 SSK"实践转向"称之为"后 SSK",我以为这是不准确的。在一般的学术讨论中,"后"(post-)即反对或拒绝,但皮克林等人的研究是在拓展 SSK 的逻辑疆域,至多,可界定为"新 SSK"或"实践的 SSK"罢了。皮克林的说法,可参见他为《作为实践的科学与文化》一书所写的中文版序言,柯文、伊梅译,中国人民大学出版社 2006 年版。

③ 法国情境主义思潮是 20 世纪 60 年代影响广泛的一种左翼先锋艺术思潮,其重要代表人物为德波、范内格姆和德塞脱。关于这一思潮的情况可参见[法]德波:《景观社会》,南京大学出版社 2006 年版。

④ [法]范内格姆:《日常生活革命》,南京大学出版社 2008 年版;[法]德塞脱:《日常生活的实践》,南京大学出版社 2009 年版。

⑤ [美]皮克林:《实践的冲撞——时间、力量与科学》,邢冬梅译,南京大学出版社 2004 年版,第 2 页。

考建基于一种新的本体论之思，即科学所基于的"物质的、社会的和概念的秩序"(material，social and conceptual order)构成的"实践的冲撞"(Mangle of practice)或"力量的舞蹈"(dance of agency)的**突现式的**世界。① 其中，"概念的秩序"来自库恩，这是以科学逻辑范式的统摄作用建构的理性秩序；"社会的秩序"来自于 SSK，这是社会力量建构科学的隐性(hidden)秩序；"物质的秩序"，是皮克林新注入的东西，即以物质实践装置、科学活动得以突现式发生的物质条件为基础的人之外的客观力量。不过，前两种东西都是被改写过的，库恩那种概念式的科学范式被指认为支配科学活动的理论逻辑结构——生成性模式，并且，在海德格尔的影响下，科学概念模式被**去存者化**(或者叫祛石化)了，所以，model 被建构为 *modeling*。在名词后面加上"ing"，使之当下过程化、功能性和建构化，是皮克林思考构境中的一个海德格尔式的重要逻辑工具。所以，存在者意义的石化了的范式或模式概念变成了过程性的、当下建构着的功能性**瞬间突现**(*temporal emergence*)的"筑模"，这是一个了不起的突破。SSK 原有的社会建构力量，被限定为作用于科学知识生产的多重力量中的一种参与性的**人的非决定论**因素。皮克林自指为"后人学"(post-humanism)即是此义。他要标举**非人的**物质性力量，这也是皮克林对 SSK 传统逻辑的纠偏，他要强调人的社会建构因素之外的客观物质条件的作用。当然，这并不是想恢复任何意义上的**唯物主义**统治地位，皮克林思想构境的他性镜像是"强调人与物相互缠绕(the intertwined emergence of people and things)的突现的海德格尔和德鲁兹"。② 海德格尔是反对二元分立的关系存在论，德鲁兹则是去除起点和终点的逻辑冲浪。因为在他看来，这三种力量只是在一定的情境之中发生实践性冲撞，他的本体论是多重"力量的舞蹈"场境存在。科学，只不过是这种实践之舞中的一种动态的突现结果，科学理论逻辑只是一个历史性的观念筑模罢了。

首先，**作为文化与实践的**科学。初看起来，这好像是一个很大的空洞口号，但在皮克林这里，科学**文化**的概念用以取代传统的科学**知识**，它旨在说明科学是一个不仅仅是主观知识体系的派生物，而是在复杂

① ［美］皮克林：《实践的冲撞——时间、力量与科学》，邢冬梅译，南京大学出版社 2004 年版，作者中文版序言，第 3 页。
② ［美］皮克林：《实践的冲撞——时间、力量与科学》，邢冬梅译，南京大学出版社 2004 年版，作者中文版序言，第 3 页。

的多元文化活动中"被制造的事物"(made thing)。"这种'被制造的事物'的过程包括技能、社会关系、仪器和设备以及科学事实和理论。"依我的理解,所谓的"科学事实和理论"是传统科学观的基础,只是皮克林将其从客观实在及其真理性表征(反映)变成了**被制造的**东西;"社会关系"是 SSK 的新东西,皮克林认为这种社会关系代表了人的**主体**方面;而偏重客观物质条件的"技能、仪器和设备"则是皮克林想强调的内容,这似乎表征着与人相对的**客观物质**力量的方面。请注意,这里皮克林并非是指认实体性的机器装置,而是强调由客观运转的科学设备在实验过程中**突现出来的建构性**客观力量。在这一点上,皮克林正在无意识地接近马克思的历史唯物主义,即更宽泛的意义上生产工具和马克思抽象出来的生产力的狭义技术层面(从事生产的"技能"),所不同的是,皮克林并不想指认这种同样是被制造出来的物质力量在科学活动中的**决定性**地位。这样,**实践**这个形而上学的哲学范畴出场了,交往性的实践成为科学活动的重要形式。在我看来,皮克林的实践概念是从马克思的《关于费尔巴哈的提纲》返回到赫斯①甚至切什考夫斯基②。但皮克林的实践并没有上升到人本主义的本真存在性(praxis)的高度,所以他不是葛兰西"实践一元论"和前南斯拉夫"实践派"的同路。并且,它主要是人的总体社会实践中狭义的科学实践活动。

其次,**科学实践冲撞中力量之舞的辩证法**。在皮克林这里,实践恰恰不是马克思式的承认某种客观物质变革活动的**基始性**,而反倒是说明人、物、知识等不同条件、活动力量和因素在特定科学"制造"过程中的**交互角力**关系,由此,他才会找到一个超越传统反映论式("裸眼",naked-eye③)的表征逻辑的操作主义式的**客观冲撞**(*Mangle*)来说明科学实践的本质。我们都知道,实践概念在赫斯那里,表征了一种主体之间的本体性交往,马克思的哲学革命却是将实践确证为弥合了能动性(黑格尔)和客观物质力量(费尔巴哈)的**历史性的创造性感性活动**,所以,实践在历史中会走向更加基始的物质生产。在后来的葛兰西和南斯拉夫"实践派"那里,实践被再一次突显为新人本主义的主体性本质。

---

① 赫斯(M. Hess,1812—1875 年),德国社会主义理论家。主要论著有:《人类的圣史》(1837 年)、《欧洲三同盟》(1841 年)、《行动的哲学》(1843 年)、《论货币的本质》(1844 年)等。

② 奥古斯丁·冯·切什考夫斯基(August v. Cieszkowski,1814—1894 年),德国哲学家。主要代表著作:《历史哲学引论》(1838 年)。

③ 这个 naked-eye 相当于绝对客观性的观察,有如来自上帝的无偏见的神目观。

我觉得,皮克林的不同力量角逐的实践冲撞概念,十分接近法国布尔迪厄的实践场的范畴,在后者那里,不同的社会场存在总是各种权力斗争的结果。经济场、学术场和艺术场等无不如此。① 在皮克林这里,实践是科学活动中操作性的力量操控,此处的实践恰恰在于反对任何试图将人(科学家主体活动)或物(机器的运作)置于决定性的主导地位。科学家能动地创造实验设备,但却在仪器客观运作的不如意"阻抗"中,科学家却反向成为**被动**的观望者,于是,科学家根据观察对仪器进行适应性修正,可是,他又在新的实验中再成为被动角色,循环往复。皮克林将这种人与物的关系称之为"阻抗与适应的辩证法",或者是人与物力量相互作用的实践冲撞之舞蹈。同时,冲撞在这里是动词,即Mangling,它恰恰表示某种非决定论的不可预测的转换(unpredictable transformations),以表征一种**偶然性的瞬间突现的性质**。他可能并不知道,法国的阿尔都塞在晚年也有一个偶然相遇的唯物主义。② 皮克林甚至过于自信地宣称,"冲撞是一种世界观,一种形而上学"。当然,皮克林自己也指出,这只是一个隐喻,不能对此"太认真"。③

其三,科学活动的核心是一种**实践性的筑模过程**。皮克林自己说,他在《构造夸克》(*Constructing Quarks*,1981)中就已经提出,"科学实践是筑模过程(process of modeling)的核心"。我觉得,这是一个全新的认识。在皮克林看来,只有科学实践的冲撞,才可能突现出特定的支配科学活动的理性构架,可是,这种支配性的构架不再是库恩式的范式,而是在科学活动的种种力量冲撞中突现出来的功能性范式,一种存在于科学活动之中始终被**当下建构着的**动态知识结构,皮克林将这一过程命名为正在发生的逻辑**筑模**(*modeling*)。这一观点竟然与我的思想逻辑构境观有着一定的相近性,但在内容上却是异质的。我在新发表的关于历史构境论的论著中,直接借用了皮克林的这一概念。这个筑模概念替代了过去我曾经使用的实践格局概念,但我使用的筑模概念,即人的社会实践以及个人行为和语言活动中功能性地建构和解构的日常生活和社会存在结构筑模,与皮克林筑模范畴的语境已经相去

① 布尔迪厄的观点可参见[法]布尔迪厄:《实践与反思——反思社会学导引》,中央编译出版社 1998 年版。布尔迪厄的实践场境观点与我的历史构境论的关系,我将另文讨论。
② [法]阿尔都塞:《偶然相遇的唯物主义,晚期著作,1978—1987》,威尔索,2006 年。
③ [美]皮克林:《实践的冲撞——时间、力量与科学》,邢冬梅译,南京大学出版社 2004 年版,第 41 页注 37。

甚远。显然,皮克林的筑模概念主要意指结构**开放性的**可能性空间,而我所使用的社会实践筑模更着眼于**非凝固的**动态功能性。皮克林不承认科学活动中存在着预先确定的动机结构,他认为科学实践的新目标总是在科学实践冲撞中偶然突现的,科学结构是在实践中被不断构筑起来的动态模式。这又是一个基于本体论的**普适性的**思考:"我从科学史和科学哲学对理论发展中隐喻和类比的作用的讨论中,提出了筑模的思想。我之所以倾向于讨论筑模是因为,我想把这个思想不仅用于物质领域和社会领域,而且用于观念领域以及科学的文化研究的其他方面"。① 皮克林自己认为,他的筑模思想是从库恩的范式语境中发展出来的一个样板,可是我倒觉得,对于库恩的科学范式来说,这是一种根本性解构,概念体系被炸碎了,被库恩假想为一种支配常规科学活动的凝固化了的科学知识结构被确诊为现代性的幻象,因为支配科学运转的东西只是历史地发生着的科学实践中被当下建构起来的,模式**始终在构筑**,范式本身是一个功能性的过程。对我来说,从范式到格局,再到筑模,这是一种重要的逻辑深入。

其四,人与物双向运作的**后人学的**科学观。在皮克林看来,SSK 所强调的社会对科学活动的影响正是人类力量对科学的作用,往大里说,这恰恰体现了一种人本主义科学观,而皮克林则自指为**后人本主义**,这种所谓的后人本主义主张科学实践中"人类力量和非人类力量的**双向运作**(*works both ways*)"。② 与传统 SSK 恰恰注重种种社会力量对科学家、科学活动与科学知识生产的影响不同,皮克林突出了客观物质力量与人的主体社会力量的并行关系,在这种并行关系之中,人的力量与物的力量在**相互交织**(*intertwining*)中瞬间突现出一种特定的耦合情境,正是这种**非决定论、祛中心**的突现性质决定了科学活动的本质。当然,皮克林也专门界定到,"瞬间突现绝非等同于'怎样都行'"。他固然同情后现代,但并不赞成费耶阿本德式的虚无主义。于是,"在这一空间中,人类活动者依旧存在,但他们与非人类力量内在有机地相互缠

---

① [美]皮克林:《实践的冲撞——时间、力量与科学》,邢冬梅译,南京大学出版社 2004 年版,第 39 页注 30。皮克林在 2008 年又主编了一本文集,题目就叫《实践中的冲撞》(*The Mangle in Practice*:*Science,Society and Becoming* ,Duke University Press,2008)。

② [美]皮克林:《实践的冲撞——时间、力量与科学》,邢冬梅译,南京大学出版社 2004 年版,第 15 页。其实,皮克林所自指的"后人学"同样是不准确的,他并不反对人学,只是将人的力量放置到科学活动中恰当的位置罢了。再者,皮克林在科学哲学的狭隘讨论域中使用"人本主义"(humanism)这样的大概念纯属多余。即使用人本主义,也是科学人本主义,而非后人本主义。

绕,人类不再是发号施令的主体和行动中心。世界以我们建造世界的方式建造我们"。① 人类中心主义,似乎是皮克林始终保持戒备的批判对象。

最后,科学认知的**开放性驻足点**。最有意思的是,皮克林自觉到一个重要的方面,即库恩以来整个科学哲学进步所突显的科学知识的历史性本质,他组装了一个很形象的概念——**开放性的驻足点**(open-endedness)。② 在现代性及以前的所有科学家和思想家那里,人们总以为真理在自己的体系和定理中**被终结**(be ended)了,其实这只是一个意识形态幻象,科学和真理总是在一代代科学家和思想家那里被重新打开并历史性地推进。黑格尔的终结被马克思的历史性打破了,牛顿的终结被爱因斯坦相对性打破了,全部形而上学的终结被海德格尔"在途中"打破了,现代性的终结被德鲁兹逻辑"冲浪"打破了,一切思想观念都将是历史性的认识,一切假想性终结(closure)里的"正确"和"真理"都是相对一定的历史性情境才具有效性,所以,"终结"总是开放(open)的,都是科学认识**在途中的暂驻点**。皮克林的这个概念是我们时代哲学之思中来自于科学思考的重要认识。"筑模是一个没有既定的目的的开放式终结(open-ended)过程。"③这是一切科学认识和思想的非本质的本质。

我不得不说,皮克林是我们这个时代中非常深刻的科学哲学家。

三

我以为,SSK 是科学认知理论在当代的一次重要进展,然而,这些出身自然科学的学者并不精通整个思想史,所以,在他们踏足于自然科学之外的社会历史领域时,特别是当他们试图进行某种形而上学抽象的时候,做了不少并非应该受到责备的想当然的事情。

首先,SSK 手中的**社会历史**概念基本上是经验层面的狭隘臆念,作用于科学的社会力量、社会利益和人的因素统统被锚定在科学家个人

---

① [美]皮克林:《实践的冲撞——时间、力量与科学》,邢冬梅译,南京大学出版社 2004 年版,第 23 页。
② 有的论者将 open-endedness 译为"开放性终结",其实,开放就不是终结,皮克林的深刻之处在于他解构了终结的非封闭性,假想性的终结只是历史性的认知驻足处,所以,此处的 open-endedness 译为"开放性的驻足点"更好一些。
③ [美]皮克林:《实践的冲撞——时间、力量与科学》,邢冬梅译,南京大学出版社 2004 年版,第 17 页。

和群体的直接实验和实现研究成果的具体事务之中,正确的与境(situation)概念成为一种褊狭的科学制造场景,他们看不到真正的社会历史存在**总体**,以及决定这种社会历史存在的特定性质的现实**物质生产与再生产**基础。其次,在 SSK 谈论影响科学活动的社会历史因素时候,历史恰恰在他们**之外**。这是因为,科学本身在**经济的**社会形态中的历史发生,科学技术在现代性工业中成为一个社会的主要生产力,而在今天,科学活动构成全部符码和信息社会的主导性力量,都不是一个"现成在手"的抽象的普遍性命题。他们津津乐道的一切,在 14 世纪中叶以前的欧洲和 19 世纪的亚洲、非洲都是根本不存在的;现代意义上科学实验室以及实现科学研究成果的行动网络,只是今天现代性—后现代工业体制中特殊实践筑模中的子系统;他们所认定的"制造知识"的隐性社会力量,并非就是昨天牛顿时代的科学真相。其三,现实资本逻辑对科学的根本性制约被严重遮蔽了,在当代资本主义全球体制之中,物化在航天、核技术和信息网络技术中的科学研究不过是更大尺度中国际资本的奴婢,这种真正意义上的经济、政治利益和民族利益被大大地弱视了,SSK 将科学研究和活动孤岛化了,这成了一种不自觉的布尔乔亚意识形态假象和同谋。

皮克林将 SSK 推进到科学的实践哲学。用他自己的话来说,叫"作为实践的科学"(Science-as-practice)。我以为,科学活动的文化与实践冲撞中突现的意义在于皮克林对当今时代哲学精神的深刻体悟。海德格尔、德鲁兹,还有福柯,都是他有意无意认同的他性镜像。所以,在人与物之间、科学主义与人本主义之间、决定论与非决定论之间,他都从一个科学哲学家的角度做出了令人鼓舞的努力。他已经知道"我在这里称之为科学本体论的东西,绝对是一种历史的产物"。[①] 这是一个相当重要的理论内省。在这个意义上,他甚至批评"传统哲学的实在论则驻留于知识和世界本身之间的无时间演化的反映关系"。[②] 这个**无时间性**的指证是极为深刻的。皮克林甚至要当一个摆脱了西方中心论的主张"万物皆舞"的现代朱熹。他的志气和智慧都是令人敬佩的。

当然,皮克林最让我们关注的还是他在超越传统 SSK 观念中对历史唯物主义无意识的接近,例如在狭义科学活动中被捕捉到的实践、主

[①] [美]皮克林:《实践的冲撞——时间、力量与科学》,邢冬梅译,南京大学出版社 2004 年版,中文版序言,第 1 页。

[②] [美]皮克林:《实践的冲撞——时间、力量与科学》,邢冬梅译,南京大学出版社 2004 年版,第 218 页。

体科学行为的社会化"规训"、机器运作突现出来的客观物质力量和不同力量交互作用的辩证法。表面上看,皮克林似乎真的是在讨论自然科学研究中的**实践辩证法!** 可是,仔细去思忖,我们却发现皮克林的大多数貌似形而上学的概念竟然都是**非反思的**东西。

在很多年以前,我曾经在思考科学哲学的历史学派的过程中提出过所谓科学理性框架(framework)与现实社会实践格局的历史关系。我当时提出:科学理论框架的直接现实支点是一定社会历史阶段上人类社会的总体实践格局,也正是这样一种人类社会行为的历史运动和动态结构构成了科学真理形成和发展的唯一真实的最终制约基础。这一观点,与 SSK 以及皮克林的理论逻辑构境在方向上是相同的。所不同的地方,我是自觉地在历史唯物主义的逻辑线索中拟建这一观点的。

首先,被 SSK 和皮克林作为"现成在手"前提的**实验科学活动**本身就是人类特定社会发展阶段上的历史产物,它只是现代性工业和市场经济的伴生物。培根的"拷问自然"和康德的"向自然立法",只是在工业生产建构起来的现代性社会存在情境中才是合法的,因为,在整个以农业生产为基础的自然经济之中,人不是**质性地**改变自然条件,而是**不做主地**"靠天吃饭",只是在真正把整个自然界在工业生产中变成改造对象(海德格尔语)之后,或者说,只有人的直接生存基础不再是天然的自然物质条件,而转换成人工事物(西蒙语)之后,以**控制自然**(后来扩展到社会)为目的的科学才真正获得合法地位。如同成为皮克林的无意识他性镜像的费耶阿本德一类的后现代科学观、晚期海德格尔、晚期福柯和德鲁兹的后现代形而上学思考,也只在工业社会在现实发展中转换为后工业—信息社会之后,才可能获得反对石化基始本体论、非总体性的逻辑构境支撑点,也才有可能喊出"人之死亡"的拒绝人类中心主义的口号。我注意到,在对后现代思潮的体知中,皮克林恰恰没有发现更具颠覆性的阿多诺、拉康和鲍德里亚。这也就是说,决定和影响科学活动发生和发展的现实社会基础本身是历史生成的。这也就意味着,SSK 面对科学时提出的所有问题,都只能是在今天时代中才可能出现的问题。并且,SSK 和皮克林所发现的影响科学活动的"社会利益"或"人类力量",在历史唯物主义的维度中其实只是一种十分表面的派生现象。因为全部社会历史存在的建构是一个更宏大更复杂的总体。我们可以举一个反例说明,比如按照莫斯-巴塔耶的历史构境逻辑,人类社会最理想的生命存在状态,恰恰是没有功利价值关系的象征交换结构,他们在今天仍然现实存在的澳大利亚原始部族生活中找到了这种社会生活范例:在这种社会生活中,一切自然物质存在都不是面对人的利益(for us)的**功效性**对象,社会生活中也不存在工具性的经济价值交换系统,用一句话来表述,这里**根本没有利益和价值的存在**。当然,我是反对这种草根浪漫主义哲学的。所以,当皮克林声称自己的"冲撞"观念具有**普适性**(YOE,a theory of everything)的意味时,这就是一种逻辑僭越。因为,SSK 和皮克林所说的一切社会力量也同样是特定社会历史结构中的副现象,没有现代工业基础之上的现代科学体制,没有充分分工基础之上的现代市场经济体系,就不会存在所谓科学研究的基金体系,也就不会存在现代意义上的科学实验室中的任何利益支配关系,更不要说皮克林所指认的在科学范式中对人类力量的"规训"以及多重力量的"实践冲撞"。简单地说,SSK 津津乐道的今天西方发达国家中对科学活动产生影响的社会利益和力量,在今天的不发达地区和国家的科学活动中就未必存在。

其次,影响科学认知活动以及理论"筑模"的根本性条件,并非只是发生在科学活动过程**之中**的种种人与物的力量,当皮克林深刻地指出:"知识产生的空间是与情境相关的"[1]时,这个具体的 situation 恰恰基于科学之外的一定历史时期中社会生活实践的**历史构境**。我曾经指认过,现代科学认识论中从波兰尼一直到库恩对科学认知结构的关注,本身就是历史的产物。其实,SSK 和皮克林都不曾注意到,这种关注在自然科学研究之外,20 世纪的人们还进一步注意到深层语言结构对语言的整体统摄(从索绪尔到乔姆斯基),注意到文化系统背景对一定理论文本的决定作用(从伽达默尔到巴特),注意到社会**意识形态**框架对全部社会意识的根本制约(从阿尔都塞到齐泽克),这倒都一个特定历史情境中的理论构境物。甚至我们可以认为,整个后现代思潮恰恰是对这种理性构架制约论的激进反抗。并且我也指出过,科学认知结构的现实基础恰恰是一定**社会历史实践的格局**(schemes)[2]。20 年前,我将这个所谓"社会实践格局"看作历史唯物主义关于社会实践理论的深化。当然,我现在得承认,皮克林所使用的筑模(modeling)概念比我当

---

① [美]皮克林:《实践的冲撞——时间、力量与科学》,邢冬梅译,南京大学出版社 2004 年版,219 页。
② schemes,皮亚杰在"发生认识论"中使用的概念,也有人译作图式。但从皮亚杰的本意看,他主要是想说明一个动态的结构,而图式则让人想起静止的构架。所以,我当时想译作"动态的格局"更贴切一些。

时使用的格局(schemes)要更准确一些。如果换用这个概念,我们就会发现正是这样一个**历史发展着的社会实践筑模(包括在生产实践基础之上的其他同构的社会实践筑模)是全部意识筑模(认识筑模)现实的直接制约基础。**人们只能按照人类的全部实践(不仅仅是自然科学中的实验)活动筑模的性质、水平、视角、广度去认知客体。一方面,人们不断在实践中认知客体的属性,另一方面,人类认知事物的有序度也制约于人类社会实践本身的有序度。

时至现在,对马克思的历史唯物主义的当代阐释中,我则希望用四个范畴来进行重新构境式的诠释,即主体面向物质存在和自身的劳动**塑形**(shaping)、主体与被塑形物在一定的功效关系场中的系统化**构式**(configurating)、主体在生产和社会活动中通过特定历史条件下对物性实在和社会存在的组织化的生产**创序**(ordering),以及在人的社会实践以及个人行为和语言活动中功能性地建构和解构的日常生活和社会存在结构**筑模**(modeling),之后,才是我所说的存在高点上的现实生活与思想的**构境**(situating)。① 这里的构境与诺尔-塞蒂纳所说的**与境**(context)②是根本异质的,与境是从文本学中特写上下文关联情境中导引出来的具体情境性,而构境则是指一种突现性的全新建构之境。筑模(modeling)一语是从皮克林那里挪用的,而现在我觉得用它来指认生产方式一词是更贴切的。因为,当下地、功能性地生成一种模式,可以更精准地呈现马克思生产方式观念的意思。当然,筑模也同样发生在更复杂的思想逻辑建构之中,皮克林所说的科学活动筑模只是其中一个重要的具象层面。

与皮克林根本不同的认识在于,我认为,在人类社会发展的历史上,社会实践筑模随着社会生活的历史发展不断改变其基本形态。在原始社会和农业社会,由于人的活动范围和创造能力都十分狭小和低下,被物质条件限定的人的体力劳动塑形就是物质生产实践活动的主要内容。那时,也根本不可能出现今天意义上的科学实践。一直到出现大机器工业生产,社会实践筑模才发生了巨大的改变:人类第一次开始从对自然存在的依附中解放出来,工业生产实践开始成为一个社会

---

① 大家可能注意到,我在选择这五个概念的英译对应词时,同时使用了加"ing"的动名词。这当然首先是海德格尔那个"Being"的影响,此外,我还直接受到了皮克林先生的启发。

② 参见[奥]诺尔-塞蒂纳:《制造知识:建构主义与科学的与境性》,王善博等译,东方出版社2001年版。

整体,并创造了一个巨大的人工自然环境。也是在现代市场经济所生成的巨大**欲望链**中,人类开始利用这种人化的自然来征服对象世界,人类不仅是利用自然规律,并且开始形成"人工自然"的运动法则和自觉认知社会发展的规律。于是,实践筑模的重心,从物性操探的生产工艺开始逐步偏向人的主体创造性活动。而在今天,社会实践筑模的本体已变成科学实验(实践)的有序构成,人们的科学创造力成为社会发展的直接动因,人类开始自觉地在一定物质发展水平上选择最优化的实践形式。并且,只是在现代生态伦理的痛楚视角中,人才不再去一意"征服"自然,而去试图寻求人与自然对象科学的平衡关系,社会历史的主体与客体开始科学地结合了,人类已经在用合理的系统的原则安排和调节全部生活。这才是皮克林强调人与物谐调相处的后人学科学观的真实历史构境基础。科学实践冲撞中偶然瞬间突现出来的皮克林,只是在今天英美大陆的科学历史情境中才会出现,才会有真正的学术影响。

我觉得,皮克林在 SSK 的经验筑模中,达及了一种形而上学之思境,这是一种哲学意识的突现,对他而言,很可能这种理论构境是科学与哲学"冲撞"中的偶然所得,但是,它却有着现实的社会历史构境基础。"冲撞的历史主义"所说的**内在的历史性**①,实际上只能是特定社会实践筑模的必然结果,特定时间中的历史性偶然突现背后的现实社会进程的必然性。这还是当代视域中的历史唯物主义及历史构境论。

---

① [美]皮克林:《实践的冲撞——时间、力量与科学》,邢冬梅译,南京大学出版社 2004 年版,241 页。

海德格尔学术思想文本中的"怎样"（Wie）

——构境论文本学新得

原载《哲学研究》2011 年第 7 期

内容提要：由于面对神学、学术和政治三种大他者，海德格尔的文本可依自己保藏的本真思想与专为不同层面他性观看所制作的"学术逻辑建构"，区分为被迫臣服式的表演性文本、争执式的表现性文本、垂直在场的现身性文本和隐匿性的神秘文本。再加上海德格尔所运用的评点性边注、运思实录稿、多样化构境中的拟文本和造词赋义，生成了一种全新的构境论意义上的文本结构。

关键词：海德格尔　大他者　文本学　四种文本　构境论

冯友兰先生在谈及治学之道时，曾经有过一个形象的比喻：从"照着说"到"接着说"。所谓"照着说"即是依师道或典籍，通过深入传统学术的内部以建立学问之基础，而"接着说"则是要解决一个学术传统中前人没有完成的创造性研究问题了。这是我们普通学者通常要经历的为学经历。可是，海德格尔的哲学之思，并非由一种单层线性的同质性进化和异质转向所构成的历时性思想体，而是一个复杂的迷宫式的多层思想构境：海德格尔一生的主要劳作是在马克思对形而上学的颠覆和尼采对全部西方文明的终结之后，使形而上学甚至人类"第一开端"启始的全部西方文化**复基**于被遗忘的存在，经过艰辛的努力，这会是人们有可能看到的被叫作"存在论"的幻境；我们看不到，也是海德格尔故意"扣留"后没有让我们全部知道的秘密，是他将**被复基的存在本身**在基始位置上宣判为非法，被打上"本体"之叉穿刺了的存在即蒙太奇般幻化为另一开端中的**存有**，而存有之真理则为遮蔽归隐中的**弃让存在的本有诗境**。也因此，海德格尔的学术思想实现、他的文本生产与保真，甚至他的全部生活都将是构境式的迷局。这不是他的故意，而是实现的存在、内省的存有和神秘的本有的客观布展。这一点，集中体现在海德格尔复杂的文本构境之中。

1. 海德格尔遭遇的三个伪大他者

马克思说过,在人的社会历史生活中,我们既是观众,又是演员。海德格尔是一个很棒的演员,当然他也是自己表演的第一观众。但在我看来,聪明的海德格尔很早就知道生存的**非我性**,活着,除了自己的需要,一定还有为了……什么,用海德格尔自己的话说,叫"向着……活着(Leben auf hin)"。于是,人活着,总有相关的观看者同在。这观看者中最重要的方面,是具有暴力性的他者观众。这是拉康想清楚的问题。在拉康看来,人的一生,多为对暴力性他者的无我认同。① 从这个独特的构境视角看,海德格尔被抛于世的全部生存中,遭遇过他都不喜欢的三个**大他者**(Other)②式的特殊观众:一是与生俱来的天主教神学意识形态,二是他一生在世所依存的西方学院式的形而上学体制,三是一时误认的政治纳粹。这三个大他者,是海德格尔在不同时期,**并非情愿地**为之面具似(Maskenhaft)存在的他性目光。从实质上说,除去纳粹曾经一度真的成为海德格尔认同的大他者以外,这三个大他者其实都是**伪**大他者,即海德格尔并不真心认同的虚假大他者。③ 只是出于不同的目的,为之表演和表现而已。*我的追问是:我们的存在和思想是否也在向某种他者无意识地表演和显白?* 仔细去内省,答案可能会是肯定的。当然,与这些大他者共在的还有众多不同的尾随性看者,以及每一次观看所建构起来的神学、学术和政治的表演、表现场境。

首先,是作为**神学大他者(大他者Ⅰ)**的天主教神学意识形态。海德格尔有自己敬畏的诸神,但从来不是天主教中那个偶像化了的外部神灵。固然这是小海德格尔初生成"此在",乍来这个世界时的伴生场境和思之基础。海德格尔自己说,这是与他自己的家庭、故乡和青春交织在一起的"原初来源"。④ 他很早就不情愿地看到,身为教徒的父母给

---

① 参见拙著:《不可能的存在之真——拉康哲学映像》,商务印书馆 2006 年版。

② 大他者(Other),拉康用语,意指由语言符号系统生成的无脸他者,经过文化教化的主体通常将其无意识地内居为自我本真性指归,个人主体即大他者的质询建构结果(阿尔都塞语),个人主体存在即面对大他者无脸观看的卖力表演。最可悲之处,是所有主体都将这种表演认同为本己性存在。

③ 伪大他者,在拉康的语境中是一个明显的悖论,因为他者的本质是主体无意识的自居性认同,而存在于海德格尔生存关系中的假装认同则是建构出一个表面的虚假大他者。他自己不信,但却伪饰为真信。

④ [德]海德格尔:《我迄今的道路》,《海德格尔全集》第 66 卷,美因河畔法兰克福,1997 年,第 416 页。中译文参见李乾坤译、方向红校稿。

他吃喝穿住，可天主教在圣马丁教堂中每日建构神性场境时的劳作，竟是他父亲换回一家物性生活条件的主要谋生手段。更要命的事实是，从小学、中学直到大学，他如果不依从神学，他就根本无法受到教育，更不用说进入学术生存场。这是让心比天高的海德格尔深感耻辱的内里伤痛。面对这个外部强加给他的神学大他者，他从不是**无我式认同**的信众，可是为了生存和求学，他不得已选择了假神学式的**顺从性表演**，而一旦有可能，他则一定会"离基"出走。我认为，青年海德格尔自始就有自己隐秘而独立的本真思想存有之火种。所以在这个意义上，常人信众的神学大他者只是海德格尔的**伪神学大他者**。有趣的是，我们身边的生活世界却正在从根基之处建构这种过去一度没有的神性大他者。

其次，是西方形而上学体制中的**学术大他者（大他者Ⅱ）**。从神学大他者的强制中挣脱，为的是个体生命存有的直接实现，在海德格尔这里，则一定表现为独特的诗性思想构境的丰容和圣境建构。可是，聪明的海德格尔十分清楚，他所被抛的世界中，唯一能够让他实现自己生命的场所，是西方形而上学体制这一新的学术大他者控制的大学学术圈。1950年，他愤怒地将其斥为泯灭自由的"机构"。所以，他如果想维持在世生存，以实现自己的理想和期冀，他只有选择在大学学术圈中的面具性的**规矩表演和可通达本真性的抑制性表现**。在《回到马克思》一书1999年出版之后，我也深深地感觉到过这种外部无脸的学术场境的压力。我发现，数量不多的谋生式的假性学术的**面具性**（*Maskenhaft*）表演，通常出现在青年海德格尔所必须获得的学术承认之前，而一旦海德格尔的面具性身份获得学术世界的公认，他更多的学术努力往往是在传统哲学逻辑轨道上制造一些有限的深度爆破，这就是抑制性（**弱**）学术表现。这样，对于海德格尔来说，学术大他者几乎自始就是**伪学术大他者**。在抗拒学术大他者的同时，海德格尔也秘密地生成着与全部形而上学传统根本异质的自己真正的本有哲学思想，当然，为了能让整个学术界能够知道他的思想努力方向并逐步能够有所改变，海德格尔也在形而上学话语中刻意透露（**强表现**）出一些与传统学术逻辑完全异质的新东西。所以，以我的构境式的解读图景，海德格尔自进入学术研究之后，就自觉地让"灵魂分裂"开来：显性精神存在中是给学术大他者观看和常人学术场能够接受、认可的思辨式能力表现，而在大他者无法察觉的隐秘彼处，海德格尔则悄悄地秘制着自己真实的诗性思想构境，并写下了众多并不想打算立即让世人知道的**秘密**文献。加一句话,归隐和保藏起来的秘密中还有让他心怡和心碎的爱情。随着他对学术传播场和理解接受度的历史进程,他才逐步向人们透露自己故意遮蔽起来的隐秘之思。而在远离形而上学大他者的艺术、诗学和语言的讨论中,他则顺势到时地让自己的本真思想直接**现身**。我下面会谈到,这种现身性文本在晚期海德格尔的思想中表现得更加复杂一些。

最后,是纳粹的**政治意识形态大他者**(大他者Ⅲ)。在这一点上,我基本上同意海德格尔自己的解释,希特勒最初登场的光鲜显像,让绝大多数日耳曼人都错以为他会是新天地的开辟者,海德格尔当弗莱堡大学的校长,有世俗权力欲望的内驱力,但他更多地是将希特勒误认为可以实现他改变旧世界愿望的政治上的尼采。在这一开端中,纳粹并不是**伪大他者**!可是,他很快就发现这是一个可笑的误认。在海德格尔一生中遭遇的三个大他者中,这是他唯一**短暂误认的他性镜像**。他最初当校长的时候,他以为不再是表演,而会是真实地自我现身,可是,这种暂短迷途的结局还是沦落为不可宽恕的丑陋**政治表演**。不过,聪明的海德格尔明智地选择了坚决放弃:我不演了。但是,这次入世的"改变世界"的存在性玩火,却让海德格尔背上了永世的骂名。也让他对"改变世界"式的存在论本身恨之入骨。

向着三个大他者表演和表现,也就建构出海德格尔一生中几个最重要的思想秀台。

2. 文本构境论:写给谁看?

海德格尔一生的学术走秀在形式上是多样的,他不是一个仅仅宅在家中思想构境者和写作者,所以他会在不同的场合演讲、大量的学院式课堂教学(讲座和研讨)、学术会议发言和研讨以及一对一、一对多的学术对话,还有少量的新闻采访。在我最新的构境论思考中,首先,每一个思想家最原初的思想构境都生成于单纯脑海中苦思冥想,这是一种当下发生和燃烧的思想和突现的思境,这是**原境**。其次,思境在物性文字中的逗留则建构成文本,文本写作是**第二层级**的思之构境,并且,文本写作对思境是整理和编织,也是重构和变形,不同用途的文本是思境异质性的物性实现。这一点,与我们这里对海德格尔文本类型的分析极为关键。其三,公共教学和演讲,通常具有外在的要求和指向,物性讲稿中思想构境会变为**当下言说之思想场重建**，并依听众和场合弱化为各种思之在场性传递。最后，对话通常是**由他者线索构成的专题性思想重构**，好的对话中会有思之角斗和新的思境之发生。有趣的是，如果我们上述三个伪大他者观众说可以成立，那么，这四种思想构境层就会立刻裂变为一个更复杂的思想构境族群。一想到这里，就令人心惊肉跳。最让人遗憾的是，作为后来者的我们都没有赶上海德格尔的这些现场性的当下思想构境，依我之见，这一切也已经不再可能真正地重现重构。在这个意义上，熊伟先生是中国不多的幸运者。而让我们庆幸的是，海德格尔给我们留下了大量与上述在场学术思想构境相接近的学术文本。这成了我们唯一面对海德格尔思想的通道。

与我上述的思想构境论一致，我会对海德格尔留给这个世界的文本做十分特殊的情境建构区分。我应该说明，这里的文本区分绝不等于海德格尔对自己文本界划的完全自觉。这里我将提出的文本界划，显然不同于我在《回到马克思》和《回到列宁》两书中对文本所做区分的四种类型①。在《回到马克思》一书中，除去我所指认的现代性文本学以外，我现在自省到，那是典型的**客体视位**，即排除了文本作者的**主观意图**的读者式外部观察。而在《回到列宁》一书中，虽然我已经从现代性文本学穿越到后文本构境论，但是这种解读性构境只发生在**解读者的主观性**构境一面。现在，面对海德格尔这样古灵精怪的文本生产者，除去我已经指认的通常发生的四类文本和两种视位，我还不得不增设一种新的文本区分法，即构境论意义上的**作者主体视位**：海德格尔有意无意让后人**分时分层**看到的不同文本。什么意思？用海德格尔自己的话来讲，就是追问文本写作的"何所向（Worauf）"，即**写给谁看**？在传统的文本研究中，成为"过去之物"的文本只是在对象化的"什么（Was）"的意义上被解读，包括解释学在内的全部现代性文本研究无不如此。而晚期罗兰·巴特和克利斯多娃所设置的互文性的生产文本，则干脆走向**读者**主观臆念。现在我想清楚的一个问题，是文本研究中更深一层的构境意义，即文本写作中**来自作者主体视位的世界化向度**！这是文本研究中从"什么"向"怎样（Wie）"的过渡。我以为，面对海德格尔的文

---

① 即公开发表的文献——"完成性文本"、未完成的手稿——"生成性文本"和笔记、私人书信类的"亚文本"，以及被后人建构起来的读书批注式的"拟文本"。具体讨论可参见拙著《回到马克思——经济学语境中的哲学话语》，江苏人民出版社 2009 年第二版，第 12 页；《回到列宁——关于"哲学笔记"的一种后文本学解读》，江苏人民出版社 2007 年版，第 131 页。

本,决不能简单地将其变成一种存在者意义上的解释学对象,而是要构境式地找到其中的"何所向",知道他的文本是写给谁看的,这样才有可能进入到文本生成中的"怎样"。

我知道,这种对文本的构境论追问,对一般熟悉解释学游戏规则的读者们来说似乎一下子很难理解,为此,我们不妨作一过渡性的比较式说明:转换到文本分类的构境作者主体视位上后,再深入到《回到马克思》一书中的思想史线索,我们能看到早期马克思和恩格斯公开发表的论著(第一类文本),通常除去**外部意识形态强制**(普鲁士王国的"书报检查令")、学术圈的**可接受度**(德国思辨哲学及其变种)以及一些现实关系**障碍**(作为批判对象的"同路人"赫斯)所导致的变形之外,基本上还是在表达自己的真实看法。即便在他们的一些思想阶段上,存在着某些他们当时没有意识到的理论他者,如《1844 年经济学哲学手稿》(第二类文本)中的费尔巴哈的人本主义话语,青年马克思也只是将其认同为自己的本真逻辑,无意识地生成他性镜像,但其中并没有**逻辑故意**。而在马克思恩格斯自己的笔记和书信(第三类文本)和阅读性批注(第四类文本)中,则多为自己本真性思想生成的直映。有趣的是,再到《回到列宁》已经自觉的理论构境之中,我们则会看到列宁在 1914 年的"伯尔尼笔记"中已经深入到黑格尔哲学逻辑的内部,达及马克思实践哲学之思的很深思考境域,可是,当他直接面对俄国无产阶级革命的受众时,却有意隐匿了自己在学术上的重要发现和深刻领悟,并仍然使用了当时人们能够理解的流俗性观念形式。[①] 在列宁这里,当然对"写给谁看"之间有一定的**主观自觉**。并且,列宁的做法显然是对的。正是列宁这种顾及学术理论传播和接受度的策略性做法,给之后的斯大林教条主义留下可乘之机。为了意识形态控制的需要,列宁深刻而复杂的哲学思考高度被有意降低到一个容易同质性认同的史前水平(《唯物主义与经验批判主义》)。在一定的意义上,列宁的"伯尔尼笔记"倒成了他无意隐匿起来的"秘密文献"了,而斯大林则是出于意识形态控制的需要,却真的试图将其隐蔽起来。关注这一思想构境论中无意发现的历史意外,正好可以使我们顺势进入海德格尔的文本游戏空间。

相对于一般的思想家和学者对文本的处理,不凡的海德格尔就大

---

① 参见拙著:《回到列宁——关于"哲学笔记"的一种后文本学解读》,江苏人民出版社 2008 年版,第424 页。

不相同了。海德格尔的现实生活开始于一个复杂的多重世界,他从不是一个没有内心世界并简单从俗物化于现实中的常人,能看出,他过早地、极聪明地意识到现实生存世界和内心精神世界的差异,重要的是,他竟然摆脱了学术常人们通常会发生的简单他性依存镜像,故支配常人心理构形和生活存在方式的大他者和小他者①都被他超凡地间距化和自觉弃绝。所以,他很早就形成了在现实生活中向伪大他者(教会与大学学术教席掌控者)**表演**,对亲近者(亲人与爱人)**显白**和在学术场中对接近者(教学对象和文本阅读者)进行逻辑**表现**,同时,将不同时期中自己真实内心**隐匿保藏**起来或偶尔让其**现身**的**多元人格结构**。这也是他写作和设置文本的复杂构境论结构。在这一点上,我觉得海德格尔多少都有些自省式的精心和主观上的蓄意,海德格尔显然有非凡的学术演出才能。

在海德格尔这里,初入现实生活场境时,年幼无助的他不得不进行顺从性的**面具性**(*Maskenhaft*)表演,他当然知道谁(大他者们)在观看并可以给予他物质上的资助和官方的学术承认;海德格尔的一生都在颠覆传统,可总是远远走在时代精神**前面**②的他,又不想过多偏离学术场的可接受度,因此,“狡猾”的他只是**时机化地**③在学术上表现出特定的那些可辨识的原创和批判能力;海德格尔在内里灵魂世界里,他秘守着从小发现的源自乡土家园的纯真质朴本有,并在后来的思想运行中,找到了实现自己本有之思的彼岸式的诗境话语,暗地里写下了一大批极为重要的秘密文本,这是他一生现世表演和表现的真正内驱力和全新思想基底。可是,海德格尔的这些神秘思想,除去在晚年的艺术和语言研究论域(最后也在学术场)中偶然现身外,这个庞大的思想构境体,竟然始终被他完全隐匿起来,直到生命的尽头。因为在他看来,这些神秘的东西即便当时面世,也不会被任何人所理解。这是海德格尔依不

---

① 小他者(other),拉康哲学术语,意指一个人在其成长的初始阶段中,由外部镜像反向建构的虚假心理自我。在拉康看来,在镜像阶段中,幼小的个人心理最初建构的自我,只不过是借助镜像(小他者Ⅰ形象)而无意识获得的一种先行性篡位的反射性凝滞幻觉,进而,他人之面容(小他者Ⅱ意象)强制性地建构出个人自我深一层的关系架构中的无意识想象自居(认同)。参见拙著:《不可能的存在之真——拉康哲学映像》,商务印书馆 2006 年版,第 3 章。

② 不同于黑格尔,在海德格尔这里,哲学不是黄昏时起飞的猫头鹰,更不是时代精神的体现,而是穿透一个现实生活所居有的全部思想,高高飞在理想彩虹中的神龙。

③ 时机化(zeitigen),德文中为“到时”和“成熟”的意思,它是海德格尔思想中一个十分重要的范畴,通常用来指认一种特定生存或学术思想恰逢其时的实现。

同的思想构境层生成的性质各异的文本的根本缘起。

3. 海德格尔思想史中的四类文本

正是在这个重构式的语境中,依我的最新看法,海德格尔的文本可依自己保藏的本真思想与专为不同构境层面他性观看所制作的"学术逻辑建构",区分为被迫臣服式的**表演性**(*vorführen*)文本、争执式的**表现性**(*Ausdrticklich*)文本、垂直在场的**现身性**(*Gegenwart*)文本和隐匿性的**神秘**(*Geheimnis*)文本。

首先,面对伪大他者的**被观看式**的表演性文本。海德格尔的早期文本中,有一些是写给神学大他者(教会)、学术大他者(大学评聘委员会)和政治大他者(纳粹)看的,当然,也是写给在大他者意识形态控制下的现世观众看的东西。在此,青年海德格尔可能是为了生存(中学和大学的奖学金),或者是刚刚入世的海德格尔为了世俗学术场中最初的承认(讲师资格、大学教席和学术界的地位)。用海德格尔自己的话来定性,这是一些"公开发表而仅仅是作为尽义务(pflichtmaBige)的叙说的尝试"。① 这个"尽义务"点出了这类文本的实质,即是拿了教会的钱,得到了"老师们"的指点和提携,他不得不表演给人们看的作为性结果。这实质上是一种不得已的伪思想构境。当然,这其中还有在青年海德格尔上了纳粹贼船之后那些令人作呕的口号性文本。我愿意相信这是海德格尔错走一步后的无奈之举。这是第一种**受制于他者**的无奈式的表演性的文本,这也是**非本真的面具式生存**。以我的看法,这种表演性文本通常是在传统**存在者**(什么/was)意义上的惯性活动。在海德格尔留给我们的文献中,这种面具表演性的东西是少量的,它们主要集中在青年海德格尔早期初涉人世(1909—1918 年)和特定时刻(1933—1934年的政治失足)中。我们能够看到,这批文本通常表现为在神学话语的假装和信誓旦旦,也有在新康德主义构架和胡塞尔现象学语境中多少有些不真的假性认同。我以为,这些应景式的文本并不具有决定性的

---

① [德]海德格尔:《我迄今的道路》,《海德格尔全集》第 66 卷,美因河畔法兰克福,1997 年,第 412 页。中译文参见李乾坤译、方向红校稿。

学术价值。① 如果读者仍然无法理解这种所谓的表演性文本，我可以再举一个我们身边常常发生的例子。我知道许多研究生在自己走进学术殿堂的初始时期，就会居有自己独立的见解，可是如果这种想法与指导老师和答辩委员会的主导意见不同，可能每一个学生都按学术场规则提供一种他性的东西以获得学位。我承认自己就曾经走过相类似的道路。其实，最可怜的是一些女性学生，在父权制仍然隐性地占主导地位的中国学术界，理性构架会将多数女性学者畸变为非感性的父权附庸。海德格尔曾经在"存在论：实际性解释学"讲座中专门讨论过这种常人支配下的面具生存。②

其次，海德格尔一生中主要的学术讲座、演讲、对话和大量公开发表的文本是**明暗争执**的表现性文本。这是他的学术文本中最难理解，并且很容易误认的东西。海德格尔的聪明，在于他对大多数世间事物的洞察，并且他知道在什么时候向这个他并不喜欢的学术世界提交什么样的问卷和一定的引导性的答案。在传播学的语境中，往往一个文本中所包含的新信息量超过10%，这将是一个无效的信息传递，其被接受度和可理解性都会大打折扣。海德格尔不懂传播学，但他做到了思想传递中的最好。这是他从早期"秘密哲学王"到后来迅速成为影响世界的思想大师的成功秘诀之一。早期，在大他者的目光之外，青年海德格尔对听课的学生、对亲近交往的女性，则会脱离故意表演的他者镜像空间，直接反对大他者的游戏规则，力图表现自己的非凡性和创造能力，当然更重要的是，这一类的文本通常还会在供很深的学术观看和搏击的传统形而上学学术场或思想场中**抑制性地**（Verhaltenheit）建构一种**策略性的**思想之境，用海德格尔自己的话来讲，叫"停留在表面（Vordergrund）"和"被放置在基本舆论（Grundstimmung）之内"的讲座

① 2010年秋天在南京大学召开的第五届国外马克思主义论坛上，一位学者当场向我发问：张老师，您是否也有表演性文本和秘密文本？我当场没有直接回答。这里我可说几件有构境意义的事情：一是1990年我出版自己的第一部书《折断的理性翅膀》一书，在当时特定的历史环境中，应出版社和编辑真的"为我好"的要求，人为增加了不少否定性的词语，书的副标题"西方马克思主义哲学研究"改为"西方马克思主义哲学批判"。其实，在我后来发表和出版的大量关于西方马克思主义研究的论文和著作中，我通常都是站在一种批判性的立场上的，但这种批判性都是本己的，而非出于某种外部的需要。二是我常常在博士生大课上提出这样一个问题："我公开发表的东西直接等于我的真实想法吗？"当然，同学先是惊愕，然后在我的讲解之后通常会心一笑。
② ［德］海德格尔：《存在论：实际性的解释学》，何卫平译，人民出版社2009年版，第39页。

文本或公开论文,这是一种"表现出来的东西(das Ausdrticklich Gesagte)"。① 这一类文本被我命名为争执性的**表现性**文本。相对于我们前面所界定的存在者意义上的表演性文本,海德格尔的表现性文本的内趋力发生于他自主性思考的爆发点上,即**存在性追问**(怎样/wie)的启动。最早的表现性文本出现在1919年战时学期的讲座中,而这种表现性的思想斗争一直持续到海德格尔去世。应该说,一直到1989年海德格尔秘密文献的第一次问世为止,绝大多数海德格尔的追随者和敌人都逗留于这一理性逻各斯光亮之下的学术圈层。我还注意到,海德格尔的表现文本本身也是十分复杂的,在1922年开始,一直到1928年,青年海德格尔只是在形而上学的逻辑构架中与旧的学术话语构境层中进行争辩;而1936年之后,当海德格尔获得了自己本真性的思境,他更多地是以新的道说思境与形而上学进行公开或隐秘的争执("克服形而上学")。与前面我们提及的两种表现一致,前者为**弱表现**文本,而后者则是**强表现**文本。为了向读者进一步说明这种文本类型,我可以再以自己经历的文本生产事情为例。1998年前后,当我完成《回到马克思》一书的全部修改时,在交出版社之前,我删除了大部分对马克思历史局限性的讨论,以及我自己独立创造的一些概念,并且尽可能让此书的讨论域离当下的学术问题域和传统话语更近一些。必须承认,这是功利的**表现性**的努力,也是符合传播学规律的做法。结果,此书在当下学术场中引起较大的学术反响(固然其中多是批评)。与此形成鲜明对比的,是我的2007年出版的《回到列宁》一书,此书中我第一次公布了自己的构境论观点,并且比较直白地讨论了我对列宁哲学思想的看法,由于这种脱离当下学术场境的非时机化,此书的"影响"则自然小得多。道理很简单,人们不知道你在说什么(Was)。

其三,就是海德格尔**背着这个世界**所有人写给自己的秘密文献,其中是他自己在不同时期对全部存有的真实想法。即便他将这种文字写给他人(如1918年写给自己的太太),但其实在海德格尔的内心中,它是**没有收信人和读者**的。因为无须面对大他者,也不再纠缠于被他透视和解构的传统学术构架,在这里,没有了任何**被看**的表演性和表现的**欲求**。所以,一切面具都成为多余,一切旧的学术轨道都被无视,**跳出**

---

① [德]海德格尔:《愿望与意志的增补》,《海德格尔全集》第66卷,美因河畔法兰克福,1997年,第421页。中译文参见李乾坤译、方向红校稿。

性的思想异轨必然生成全新的本真思想之境。这也是海德格尔**最深最真的思想构境层**。对此,海德格尔自己将其指认为一条"隐匿起来的探索(verhüllte Tasten)"道路,在这条隐匿的探索道路上,他秘密生产了向这个世界有意遮蔽起来的隐匿性神秘文本。首先,依海德格尔自己的判断,他的这些想法和全新思想构境截然不同于现存的一切学术传统和文化,所以他认定这些文本不可能被"现在的公众(die jetzige Offentlichkeit)"所接受和真正理解;其次,在他所生成的诗性思境之中,真正的本有之境将是**绝弃功用性的存在**归隐于世外的神秘之思。这是海德格尔故意将自己获得的全新思想构境隐匿起来的根本原因。我注意到,这种秘密文本最早期出现在 1918 年,是海德格尔写给自己新婚夫人的信,那时,海德格尔还没有真正生成自己的原创性思想构境,只是表达一种异质于传统话语的心情;而反映海德格尔本真思境最重要的神秘文本,主要生成于 1936—1944 年。这秘密文献竟然多达七、八部大型文稿。按照他的安排,这些秘密文献应该在全部讲座文稿出版之后再问世,然而,在他诞辰 100 周年的 1989 年,作为这种本真思境的第一本《哲学论稿——自本有而来》(1936—1938)第一次公开发表。海德格尔不幸言中,这一神秘文本的过早问世,并没有促进现世学术场中对他的理解,反而直接造成了海德格尔传统研究中的逻辑混乱和传统思考平台的崩塌。从我自己来说,肯定我没有专门写下什么秘密文本,但我有近三十年的思想笔记,其中自然会有我过于超前的想法。如果将来它们有可能面世,倒是对海德格尔秘密文献类型的一种佐证。实际上,在中国过去"左"的时期特别是"文化大革命"中,就曾经有过不少无法出版的政治的或者文学的"地下文本",不过,那只是外部强制禁止的结果,而并非我们这里讨论的学术上的**不可理解**和**非时机化**产物。

其四,是海德格尔让自己本真思想构境在特殊论域和时刻中的**直接在场**的现身性文本。1936 年以后,海德格尔逐步获得自己本真哲学思境的生成和秘密写下一系列神秘文本,在他活着的时候,这些神秘文本都没有公开出版,但是,我也发现恰恰是在哲学研究之外的**他域**思考中,海德格尔也故意让自己的本真思境直接现身于世。这种现身性文本的雏形最早为青年海德格尔写于 1910 年关于克拉拉的评论文章,当时,那还是一种乡土浪漫主义自然流露,而现身性文本主要出现于 1930 年之后,开始是新思想之境在旧话语操练场中挣脱而出时的表露,而

1936年当海德格尔决定将自己的本真思境归隐神秘之后,它则主要现身于他关于艺术作品、荷尔德林的诗歌和语言问题的思考之中。而接近海德格尔思想的晚期,他则开始在形而上学学术场中直接让新的思境出场,生成一种特殊的将表现与现身交合起来的**表—现性**文本。

在海德格尔那里,这四种类型的文本边界并非是刚性的,在一些特定的历史时期中,它们之间往往是交互发生和转化的。甚至,一种文本会同时具有过渡性的多重性质。这是我们在进入海德格尔的思想构境时应该细心辨识的。

3. 评点性边注、运思实录稿、多样化构境中的拟文本和造词赋义

回到我先前已经在文本学研究中提出的四类文本界划中去,我们会发现海德格尔的文本类型远远跳出了常人学者的自然文本生成。在文本写作、整理和发表问题上,海德格尔则自觉和精心得多。一定意义上,还存在着某种构境论意义上的主观蓄意。我以为,在面对海德格尔的文本时,至少研究者需要再注意以下几个重要区分:

其一,在原先我界定为离思想者真实心境最近的第三类文本的私人书信中,我们却同时看到海德格尔的表演、表现和神秘。比如在他早期神学学习时期给教会的信,明显带有无奈的表演性;而他早先写给青年姑娘(如胡塞尔的女儿、布洛赫曼等)的信中,显然在卖力地表现自己的深刻和才华;而我也发现他1918年写给自己新婚夫人的信,是一封没有读者的秘密文献。再进一步说,海德格尔还非常善于利用公开信的方式,直接表达自己的某种意图,比如1947年的"关于人道主义的书信"。而他与自己比较接近的学者的书信,则是更复杂的有实有虚的思想构境,如他与雅斯贝尔斯和阿伦特的书信往来。应该本真的私人书信,却在海德格尔那里,被建构成了种种不同性质和构境层的思想互动场。关于这一点,是否会使我们重新审视思想家们的书信文本及其功能? 或者海德格尔恰恰是一个古怪的特例? 这是一个更大的问题。

其二,海德格尔很早就有一个习惯,即在自己已经完成的手稿上以**边注**的形式回顾性地评点过去的思想。这种边注最早出现在他早期的讲座手稿上。并且,在海德格尔看来在思想进程中有特别重要意义的文本,特别是在公开发表的表现性文本中他蓄意变形的历史性话语,他

都精心地用边注的方式形成一种独特的思想构境"实验"。海德格尔肯定反对我用"实验"这样的科学话语来描述他的边注。准确地说，是隐秘的运思和构境。我注意到，这种特殊的**思之边注**开始于 1919 年，即青年海德格尔早期弗莱堡讲座中的讲稿文本。并且，在后来公开发表的论著中，海德格尔通常是在表现性文本的第一版校样上进行这种思想"实验"，可能只有少量现身性文本中也出现了这种的思之边注。并且，海德格尔在全集的编辑方针中，要求完整地收录这些思之边注，以告示人们他的思之道路之精密。比如，《海德格尔全集》第 56/57 卷中收入的边注多达 250 余个。① 过去，我们已经知道阅读批注及其被建构的拟文本，但那通常是写在他人文本上的思之记录，自我批注并将其织入思想构境，海德格尔是开先河之人。

其三，我还发现，在海德格尔少数重要文本中，他还将自己多次复杂运思和构境层深化的情境用**补页**的形式直接记录下来，以供后人直观自己的运思之发生和推进轨迹。这也是极为罕见的文本学自觉。比如在海德格尔自己指认的透露本有思想的《同一与差异》中，对其中的第二部分前言、《同一律》和《形而上学的存在—神—逻辑学机制》分别记下了不少直接反映海德格尔对这些文本进行反省和历史性评点的大量运思实录。② 这为我们能够具体地了解他思想构境的原初状态提供了几乎不可能的文献资料。这种情况也出现在《存在论：实际性的解释学》中。③

其四，在文本写作的具体过程，我发现海德格尔十分善于使用德语的复杂词性特征，使思想与语言的关系变成一种活的构境词语存在：一个语词根本不在自己的通常意义上存在，而是在越出原形后的重新意蕴构境。他使用的比较多的手段大约有如下几种：一是归基法，即摆脱和否定一个语词的当下语用，而返回原初辞源，通常是在古代希腊文中寻找所谓没有被后世存在化的语境。如海德格尔对自然、真理和逻各斯等词的著名诠释。当然，我觉得这种"归基"有过多的过度诠释成分。二是转喻链接法。这主要是将德语词根上接近的一些类词进行比对，

---

① 参见［德］海德格尔：《同一与差异》，商务印书馆 2011 年版，孙周兴、陈小文等译，第 156 页。
②《海德格尔全集》，第 56/57 卷，第 83—110 页。参见［德］海德格尔：《同一与差异》，商务印书馆 2011 年版，孙周兴、陈小文等译，第 79—105 页。
③《海德格尔全集》第 63 卷，美因河畔法兰克福，1988 年，第 105—112 页。参见［德］海德格尔：《存在论：实际性的解释学》，何卫平译，人民出版社 2009 年版，第 105—114 页。

让它们在一个生成关联中建构出新的联想隐喻。比如 1936 年之后,海德格尔对"本有(Ereignis)"一词所作的一系列转化生成的词组群列。三是弃用法。这是指海德格尔一些最关键的词语使用的特殊做法,比如在"存在(sein)"一词上打上叉,以表征对存在概念的省思,后来他干脆弃用此词,而重启一些从荷尔德林等人的诗歌中获得特殊意境的古高地德语中的"seyn"来直接赋义。而"存在"一词则成了败坏了的存在状态。我注意到,被海德格尔打上叉的词还有"根据(grung)"和"存有(seyn)"本身。四是强行赋义法。这是典型的构境论构词。海德格尔一是将通常的词语置于一个独特的思考之境中,让其突出一种它从来不曾拥有的关联与境(zusammehang)。最后,在这一切构境式的做法仍然不够给力的情况下,海德格尔还会自己生造从来不曾存在过的新词。

其五,海德格尔在写作文本中,通常比较善于使用特定的标点符号,这倒是德国古典哲学的传统。可是,除去原来人们常用的斜体字(以着重强调,在中文翻译中通常改为重点号或黑体字)和双引号(以表示他性的概念或者自己否定的东西),海德格尔特别是在自己的秘密文献写作中,用短线分割了大量德文词语,以生成全新的意境,最典型的例子莫过于"da-sein"。而在海德格尔一些原始手稿中,他竟然使用不同颜色的笔标注特定的记号,以生成阅读或朗读的不同节奏和重点。我在海德格尔家乡他的博物馆中,亲眼看到了他写下的关于荷尔德林的诗歌手稿,其中竟然用多种不同颜色的彩笔在文字下划线和加注符号,以构成复杂的思考层和思境。

最后,在海德格尔全集特别是第二部分(讲座和研讨班手稿)的编辑过程中,还出现了一种其他文本学术版不常见到的**拟建**现象:即用听课者的课堂笔记和讨论记录反补讲稿的构境式拟文本。我们无法得知,这是否为经过海德格尔本人同意的做法。比较典型的有全集第 56/57 卷中"1919 年战时补救学期讲座"文本后所附的布莱希特笔记①、全集第十四卷《时间与存在》中所附古佐尼博士的讨论课记录②以及全集

---

① [德]布莱希特:《〈哲学观念与世界观问题〉》,中译文参见《形式显示的现象学:海德格尔早期弗莱堡文选》,孙周兴译,同济大学出版社 2004 年版,第 15—20 页。
② 参见[德]海德格尔:《面向思的事情》,陈小文、孙周兴译,商务印书馆 1996 年版,第 26—57 页。

第 63 卷《存在论:实际性的解释学》中插入的布吕克笔记①等。这些他人笔记在一定的意义拟建了讲课现场的思想情境,比如布莱希特笔记中所复现的海德格尔在讲述现场所制的逻辑图表②,这一图表并不存在于讲稿文本;再比如古佐尼记录再现了讲座文本中没有的极为重要的思想关系,特别是关于本有思想在 1947 年之后四个文本中的现身。③更有意思的文本事件是,我竟然在这种编辑者无意识的构境复现拟建中发现了一种新的构境层断裂:即海德格尔自己写下的原讲稿思想构境与现场讲授构境之间的差异化间距。显然,现场讲授更接近听者的信息**可匹配性**,在我这里的文本属性上则是更具体表现性,而多少偏离了此时海德格尔已经达及的本真思想构境状态。然而,选编布莱希特笔记的编辑克·施特鲁勃的主观意图,是发现课堂笔记的内容超出了讲座计划,所以,附加课堂笔记是为了使讲稿"更加'完整'"。④

---

① 参见[德]海德格尔:《存在论:实际性的解释学》,何卫平译,人民出版社 2009 年版,第 116—117 页。这种将笔记直接插入海德格尔原文的做法是值得商榷的,因为这会使那些观察不细的读者将其直接误认为是海德格尔的文本。——本书作者注。
② 参见[德]海德格尔:《形式显示的现象学:海德格尔早期弗莱堡文选》,孙周兴译,同济大学出版社 2004 年版,第 18 页。
③ 参见[德]海德格尔:《面向思的事情》,陈小文、孙周兴译,商务印书馆 1996 年版,第 37 页。
④ 参见[德]海德格尔:《形式显示的现象学:海德格尔早期弗莱堡文选》,孙周兴译,同济大学出版社 2004 年版,第 21 页。

意蕴:遭遇世界中的上手与在手

原载《中国社会科学》2013年第1期

内容提要:海德格尔认为,人们每一天都感觉到外部世界的物性存在,并与其发生客观的接触和对象性认识都是日常生活中虚假的"看见",日常经验中的人们恰恰看不到存在本身的意蕴。意蕴不是认识论的范畴,而是一种遭遇性的存在。一个东西被我们遭遇为什么,我们怎样遭遇它,这两个相遇构境层都不是那种伪谬主—客体二元模式中一个假想的简单对象性觉识和客观描述。意蕴的展露并不仅仅是认识论中的观看之序,它直接表现为两个存在特征:一是意蕴的上手—在手状态的特征,二是意蕴在共同世界中显现的特征。在手状态也是此在先有的上手熟悉状态,而共同世界的显现则是指非单个此在的相遇显像之保持。

关键词:海德格尔《存在论:实际性的解释学》 遭遇 意蕴 上手在手 常人

《存在论:实际性的解释学》(*Ontologie: Hermeneutik der Faktizität*)①是海德格尔于1923年在弗莱堡大学所作的一个非常重要的学术讲座的讲稿。我认为,这一讲座手稿是海德格尔早期学术思想构境中最重要的文本之一。海德格尔在讲座中对遭遇性的有意蕴的世界的现象学呈现进行了深入的思考之后,他想到,应该从反面重新解析日常世界之伪像的重要性。于是,他也要像黑格尔在《精神现象学》中那样,使人们习以为常的日常生活图景一步步被揭示为幻象,然后,再指认出有意蕴的遭遇性世界:任何存在者都只能在一定的上手—在手之此的时间性中展现自己的此在,存在就是意蕴建构起来的相遇之发生,但是,在共同此在的相遇中,意蕴世界显现为常人之在。

---

① 此讲稿收录于《海德格尔全集》第63卷,美因河畔法兰克福,1988年。中译文参见[德]海德格尔:《存在论:实际性的解释学》,何卫平译,人民出版社2009年版。

1. 日常生活中的"看见"之伪

海德格尔说，人们每一天都非思地生活在日常经验之中，这种日常经验的根据恰恰是我们不经意地对身边的周围世界进行一种"错误描述"。这是胡塞尔现象学批判的旨趣。海德格尔想强调说明的东西是，正是这种每时每刻被生产出来的**伪世界像**被"冒充为直接被给予性的最无偏见和最真实的描述，而后使之成为所谓对象结构关系（gegenständlicher Aufbauverhältnisse）进一步描述的基础"。① 这是在反讽地提醒，我们每一天都感觉到外部世界的物性存在，并与其发生客观的接触关系和对象性认识，由此，我们也能根据认识论规律进一步透过表面的现象深到事物的对象性结构情境之中。这个 verhältnis 在德文中也有境遇和境况的意思。这是我们假以为真的每天生活其中的自明性世界图景，而海德格尔要做的事情又是证伪它。

我们已经讨论过，青年海德格尔在 1919 年战时学期的"哲学的观念与世界观问题"讲座中，比较感性地在课堂上举了自己身边"讲台之看"的复杂体验构境和诗人与科学家眼中完全不同的"太阳升起"。② 在后面我们看到的文献中，他真的很少直接举例以证实自己的思想构境之"正确"。而在这里，海德格尔为了说清楚日常生活中的伪世界图景，他不得不再一次从感性经验的证伪开始。这是一个最简单的日常生活中的例子：我们在家中，在自己的屋子里，"遇到了'一张桌子'"。这一回，海德格尔不是让我们看那个熟知的讲台，而且看的视位也不同，上一次是**不同的人**看同一张讲台，这一次是**同一个人**从不同的角度看同一张桌子。这是胡塞尔在现象学语境中曾经举过的例子。

海德格尔说，当每一个"我"在日常生活中面对一张普通的桌子的时候，它首先被看作处于"空间中的物"，所以它有一定的重量、色彩和外观，一个长方形或圆形的桌面，它可以被拆散为一堆木头或烧毁。请一定注意，这个"我"是每一个在日常生活中处于经验常识中的非遭遇性的人（**个人主体**），而不是**遭遇性的此在**。当"我"从不同的方向去看它的时候，"它总是只从某一个确定的侧面（bestimmten Seite）来显示自身为此存在者，而且一个这样的侧面通过预先规定的物的空间格式

---

① ［德］海德格尔：《存在论：实际性的解释学》，何卫平译，人民出版社 2009 年版，第 89 页。
② 参见拙文：《作为发生事件的生命体验》，《现代哲学》2011 年第 5 期。

塔（Raumgestalt des Dinges）展示出其他的侧面"。① 在胡塞尔那里，这个侧面总是"正面"。海德格尔是说，当我们看这个桌子的一个侧面时，总是有一个**预想的物体空间格式塔**被当下构境，因此，当我在看桌子的一个侧面时，我会自然联想（实为无意识的场境建构）到它的另外几个不同的侧面。在我围绕一个事物走动时，当光线、距离等条件改变时，物的不同侧面会不断地以新的方式打开。请记住，这是我们对桌子的日常**之看**。海德格尔说，这种观察其实最适合的对象是石头一类"自然物"。因为，桌子之看如果再仔细一些，我们还会发现它的"更多的意义"。与石头一类"自然物"不同，桌子不仅是空间中的一个对象物，而且，"它还带有被赋予的特定的价值表达（bestimmten Wertprädikaten）：制作漂亮、很适用；它是一件用具、家具，室内陈设的一部分"，由此我们可以断定，像桌子这样的对象物可以从两个方面去看："**自然物和价值物**（*Natur dinge und Wertdinge*）"。② 这还真是挺深入的感性观察和质性判断。

　　到这里为止，如果没有人打断，我们都会觉得上述对桌子的观察是真实的，因为每一天我们都会如此去做。可是，海德格尔却出人意料地告诉我们，这一切都只是"**表面的**（scheinbar）"！ 这个 scheinbar 中的 schein 在德文中是"光线"、"外表"之意。他意在让我们知道，这些日常生活中看起来真实的经验描述，其实是**在某种无法消除的先见支配下**，由"多重方式建构（mehrfacher Weise konstruktiv）"出来的一种假象。这立刻造成了我们习焉不察的那个日常经验图景的爆裂。海德格尔很深沉地说，人们在这里根本意识不到的事情是，这个看起来孤立的桌子的"被看到"，其实缘起于一种没有被看到的特定"遭遇"。前面的讨论让我们知道，遭遇是世界的本质之一，在这里，这个遭遇又与不同的实际性生活情境（如大学讲师、山民或者黑人）相关。并且，正是这个特定的遭遇才生成"一定的视位"，基于这种特定的视位，我们才能看到桌子，看到桌子的有用"价值"。在海德格尔看来，事物的有用性并不等于其在遭遇性世界中的意义和意蕴，更深入地说："意蕴不是事情的特征（Sachcharakter），而是存在的特征（Seinscharakter）"。③ 可是，日常经

---

① ［德］海德格尔：《存在论：实际性的解释学》，何卫平译，人民出版社 2009 年版，第 89 页。中译文有改动。参见 *Gesamtausgabe*, Band 63, Vittorio Klostermann, Frankfurt am Main, 1988, p88——本文作者注。

② ［德］海德格尔：《存在论：实际性的解释学》，何卫平译，人民出版社 2009 年版，第 89 页。

③ ［德］海德格尔：《存在论：实际性的解释学》，何卫平译，人民出版社 2009 年版，第 90 页。

验中的人们恰恰看不到**存在本身**的意蕴。**存在恰恰是非直观的！**海德格尔这里的分析与马克思可有一比，马克思在创立历史唯物主义的时候，他的那些"生产力"、"生产方式"之类的东西都是非直观的，可是，第二国际以后的马克思主义释义学却将这一切都重新变成一种引起直观的物性对象。

海德格尔认为，人们日常经验中常识之看中的"现实性和实在性"必须接受"现象学"的批判和解构：

> 1. 为什么意蕴本身没有被人看到；2. 为什么只要理论的假相（theoretisierter Scheinaspekt）被设定，意蕴仍需要把握和解释；3. 为什么意义要通过融入一个更加原始的现实存在（ursprünglicheres Wirklichsein）来"解释"；4. 为什么这种真实的奠基性的存在（fundierende Sein）要在自然物的存在中寻求。①

这又是现象学的解析之道，而且步步紧逼。海德格尔想说，作为存在特征的意蕴之所以无法直观，是因为人们的日常经验总是基于某种未被察觉的理论假相（Scheinaspekt）。这里，我们又遇到了那个有意味的 Schein，Scheinaspekt 是由光线生成的虚假之相。比如前面海德格尔指认出来的主—客体二元模式和无立场的神目观，以及在这个误认基础上的更精深的认知性的"科学（επιστ ήμη）"。在一直到今天还在大行其道的科学的认知模式中，似乎主体只要通过"进入到被认识的事物，即所谓存在者的持存之中"，便可以透过多变的外观找到非偶然性的本质、内在规律和法则。可是，在这种对象性认知中，人们失去的正好是**非对象性存在特征**的意蕴。海德格尔认为，只有真正穿透这种理论的对象性认知幻象，才有可能把握到意蕴。因为，意蕴并不发生在事情由**不同理论光线**照射生成的对象性表面外观上，它不是表象性认识论的对象，意蕴只能在"更加原始的现实存在"之中呈现，它是遭遇性存在本身的特征。这种真实的奠基性存在特征，恰恰要在所谓独立的"自然物的存在"的拆解中苦苦寻得。

①［德］海德格尔：《存在论：实际性的解释学》，何卫平译，人民出版社 2009 年版，第 90 页。

2. 意蕴遭遇中的构境性看见

那么,这个真实的奠基性存在到底如何被把握呢？我发现,令人兴奋的事情即将到场和突现了,因为海德格尔在穿透理论假相中,再一次回到自己在前一年"那托普报告"①的思想构境的最深处。他提出,戳穿日常经验之伪的道路是归基于"我们具体逗留中与世界打交道(konkret verweilenden Umgang)"。② 我认为,海德格尔的这个Umgang就是日常化了的马克思的**实践**(praxis)。只是马克思将其更具体地归基为物质生产,并以此来描述非个人的社会和历史的真实的奠基性存在;而海德格尔此处的"交道"(Umgang)则是微观到日常生活中各种生活事情的建构性意蕴发生中的真实的奠基性存在。为此,海德格尔第一次在这一讲座中秀了自己具象感性生活中的真实情境。可以看到,他是以自己家中**生活遭遇里**的桌子来解构前面那个日常经验世界的桌子之伪像。

海德格尔说,在他自己家中"**这个**房间里有**这张**桌子(In *dem* Zimmer da ist es *der* Tisch da)",不是作为抽象对象的"在别的房间和屋子里与其他桌子中并存的'一张'桌子(ein Tisch)"。③ 这个起点很像克尔凯郭尔新人本主义那个特殊的开始,即不同于黑格尔式的一般**类**人的"这个个人",他的前提是施蒂纳反对一切类概念的"唯一者"。而马克思则由此生成历史唯物主义中的一定历史条件下的"现实的个人"。海德格尔这里深得克尔凯郭尔思想的精髓,又将在对雅斯贝尔斯人学对此在之此的解析心得扩展到对事物的**在此存在**的分析中来。海德格尔说,**有关涉的**人们坐在**这张**(不是一般的、抽象的**类本质**)桌子边上,是"**为了**(zum)写作、吃饭、缝纫、游戏"。这里海德格尔的生活**构境**是,他坐在此桌子上写作,夫人缝纫,孩子们游戏,然后全家人在桌子上一起吃饭。他说,"进来的访客(bei einem Besuch)一眼便可以看到:它

---

① 指青年海德格尔于 1922 年完成的《对亚里士多德的现象学阐释——解释学情境的显示》(即著名的"那托普报告")。1922 年,那托普教授退休,由哈特曼转任正教授,所以菲利浦马堡大学的哲学副教授职位再次空缺。此时,胡塞尔强烈地推荐海德格尔。可是海德格尔此时并没有公开发表什么论著,急于表现自己真才实学的他立即把一份 40 页打印手稿寄给那托普。在后来的海德格尔文献史上,这一文本被称作"那托普报告"。

② [德] 海德格尔:《存在论:实际性的解释学》,何卫平译,人民出版社 2009 年版,第 90 页。

③ [德] 海德格尔:《存在论:实际性的解释学》,何卫平译,人民出版社 2009 年版,第 91 页。参见 *Gesamtausgabe*, Band 63, Vittorio Klostermann, Frankfurt am Main, 1988, p90。

是一张写字桌、餐桌、缝纫桌"。① 请注意,这里海德格尔所说的对**这张**桌子的"一眼看出"与前面日常经验中那个非内省的**一张**桌子的被看到是不同的,这张桌子是在我们都知晓的"做某事(zu etwas)"的**关涉中**被遭遇的,而"绝不是基于与别的东西的对比关系而加给桌子的"。这后一个"与别的东西的对比关系"是黑格尔式的**关系质性**界划。

这张生活中的桌子被遭遇,只有在一个个实际性的生活构境中才能突现出来。为了说明这种"做某事的特征",海德格尔围绕自己家中的这张桌子讲了一大通令人动情的生活故事:这张在房屋中的桌子不是对象性认知中的抽象"有用",而是一种遭遇情境中的关涉性意蕴,它意味着有一些特殊的用途,**合适**做一些事情,但也有一些方面"不实用(unpraktisch)"、不适合(ungeeignet)和损坏。例如:

> 它上面到处划有线条——那是调皮的孩子留下的。这些彩色的线条并非自己中断,而准是孩子们所为。这一面不是东面,这个狭窄的一面要比另一面短许多厘米,而它是我妻子晚上坐着读书的一面;在桌子旁,我们晚上曾进行过这样或那样的讨论;在这里,我曾与一位朋友作出一个决定。在这里撰写了那部著作,在这里庆祝过那个节日。②

这是海德格尔"一眼看到"家里的**这张**桌子的**有意蕴的遭遇**。说实话,我真没有想到海德格尔会以这种生动的情景剧般的构境话语来说明这个非对象性的意蕴。至少在我这里,意蕴遭遇之谜一下子就迎刃而解了。

其实看到这里,我是十分激动的。因为海德格尔在此处的讨论竟然与我的想法完全一致,这是**构境论**的故事,一种看似对象性的东西,其实只有在人们的生活构境中才能被遭遇。这个遭遇的本质即是建构一种只有一个参与其中的人才能**复构再现**的意蕴。一个桌子的遭遇并

---

① [德] 海德格尔:《存在论:实际性的解释学》,何卫平译,人民出版社 2009 年版,第 91 页。中译文有改动。中译者将 bei einem Besuch 译作"任何来访的人"是不妥的,按照海德格尔此处的关联与境,这里的来访者必定是有关涉的熟悉的人,否则海德格尔前面假想的那个"塞内加尔黑人"进来,是肯定不能一眼看到**这张**桌子的。参见 *Gesamtausgabe*, Band 63, Vittorio Klostermann, Frankfurt am Main, 1988, p90——本文作者注。

② [德] 海德格尔:《存在论:实际性的解释学》,何卫平译,人民出版社 2009 年版,第 91 页。

非通常意义上的有用，而是对使用者的合适（geeignet）或不合适（ungeeignet）。海德格尔用括号括起来的 unpraktisch，直译会是非实践的意思，但在这里倒真是一种意蕴中的不适合，这是一个**情境质性**，只有内居于这一生活构境之中的人才会知道这种意蕴的**适与不适**。这里起根本作用的恰恰不是效用性，而是**中意性**。这包括它放置于何时何处，由什么样的光线照亮，这都不是**对象性的客观特征**，但也并不仅仅是一种主体体验，它恰恰是意蕴中**客观建构的场境如意**。桌子上被**物性逗留**的彩色线条，在很多年以后，很可能画出它的孩子已经早已忘却，可是带着幸福责怪目光的父母却会永远复构这一动人的情境。而桌子上发生的另一些没有物性痕迹的私秘情境则会烟飞于空中，如果海德格尔不再复现妻子晚上读书、与朋友讨论、决定事情、全家在这张桌子上庆祝节日，特别是他自己独自在这张桌子上写作这些没有物性遗存的情境，这种桌子的这些历史遭遇（意蕴世界）将是永远不再呈现的。这让我直接想起了自己的一个有趣遭遇。2008 年，我已经提出**历史构境论**①，在台北的一次大型研讨会上当我简单介绍作为历史学研究对象的建构性时，一位台湾著名的历史学家在现场斥责我的观点为"唯心主义"。我只好在作答时以自己戴在脖子上的领带为例。这是一条丝织的红蓝色块相间领带，如果人们从外观上去认知它并非能直接获得一个更重要的建构性事实：领带上的图案是高倍电子显微镜下细胞的结构！如果我在这里的指认没有物性的现场记录。多年以后，今天在场的学者有可能复构这一历史事实，而绝大多数其他人面对这条"过去"的历史物，将永远无法复建这一"意蕴性遭遇"。

　　海德格尔显然有些激动地说，"这就是**那张**桌子（*der* Tisch），它在日常状态的时间性（Zeitlichkeit der Alltäglichkeit）中就这样存在。也许多年以后，它仍将这样再次被遭遇"。② 这有两层意蕴构境：一是海德格尔当下看到这个仍然在家中放置的构成生活一部分的桌子的时间性存在，这个时间性即是遭遇。二是多年以后，当它不在家中放置时的再遭遇，那就只能是历史性的复构之境。海德格尔似乎觉得发挥得还不够，他仍然兴致勃勃地接叙着：

---

① 参见拙文：《历史唯物主义与历史构境》，《历史研究》2008 年第 1 期。
② ［德］海德格尔：《存在论：实际性的解释学》，何卫平译，人民出版社 2009 年版，第 91 页。

　　我在阁楼上遇见了它，就像其他的"物"（andere Sachen）一样，如，一个玩具，已用坏了，几乎无法辨认了——它就是我的青少年时代。在地下室的角落里，有一副滑雪板；其中的一块已断了；放在那里不是不同长度的物质性的东西（materielle Dinge），而是那个时候的滑雪板，那个曾与某某冒险滑雪的滑雪板。这本书是某某赠送的；它是某个装订工装订的；这本书要赶紧给他送过去；我一直为此事烦恼；那一本书不必要买，简直是一个推算，我仍需要第一次读它。这个书房没有张三的好，但比李四的强得多；这件事不至于让人愉快，他人对这种装饰会说些什么；等等，这些就是遭遇特征（Begegnischaraktere），现在是，它们如何构成了世界的此在。①

　　之所以引述如此大段的文本，是因为此段表述是海德格尔在这一讲座中十分罕见的感性解说，这一解说看起来是在说故事，但却是极为深刻的思境。我们再来细细地析境。

　　海德格尔说，多年之后，当他在阁楼上再一次看到那张桌子时，初看起来，它也是与其他物品一样的物性对象，但海德格尔不会**对象性地认知它的客观属性**，它仍然会被海德格尔意蕴式地**遭遇**（复建构境）。海德格尔这里的说法有一点问题。因为多年以后面对这张桌子，实际出现的情形会有三个层面：一是他可以有意蕴地"遭遇"这张桌子；二是如果作为他的研究者的我看到这张桌子，读过这段描述的我则会次一等地推测式地复构这一意蕴情境，当然，这种复境永远不会重建原初构境②；其三，任何一个与海德格尔无涉的其他人看见这张桌子，当然无法"遭遇"它，即维特根斯坦所说的"把一个我熟悉的形状放在一个不熟悉它的人的面前"③，仍然完全有可能发生海德格尔不喜欢的对象性认知。海德格尔又在阁楼上遭遇一个坏掉的玩具，它竟然是"我的青少年时代"，这并非是说这一个玩具，而是说由这个玩具所引发和复构突现出

① ［德］海德格尔：《存在论：实际性的解释学》，何卫平译，人民出版社 2009 年版，第 91—92 页。参见 *Gesamtausgabe*，Band 63，Vittorio Klostermann，Frankfurt am Main，1988，p90—91。

② 其实，2010 年当我访问麦氏教堂镇海德格尔的故乡时；在弗莱堡，当我在冈德教授的办公室看见那张海德格尔和胡塞尔都在上面工作过的桌子时；当我在托特瑙山南坡走近海德格尔小屋时，我都作过种种历史性的现场复建构境。

③ ［奥］维特根斯坦：《哲学研究》，《维特根斯坦全集》第 8 卷，涂纪亮译，河北教育出版社 2004 年版，第 275 页。

来的青少年的生活情境。这令我回想到,数年以前已是霜染两鬓的我回到南京原军事学院马标大院,当我在七号楼一楼的红砖墙壁上发现儿时调皮伙伴写下的"XXX 王八蛋"这类的划痕时的复杂心境。"它就是我的青少年时代"! 其实,除了我和那些不知身在何处的儿时童伴,那些遭遇性的事件是永远不可能重现的。在海德格尔家中的地下室里,他又遭遇一副断裂的滑雪板,在海德格尔自己的意蕴世界里,这些东西不是对象性的物体,而是一个个被**重新构境**的刺激的滑雪事件和冒险历程。还有,只有他自己知道的特定的人送的书,后悔错买的书等等。这就是海德格尔所说的不同于对象性物性实在的建构起存在本身的遭遇特征。

海德格尔说,在对桌子的这种意蕴之遇中,我们有可能体悟到第一种日常生活中随时发生的对象性认知之伪的错在何处。然而,海德格尔让我们留意一个更严重的问题:"整个传统的本体论和逻辑学"都是建立在上述第一种**对象之看**的基础上的。以后,这将被指认为整个形而上学的表象逻辑。这是一种从来没有被内省过的"命运"! 这种"思想史和此在史(Geistes- und Daseinsgeschichte)"的命运,自西方哲学的发端时就由巴门尼德确立了,因为他提出了:τό γαρ αυτό νοε ίν εστ ίν τε και ε ίναι。海德格尔对此译成的德文为:"觉识的意指与存在是同一的(dasselbe ist vernehmendes Vermeinen und Sein)。"①这也是那句很有名的"思维与存在的同一性"的原句,海德格尔的意译显然是刻意的。海德格尔干脆直接说,"这是唯心主义的第一观点(erstmalige idealistische):一切存在者都是其所是,都是在思维、意识中所构成的(als konstituiert);是主体的对象(Objekt im Subjekt)"。② 真有趣,对象性认知的第一大伪谬者竟然是唯心主义哲学。海德格尔将巴门尼德启始的**思维与存在的同一性**解读为一种"非批判的解释(unkritischen Interpretationen)",因为在这种唯心主义的强暴式的**同一性**中,一切存在者都是在思维中被建构出来的。真是**我思故我在**。海德格尔认为,在长期以来的唯心主义哲学传统中,一切真正的存在都对象性地"总是已经在此(immer schon da)",都可以"觉知意义、'思想'、理论把握、科

---

① [德]海德格尔:《存在论:实际性的解释学》,何卫平译,人民出版社 2009 年版,第 92 页。参见 *Gesamtausgabe*, Band 63, Vittorio Klostermann, Frankfurt am Main, 1988, p91。
② [德]海德格尔:《存在论:实际性的解释学》,何卫平译,人民出版社 2009 年版,第 92 页。参见 *Gesamtausgabe*, Band 63, Vittorio Klostermann, Frankfurt am Main, 1988, p91 - 92。

学"为认知通道。这四个环节,都是对象性唯心主义认识论中的坏东西。显然,这里的唯心主义是广义的,它应该包括无意识中陷入**隐性唯心主义**①的旧唯物主义和科学。海德格尔说,所有本体论哲学的基础都是对象性认知,追逐世界基始本原的何种存在者为第一性的形而上学"正是从这一点预先得到规定并受它指引的"。② 海德格尔的打击面实在是太大了。

然后,海德格尔故作不经意地"顺便说一下:意向性;今天胡塞尔仍将意向描述为'意向活动'(Noetische),这绝不是偶然的"。③ 海德格尔真是很毒。

3. 上一手与在手:作为世界相遇特征的意蕴

到这里,我们将要进入这一讲座中最有趣的一个**构境论文本事件**之中。此时,海德格尔要开始专门讨论遭遇的意蕴性。可是我们突然发现,海德格尔的这一讲稿中,关于意蕴的分析竟然并列存在着两个稿本,第一稿本没有在课堂上讲授,他在课堂上公开讨论的是第二稿本。仔细去看,讨论同一个问题的两个稿本之间显然存在着一定的差异性。在我看来,这个差异正好是海德格尔在学术场中思想**表现程度的深浅构境层**。对于海德格尔来说,第一个稿本正好接合于上述生动的构境式描述,而第二稿本,则向传统哲学话语更贴近一些,奇怪的是,海德格尔在现场讲授时选择了第二稿本。原因何在,我们无法知晓。下面,我们分别来看一下这两稿的具体语境。

在关于意蕴分析的第一稿中,海德格尔说,其实任何看起来对象性站立在我们对面的"事物(Sachen)",都只能在特定的场境中以一定的相遇方式(Begegnisweisen)被**意蕴地**遭遇。这直接关联于上述讨论域中的感性故事。

---

① 隐性唯心主义是指不自觉的**方法论意义上**的唯心主义,比如费尔巴哈的自然唯物主义中,非历史地假定了自然物质的现成性,他不知道这种直观中现成性恰恰是历史建构的结果。现比如撰写《1844年经济学哲学手稿》时的青年马克思,固然他也自指为哲学唯物主义,但他从人**应该居有**的理想化的劳动类本质出发对资本主义经济生活的批判和共产主义的展望,则通通是主观逻辑推论的结果。这同样是无意识层面中的隐性唯心主义。

② [德]海德格尔:《存在论:实际性的解释学》,何卫平译,人民出版社 2009 年版,第 93 页。

③ [德]海德格尔:《存在论:实际性的解释学》,何卫平译,人民出版社 2009 年版,第 93 页。

相遇的**作为什么**和怎样相遇（Wie des Begegnens）可以称为**意蕴**（*Bedeutsamkeit*）；而这本身被解释为存在的范畴（Seinskategorie）。"意蕴"是说：在某种一定的怎样意—指（Wie eines bestimmten Be-deutens）中的存在、此在；这种意指的内容及其规定性何在、此**在**怎样在所有这些东西中显明自身，这是我们现在要根据具体情况（Konkreten）加以揭示的。①

这是海德格尔关于意蕴十分重要的一段精心表述。在他这里的思想构境中，意蕴不是认识论的范畴，而是**关涉论**的问题。一个东西被我们遭遇为**什么**，我们**怎样**遭遇它，这两个相遇构境层都不是那种伪谬主—客体二元模式中一个假想的简单对象性觉识和客观描述。比如面对弗莱堡大学哲学讲堂中的那个讲台，在第一构境层中，海德格尔和他的学生与塞内加尔来的黑人所相遇的"作为什么"的东西是完全不一样的，前者一下子看到讲台，而后者则会看到一个做工精细的木头箱子。这都是由完全不同的**一定的**意蕴当下建构的。更深入一些思忖，在第二构境层中，2010 年夏天作为历史寻访者的我，在看到这张讲台时生成的"怎样遭遇"的联想性构境，与 1950 年刚刚被解除禁教的海德格尔走进这间教室时，看到这张他曾经激情讲学、影响一代学子的讲台，特别是 1933 年前后他在其上以纳粹的话语大放厥词的懊悔之甘苦情境的重新相遇，显然是无法同一于某种认知性的客观观察的。这就是海德格尔所说的作为世界相遇特征的意蕴之关涉意蕴。很显然，这里的关键词是**这个**（**此**）遭遇中有意蕴的**一定性**（*Bestimmtheit*）。海德格尔此处的说明，其实又与 1845 年写作《德意志意识形态》一书时的马克思相接近，马克思是说人们在**一定的**历史条件下以**一定的**怎样生产的方式建构社会存在的本质，并生成现实的个人和社会生活；而海德格尔则指认人们总是以**一定的**怎样意指的方式生成意蕴世界，并使此在在具体的意蕴遭遇构境中存在和显明自身。

海德格尔指出，这种具体的"意指的**一定性**（*Bestimmtheit des Bedeutens*）处于当下意蕴的展开状态（*Erschlossenheit*）的特征"中。②意蕴是构境，这个 Erschlossenheit 是意蕴的展露成境。海德格尔专门

---

① ［德］海德格尔：《存在论：实际性的解释学》，何卫平译，人民出版社 2009 年版，第 93 页。参见 *Gesamtausgabe*, Band 63, Vittorio Klostermann, Frankfurt am Main, 1988, p93。
② ［德］海德格尔：《存在论：实际性的解释学》，何卫平译，人民出版社 2009 年版，第 94 页。

交待说,意蕴的展露并不仅仅是认识论中的观看之序,它直接表现为两个存在特征:一是**意蕴的在手状态**(Vorhandenheit)①的特征,二是意蕴**在共同世界中显现**(mitweltlichen Vor-schein)的特征。在手状态也是此在先有的熟悉状态,而共同世界的显现则是指非单个此在的相遇显像之保持。我觉得,我们将遭遇海德格尔在本讲座中最难理解的一个很深的思想构境层。在一个没有经过海德格尔思想史准备的读者那里,这一定是一派认识论意义上的胡言。我必须承认,此处我对海德格尔的思想重构是十分力不从心的。

第一方面,**意蕴的在手状态**。海德格尔是说,从前面我们对桌子等东西的第二种遭遇方式的描述中,我们已经知道,所谓"世界性(weltlich)"的相遇方式是指这些东西对……有用或无用,对……适合或不适合,它们的此在即是"**为此的此在**(Da-für-dasein)"。这里用省略号代替的显然是关涉性遭遇中的此在,如刚才领着我们非对象性地遭遇他家那张意蕴复杂的桌子的海德格尔。同时,海德格尔这里的"对……"在德文中用了最常见的"zu-",直接的意思是向、去、往……。他似乎觉得我们会迷惘,于是更加精细地解释说:

> "这个去(Dazu)"的意思是:上—手(zu-handen)为了**忙于**……(*Beschäftigtsein mit-*),上—手为了逗留于其中,从这种逗留中这种或那种寻求(Sich-Umtun)、对……安置(Sich-Stellen zu-)便形成了。在这样上—手的此—在(Zu-handen-da-sein)本身中,作熟悉和展开的是**何去何往**(das *Wozu*);而且这种何去何往处于一个特定的日常**如此**存在(Soseins)的存在方式中。②

我以为,这种解释的结果是越说越令人犯迷惑。这根本不是解释,而是让思想构境更加复杂叠现起来。可是,我们还是得耐心地随着海德格尔构境之深入走下去。从前面的讨论我们已经得知,如果看起来

---

① Vorhanden 在德文中通常是"手头有的",将其译成"现成性"至少在这里是成问题的,从海德格尔此处思想构境中的意蕴来看,这里的 Vorhanden 主要是构成遭遇性的已有的熟悉和内居,如对家中桌子上线条的熟悉,对一个人性格、心理的熟悉等,所以,译为"在手"更准确一些。否则在进一步的讨论中,会直接破坏海德格尔的思想意蕴成境。

② [德] 海德格尔:《存在论:实际性的解释学》,何卫平译,人民出版社 2009 年版,第 94 页。中译文有改动。参见 *Gesamtausgabe*, Band 63, Vittorio Klostermann, Frankfurt am Main, 1988, p93——本文作者注。

对象性东西是日常生活中经验觉知的基础,那么,**内居其中**(在之中)的遭遇性则深化了这一表面对象化相知。而在这里,海德格尔则从"zu-"入手讨论了一对新的概念:**在手与上—手**。这是我们这里看到的文本中,海德格尔第一次认真讨论这对很重要的概念。

首先,海德格尔用短线重构了德文中的 Zuhanden,通常的"在手边"、"拿得到"则生成了一个特殊的思之境——Zuhanden,即向着……做事状态,这里的 hand 不是现成对象性意义的人的手,而是比作由手发动的活动状态。Zuhanden,上—手一词译得很好,它有遭遇性**合手**、正在发生等突现情境之意。"手"在海德格尔的思想构境中往往起着重要的作用,后来德里达曾经专门就此作过长篇大论的解读。① 在这个意蕴中,日本学者广松涉将其译作"用在性"倒是需要再省思的了。其次,海德格尔重构上—手一词之后立刻将其落回日常生活之中的忙碌、逗留中的寻求和安置。上—手不是个形而上学概念,而是此在实际存在的状态。此在去在即上—手状态中**熟悉**(bekannt)和展开的**已经知晓的**何去何往,这就是一定的此在**如此存在**的日常存在方式。

其次,这种已经知晓的熟悉和展开就是此在的**在手性**了。曾经上手中逗留的熟悉的**再遭遇**即是在手,海德格尔此处给出的例子是"为了吃饭",白天单独或与他人在一起,白天是指家里的早饭和中饭,单独吃可能会是适合自己胃口的熟悉的食物;而与来访的客人一起进餐(正餐)则会有另一种在手边的吃法。熟知的在手往往导向日常惯性,生成忘却上手的现成性时间。海德格尔说,"**在手**(Vorhanden)之在本身就是**一定的日常状态和时间性**。已经如此曾在过并且将在这里如此存在。过去和将来是一定的,一向规定着当前的视域;从过去和将来摧逼(drängend)于此"。② 显然,Vorhanden 一词不像通常意译为现成性就完了,它的生成却是如此复杂的。马里翁仅仅将 Vorhanden 理解为现成状态中的持存(subsustance),显然是过于平面化了。③ 直接原因,恰好是他只从《存在与时间》"现成"的语境出发的,而没有看到海德格尔

① 德里达曾经写过《Geschlecht II:海德格尔的手》一文。也可参见[法]德里达:《论精神——海德格尔与问题》,朱刚译,上海译文出版社 2008 年版,第 16—17 页。

② [德]海德格尔:《存在论:实际性的解释学》,何卫平译,人民出版社 2009 年版,第 94 页。中译文有改动。参见 Gesamtausgabe, Band 63, Vittorio Klostermann, Frankfurt am Main, 1988, p94——本文作者注。

③ [法]马里翁:《还原与给予——胡塞尔、海德格尔与现象学》,方向红译,上海译文出版社 2009 年版,第 148 页。

对在手性的上手分析。日常生活中发生的意蕴性遭遇的前提,是由上一手之逗留生成的熟悉和知晓的先在,在此发生的此在之如此存在恰恰是由过去和将来中的一定(惯性在手状态)规制的。这也就是日常生活中的**时间性**。时间性在海德格尔这里的出场,似乎总是一个倒霉鬼,就像马克思谈到无历史的意识一样。

在接下来的思考中,海德格尔用括号标出了一个更深的思想构境:"时间性:从那时,为了,处于,环绕此的缘故(von damals,für,bei,umwillen da)。"①也是在这里,海德格尔在文本突然使用了一个**可直观的图形**来参与思想构境。逻辑图表和图形应该是海德格尔不屑的科学描述方法,他通常不会使用这种方式来表现自己的思想构境。这是一个奇怪的例外。上一次我们看到的例外,是海德格尔1919年战时学期的"哲学的观念与世界观问题"讲座中,他在课堂讨论时临时画出的讲稿上并不存在的逻辑图式。②他先在"时间性"下方划了一条竖线通向一个由线段画成的圆,在这个空心圆中用四条并未连接起来的线段从四周指向圆心,然后,再从这个圆的右侧引出一条横线通往"操劳之路(Besorgenswege)"。这是一个可以直观的构境图像,此在生存的时间性是被建构的,图表中的四条相聚的线段代表了上述四个建构支点:一是从那时,这是一个**过去的**此在当下上手;二是此在生存的目标**何所向**,为了什么而做事;三是实际此在的**一定的**具体处境和条件;四是以此在为**环绕中心**的缘起。这一切则是具体操劳的道路。此在生存的时间性是由上一手和在手的操劳之路径建构的。所以,海德格尔说,存在者并非处于某种固定的确定性之中,而是处于生活的日常状态和历史性(时间性)中。

对此,海德格尔举了一个自己手边的例子。比如,一本有所期待的书总会有从引起操劳性的"紧张(intensität)"到释放的过程:它还没有出版→才开始卖→已经到手→不过如此;然后,这本书就会不再被看重→到处乱放→成了占据书架的无用物→卖旧书中的破烂。就是这本书的遭遇之"此"中的时间性和历史性。这是我们每一个读书人会时常遇到的情形。"让遭遇的走向和对付、敞开;对于展开状态和来自而且为

① [德]海德格尔:《存在论:实际性的解释学》,何卫平译,人民出版社2009年版,第94页。
② [德]布莱希特:《〈哲学观念与世界观问题〉笔记》,中译文参见《形式显示的现象学:海德格尔早期弗莱堡文选》,孙周兴译,同济大学出版社2004年版,第18页。参见 Heidegger, *Gesamtausgabe*, Band 56/57, Vittorio Klostermann, Frankfurt am Main, 1987, p219。

了**日常状态**的关涉的先有（Sorgensvorhabe）。"这更像一句胡话。意思大约是说,此在在意蕴世界中的遭遇走向和展开总是日常生活中已经先有的上—手和在手决定的。

意蕴的第二个方面,是与他人相遇中**共同生活世界的显现**。海德格尔说,从此在"如此在手的此（so vorhandene Da）"中,使在此在关联与境中的"他者（die anderen）"得以显现。此在不是孤立于世,总是与**众多另一个此在**共同在此。

海德格尔意思是说,在上述讨论中,我们为了叙述的方便,总是从一个此在（海德格尔自己）遭遇一个熟悉的桌子和书入手,但实际发生的境遇则被遮蔽了,即意蕴的遭遇总会"使一定的、根据日常状态得到规定的共同生活者的周围区域（Umkreis von Mitlebenden）显现出来"。① 比如制作海德格尔家房屋中那张桌子的木匠,送海德格尔书的熟人等,他们都会从海德格尔前面已经描述过的遭遇中**带着**他们一定的生活同时显现出来,这会使意蕴总是一定的**共同生活世界**中的意蕴。请注意,在开始描述与此在遭遇周围世界时,海德格尔并没有任何贬义,但情况很快发生了变化。此在入世即是沉沦。

海德格尔突然指认,这个共同生活的周围区域是**常人的**世界。似乎,与他人的共同遭遇总不是好事。因为此在总在常人世界中被夷平化。日常状态中的时间性实际上总被常人化的。

> 常人忙于什么,常人逗留于何处,这个世界就"是"常人自己。常人是什么,常人在这个世界中与他者共在（in der Welt mit den anderen）,都根据这一点来规定:常人作为什么与他者在一起又区别于他者而显现出来。此在的日常状态拥有这个自身的此,并寻求这个此,其途径是倾听他者对它说什么、在他者那里所从事的活动如何表现出来、**他者寓于此中**（*die anderen dabei zum Vorschein*）如何显现出来。②

对于海德格尔的常人论,我们已经非常熟悉了。这个常人即是拉康后来那个以无脸的面相之镜反向建构自我的小他者Ⅱ。这里有一个

---

① ［德］海德格尔:《存在论:实际性的解释学》,何卫平译,人民出版社 2009 年版,第 95 页。
② ［德］海德格尔:《存在论:实际性的解释学》,何卫平译,人民出版社 2009 年版,第 95 页。参见 *Gesamtausgabe*, Band 63, Vittorio Klostermann, Frankfurt am Main, 1988, p94.

重要的断裂。海德格尔突然不说自己的遭遇性在此了，比如上面他对那张桌子的遭遇之看，他不加任何说明地一下子跳到常人化此在的一般批判。于是，整个关于意蕴性遭遇的讨论就立刻逆转为**证伪性**思想构境。这其中存在着一个思想构境缺环。

海德格尔说，一般的此在（显然不包括海德格尔自己）在遭遇自己熟悉的生活世界时，他的生活目的（"为了什么？"）和行为规范（"应该如何？"）**都是从常人那里获得的**。拉康后来把这种观点具体为"欲望着他者的欲望"。由此，常人的在此存在就是**一般**此在之在。所以，这种意蕴也是常人的"意—蕴（Be-deutsame）"。这就出现了两种意蕴，一是此遭遇性的纯粹意蕴，二是常人化的**他性**意-蕴。此时，海德格尔德文中使用短线分割一个德语字词只是为了表示一种不同于前述一般构境，短线是异质性的构境手段。这还不同于后来他在《自本有而来》一书中的内省构境法的使用。

海德格尔最后小结说，传统那种对象化的认识论不仅自身是建构性（konstruktiv）的，而它们用以建构对象的前提也是被建构的。人们在认识论逻辑中面对认知对象时，并不知道对象的意义"只有在它时而所遭遇的展开状态才能理解，只能根据遭遇中遭遇者本身所意指的展开状态并这样逼入此中才能理解"。[①] 一个意义不是外部给予对象的属性，而是遭遇性关涉生成的，但通常这种更基础性的意蕴生成（存在）却是被遮蔽和遗忘的。

4. 另一种关于意蕴的分析

前面我已经提前预告过，以上所讨论的关于意蕴"第一稿"的讲座文本并没有在课堂上讲授，原因可能会是海德格尔在备课过程中也想自己弄清楚一些问题，可是在成文之后，又觉得这种思想构境可能会过深，不便于在当时共同的学术常人世界中被遭遇和理解。是否他预感到自己以上关于构境之看有可能在课堂讨论中接受度较弱，故而事先预备了一个可退后一步的第二稿？所以，他竟然在同一文本中又写下了"意蕴的分析（第二稿）"。当然，这都只是我自己的推断。显而易见的是，在关于意蕴的第二稿中，海德格尔的思想构境层向公共域回浮了

---

① ［德］海德格尔：《存在论：实际性的解释学》，何卫平译，人民出版社 2009 年版，第 96 页。

些许,大量的讨论再一次使用了当时的学术话语。这一稿,成了他课堂讲授的直接脚本。这里,我们再来看他关于意蕴的另一种**浅表性表现构境**。

这里关于意蕴的讨论,仍然接着上面那个桌子和书在"纯事情(bloßen Sachen)"中的遭遇和此在方式(Daseinsweisen),这个"纯"是指还没有考虑到他人共同显现的**抽象性**。或者是第一种意蕴,而非常人式的**他性意一蕴**。海德格尔声称,他要追问这种世界之中的此在在存在论上的关系。并且他界定说,与传统哲学的语境不同,这里的"世界的(weltlich)"不是"精神的(geistlich)"对立面,世界不是与主体对立的客体对象之总和,而是指此在的关涉性意蕴特征。与上述第一稿的叙述构境比较,这里的讨论显然不完全是自己弄清问题,而主要是以传统哲学话语为对话者。这里的表现话语明显更易于学生的听课。

"意蕴(Bedeutsam)指:在一种特定遭遇的意指方式中存在、此在"。① 此在、存在不是对象性的物性实在和摆置,存在只能是由有意蕴的遭遇当下建构起来的世界性的情境。海德格尔说,对意蕴怎样构成世界性的此在,可以通过双重分析获得:一是意指与现象的关联与境(Zusammenhänge);二是一定性质的遭遇,即世界的遭遇特征。意指又可以从三个方面来看:一是展开状态,二是熟悉状态,三是不可预计和比较性的东西。我们立即发现,虽然在说同一个意蕴,但论说方式却已经大不相同,这第二稿的讨论似乎更加"学术化"一些,"逻辑要点"和序列层次增多了许多。这显然还是在迎合着传统哲学教化过的学生们的接受度。并且,这一稿的讲授思路中有些显得零散。

先被讨论的是**展开状态**(der Erschlossenheit)。它仍然是在手状态和共同世界的显现两个方面。但这一次,海德格尔却是想通过这种分析展现意指与"现象"之间的关联与境。

首先,**上手**(zuhanden)与**在手状态**(Vorhandenheit)。海德格尔指出,"遭遇者在'对……有用(dienlich zu)'、'被用于……(gebraucht für)'、'对……重要'(von Belang für)中存在"。② 这个世界之中的存在者恰恰基于"这个去"(Dazu)和"这个为了"(Dafür),由此,遭遇是上手(zuhanden)。请注意,第二稿对上手的分析与第一稿有一定的差异:一

① [德]海德格尔:《存在论:实际性的解释学》,何卫平译,人民出版社2009年版,第97页。
② [德]海德格尔:《存在论:实际性的解释学》,何卫平译,人民出版社2009年版,第98页。参见 *Gesamtausgabe*, Band 63, Vittorio Klostermann, Frankfurt am Main, 1988, p97。

是没有使用"忙于……"、逗留于其中，寻求、对……安置这一类的构境式的词句，而转而使用了传统哲学话语中容易理解的"对……有用"、"对……重要"这样的传统偏实证经验的直白式词语；其二，对这里的上手（zuhanden）一词，也没有像第一稿中那样被短线分开做作地构境为zu-handen。显然，海德格尔的第二稿与传统学术场更近一些。这是我所说的**表现程度上的后退**。

也正是"这种上手……、可动用……的存在（Zuhanden-，Verfügbar-，sein）构成了它的在手状态"。①我再重复说一次，这里的Vorhanden一词不能译为现成性，因这容易混同于对应生成性的对象化现成性。这里的Vorhanden主要是反复上手中的逗留和先有的熟悉，有如海德格尔看见自己家的桌子上的每一物性逗留印迹的**先在亲熟状态**。所以，海德格尔说，非对象性认知的遭遇性上手中的"这个去"（Dazu）和"这个为了"（Dafür）不是从外部提供和发现的，而"恰恰是最初遭遇者首先逼入到其真正遭遇着的此—在（Da-sein）中，并在这里裹挟（verklammert）的规定性"。② 真是难为海德格尔，他竟然能找到这样一个如此贴切的词。Verklammert一词在德文中是相互夹住的意思。这十分准确地表达了上手与在手的关系。上手的逗留是在手熟悉的前提，而在手性则是生成每一次遭遇性上手的基础。这倒是一种"辩证"关系。

> 真正就**在手状态**的现象结构（Phänomenstruktur）来看，重要的是要将何去何从（Wozu）和为了什么（Wofür）视为本源的和最近切的此（Da），而不是视为一个事后外加于其上的说明。在这方面何去何从和为了什么（日常吃饭、平时写作和工作、有时缝纫和游戏）并不是任意地、随随便便地在桌边忙碌和逗留的方式，而是要其当下状态中出自一个历史的日常状态的被规定的方式，并**何来**（aus）及**为何**（für）按其时间性的尺度来为自己重新规定和环绕调

---

① ［德］海德格尔：《存在论：实际性的解释学》，何卫平译，人民出版社2009年版，第98页。中译文有改动。参见 Gesamtausgabe, Band 63, Vittorio Klostermann, Frankfurt am Main, 1988, p97——本文作者注。

② ［德］海德格尔：《存在论：实际性的解释学》，何卫平译，人民出版社2009年版，第98页。

校(umstimmende)。①

在手不是现成的东西,而是上手中最近切的那个构境式的当下发生的"此",此即是发生的时间性。所以,海德格尔才会将它表述为生成性的**现象结构**。这个只有遭遇者自己**体知**的"何去何从"和"为了什么",是日常生活中此在以一定的方式建构当下相遇情境的缘起。海德格尔还是说了那张他家中桌子的被意蕴地遭遇。一家人吃饭,海德格尔写作,妻子做衣服,孩子们玩游戏,这张桌子在面对不同家庭成员时,展开不同的"何去何来"的用途、合适与"为了什么"的生活目的和旨趣,当然,这每一次"在此"遭遇中,也都会有"预先关涉(Vor-sorge)"和重新上手时"围绕(um)"一个目标实现的调整,这种调整会成为新的在手性。这一切意蕴性遭遇是其他无关涉的非家庭成员的外人无法遭遇、也不可上手和在手的。

其次,是**共同世界的显现**(Der mitweltliche Vorschein)。共同世界不是外部的一种实在东西的总和,而是在遭遇中当下建构的构境式"周围(um)"。马克思在 1845 年提出"我们的周围世界"时,他是指由一定的生产方式下的劳动生产建构起来的**社会存在周围**。

被遭遇的存在者总是会引出他人,他人有两种:一是在海德格尔家中那张桌子旁交谈的他人,这个他人肯定是熟人,这个熟人有可能会**部分**遭遇这张桌子的周围世界,比如当时还作为学生、在小木屋外与海德格尔一起锯木头的伽达默尔;二是与海德格尔完全没有任何直接生活关系的外人,比如装订那本书明显手艺很糟糕的装订工,他对于这本书的"遭遇"只会停留在物性制作中,而不可能进入到海德格尔对书的关涉性遭遇之中。所以,海德格尔说,在"日常状态的遭遇会有他人,这个他人总是按时间性(此)获得的一定的他者(bestimmte andere)"。② 我们可以不断看到,这个 bestimmte 在海德格尔思想构境中的重要地位。在这一点上,他非常接近马克思。

这里,讲稿中立刻又出现一个巨大的转折,有他人的共同世界似乎

---

① [德]海德格尔:《存在论:实际性的解释学》,何卫平译,人民出版社 2009 年版,第 98 页。参见 *Gesamtausgabe*, Band 63, Vittorio Klostermann, Frankfurt am Main, 1988, p97-98。

② [德]海德格尔:《存在论:实际性的解释学》,何卫平译,人民出版社 2009 年版,第 99 页。中译文有改动。参见 *Gesamtausgabe*, Band 63, Vittorio Klostermann, Frankfurt am Main, 1988, p98——本文作者注。

必然与**常人**发生关联。这是我时常纠结的一个问题。因为以一定的时间性的"此"与海德格尔进入共同遭遇的他人,特别是像自己的妻儿和伽达默尔这样的**熟人**如何一下子过渡到明显带有贬义的**常人**,这里显然出现了思考上的缺环。这与第一稿中出现的问题是相同的。

> 共同生活者、在日常状态中的共同生活者首先和大多并不以孤立的表现状态(isolierter Ausdrücklichkeit)出现,而是在常人所从事、所忙于的事情中显现出来。在这样的显现中,此在恰恰并不意味着要成为一个知识的对象;他人的共同世界的显现就在在手状态(为了何与用于何)中,以至于这种显现并不同时从它那里在其此中强求此存在者。①

这显然是一种跳跃,海德格尔前面在谈及意蕴的上手和在手状态时,他举的例子都是在家庭生活中发生的私人事件,在桌子旁的吃饭、缝纫与游戏,可是他的常人化的共同世界之显现并不与上述这些遭遇直接相关,因为他一说到常人化的共同世界,就是指**走出**家庭生活的"与常人一起工作、打算做某事",并且直接涉及与**社会建构**相关的"地位、名词、成就、成功和失败"。这是第一稿中没有提出的问题。海德格尔自己可能也意识到了这一点,所以他补充到,在"与交道的忙碌存在(Beschäftigtsein)中,常人遭遇自身"。② 在忙碌的社会生活中,常人遭遇自己,这是对的。

海德格尔在论说完作为第一方面的展开状态后,不知是什么原因,第二、三方面的讨论显得有些过于简单和敷衍。熟悉和不可预计、比较的东西完全没有详细讨论:对于熟悉,海德格尔只是进行了初步的问题分析,而对于不可预计和比较性的东西,他干脆只是简单地说明和提及。

在海德格尔看来,在手即是上手逗留后的熟悉,熟悉生成一个"固有的指引关联与境(Verweisungszusammenhang)",这样,一个实际的遭遇者在自己熟悉的有意蕴的世界中发生遭遇,这也是"指引的意指中**如此的**怎样(Wie solchen)在一个当下**熟悉状态**(Vertrautheit)的过程

---

① [德]海德格尔:《存在论:实际性的解释学》,何卫平译,人民出版社 2009 年版,第 99 页。参见 *Gesamtausgabe*, Band 63, Vittorio Klostermann, Frankfurt am Main, 1988, p98。

② [德]海德格尔:《存在论:实际性的解释学》,何卫平译,人民出版社 2009 年版,第 100 页。

中相遇"。① 这里的熟悉,海德格尔没有再用前面那个 bekannt,而使用了 Vertraut 一词,这也有已知和亲密的意思。并且,海德格尔在此处用一个边注写道:"怎样? 更鲜明突出一些!!(Wie? schärfer!!)"②

在手状态是熟知的,用个时髦的词,甚至是**身体化中**的习惯和日常状态。

> **常人**所熟悉的——相应于遭遇者——是常人本身。日常状态彻底支配着指引联系的特定套路(bestimmten Bezüge)。每个人都熟知当下的自己,也熟知他人,正如他人熟知他一样。这种共同世界的熟悉状态是一种通常的熟悉状态,它在日常状态中形成并充实起来。这种熟悉状态不是某个理解特征,而是此存在者本身、在存在之中(In-Sein)的遭遇方式。③

常人遭遇常人自己,这显然不是指对家中衣食住行的遭遇,如桌子上孩子刻画的线条,而是已经放大到社会生活的共同世界。这里的每个人都熟悉他人和自己,是指人们从社会教化和流行时尚中获得的言行规矩和指引路径,这些"应该"和"适合"建构出日常状态中的一切。

最后,海德格尔指出,相对于常人最近切的熟悉和惯性运转,才会出现不能预计的"**陌生**(Fremdes)"、"不便"、"障碍"、"不快"等否定性的遭遇特征。当然,这里的陌生不是真正的不熟悉,而是"未凸显的熟悉状态",它通常是意图实现中的意外,比如政治选战中的失败、婚恋中的意外受孕等。这种不期而至的陌生意外往往对常人的遭遇造成"干扰"和"麻烦",因此,它往往是可以比较的东西。

---

① [德] 海德格尔:《存在论:实际性的解释学》,何卫平译,人民出版社 2009 年版,第 100 页。参见 *Gesamtausgabe*, Band 63, Vittorio Klostermann, Frankfurt am Main, 1988, p99。
② [德] 海德格尔:《存在论:实际性的解释学》,何卫平译,人民出版社 2009 年版,第 100 页。
③ [德] 海德格尔:《存在论:实际性的解释学》,何卫平译,人民出版社 2009 年版,第 100 页。参见 *Gesamtausgabe*, Band 63, Vittorio Klostermann, Frankfurt am Main, 1988, p99 - 100。

话语方式中不在场的作者

——福柯《什么是作者?》一文解读①

原载《文学研究》2015 年第 6 期

内容提要:福柯认为,作者在写作中,看起来是表现自己的想法,但实际上却是更大尺度中一种话语运作"外部"决定的结果。所以,"作者"仍然是个悬而未决的问题。不是我在写作,而是话语方式写我! 如果说,过去我们说,我写故我在,那么,现在则是我写故话语方式在,因为作为作者的我在写作中恰恰不在。你以为你在写作,可是你却不在。

关键词:福柯 《什么是作者?》 话语方式 作品 空心化 结构上街

1969 年 2 月 23 日,青年福柯②在法国哲学学会年会上作了题为"什么是作者?"的著名演讲。③ 这次演讲可以被视作福柯试图回应公众对《词与物》重重质疑的进一步努力。不过,我们将在这次演讲中再次看到,福柯总是以反击式的思考使问题域变得更加复杂和深不可测。这一次,他干脆宣布了那个作为沙滩面容的现代人之写作主体的消失:"作者的消失——自马拉美以来我们时代的一个不停步的事件(La disparition de l'auteur, qui depuis Mallarmé est un événement qui ne cesse pas)。"④不是作者肉身的死亡,而是他在话语方式中的不在场。这里,不在场开始成为福柯思考的焦点问题。

---

① 国家"十一五"社科规划重大招标项目:"当前意识形态动态及对策研究"阶段性成果。项目号:08&ZD058。

② 米歇尔·福柯(Michel Foucault,1926—1984),法国当代著名哲学家。主要代表作:《古典时代的疯狂史》(1961)、《临床医学的诞生》(1963)、《词与物——人文科学考古学》(1966)、《认知考古学》(1969)、《规训与惩罚》(1975)、《性史》(1976—1984)、《生命政治的诞生》(1978—1979)等。

③ Michel Foucault, *Qu'est-ce qu'un auteur?*, *Bulletin de la Société française de philosophie*, 63e année, n° 3, juillet-septembre 1969, pp. 73 - 104. *Dits et écrits*, *1954 - 1975*, Paris, Gallimard, 1994, p. 817 - 849. [法]福柯:《什么是作者?》,载《后现代主义的突破:外国后现代主义理论》,逢真译,敦煌文艺出版社 1996 年版,第 270—291 页。

④ [法]福柯:《什么是作者?》,载《后现代主义的突破:外国后现代主义理论》,逢真译,敦煌文艺出版社 1996 年版,第 276 页。Michel Foucault, *Dits et écrits*, 1954—1975, Paris, Gallimard, 1994, p. 824.

1. 作者在何种意义上不在场?

　　一上讲台,青年福柯就开始调侃法国哲学学会的学术正统样态。他说,到你们这里讲话,通常必须"提交一个工程结束的成果(résultat de travaux déjà achevés)",这是指完成的学术论文或有具体结论的成果报告,可他说,"但不幸的是,我今天提交给你们的却是一个很不成型的东西"。① 依我的理解,这是他走向《认知考古学》**话语事件**说的第二次预备性思考。第一次就是《科学考古学》一文。福柯声称,要进入他的这个新的很不成型的研究计划,必须还具备两个新的构境点:一是思想的**不确定性**(incertitudes),二是话语存在方式的**不在场性**(absence)。不确定性是福柯哲学之思的基本存在方式,他的哲学方法论构境总是在消解自己中发生改变,一生皆如此;不在场性(缺席)是拉康的本体论原则,福柯在此引用这个概念是要引出他自己想说明的一个爆炸性观点:在实际的写作活动中,**作者是不在场的!** 在青年福柯看来,在写作中,作者总是在不断地消失;在文本中,谁在说话恰恰无关紧要;在签名中,名字不再指向作者,而不过是话语簇的一种表征。福柯总是语不惊人死不休。

　　我想,当青年福柯以这个思路开讲的时候,他一定预知台下听众听到自己这番怪论后不免会产生的质疑,人们必定会怀疑这里所指认的这个写作的人或作为作者的主体的不在场是否显得过于做作和矫情?所以,他马上做了一个缓冲的解释。青年福柯说,直到现在,至少在话语中的一般作用和就其在他自己著作中发生的作用来看,比如像《词与物》一书中,"作者"仍然是个悬而未决的问题。当然,这首先归因于自己的粗心。先检讨自己,这的确是一个退一步再行跃起的好姿势。并且,这也是福柯难得出现的一次公开的自我批评。但是,我们很快会看到,这种内省却是为了引出更惊人的思想爆裂。

　　青年福柯以自己的具体文本《词与物》为例剖析道:

　　　　在我的《词与物》里,我的目的是分析作为话语层次(nappes discursives)的动词簇(masses verbales),它们处于熟悉的一本书、

---

① Michel Foucault,*Dits et écrits*,*1954—1975*,Paris,Gallimard,1994,p. 819. 中译文没有翻译此段文字。

一部作品或一个作者的范畴之外。但我在照一般方式考虑"自然史"、"财富分析"和"政治经济"时,我缺失了作者及其作品的视点(point d'ouvrages ou d'écrivains);也许是由于这种疏忽,我才在这本书里以天真的、常常是粗糙的方式运用作者的名字(noms d'auteurs)。当我提到了布封、古维尔、李嘉图和其他一些人,但却没有意识到我在使他们的名字歧义地发生作用。①

与《科学考古学》中的躲闪态度相比,这一次福柯倒真是采取了一种诚实检讨的态度。因为根据《词与物》一书的逻辑,如果**在话语塑形层面以多重 être 发生作用的"动词簇"**(《词与物》中叫认识型)是一个时代文化的总体制约结构,那么,这一话语塑形方式的在场恰恰是在一切文本和一个具体的作者**之外**的。所有文本的词语**被组织构序**都只是这种话语塑形方式的布展和具象化实现,在这个另类的话语实践构境层中,一个有姓名的作者并不能替代或充当话语塑形方式(认识型)的直接肉身。然而,恰恰是在《词与物》的讨论中,青年福柯自己"并无意于对布丰或是马克思作出描述,也无意于复述他们的观点陈述或言下之意;简单地说,我只是要赋形于(avaient formé)他们作品中某些概念或理论整体(d'ensembles théoriques)的那些规则(règles)"。② 通俗地说,就是要找到认识型,可有的时候,福柯却让有姓名的作者直接顶替了"认识型"的在场。在此,福柯承认自己的论说中存在漏洞,这个漏洞或者说是思考盲区恰恰就是**作者的在场**问题。青年福柯甚至认为,直到现在,"当我们研究一种观念史、一种文类史或一种哲学分支的历史时,对于作者及其作品的稳固和基本的作用,这些问题也表现为一种相对软弱和次要的地位"。③ 这显然已经不是在数落自己,而是在敲打遍及现实的整个学术思想域了。我们能看出,这是在进一步认证他所提出

---

① [法]福柯:《什么是作者?》,载《后现代主义的突破:外国后现代主义理论》,逢真译,敦煌文艺出版社1996年版,第271页。中译文有改动。参见 Michel Foucault, *Dits et écrits, 1954—1975*, Paris, Gallimard, 1994, p. 819。

② [法]福柯:《什么是作者?》,载《后现代主义的突破:外国后现代主义理论》,逢真译,敦煌文艺出版社1996年版,第271页。中译文有改动。参见 Michel Foucault, *Dits et écrits, 1954—1975*, Paris, Gallimard, 1994, p. 819。

③ [法]福柯:《什么是作者?》,载《后现代主义的突破:外国后现代主义理论》,逢真译,敦煌文艺出版社1996年版,第273页。

"作者何为"问题的合法性。为此,他还反讽式地引用贝克特①的话:"谁在说话重要吗?(Qu'importe qui parle?)"②

在言说中,在写作中,那个有名字的**谁**,真的在场吗?青年福柯此时的回答当然是否定的。真相是,不是作者在说在写,而是**话语让他说和写**。作者总是看起来在场,那个肉身在现场演讲,那个文本真是他写下的,然而其实却真的**不在场**。当然,对于这一耸人听闻的宣判,福柯需要通过多重关系的颠倒来证明这一点。

首先,是**个人主观意图表现与话语塑形方式关系**的颠倒。通常,作者作为主体在场,首先是通过言说和写作表达自己的主观意图;可青年福柯却认为,在今天,作为表现主体的作者在**话语分析的层面**上却正在消解。他说,"我们今天的写作摆脱了表现的主题(thème de l'expression);它只指自己,然而又不局限于内在性的形式(forme de l'intériorité),相反,我们在其外部展开(extériorité déployée)中辨认它"。③之所以如此,是由于作者在写作和言说中看似是在自主地表达自己的想法,但实际上写作只是更大尺度中一种话语运作"外部"决定的结果,你的自主性恰恰是生产出来的**无意识他性存在**。比如,在前苏东斯大林教条主义的话语塑形下,人们都以为是自己在面对马克思、列宁的文本,但实际上发生的事件只是那个看不见的意识形态大他者在强迫每一个无主体性的作者。如果说,《联共布党史》是一个史学话语塑形的标准,那么,所有关于历史的写作都不过是这一"辉煌史"的微观对象化而已。对此,福柯就会说,在这种历史写作中根本不存在作者的真实在场性。这只是一个极端的例子。福柯是想将这种可见的暴力性**伪构境**情况泛化到全部言说和写作中去。在福柯看来,一切看起来由作者发动和操持的言说和写作中,其实,都是由某种**外部**看不见的话语塑形方式规制着作者。我们一个老师在课堂上讲授,大多数场境中都并非真的是他自主地创造性地言说,而是一个他自己都意识不到的隐

① 贝克特(Samuel Beckett,1906—1989),20世纪法国作家,荒诞派戏剧的重要代表人物。1969年,他因"以一种新的小说与戏剧的形式,以崇高的艺术表现人类的苦恼"而获得诺贝尔文学奖。代表作:《莫菲》(1939)、《无名的人》(1953)、《等待戈多》(剧作,1953)、《一句独白》(剧作,1980)等。
② 资料显示,福柯是在1968年"五月风暴"之后开始阅读贝克特的。同期重新阅读的文献中还包括马克思、罗莎·卢森堡和托洛斯基。
③ [法]福柯:《什么是作者?》,载《后现代主义的突破:外国后现代主义理论》,逢真译,敦煌文艺出版社1996年版,第273页。中译文有改动。参见 Michel Foucault, *Dits et écrits*, *1954—1975*, Paris, Gallimard, 1994, p. 821。

性知识系统在**让他陈述**,这就是后来在所谓后现代状态中的"话在说我"。而作家、学者的写作也是如此,作品中看起来有意图的人物和故事的创造,其实都取决于作者自己背负的文学话语塑形构架和无形的世界观,学术研究就更是话语塑形和思想构境的无意识的布展。青年福柯认为,这种个人主观意图表现与话语方式关系的彻底颠倒,使写作变成了符号的一种相互作用,它们更多地由漂浮的能指自涉关系建构,而不由主观表现的所指内容支配。这一点,很容易让我们想起罗兰·巴特——克莉斯多娃的那个互文性。青年福柯说,

> 这一反转把写作变成了一种符号的游戏(jeu de signes),更多地受着能指的性质本身(nature même du signifiant)而非所指(signifié)的内容的调控。进而,它意味着这样一种行动,总是在测试着写作常规性的界限,总是在越出为自己所接受和操纵的秩序的界限,并进而将其反转。写作就像一场游戏一样逐渐展开,它不可避免地越出自身的规则,最终把它们抛在身后。因此说来,这种写作的根本基础并不在于与创作行为相关的崇高情感,也不在于将某一主体(sujet)嵌入语言。恰恰相反,它关注的主要是开辟出一块空地,让写作的主体在那里不断趋于消失(sujet écrivant ne cesse de disparaître)。①

这倒是福柯比较少见的对索绪尔能指——所指论的致意。请注意,这便是青年福柯那个著名的"作者的消失"的第一现场了。写作由于更多地受制于能指符码的自涉性关系,而不断脱离原来构成写作意图的主体性所指内容,所以,据以为作者主体性的基础被掏空了。如果说写作是能指的一场游戏和狂欢,那么作者就是一个从游戏开始就在消失的幻影。

其次,**写作与死亡的关系**的颠倒。青年福柯告诉我们,传统的写作观认为:**写下来就是为了不死**。在西方,写作作为希腊叙事或史诗的古老概念,"它是用于保证某个英雄不朽(immortalité)的概念"。写作即意味着**不朽**。可是,在今天的文化中,这一切又被颠倒了,写作不再能

---

① [法]福柯:《什么是作者?》,载《后现代主义的突破:外国后现代主义理论》,逢真译,敦煌文艺出版社1996年版,第274页。此处中译文参考了李康、张旭的译稿,并有改动。参见 Michel Foucault, *Dits et écrits*, 1954—1975, Paris, Gallimard, 1994, p. 821。

够令作者不死,它本身反倒成了**杀死作者**的过程。这是一个关系颠倒的辩证法。

> 写作现在与奉献和奉献生命本身联系在一起;它故意取消在书中不需要再现的自我,因为它发生在作者的日常生活之中。凡是作品(oeuvre)有责任创造不朽性的地方,作品就获得了杀死作者的权利,或者说变成了作者的谋杀者(meurtrière de son auteur)。[①]

言下之意,与传统经典作品与作者不朽的关联不同,在现代性的文学创作中,作者是故意被取消的,青年福柯将福楼拜、普鲁斯特和卡夫卡等等诸人都列为上述作品杀死作者现象的"明显实例"。我觉得,福柯对这个观点的论证是不充分的——凭什么讲福楼拜、普鲁斯特和卡夫卡等人的作品就是自杀,个中原因和逻辑为何,福柯语焉不详。我们在理解构境层中去设想,如果这话指的是,以传统经典的眼光来看,今天已无经典,写作沦为时尚,经典作家因而早已死亡,那还是可以理解的。然而,这种经典不在场的否定性构境,并无法推出福楼拜、普鲁斯特和卡夫卡的写作已经不再不朽。与此相关,青年福柯进而指控,上述写作与死亡之间关系的颠倒,还表现在作者个人特点(individualité particulière)在作品中的完全消失,或者说,今时今日,作者存在的标志却恰恰在于其"特殊性不在场(singularité de son absence)"。所以,如果我们试图理解今天的写作者,切入点必得是他的缺席的独特性,或者说将会是作者与死亡的关联,而这种关联恰巧又使作者成为他自己写作的牺牲品。福柯之思的迂回缠绕和刻意的做作,可见一斑。

其三,**作者与写作本身之间的关系**的颠倒。青年福柯指出,作者的不在场还表现在**写作本身的消失**。依青年福柯的看法,今天,在真实发生的"写作(écriture)"活动中,写作

> 既不关心写作的行为,也不关心在文本内部作为征兆或符号(symptôme ou signe)对作者意义的表示;相反,它标志着一种

---

① [法]福柯:《什么是作者?》,载《后现代主义的突破:外国后现代主义理论》,逢真译,敦煌文艺出版社1996年版,第274页。

详述一切文本状态（condition）的非常深刻的尝试，既包括文本在空间弥散（disperse）的状态，也包括它在时间里展开（déploie）的状态。①

写作不再关心写作本身，它只是开启了一种文本在特定空间和时间中布展的状态，它"只是把作者在经验上的特点转变成一种超验的匿名（anonymat transcendantal）。作者经验活动中极其明显的标志被抹掉了"。②一言以蔽之，并不是作者在写作，而是特定时代中生成的话语塑形方式在文本中的布展：**不是我在写作，而是话语塑形方式在写我！**倘若我们讲，先前，对作者而言，我写故我在，那么现在发生的事件则是**我写故话语塑形方式在了**，因为写作的过程恰恰是作者死亡的过程，作为作者的我在写作过程中已然不在。你以为你在写作，然而，你真的并不在！l'écriture comme *absence*（作为**不在**的写作），还有比这更可怕的事么？在今天的中国，文学写作、影视写作甚至是学术论著的写作，多少都出现了作品沦落为市场票房玩物和论文堕落成升职称的功利指标的现象，且不以为耻反以为荣，这恐怕是比福柯此处揭示的深层话语塑形支配要肤浅得多的另一种写作之死亡。

2. 作品和作者名字的空心化

青年福柯剖白道，自己对作者不在场的思考并非是要刻意去制造某种简单空洞的断言式口号，譬如与"上帝的死亡"相似的"作者的死亡"，而是希望能真正做一些严肃的讨论。他认为，

> 我们应该重新审视作者消失所留下的空（vide）的空间；我们应该沿着它的空白和断层（lacunes des lacunes et des failles）的界线，仔细观察它的新的分界线，仔细观察这个空的空间重新分配的

---

① ［法］福柯：《什么是作者？》，载《后现代主义的突破：外国后现代主义理论》，逢真译，敦煌文艺出版社1996年版，第275页。中译文有改动。参见 Michel Foucault, *Dits et écrits*, *1954—1975*, Paris, Gallimard, 1994, p. 823。

② ［法］福柯：《什么是作者？》，载《后现代主义的突破：外国后现代主义理论》，逢真译，敦煌文艺出版社1996年版，第276页。

情况;我们应该等待由这种消失所释发的流动易变的作用。①

那么,与作者关系最为密切的东西是什么呢? 显然是**作品**(*oeuvre*)以及作者的**名字**(*nom*)了。那么,作品、作者名字与那个正在缺席的作者留下的空白和断层的关系又是什么呢?

第一方面,我们不妨先来分析作品与正在消失的作者的**断层**关系。首先,青年福柯指出,在学术思想领域,发现这种隐性的断层的任务落在了真正的批评之上,

> 批评的任务不是重建作者与其作品之间的关系(rapports de l'oeuvre à l'auteur),也不是通过作者的作品重构(reconstituer)他的思想和经验,进一步说,批评应该关注作品的结构(structure),它的建筑学(architecture),通过研究它们了解它们固有的内在形式(forme intrinsèque)和内部联系(relations internes)。②

真正的批评从来就不是为了将作品与作者联系起来而做的,分析作品的目的并不是要维护作者的同一性,而恰恰是要深究已经离开作者、杀死作者的文本的结构,是要思考作品何以能被如此建构起来的过程和原因,是要透析作品建构的内在形式和复杂关联。我们能感到,这里的批评背后其实就是他所谓的考古学和后来的谱系学建构的**批判现象学**。

由此青年福柯发问道,每当我们讨论一个作者时,那么他写的和说的一切,他所留下的一切,是不是都包括在他的作品当中? 在这里,他再一次列举了尼采作品全集整理出版中发生的问题。事实上,这也正是此时他与德勒兹正在紧张从事的工作。③ 面对大量不断被新发现出来的尼采文献,

---

① [法]福柯:《什么是作者?》,载《后现代主义的突破:外国后现代主义理论》,逢真译,敦煌文艺出版社1996年版,第276—277页。中译文有改动。参见 Michel Foucault, *Dits et écrits*, *1954‐1975*, Paris, Gallimard, 1994, p. 824。

② [法]福柯:《什么是作者?》,载《后现代主义的突破:外国后现代主义理论》,逢真译,敦煌文艺出版社1996年版,第274页。中译文有改动。参见 Michel Foucault, *Dits et écrits*, *1954‐1975*, Paris, Gallimard, 1994, p. 822。

③ 1964年开始,福柯与德勒兹共同主持了《尼采全集》法文版的编辑工作。

我们在什么地方划定界限？毫无疑问，一切东西都应该出版，但我们能对"一切东西"的含义一致吗？当然，我们会包括所有他本人出版的东西，以及他的作品的手稿、他的警句安排和他页边的注释与修改。但是，如果在一本充满警句的日记里，我们发现某种参照符号，某种关于约会的提示，某个地址或一张洗衣账单，那么这其中什么应该包括进他的作品？一个人在他死后会留下千百万线索，只要我们考虑一部作品如何从千百万线索中提炼出来，这些实际的考虑便无休无止。①

不难看出，这还是他在上述回应文章(《科学考古学》)中已经涉及过的那个"全集不全"的观点，即一个思想家作品中的统一性必然是后人**阐释性操作**(*opération est interprétative*)的意识形态统摄结果。批评的任务，说是要除去作品重构中存在的遮蔽断层和空白的迷雾，让作者不在场的真相呈现出来。

第二个方面是**作者的名字**(*nom*)的**空心化**问题。又一个奇怪的概念！他的追问是："作者的名字是什么？它如何发生作用？"青年福柯自认为，这就已经提出了一个**专有名称**(*nom propre*)的问题："专有名称（包括作者的名字）不是一种单纯的指称，它还会是一个指示功能的他者(*d'autres fonctions qu'indicatrices*)。"②专用名称并不简单是指它自己，它还会具有一种反指关系中的**他性功能**，即"表意之外的功能"。譬如作为专有名称的亚里士多德这个名字，就不仅仅是指亚里士多德这个人的名字，它表征了包括"《基始分析》(*Les Premiers Analytiques*)的作者"或西方形而上学"本体论的创始者"这种名字之外的相关联的一系列学术事件。同理，哥白尼、康德也不只是这两个人的名字，而是一种表征科学革命和认识论革命的话语塑形和整体构式转换事件的专有名称。此时此刻，作者的名字早已是一种处在作者个人**存在之外**的**学术他性存在**了。

---

① [法]福柯：《什么是作者？》，载《后现代主义的突破：外国后现代主义理论》，逢真译，敦煌文艺出版社1996年版，第275页。中译文有改动。参见 Michel Foucault, *Dits et écrits*, *1954–1975*, Paris, Gallimard, 1994, p.822。

② [法]福柯：《什么是作者？》，载《后现代主义的突破：外国后现代主义理论》，逢真译，敦煌文艺出版社1996年版，第277页。中译文有改动。参见 Michel Foucault, *Dits et écrits*, *1954–1975*, Paris, Gallimard, 1994, p.824。

　　那么,究竟作者的名字是什么呢？青年福柯比较了作为常人的名字与作为作者的名字这两种名字在发生变动时所导致的不同后果。他描述道,当我们发现一个叫彼埃尔·杜邦的人竟然不是我们原先想象的蓝眼睛,不是住在巴黎,也不是个医生,这些新发现都不会使彼埃尔·杜邦这个名字在我们心里不再指向原来那个人;可是,如果人们发现那些被我们归于莎士比亚名下的十四行诗和史诗剧作并不是莎士比亚写的,那无疑就会产生一种后果重大的变化,并由此必然会影响到作者名字发生作用的方式。

　　　　这些差别表明,作者的名字不只是一种话语的要素(élément dans un discours,如一个主语,一个补语,或一个可以用名词或其他词类代替的成分),同时也具有一种分类的功能(fonction classificatoire)。因为它用作一种分类的方式。一个名字可以把许多文本聚集在一起,从而把它们与其他文本区分开来。一个名字还在文本中间确立不同形式的关系。①

　　与寻常人的名字不同,大写的**作者**的名字不只是通常意义上的人的姓名的代码,后者会被用以指认特定文本群、指称文本差异。甚至,当我们对同一个作者名字做判别性使用时,常就能差异性地区分一个作者在不同时期中的文本性质。譬如我们在本书中对"青年福柯"与"福柯"的特设使用,就区分出了不同时期的写作出异质性文本的同一个作者。

　　当然,青年福柯也特别指出并阐述了另一部分文本,即与有作者的那些文本不同的"其他文本是什么？",福柯说,"一封保密信件可以有一个签署者,但它没有作者;一个合同可以有一个签名,但也没有作者;同样,贴在墙上的告示可以有一个写它的人,但这个人可以不是作者"。②简言之,还存在一种**没有写作主体意义上的作者**的文本。在青年福柯看来,

---

① 〔法〕福柯:《什么是作者？》,载《后现代主义的突破:外国后现代主义理论》,逢真译,敦煌文艺出版社1996 年版,第 278 页。中译文有改动。参见 Michel Foucault, *Dits et écrits, 1954 - 1975*, Paris, Gallimard, 1994, p. 826。

② 〔法〕福柯:《什么是作者？》,载《后现代主义的突破:外国后现代主义理论》,逢真译,敦煌文艺出版社1996 年版,第 279 页。

作者的名字不像专有名称,专有名称可以从话语的内部移向产生这一话语的外在的(extérieur)实际个人,而作者的名字始终处于文本的轮廓之内,区分各个文本,确定文本的形式,刻划出它们的存在模式(mode d'être)的特征。它指的是某些话语集合(ensemble de discours)的存在,指的是这种话语在某个社会和文化中的地位。作者的名字不会随一个人公民地位的改变而改变,但也不是纯属文学之事。它处在断裂(rupture)之中,引发了新的话语群(groupe de discours)和它们那独特的存在模式。①

真是复杂的思想构境! 依青年福柯之见,作者的名字更多地表现出**话语群**存在的一种特殊方式的特征,它处于写作主体的**不连续性的断裂缺口**中。包含一个作者名字的话语实践不会马上消失和被忘掉,比如我们在本书中讨论的青年福柯的种种复杂的哲学话语实践,它们也不会只得到那种通常人们赋予普通词语的短暂的注意,比后者幸运得多,它们指向的是"认识型"、"考古学"和"作者的不在场"之类的话语群组,涉及这些话语事件在社会和文化中的地位,而它的地位和它的接受方式,由它在其中传播的"文化"所控制。在解读福柯的不同的文本时,作为文本写作主体的作者福柯是不在场的,他不过是上述这些话语群组的一个功能集合状态罢了。所以,我们在讨论这些话语群组的时候,福柯这个名字已经是一种**空心化的存在**。

3. 解构于功能存在与话语实践方式中的作者

青年福柯声称,所谓的作者,并不是一个实名实姓的实体性的肉身,而是话语存在的一种**作者—功能**(*fonction-auteur*)。在以上我们已经初步进入的福柯这种另类思想构境层中,约略可以理解福柯所说的作为写作主体的作者是不在场的构境意义,这里他则想再告诉我们,如果有在场者,真正在场的只是一种**功能性话语构式群组**。那么,福柯笔下这个作者—功能又是什么呢? 他解释道,作者—功能就是一个社会里某些话语的存在、流通和运作的功能特征。具体说,

---

① [法]福柯:《什么是作者?》,载《后现代主义的突破:外国后现代主义理论》,逢真译,敦煌文艺出版社1996年版,第278—279页。此处中译文参考了李康、张旭的译稿,并有改动。参见 Michel Foucault, *Dits et écrits*, *1954-1975*, Paris, Gallimard, 1994, p. 826。

"作者—功能"关系到限制、规定和表达话语领域的法律和制度方面的系统(système juridique et institutionnel);它并不会以完全相同的运作方式,体现在各种话语、所有时间以及任一给定文明形式(formes de civilisation)中;它的确定不在于将一篇文本简单地归之于其创作者,而是要通过一系列复杂而精确的操作(d'opérations spécifiques et complexes);它并不单纯指向一个实际个人,因为它同时引发出许多种自我,引发出任一阶级中的个人都有可能占据的一系列主体位置。①

这段说明本身,就是一个十分复杂的话语塑形**构境**。青年福柯是在告诉我们,作为一种话语塑形功能的作者其实也是历史的。从来就不存在作为个人的作者孤立进行创作的情况,因为所有的创作都只能是**一定**的社会系统建构起来的话语的产物。所以,在不同的历史时期中,作者—功能都会呈现出完全不同的形式,但唯一不变的是,人们只能以**一定的方式**在一定的范围内进行写作,一切写作实际上都不过是特定话语塑形和构式操作的结果。这番话的口气颇有马克思在 1845 年创立历史唯物主义之后的言说气势。也是在这个特殊的构境意义上,作为独立个人创作者的作者根本不存在。比如,"作者—功能"并不是普遍的或永恒的,甚至在欧洲的历史文化里,同样类型的文本并非总需要作者,"曾经有一个时期,我们现在称作'文学的'那些文本(小说、民间故事、史诗和悲剧)得到承认、传播和维持,但根本不询问谁是它们的作者"。② 这些没有作者的文本,也就不可能被当作个人私有财产,成为被占有的对象(objets d'appropriation)。再比如,在西方社会进入17、18 世纪时,就有一种全新的科学话语塑形方式得到发展,

> 当时,科学话语(discours scientifiques)根据它们自己的价值得到承认,并被置入关于既定真理和证实方法的一种匿名(anonymat)的集合的系统(ensemble systématique)。证实不再需

---

① [法]福柯:《什么是作者?》,载《后现代主义的突破:外国后现代主义理论》,逢真译,敦煌文艺出版社1996 年版,第 284 页。此处中译文参考了李康、张旭的译稿,并有改动。参见 Michel Foucault, *Dits et écrits*, *1954 - 1975*, Paris, Gallimard, 1994, p. 831 - 832。

② [法]福柯:《什么是作者?》,载《后现代主义的突破:外国后现代主义理论》,逢真译,敦煌文艺出版社1996 年版,第 280 页。

要参照生产文本的个人；作者作为一种真实性的标志作用已经消失，在它仍然作为一个发明者的名字的地方，它只是表示一种特殊的定理或命题，一种奇怪的效果，一种特征，一个主体，一组因素：或者病理学上的症候(syndrome pathologique)。①

这是在指证，现代性的科学话语也是消解作者个人的。万有引力不等于牛顿，相对论不等于爱因斯坦，它们都不过是**匿名的科学理论集合系统**中的一个话语事件，甚至，在数学中，作者的地位已经沦落到充其量不过是为着一则特定的定理或一组命题而顺便带出的附属物。这恐怕也是事实。

青年福柯认为，作者—功能"不是通过简单地将一套话语归之于某个个人就可以自动形成的。它是一套复杂的操作的结果(résultat d'une opération complexe)，这些操作的目的就是要构建(construit)我们称之为作者的那个理性实体"。② 理性实体意义上的作者，其实是被话语建构起来的。所以，

> 被我们指称为作者(或构成作为作者的那个人)的那个人，他的这些方面的特征只是一种投射(projection)，来自于我们从多少带有些心理学性质(psychologisants)的角度入手处理文本的方式：我们所做的比较，我们视为有关而抽取出来的特性，我们指定的连续性(continuités)，或者我们所践行的排除(exclusions qu'on pratique)。③

被假定为主体性的作者，只是我们**事后的建构物**。青年福柯还告诉我们，所有这些建构作者的操作还会随着所涉话语方式各自所基于的不同历史时期与形式而发生变化。"构建一位'哲学家'与构建一位

---

① ［法］福柯：《什么是作者？》，载《后现代主义的突破：外国后现代主义理论》，逢真译，敦煌文艺出版社1996年版，第280页。中译文有改动。参见 Michel Foucault, *Dits et écrits*, *1954 - 1975*, Paris, Gallimard, 1994, p. 828。
② ［法］福柯：《什么是作者？》，载《后现代主义的突破：外国后现代主义理论》，逢真译，敦煌文艺出版社1996年版，第281页。
③ ［法］福柯：《什么是作者？》，载《后现代主义的突破：外国后现代主义理论》，逢真译，敦煌文艺出版社1996年版，第281页。此处中译文参考了李康、张旭的译稿，并有改动。参见 Michel Foucault, *Dits et écrits*, *1954 - 1975*, Paris, Gallimard, 1994, p. 829。

'诗人',方式是不会一样的;一部 18 世纪小说的作者,其构成方式不同于现代小说家。"①关于这一点,当我们联想一下作为哲学家的海德格尔与作为诗人的策兰,或联想一下 18 世纪的伏尔泰与当代的普鲁斯特,对其独特的构境意义就完全可以理解了。

更进一步说,如果我们能真正跳出作者个人与一本书的关系,那么就能发现一个新的话语事件,即处于"**跨话语**"位置(*position*〈*transdiscursive*〉)中的作者。在青年福柯看来,与撰写一本小说的小说家不同,跨话语的作者可以被指认为"话语方式的创始人(〈*fondateurs de discursivité*〉)。话语方式是此后让他人言说的那个**大他者**!因为,他们不仅生产自己的作品,而且生产出更多的事物(chose de plus),即"其他文本塑形的规则和可能性(la possibilité et la règle de formation d'autres textes)"。这个话语塑形是十分关键的。比如,"弗洛伊德就不仅仅是《梦的解析》或《智力及其与无意识的关系》的作者,马克思就不仅仅是《共产党宣言》或《资本论》的作者,他们都确立了话语的无尽的可能性"。② 弗洛伊德和马克思都不只是一本书或多个文本的写作者,他们更是一种**新的话语生产方式**的创立者。以福柯之师阿尔都塞的话来说,他们都创立了向世界独特发问的理论生产方式的**问题式**(*problèmatic*)。对此,青年福柯十分感慨,

> 作为"话语方式的创始者",马克思和弗洛伊德不仅使可以为更多文本采纳的"相似"成为可能,而且同样重要的是,他们还使某些"差异"成为可能。他们为引入非自己的因素清出了空间,然而这些因素仍然处于他们创造的话语范围之内。在说到弗洛伊德创立了精神分析时,我们不仅指力比多的概念或解梦的方法在卡尔·阿布拉汉姆或米莱尼·克雷恩的著作中重新出现,而且还指他使关于他的作品、概念和前提的某些差异成为可能,而这些差异

---

① [法]福柯:《什么是作者?》,载《后现代主义的突破:外国后现代主义理论》,逢真译,敦煌文艺出版社 1996 年版,第 281 页。

② [法]福柯:《什么是作者?》,载《后现代主义的突破:外国后现代主义理论》,逢真译,敦煌文艺出版社 1996 年版,第 285 页。中译文有改动。参见 Michel Foucault, *Dits et écrits*, *1954 - 1975*, Paris, Gallimard, 1994, p. 832。

全都产生于精神分析的话语（discours psychanalytique）。[①]

弗洛伊德和马克思出场的意义并不在于他们作为作者和写作本身的意义，更重要的是在他们作为"话语方式的创立者"的身后，出现了整个精神分析学和马克思主义的话语实践，这两种学术话语塑形与构式产生出巨大的可能性空间，历史也已经证明，他们带出来的这种新的话语实践甚至影响或者说改变了世界和人的存在。青年福柯告诉人们，在弗洛伊德和马克思的后面，他还可以开列出一个无穷尽的名单，如伽利略、居维叶（Ceorges Cuvier，1769－1832）、鲍普（Franz Bopp，1791－1867）和索绪尔，等等。他们都不是文本作者，而是**世界的改变者**。这又是那个话语决定现实的唯心主义残迹。福柯不能理解，马克思所说的改变世界绝不是观念话语方式直接作用客观社会存在，而是通过转化为物质实践对象化地真正改变存在。

青年福柯指出，除了话语方式的创始者之外，还有另一个方面值得我们关注，即后继的话语实践者对创始构境的"回到开端"（〈retour à l'origine〉）的努力。青年福柯说，后继的话语实践者"必然地、不可避免地（nécessité inévitable）"一次又一次地**回到**话语创始的原初语境。福柯特意强调，话语实践者的这种"回到"完全不同于（distinguer）科学活动的"重新发现"（〈redécouverte〉）或"重新现实化"（〈réactualisation〉）。[②]青年福柯辨析道，科学活动中的所谓"重新发现"，在于与通行知识形式的**类比或同构**，是它们容纳了有关已被遗忘的或默默无闻的人物的看法；而"重新现实化"则是指"话语被嵌入概括、实践和转型的全新领域"。[③] 话语实践构境中的"回到"与上述二者都不同，之所以需要"回到原初语境"，倒不是因为诠释学意义上的理解困难或是有什么其他障碍，而是由于话语实践本身的"本质的和建构性的遗忘（oubli essentiel et constitutif）"。显然，这个遗忘是海德格尔

① ［法］福柯：《什么是作者?》，载《后现代主义的突破：外国后现代主义理论》，逢真译，敦煌文艺出版社1996 年版，第 285—286 页。中译文有改动。参见 Michel Foucault, *Dits et écrits*, *1954 - 1975*, Paris, Gallimard, 1994, p. 833 - 834。

② ［法］福柯：《什么是作者?》，载《后现代主义的突破：外国后现代主义理论》，逢真译，敦煌文艺出版社1996 年版，第 287 页。Michel Foucault, *Dits et écrits*, *1954 - 1975*, Paris, Gallimard, 1994, p. 835。

③ ［法］福柯：《什么是作者?》，载《后现代主义的突破：外国后现代主义理论》，逢真译，敦煌文艺出版社1996 年版，第 287 页。

式的。

实际上，创始的行为就其本质而言，注定要受制于它自身所产生的存在之遗忘（être oublié），这些遗忘从创始行为中发展而来，同时也导致了该行为的偏差（dérive）与曲解（travestit）。这种并非偶然的遗忘必须由某些精确的操作（opérations précises）加以调控，这些操作可以在向着创始行为的回归中，得以定位、分析和化约。遗忘所设下的障碍（empêchement）并不是从外部添加的（surajouté de l'extérieur），而是从所探讨的话语实践当中兴起的，正是话语实践为它立下了法则。遗忘既是导致这障碍的起因，也是消除这障碍的手段，还要对妨碍回归创始行为的阻碍负责，只有通过回归才能得以解决。①

être oublié 就是海德格尔那个对 Sein 的**存在论的遗忘**，在福柯这里，就是对 **être** 在动词构式中的话语塑形作用的遮蔽。而"回归"则是让这种遮蔽暴露出来。所以，一切回归会是"向着文本自身（texte même）的回到（revient）"，具体而言，也就是

带着对那些在文本的空心、缺席和缝隙（en creux, en absence, enlacune）中体现出的东西的特别关注，回到一个原初的、不加修润的文本（texte dans sa nudité）。我们回归那些空洞的空间，它们被遗忘所掩盖，被带有误导性的虚假的充足所隐匿。②

福柯的这一分析是非常深刻的。我的所有"回到"（"回到马克思"、"回到列宁"、"回到海德格尔"，以及这里的"回到福柯"）可能都是在这个构境意义中的某种有意向的解蔽。在青年福柯看来，**向着文本的回归**是使话语实践发生整体转型的一种有效且必须的手段。比如，在回

---

① ［法］福柯：《什么是作者？》，载《后现代主义的突破：外国后现代主义理论》，逢真译，敦煌文艺出版社1996年版，第288页。此处中译文参考了李康、张旭的译稿，并有改动。参见 Michel Foucault, *Dits et écrits*, *1954 - 1975*, Paris, Gallimard, 1994, p. 836。

② ［法］福柯：《什么是作者？》，载《后现代主义的突破：外国后现代主义理论》，逢真译，敦煌文艺出版社1996年版，第288页。此处中译文参考了李康、张旭的译稿，并有改动。参见 Michel Foucault, *Dits et écrits*, *1954 - 1975*, Paris, Gallimard, 1994, p. 836。

到文本的全新构境中"重新检视(réexamen)弗洛伊德或马克思的著作,就会转变我们对精神分析或马克思主义的理解"。这是对的。显而易见,这个所谓的"回归"又是与福柯的考古学和谱系学的本质相一致。

在全部演讲结束的时候,青年福柯不无得意地提到,先前,我们会听这样一些提问:

> "谁是真正的作者?"
> "我们是否能够证明他的真实性和原创性?"
> "他用自己的语言对自己最深刻的自我做了怎样的揭示?"

可是,现在人们则会听到一些新的问题:

> "这种话语有哪些存在模态?"
> "它从哪里来?它如何流通?它受谁控制?"
> "针对各种可能的主体将作出怎样的安排?"
> "谁能实现主体这些各不相同的功能?"

而在所有这些问题的背后,我们却几乎只能听到一种漠然的咕哝:

> "谁在说话重要吗?"①

4. 一个有趣的争论:结构上没上街?

福柯的演讲结束后,参加会议的学者纷纷发言,有批评,也不乏肯定,福柯也作出了一定的回应。批评的声音,主要集中在福柯所指认的话语实践中作为理性实体的"作者的不在场"问题上。很显然,福柯的这一观点被一些人听成他在《词与物》一书中那个"人之死亡"的断言的具象化,即作者的**死亡**。

在提问和评论环节上,发言最长的是法国著名的西方马克思主义

---

① [法]福柯:《什么是作者?》,载《后现代主义的突破:外国后现代主义理论》,逢真译,敦煌文艺出版社1996年版,第291页。此处中译文参考了李康、张旭的译稿,并有改动。参见 Michel Foucault, *Dits et écrits*, *1954–1975*, Paris, Gallimard, 1994, p. 840。

文学理论家、"发生的结构主义"代表人物戈德曼①。在算是福柯学术前辈的他看来,青年福柯的思想代表了一种"否定一般的人(l'homme en général)"的观点,虽然"福柯没有明说否定作者,但是,从他的作者的消失的视角所揭示的所有的一切都暗示了这一结论"。② 他反讽地说:

> 我绝对同意一个事实,即福柯不是作者(n'est pas l'auteur),福柯不是他刚刚对我们说过的那些东西的开创者(certainement)。因为,否定主体在今天是一群思想家,更准确地说是一群哲学家的一个核心概念。在这群哲学家之中,如果福柯是一个特别原创的杰出的学者,那么,应该将其归入人们通常所说的非发生的结构主义(structuralisme non génétique)学派之中。一般认为尤其应该把列维-斯特劳斯、巴特、阿尔都塞、德里达归入这一名下。③

显然,戈德曼在打趣福柯,你说了那么多,可你不是作者? 你的这些前人都没有思考过的东西难道都是别人文本的互文结果? 这显然令人难以理解。这种悖论的原因,恰恰在于福柯归属于戈德曼所贬斥的所谓"非发生的结构主义"。而戈德曼自己想要标榜的"发生的结构主义",则是他追随皮亚杰的"发生认识论",将强调共时性的结构视角与历时性的发生学视角相整合而形成的一种新结构主义观点。④ 我们不难看出,戈德曼的逻辑构境是先将福柯归类为**非发生学的**结构主义,然后指控福柯:你的确不是一个作者,不是一种生产原创性成果的独立主体,因为你本就属于结构主义话语簇。戈德曼这里已经在出差错了,解

---

① 吕西安·戈德曼(Lucien Goldman,1913—1970),现代法国哲学家、文学评论家和社会学家,西方马克思主义发生学的结构主义著名代表。戈德曼 1913 年出生于布加勒斯特。在罗马尼亚完成大学学业后,于 1933 年赴维也纳,师从阿德勒。1934 年转赴巴黎求学。二战期间被德国军队关进集中营,后辗转逃到瑞士,为瑞士心理学家皮亚杰营救。1945 年,在苏黎世大学通过论文《康德著作中的人类社会与宇宙》,并获得哲学博士学位。战后重返巴黎,先后在法国全国科学研究中心和巴黎高级研究实验学校从事研究工作,直到去世。其主要著作有:《人文科学与哲学》(1952 年)、《隐蔽的上帝》(1956)、《辩证法探求》(1959)、《小说社会学》(1964)、《精神结构与文化创造》(1970 年)、《马克思主义与人文科学》(1970)等。

② Michel Foucault, *Dits et écrits*, *1954-1975*, Paris, Gallimard, 1994, p. 840. 中译文没有翻译这一重要的部分。

③ Michel Foucault, *Dits et écrits*, *1954-1975*, Paris, Gallimard, 1994, p. 841. 此处中译文参考了李康、张旭的译稿。

④ 参见拙著:《文本的深度耕犁——西方马克思主义经典文本解读》(第一卷),中国人民大学出版社 2004 年版,第 428—447 页。

构理论创始人德里达从一开始就不是结构主义阵营里的一员，而复杂的情况还有已经在反水的巴特。并且，福柯的思想原来就不属于结构主义，此时，他也正在生成一种全新的思想构境。用一种二元逻辑判断学术思想的质性，这本身就是非法的。

戈德曼说，福柯所提出的"谁在说话？"这一问题是重要的，但"什么是说？"(《Qui parle?》)更重要。他也承认，"在当代人文科学的启示下，个体观念作为一个文本的最终作者，特别是一个重要的、有意义的文本的作者，显然已无立足的理由了"，但戈德曼坚持认为，看到这一点并不意味着可以断言一切主体都会消失。因为，可以像戈德曼已经做的那样，用**集体主体和超个人的主体**(*sujet collectif ou transindividuel*)取而代之。这完全可以既不宣布人的死亡，也不让主体消失。戈德曼认为，在学术界回答"谁在说话？"这个有意义的提问时，在否定个人主体的共同基础上又分裂为两种回答：一是福柯所归属的非发生的结构主义，在这里，"没有任何主体，它已经为各种结构(structures)所替代，如语言的结构、心智的结构、社会的结构等等。也没有了人以及人的属性。这些地方只不过是内在于结构的功能和角色。结构构成了研究和解释的终点"。① "语言的结构"应该是指巴特的结构主义符号学，"心智的结构"可能是列维-斯特劳斯的结构主义人类学，而"社会的结构"当然就是阿尔都塞的"无主体社会历史过程论"了。戈德曼的意思是，上述这些非发生的结构主义者试图消除主体的做法是不可取的，**无主体的历史**是不可想象的。二是戈德曼自己的所谓发生学的结构主义，这种结构主义在历史和文化的维度中也拒绝**个体**主体，但是，个体主体并未因此就消亡，而是被超个体的**集体主体**所取代。"至于结构，远不能把它当作或多或少终极的自主性实在(réalités autonomes)，结构没有在这种整个实践(praxis)和整个人类现实的普遍属性的视角之中考虑事情。不能假设存在不是结构性的人类行为(fait humain)，也不能假设存在没有意义的结构。"②结构无思，它不可能成为创造历史意义的原动。

在发言的最后，戈德曼特意说了一段自以为非常有趣的话：

① Michel Foucault, *Dits et écrits*, *1954-1975*, Paris, Gallimard, 1994, p. 841. 此处中译文参考了李康、张旭的译稿。

② Michel Foucault, *Dits et écrits*, *1954-1975*, Paris, Gallimard, 1994, p. 842.

在结束我的讲话时,我将提请大家注意一句变得有名的话。五月风暴时,在巴黎大学大阶梯教室的黑板上,一位学者写下了一句话,我觉得这是对哲学,也是对非发生的结构主义的一个最根本的批评:"结构没有上街"(Les structures ne descendent pas dans la rue)。这就是说,不是各种结构塑造历史,而是人在塑造历史,并且人的行动总是结构性的和有意义的(structuré et significatif)。①

戈德曼在引述完那句著名的"结构没有上街"一语之后,显然十分得意。然而,这可真的不是最后的笑。

我们从记录上可以看到,在戈德曼讲完之后,福柯立刻做了如下的回复:首先,"我在作品中从未使用过'结构'一词(mot de structure)。你们可以在《词与物》里找找看,你们是找不到的。当时我就想避免结构主义的整个弱点。你根本不能称我为结构主义者"。② 这是福柯在公开场合明确拒绝对自己的结构主义标签。但是,从我所做的《词与物》一书文本词频统计的结果来看,福柯在全书中共 51 次使用了 structure 一词。应该准确地说,福柯没有将此词作为重要的理论方法论塑形范式来使用。其次,福柯显得有些生气地争辩说,我也从未说过"作者不存在(l'auteur n'existait)"!"我很奇怪我的话总是会导致类似的误解"。福柯自认为,他刚才的发言只是在讨论作者的**自行消失**(*l'auteur doit s'effacer*),或"由于话语的特殊形式作者的消失"的问题,或者说,是想思考"什么规则使我们能发现作者和书写者的消失呢?这一规则能使我们发现作者功能的作用方式",即作者功能**发生作用**的方式、条件、领域。他的言下之意是指责戈德曼连这种重要的区别都无法体知。再次,他从来也没有要断言人的死亡(l'homme est mort),而只不过是

从人之死(或人的消失,人被超人所取代)这一主题出发,看一看人的概念的功能的运作方式和规则。自 19 世纪末以来,人之死的主题就不断地重现。这一主题不是我的主题。我以同样的方式

---

① Michel Foucault, *Dits et écrits*, *1954 - 1975*, Paris, Gallimard, 1994,p. 844. 此处中译文参考了李康、张旭的译稿。

② Michel Foucault, *Dits et écrits*, *1954 - 1975*, Paris, Gallimard, 1994,p. 844 - 845. 此处中译文参考了李康、张旭的译稿。

处理了作者的概念。让我们收起我们的眼泪吧。①

福柯的回答显然有些匆忙和敷衍。

在讨论的最后,学术大鳄拉康作了发言。他首先肯定了福柯演讲最后对"回归"问题的思考,因为他说自己就是在"回到弗洛伊德"的大旗下进行新的工作的,其实,他所谓**回到弗洛伊德**就是杀死自己的学术父亲后的重生。所以,他完全能理解福柯的良苦用心。其次,拉康轻蔑地反驳了戈德曼对"结构主义不上街"这一口号的肤浅引用,因为在他看来,

> 如果说五月事件(événements de mai)表征了什么,它恰恰证明了结构在街头(descente dans la rue)。正是在写下这一口号的地方,人们走上了街头,这一事实只能说明,人们恰恰自己认不出(Méconnaît lui-même)行动本身所内在固有的东西。②

这是无与伦比的精彩反驳。结构,恰恰是在人们不认识它的地方起作用,**反对结构也许正是结构的一种作用方式**而已。人们都是疯子,只是我们没有意识到这一窘境罢了。人不是死去,而是从来没有真正出场过。

拉康关于结构已经在街头的回答,显然令戈德曼十分难堪。据说卢罗回忆,"拉康的神经质把我们吓坏了",在回家的路上,戈德曼像一个被打败的拳击手那样沮丧。③ 而青年福柯,一定是大大开心的。

---

① Michel Foucault, *Dits et écrits*, *1954 - 1975*, Paris, Gallimard, 1994, p. 845. 此处中译文参考了李康、张旭的译稿。

② Michel Foucault, *Dits et écrits*, *1954 - 1975*, Paris, Gallimard, 1994, p. 848 - 849。

③ [法]卢罗:转引自[法]多斯:《从结构到解构——法国 20 世纪思想主潮》(下卷),季广茂译,中央编译出版社 2004 年版,第 169 页。

身体化隐性构序的治安逻辑

——朗西埃生命政治哲学解读

原载《哲学研究》2012 年第 12 期

内容提要: 朗西埃力图建立一种与传统政治学研究完全异质的生命政治哲学,他通过区分可感身体分配中的可见与不可见者,话语与噪音,界划出隐性构序中的治安逻辑。与警察的警棍那种看得见的击打和驱赶不同,这里的治安是隐微的秩序划分的社会成员的有分与无分,它针对的不是传统宏大政治与法律中的形式上的那种看得见的虚假平等,而是不能直接意识到的感性身体上的微控制。治安正是让社会生活是其所是的构序性的支配。

关键词: 朗西埃 治安 生命政治 身体化 隐性构序 可见者与不可见者 话语与噪音

在当今欧洲左翼学术界最热闹的后马克思思潮①之中,法国的朗西埃②算是超重量级的学术代表,他的激进政治哲学和美学观念似乎已经成了当下西方左派知识分子和先锋艺术家们无法摆脱的争论焦点。从

---

① 后马克思(Post-Marx)思潮:指欧洲 1968 年红色五月风暴之后出现的一种激进社会批判理论,其主要代表人物如齐泽克、朗西埃、阿甘本和巴迪欧等人。后马克思思潮不是马克思主义,因为他们从根本上否定了马克思主义哲学中最关键的理论基础,但同时又在方法论和基本立场上深刻地承袭了马克思的批判传统。他们从一些新的社会文化断面激烈地批判当代资本主义,又小心地与马克思主义保持一定的距离。

② 朗西埃(Jacques Rancière,台译洪席耶,1940—),法国当代著名思想家,欧洲后马克思思潮的代表人物。朗西埃 1940 年出生于阿尔及尔,曾经为阿尔都塞的学生,参与写作《读资本论》。曾任法国巴黎八大哲学系主任,现为荣誉哲学教授。主要著作:《阿尔都塞的教训》(1974)、《劳动者之夜:十九世纪法国劳工的幻想》(1981)、《哲学家及其贫乏》(1983)、《歧义:政治与哲学》(1995)、《美学的政治:可感性的分配》(2000)等。

20 世纪 90 年代以来,朗西埃与齐泽克①、阿甘本②和巴迪欧③成功的互文引用,似乎已经建构了一种全新的资本主义批判尺度和另类先锋话语。由此,传统西方马克思主义的理论逻辑被他们远远地抛在身后。也因为这些激进左派的后起之秀已经不再使用卢卡奇-阿尔都塞式的话语言说,所以这种外部的断裂也隔阻了人们对他们的思想史定位。似乎,他们个个都成了从石头中蹦出来的激进"造反大圣"和艺术雅皮士。可是我倒觉得,认真厘清他们的思想构境中的一些深层异质奇思之处,是真正透视其思想厚度的重要前提。在本文中,仅就朗西埃的生命政治哲学中的关键性思考——身体化隐性构序的治安逻辑发表一些初步的看法,以期进一步的深入讨论。

① 斯拉沃依·齐泽克(Slavoj Zizek),当代斯洛文尼亚著名思想家,欧洲后马克思思潮主要代表人物。1949 年 3 月 21 日生于斯洛文尼亚的卢布尔雅那市。当时,该市还是前南斯拉夫西北部的一个城市。1971 年在卢布尔雅那大学文学院哲学系获文科(哲学和社会学)学士,1975 年在该系获文科(哲学)硕士,1981 年在该系获文科(哲学)博士。1985 年在巴黎第八大学获文科(精神分析学)博士。从 1979 年起在卢布尔雅那大学社会学和哲学研究所任研究员(从 1992 年开始该所更名为卢布尔雅那大学社会科学院社会科学研究所)。主要著作:《意识形态的崇高对象》(1998)、《斜视》(1991)、《快感大转移》(1994)、《易碎的绝对》(2000)、《回到列宁》(2002)。

② 吉奥乔·阿甘本(Giorgio Agamben, 1942-),当代意大利著名思想家,欧洲后马克思思潮主要代表人物。现为欧洲研究生院(EGS)巴鲁赫·德·斯宾诺莎教授,意大利维罗拉大学美学教授,并于巴黎国际哲学学院教授哲学。在攻读博士后阶段,阿甘本参与了弗莱堡由马丁·海德格尔主持的研讨会,并主持了瓦尔特·本雅明意大利译本的翻译工作。主要著作:《诗节:西方文化中的文字与幻觉》(1992)、《将来的共同体》(1993)、《牲人》(1998)、《奥斯维辛的残余:证词与档案》(2002)等。

③ 阿兰·巴迪欧(Alain Badiou, 1937-),当代法国著名思想家,欧洲后马克思思潮的代表人物。巴黎第八大学哲学教授。1937 年,巴迪欧出生于摩洛哥的拉巴特。1956 年,巴迪欧考入著名的巴黎高师,1964 年,获得索邦大学的教师资格。1967 年,巴迪欧被阿尔都塞邀请去参与了他所主持的"科学家的哲学课堂"。主要著作:《模式的概念》(1972)、《主体理论》(1982)、《存在与事件》(第 1 卷,1988)、《元政治学概述》(1998 年)、《世界的逻辑:存在与事件》(第 2 卷,2006 年)、《第一哲学宣言》(1989)、《第二哲学宣言》(2009)等。

1. 真实的无产者:被排除的边缘他者

我们知道,朗西埃曾经是阿尔都塞①的得意门生。1965年,当身居法国巴黎高师哲学教授的阿尔都塞领着整个西方马克思主义科学思潮向着法国科学认识论和语言结构主义迈进的时候,那个著名的《资本论》研究小组中,朗西埃就是其中的重要成员。这一点,也是巴迪欧入世时的相近学徒身份。可是,1968年"五月风暴"②之后,朗西埃与巴迪欧一道,根本背叛了自己的老师,走上了一条后马克思思潮的激进道路。1974年,他出版了《阿尔都塞的教训》(La Leçon d'Althusser)。③朗西埃在书中公开声称,阿尔都塞主义死在了1968年五月运动的路障上。这是一种公开的理论弑父行为。很长一段时间内,朗西埃自觉地从阿尔都塞那种极端抽象的有序性逻辑概念中摆脱出来,直接去关心无产阶级的感性现实生活,对19世纪法国工人运动的历史档案进行了第一手的文献研究,并且,在整个80年代,他花了大量的精力批判马克思—阿尔都塞式的精英论马克思主义传统理论倾向。朗西埃只做了一件事情:证明中国"文化大革命"中所说的那句话,"卑贱者最聪明,高贵者最愚蠢"!

20世纪90年代,前苏东国家发生的事变,使欧洲思想界发生了一种奇异的变化。面对整个西方布尔乔亚世界的幸灾乐祸,原来从西方马克思主义逃离出来的叛逆者们又开始表现出反抗资本主义社会现实的"坏孩子"的本色。除去德里达那本影响巨大的《马克思的幽灵》(1992),齐泽克、阿甘本、巴迪欧等人也都开始急剧向左转,我们也能看

---

① 阿尔都塞(Louis Althusser 1918-1990),阿尔都塞1918年10月16日出生于阿尔及尔近郊的比曼德利小镇。其父是一个银行经理。阿尔都塞从小信奉天主教。1924—1930年,他在阿尔及尔读小学。1930—1936年在法国马塞读完中学。1937年曾参加天主教青年运动。1939年考入法国巴黎高等师范学校文学院。同年,因战争中断学业应征入伍。1940年6月被俘,因禁于德国战俘集中营内直到战争结束。其间,患精神病入院治疗。1945—1948年重入高师读哲学,师从巴什拉教授。1948年完成高等研究资格论文《黑格尔哲学中的内容的观念》后留校任教。1948年10月,加入法国共产党。1950年正式脱离天主教。1975年6月,在亚眠大学获得博士学位。1980年11月16日,因精神病发作,误杀其妻。1990年10月22日因心脏病逝世,享年72岁。主要著作:《孟德鸠斯:政治与历史》(1959年)、《保卫马克思》(1956年)、《读资本论》(1965年)、《列宁与哲学》(1968年)、《为了科学家的哲学讲义》(1974年)、《自我批评材料》(1974年)、《立场》(1978年)。
② "五月风暴"(French Revolution of May)指发生于1968年由学生运动导引的法国所爆发的全国社会运动。整个过程由学生运动开始,继而演变成整个社会的危机,最后甚至导致政治危机。
③ Jacques Rancière, La Leçon d'Althusser, Gallimard, Idées, 1974.

到,骂了很多年阿尔都塞和马克思的朗西埃突然不再固执地标榜自己那个的穷苦人民代言人的感性角色,竟然玩起了明显过于理论化的政治哲学。当然,他还是声称自己在为底层无分劳动者争取平等权利。不过这一次,朗西埃是要力图建立一种与传统政治学研究完全异质的生命政治哲学,他通过区分可感身体中的可见与为可见者,界划出隐性构序中的治安,由此偷偷返回到他的劳动大众肯定不懂的理论世界。我觉得,这是一种理论无意识中的**没有阿尔都塞的阿尔都塞政治哲学**。

我们知道,在阿尔都塞 1969 年写下的《意识形态与意识形态国家机器》(*Idéologie et appareils idéologiques d'État*)一文中,他提出了一个受到拉康思想影响的个人主体**询唤建构说**:阿尔都塞认为,"**一切意识形态都是通过主体范畴的作用,把具体个人呼叫或建构成具体的主体的**"①。询唤,在这里就是阿尔都塞所说的"日常生活中意识形态认识的物质仪式的实践"。对此,他又具体阐释如下:

> 意识形态是通过我称之为**询唤**(*l'interpellation*)或呼叫以及按照日常最琐碎的警察(或其他人)呼叫:"喂! 喂!"的方向可以想象的那种非常精密的操作,利用在个人当中"招募"(recrute)主体(招募所有的个人)或者把个人"改造"(transforme)成主体(改造所有的个人)的这一种方式来"行动"(agit)或发生"功能作用"(fonctionne)的。②

这也就是说,在日常生活中,我们在路上遇到某个朋友,与其招呼并握手寒暄,这一瞬间就实现了上述这个意识形态的询唤。这里的自明性是你与我从来都是**主体**,并且在生活中连续不断地实践着一定社会秩序中意识形态(拉康的大他者)认同的**物质仪式**(*des rituels matériels*)。

有趣的是,已经走上了背叛之途的朗西埃即使是回到学术思辨层

---

① [法]阿尔都塞:《列宁和哲学》,杜章智译,远流出版公司(台湾)1990 年版,第 191 页。
② [法]阿尔都塞:《列宁和哲学》,杜章智译,远流出版公司(台湾)1990 年版,第 191—192 页。中译文有改动。

面,但他还是要摆出一幅与自己过去的老师作对的架势。① 阿尔都塞说,警察在街上喊人**过来**就是建构主体(sujet constituantt),而朗西埃则倒过来说,主体事件的真相恰好是在警察驱赶人**离开**时才发生的。他在完成于1996年那篇著名的《政治的十个主题》中说:

> 公共空间的政治介入首先并不在于检查示威流行者的身份,而在于驱散流行者。警察并非质询个体身份(阿尔都塞的"嗨! 在那里的,你"),除非把它和宗教服从相混淆。它首先唤起的是一种关于存在者、或毋宁说是非存在者的明证性:"走开! 没有什么好看的。"警察说在马路上没有什么好看的,除了走开之外没什么好做的。②

没有你什么事情,请走开。用今天中国的流行语表述就是,别起哄,你**就是**打酱油的。与阿尔都塞的建构主体身份不同,朗西埃的思考是从**主体身份之缺失**开始的。这是一个十分巧妙的入口。我觉得,这正是朗西埃从1968年"红色五月风暴"实践中体悟而得的东西,学生们被警察驱赶,才喊出了那个著名的口号"我们都是德国犹太人"。德国犹太人,是被驱赶出人类的非人,可被随意杀戮的非存在者。他们甚至没有生存的正常身份(identités)。朗西埃说,"三十年来,我们都是'德国的犹太人'。也就是说,我们在关于冲突的政治文化中拥有'不恰当的'名字"。③ 现在朗西埃还说,我们都是欧洲的移民外族人。

在朗西埃看来,今天的不平等并不是出现在传统的**可见的**压迫和政治纷争中,即被马克思-阿尔都塞描画为阶级主体之间的奴役和斗争,而是这个社会承认之外的**不可见的**被剥夺身份者的消失和被忽略。如果仔细去辨识,我们会发现马尔库塞那本在"红色五月风暴"走红的《单向度的人》一书的影子,因为在那里,马尔库塞关于革命主体的说明就已经从传统的劳动者转向了那些穷学生和流浪汉一类的边缘人群。

① 依我的理解,朗西埃的思想发展可以分为三个大的时期:第一个阶段是20世纪60年代中后期一直到80年代末,这一时段是他从阿尔都塞哲学构架中背离出来,走向感性经验层面中的劳动者生活的"历史考古学"时期。第二个阶段是朗西埃在感性经验中走投无路时,重新回归哲学理性的返途,只不过他采取了与自己左的激进倾向接近的政治哲学维度。第三个时期,是朗西埃向美学和艺术研究领域扩张的时期。他的学术影响只是在第二个阶段的后半段和第三个时期中才彰显出来。
② [法]朗西埃:《政治的十个主题》,《政治的边缘》,姜宇辉译,上海译文出版社2007年版,第130页。
③ [法]朗西埃:《政治的边缘》,姜宇辉译,上海译文出版社2007年版,第60页。

在完成于 1991 年的《政治、同一化和主体性》一文中,朗西埃曾经例举过一个十分著名的例子,即 1832 年对布朗基①的审问:"当检察长询问其职业的时候,布朗基回答说:'无产者。'检察长反驳说:'这不是一个职业。'布朗基同样反驳道:'这正是我们大多数人民的职业,因为他们被剥夺了政治权力。'"②在后来的《歧义》一书中,朗西埃再一次更详细地例举了这一例证。齐泽克也曾经在自己的书中转引过这个例子。朗西埃说,"布朗基是有道理的,无产者不是一个从社会学上可以界定的社会群体的名称。它是一种'被排斥者'(outcast),一种被驱赶者的名称"。③ 因为对资产阶级世界的固有秩序来说,表面看起来法权上平等的无产者并不属于这个现代性社会的秩序结构,他们实质性地**无分于**这个布尔乔亚王国中的任何权力和财富。所以,他们根本不会像阿尔都塞所言的那样通过质询被建构为这个社会秩序中的主体,通常情况下,他们的肉身可能**在场**,但却是被排除的**非主体**。请注意,虽然朗西埃的生命政治思想构境缘起于福科,可与福科的生命政治的自拘性主体有所不同,朗西埃关注的事情是那些连"自我惩戒"资格都没有的**非主体**! 这就是朗西埃"生命政治"哲学的独特本质。

朗西埃到底想说明什么问题呢? 我以为,朗西埃是想告诉我们,就像当年奴隶并**不是人**,而只是会说话的工具,作为封建社会结构中第三等级(即**无等级**)的布尔乔亚不入贵族的上流社会之身份一样,现实中的无产者恰恰是资产阶级社会中另一个看不见的感性层面上被排斥和被驱逐的**无身份者**。朗西埃将其指认为不属于社会**主体**部分的部分,也称无分之人。他甚至说,在马克思那里,无产阶级也不是一个阶级,而是所有阶级的消亡。这也是无分之人。这显然是对马克思的不准确的理解。我们会发现,朗西埃这里的观点已经不再是他曾经在 80 年代自我标榜的基于真正的感性经验,他已经开始变得晦涩和思辨起来。问题的实质是,他如果长期停留在感性绝对观念的层面,那么只会被自我隔离地放逐出学术界。

---

① 布朗基(Louis-Auguste Blanqui, 1805 - 1881),法国早期工人运动活动家,革命家,空想社会主义者,巴黎公社的传奇人物,巴黎公社议会主席。代表作有:《祖国在危急中》(1870)、《被奴役和受压迫的大军》(1880)等。
② [法]朗西埃:《政治的边缘》,姜宇辉译,上海译文出版社 2007 年版,第 56 页。
③ [法]朗西埃:《政治、同一化和主体性》,《政治的边缘》,姜宇辉译,上海译文出版社 2007 年版,第 56 页。

在出版于 1995 年的《歧义》①一书中,朗西埃十分具体地、历史地说明过这个所谓"无分之人"的观点。在他看来,早在亚里士多德的《政治学》一书中,后者很早就将希腊城邦中那些被归之为"人民"的人指认为**无分之人**。请注意,曾经坚决拒斥理论的朗西埃现在也开始"言必称希腊"了,这恰恰是过去十多年中他所坚决反对的东西。这种"人民只不过是无区分而没有明确资格的大众——没有财富、没有美德——然而却自认为是被视为拥有与其他人同样的自由"。② 这当然是一种反讽的口气。朗西埃强调说,"这些没有特性者聚集而形成的平民,正是亚里士多德所谓的'无分之人'(n'avaient part à rien)"。③ 这里的**无分**是指根本不属于社会主体生活任何部分的空无和缺失。然而,恰恰是这些"无分之人"却奇怪地认同于整个共同体。一无所有的人民即是自由,自由则认同于那个民主共同体。朗西埃说,这些"人民并不是人民,而是穷人;穷人本身也并不只是穷人,他们只是没有任何特性的一群人,他们由于最初区分的效果而承担了自由之空名",实际上,他们只是作为**"无分者没有参与之分**(il n'y a pas de part des sans-part)"。④

朗西埃的意思是说,在任何一个时代中,总是有那么一些没有特性的无分之人作为**他者**,支撑着整个共同体的主体性存在。此处,我们会发现,朗西埃这个无分之人很像海德格尔的那个"常人",可二者建构起来的思境却是截然不同的:海德格尔的常人是在批判的语境指认的夷平此在的**众役性**,而朗西埃的无分之人则是在被肯定的情境中那种被社会革除主体性的穷苦边缘者。这就像亚里士多德的《政治学》一书中所指认的那种大众所建构起来的**"无人之地**(no man's land)"。朗西埃说,这是一切政治共同体故意遮蔽起来的秘密。

依朗西埃之见,转换到今天的资本主义社会,即是说,看起来所有无产者都是这个社会中"自由平等"的法人,可以一人一票选举总统,可他们仍然是无分于支配这个社会共同体的局外人。因为,他们根本无分于整个社会经济政治游戏规则的制定。依我的理解,这里朗西埃所说的**共同体**并非是在实体意义上的肉身(人口)的总和,也不是法权意义上的市民社会,而是一种实质性的感性**共在**。其实,朗西埃自己并没

① Jacques Rancière, *La mésentente*: *politique et philosophie*, Paris: Galilée, 1995。
② [法]朗西埃:《歧义》,刘纪蕙等译,台湾麦田出版 2011 年版,第 29 页。
③ [法]朗西埃:《歧义》,刘纪蕙等译,台湾麦田出版 2011 年版,第 30 页。
④ [法]朗西埃:《歧义》,刘纪蕙等译,台湾麦田出版 2011 年版,第 37—38 页。

有十分仔细地解说这一点。我能感觉到,他对传统的政治学和政治哲学研究域并不是十分熟悉的。关于这一点倒是巴迪欧说的比较清楚,他指认这种特殊的共同体是一种人们多元性的一起存在或共在或者"共通感",即共有的感觉,它生成一种感性的标准。依巴迪欧的说法,这一概念源自阿伦特。

朗西埃说,相对于这种特殊的共同体,今天的无产者恰恰更像一种异乡人:

> 它涉及一种更为"低贱的"而同时又更为纯粹的差异性的形象:即无名的大众,它在拉丁文中被称为 *proles* 和 *proletarius*,而现代又通过"无产者"这个同音异形词恢复了它的存在。①

异乡人,倒是海德格尔的说法,这是用来说明诗人一类在被毁坏了的大地上的他者。而朗西埃的意思则是,相对于这个社会中可建构起身份(阿尔都塞那个被询唤的人)的**主体**,无产者恰恰是一个非主体的**他者**。当然,这个他者不是拉康意义的占位者或奴役性大他者,而恰恰是反指主体的被奴役者。② 这种他者论也是后来女性主义批评和后殖民讨论中的重要逻辑构件。朗西埃之后讨论比较多的是在法国的阿尔及利亚人和欧洲移民。在朗西埃看来,他们"已经丧失了其他的名字(工人或无产者的名字)并且因此被重新归为一种他者的单纯身份,它既不能被同化又具有威胁性"。③ 当然,以后朗西埃还会证明,也正因为无产者不属于任何阶级秩序,他才可能成为这个社会有序性的瓦解者。

这显然不再是锤子与铁砧的感性故事(朗西埃写于1981年的《工人之夜》一书中的节标题),而真是哲学家的哲学了。朗西埃这里关于劳动者本身的讨论已经让普通人很难理解了,我断定,朗西埃喜欢的那些拿着锤子的劳苦大众肯定不知道他这是在说他们的故事。

---

① [法]朗西埃:《政治的边缘》,姜宇辉译,上海译文出版社2007年版,第97页。
② 关于西文语境中的两种他者逻辑,可参见拙著:《不可能的存在之真——拉康哲学映像》,商务印书馆2006年版,第七章。
③ [法]朗西埃:《政治的边缘》,姜宇辉译,上海译文出版社2007年版,第116页。

2. 无言的牛哞：歧义中的可见者与不可见者

《歧义》一书第二部分的开头，朗西埃讨论了一个很有意思的话题：言说动物与政治动物的关系。这一回，他没有再在感性的劳工档案中寻找经验，而转向了传统西方学术的理性基础——古希腊的政治学典籍文献。这是朗西埃复归学术逻辑的一个重要表现。他说，自古以来，人是一个能言说的动物(l'animal logique)，能言说即人，似乎这是一个人异质于一般动物的不证自明的事实。可是，朗西埃发现，在古代希腊的政治学讨论中，言说者（可见的政治主体）是要具有资格的，如果没有资格的人（不可见的人民大众）言说则会引起某种政治秩序上的混乱。比如在柏拉图那里，他就认为在一定的社会**秩序**之中，"那些自称人民的杂多无名言说者侵害了整个共同体定好的身体分配"。① 请注意这里的"无名"与身体分配，这将是朗西埃引出自己独特生命政治学思考的起点。

这个无名之空(vide)，我们已经在上述关于"人民"这个概念的讨论中初晓其意了，空，即看似存在实际上可以忽略不计的乌合之众，虽然他们以"人民"享有自由之名，甚至"僭越了共同体的名号"，但这个作为**无人之地**(no man's land)的人民恰恰是有肉身的**不可言说者**。你可以看见他们，但这种看见可以**视而不见**。我们知道，这个 vide 正是阿尔都塞和拉康的关键词。这个"空"在感性经验的层面是非法的。因为，业已存在的特定的"社会秩序(**ordre**)将大多数的言说者弃置于静默长夜，或将他们认定为仅是表达愉悦与痛苦的动物喧嚣"。② 这是一个很可怕的说法。依朗西埃的解释，在那些古代贵族的眼里，平民的言说并不是人话，而是某种动物发出的**噪音**(bruit)！在此书中，朗西埃曾经引述过一位当时的执政官曼尼厄斯的傲慢言论，他就认为平民口中吐出的只能是动物式的叫唤声："他们仅仅拥有暂时性言说，而此种言说是一种即兴的声音，一种牛哞声、一种需求的符号，而非知性的表达。他们根本不具备亘古不变的永恒言说。"③把平民的讲话只视作牛哞声，这就是"人民"之空在可感身体之言说上的某种**不可见性**。你说话了，但可当作无意义的牛哞。你的肉身存在，我却可以视你为主体性本质上的不存在。这是朗西埃不久前还在反对的存在与不存在的辩证法。我

① [法]朗西埃：《歧义》，刘纪蕙等译，台湾麦田出版 2011 年版，第 51 页。
② [法]朗西埃：《歧义》，刘纪蕙等译，台湾麦田出版 2011 年版，第 51 页。
③ [法]朗西埃：《歧义》，刘纪蕙等译，台湾麦田出版 2011 年版，第 54 页。

得承认,这是朗西埃令人震撼的重要发现。

为什么会这样?朗西埃给出了他十分独特的解释。在朗西埃看来,产生这种可见与不可见的区分最重要的根据是**歧义**(*mésentente*)的存在。这里的歧义并不是指在同一构境层面中两种对立观点,而是指说话者和理解者所依据的理性基础的根本异质,这将导致在感受性体制中生成可理解的话语和不可见的噪音(bruit)之界划,这也正是柏拉图所指认的**身体化感性分配**的不同配置结构。显然,这里的身体并非仅仅指向物质肉身,而是一种生活的微观感性资源的支配。由此,才出现了不可共量性,即"话语(logos)及其所定义的非话语(alogos)之关系的衡量标准"。① 关于这一点,洛克希尔有一个比较详细的解释:

> 所谓歧见,指的是在"说话"意味着什么以及可感物的分配上的分歧,而正是后者,限定了可说的范围,并决定了说、听、做、作(making)和想之间的关系。换句话说,歧见与其说是异质说法(phrase regimens)或不同话语类型之间的冲突,不如说是对可感物的给定分配与外在于分配之外的那些东西之间的斗争。②

这也就是说,歧义正是感性配置的治安秩序生成的基础。我基本赞同洛克希尔的说法。

朗西埃说,其实在希腊政治中关于**身体象征分配**已经区分为两种范畴了:可见者与不可见者。

> 可见者与不可见者(Les invisibles)的区分、具有言说——可资记忆的演说、须被当作一回事的——者和不具有言说者的区分;真正能说话者和那些只具有表达愉悦与痛苦的声音而仅仅模仿声音连音者的区分。政治的存在,乃是由于言说不仅只是单纯的言说。言说永远都是构成此一言说的理据(comote),依循这个理据,某个声音的发出会被当成应该说而能阐述正义的意义不明显;其

---

① [法]朗西埃:《歧义》,刘纪蕙等译,台湾麦田出版 2011 年版,第 84 页。

② 参见洛克希尔为朗西埃《美学的政治 可感物的分配》一书英译本所写的导言(王立秋译文)。*The Politics of Aesthetics The Distribution of the Sensible*, trans. Gabriel Rockhill, Continuum, 2004, p. 4。

他的声音则仅被当作传达愉悦与痛苦、同意与反对的声音。①

这是生命政治学意义上的可见与不可见,依朗西埃的看法,这种区分的基础是一种身体象征分配中的**感性**(aishtesis)身体秩序(**ordre**)。通常,这种身体秩序都是无意识发生的。这里的可见与不可见,很快让我们想起阿尔都塞在文本研究中指认出来的可见的文字和不可见的问题式。显然,朗西埃这里的所谓感性,倒不是他自己曾经执着地追寻的劳工生活中第一手的经验感性,而是指人在社会生活中"感性的组成和关于身体得以共同体中立足"的身体化象征中的感性。朗西埃解释说,而这里的"分配一词有两个意义:作为共同与作为区隔。两者之间的关系界定了感性分配/共享"。② 也就是说,这里的分配不是一种东西分给不同的人,它是一种等级界划的区隔:"一方面,是被分离和排斥者;另一方面,则是参与者。"在人们的无意识的身体感知的分配和配置中,一些人有分于社会体制,另一些则成为无分之人,一些话语可以被听到,而另一种话语只会生产牛哞式的噪音。我觉得,如果朗西埃自己不做详尽的特设说明,阿尔都塞也不会知道他的意思。

朗西埃说,在政治学的意义上,古希腊社会共同体中的"共在,其所根据的乃是身体的'属性'(propriétés)、有名的和无名的与从他们口中发出的声音的'言说的'(logique)或'声音的'(phonique)特质,来赋予身体位置与角色"。③ 这又是那个无意识之中的身体秩序。显而易见,朗西埃是十分痛恨这个秩序的,甚至,他痛恨一切秩序。以后,我们会看到,朗西埃生命政治的本质就是治安的**失序**。

这种共在的原理很简单:它根据每一个人如其所是的自明性给予其所应得之分。不同的存在方式、行动方式与说话——或者不说话——的方式,恰好反映了每一个人的应得之分。赛西亚人挖去那些只需靠手执行其应尽任务的人们的双眼,便是最野蛮的例子。④

---

① [法]朗西埃:《歧义》,刘纪蕙等译,台湾麦田出版2011年版,第51页。
② [法]朗西埃:《歧义》,刘纪蕙等译,台湾麦田出版2011年版,第57页。
③ [法]朗西埃:《歧义》,刘纪蕙等译,台湾麦田出版2011年版,第59页。
④ [法]朗西埃:《歧义》,刘纪蕙等译,台湾麦田出版2011年版,第59页。

朗西埃说,在古代赛西亚人①那里,如果奴隶只需要使用四肢劳动,那就会挖掉他们的双眼,因为奴隶并不是主体性的人,只是无分于生活的会说话的工具。其实,中国皇宫中的太监也是同理,去除**那个**不准使用的东西。在皇宫中伺候皇后、妃子和公主的小太监已经不是男人。在身体的感性分配中,他们已经没有某种自然份额。也是一种特定的无分之人。共同体中的共在,除去言说,还有一切身体感性存在中的存在与不存在,可见与不可见的固定分配**秩序**。这样,身体的感性分配就能够理解。我们也可以体会朗西埃的新型生命政治的具体意指。

3. 分内构序:让社会生活得以维系的治安

其实,早在写于 1991 年的《政治、同一化和主体化》一文中,朗西埃为了概括上述他的生命政治哲学新发明,他已经刻意突显了福柯的一个很新的概念:**治安**(police,警察)②。为了避免我们一下子就会想到阿尔都塞和朗西埃都提到的那个在街上喊人和赶人的警察,朗西埃专门辨识说,治安不是那些"带着警棍的警察"。③ 朗西埃说,那种存在于社会"管理共同体之中的人们的聚集、他们的共识,它建立于对位置与功能进行等级性的分配,我把它称为治安(police)"。④ 而在《政治的十个主题》一文中,他则进一步指认"治安是一种对于可感者的分配,其原则是空和附加物的缺乏(absence de vide et de supplément)"。⑤ 这里的可感,并非我们五官的感受性,而一种生命政治意义场中的微观感性。

这里,出现了一堆朗西埃独自构境的概念:治安、可感物分配、空。这些东西,显然比他所骂过的马克思和列宁关于劳动者的科学观点要"理论"得多! 我的观点是,20 世纪 90 年代,朗西埃其实已经背离了他

---

① 赛西亚(Scythia),史书记载中普遍称之为塞族或萨迦人,是南部俄罗斯草原上印欧语系东伊朗语族的游牧民族,其居住地区从今日俄罗斯东部的欧洲部分一直到内蒙古和鄂尔多斯沙漠,是目前史书记载中最早的游牧民族。
② 治安(police)一词为福柯 1978—1979 年在法兰西学院的演讲中提出的重要概念。参见[法]福柯:《生命政治的诞生》,莫伟民等译,上海人民出版社 2011 年版。
③ [法]朗西埃:《朗西埃访谈》,《世界外交论衡月刊》(奥斯陆版)2006 年 8 月号。
④ [法]朗西埃:《政治、同一化和主体化》,《政治的边缘》,姜宇辉译,上海译文出版社 2007 年版,第 53 页。朗西埃的这个转喻而来的 police,目前在汉译中比较混乱,有译治理,也有译宰治。这里我们还是取其最普通的意思——警察所维系的治安。当然,这个治安已经不再是通常的警务治安,而是一种看不见的身体化有序性之常规构序。
⑤ [法]朗西埃:《政治的十个主题》,《政治的边缘》,姜宇辉译,上海译文出版社 2007 年版,第 53 页。

和造反派同志们制造的经验具象描述,再一次回到自己曾经反对的阿尔都塞式的哲学思辨中来了。也是在这个意义上,我才指认他的政治哲学是一种**没有阿尔都塞的阿尔都塞哲学**。

我们来看他对治安概念的具体说明:

> 治安不是一种社会的功能,而是一种社会的象征性的结构。治安的本质不是表象,也不是对存在者的控制。其本质是对于可感知者的某种分配。我们将把可感知者的分配称之为普遍的隐含的法律,它界定了参与的模式,而这种界定是通过首先界定参与模式在其中被规定的感知模式而得以进行的。可感知者的分配是世界之中的裂痕和与世界之间的裂痕,是"分配"(nemeïn),共同体的"法"(nomoï)就奠基于其上。①

真是复杂。这里的"象征性结构"和"感知模式"显然都是阿尔都塞式的结构主义逻辑概念,朗西埃其实十分尴尬地偷偷挪用了自己先前简单否定掉的东西,这是许多后现代思想家共同遭遇的难题。朗西埃的意思是说,所谓治安,不是一种可见的社会控制功能,如法律条文形式上规定下来的东西,也不是规范性的道德律令,在本质上,治安是在社会象征和身体化的微观层面上对可感知者进行有序划分和分配的**感性体制**(*regime du sensible*),其中,治安通过隐微的秩序界划规定了人们**看到**社会存在的感知模式,由此生成**有资格**介入社会活动的参与模式。比如在资产阶级社会中,被看见的始终是有脸面的建构性的主体,同时,在这种治安的看见和"有资格"中就出现了某种看不见和无资格的**空**,比如今天西方社会中的流浪汉和移民黑工。所以,朗西埃反复强调治安的本质是一种"空和附加物的缺乏",看见主体恰恰是以**看不见的空**(vide,不存在)为前提的。

> 治安的本质就是作为一种对可感知者的划分,它以空和附加物的缺失为特征:社会由致力于特殊的行为模式的群体,这些群体得以在其中实施行为的场所以及这些群体和场所相对应的存在模

---

① [法]朗西埃:《政治、同一化和主体化》,《政治的边缘》,姜宇辉译,上海译文出版社2007年版,第129页。

式所构成。在此种、场所以及存在方式的对待关系中，没有给空留下任何位置。此种对于"不存在"(il n'y a pas)的排斥正是作为国家实践之核心的治安原则。①

我思忖，这个"不存在"应该是重点理解的方面，治安，即是维系这种存在与不存在的可感性的身体分配结构。相对于阿尔都塞-布尔迪厄已经关注的国家意识形态对日常生活中主体的建构，朗西埃则是聚集于被建构的主体**之外**那些被认定为非主体的排斥，他更关注社会边缘以外的，甚至根本没有资格进入平等/不平等、控制/反控制游戏圈的那些群体。因为，在那里发生着一种在无意识的**隐性身体控制**中发生的排除和看不见(不存在)。这里的"看不见"中，我们能感觉到阿尔都塞症候阅读中那个读出的通过看不到的"空白"(blanc)。在那里，阿尔都塞指认马克思在阅读《国富论》时，"对斯密的发现和空白(ce qu'il a raté)、功绩和缺陷、他的出现和不出现(de ses présences et de ses absences)"。② 所以，朗西埃说，这种不可见性恰恰是"由治安行动产生的蒙骗"，"治安，在作为一种粗暴的镇压力量之前，首先是一种干预的形式，它规定了可见者和不可见者，可说者和不可说者"。③

在后来的《歧义》一书中，朗西埃十分详细地解释了他创建这个概念的思轨。他辩识说，"police 这个用语往往会让人想到警察法律和构序力量的警棍攻击与秘密警察的审问"，但他恰恰不是在"国家机器"这种外在的暴力意义上使用此词的，转喻了的 police 是在"广义的角度，将'police'作为名词与形容词来使用"，所谓

　　police 在本质上就是较为隐微的法律，用来定义成员的有分与无分。但是，若要如此认定，就必须先界定彼此所处的感性形态。比如 police 首先便是界定行动方式、存在方式与说话方式的身体秩序，并且监督那些身体被指派到某些位置或任务上。那是一种可见与可说的，用来认定某个特定的行动可见，而另外一个行动不可

---

① [法]朗西埃：《政治、同一化和主体化》，《政治的边缘》，姜宇辉译，上海译文出版社 2007 年版，第 129—130 页。

② [法]阿尔都塞：《读〈资本论〉》，李其庆等译，中央编译出版社 2001 年版，第 8 页。中译文有改动。

③ [法]朗西埃：《他者的动因》，《政治的边缘》，姜宇辉译，上海译文出版社 2007 年版，第 111 页。

见;某一言说可被当成论述来理解,而另一个言说则被当成噪音。①

借用福柯的话来说,就是生命政治中**对身体的微观控制**。在这个意义上,将 police 意译作身体化的**治安**是贴切的。与警察的警棍那种看得见的击打和驱赶不同,这里的治安是隐微的秩序划分的社会成员的有分与无分,它针对的不是传统宏大政治与法律中的形式上的那种看得见的虚假平等,而是不能直接意识到的感性身体上的**微控制**。也是在这个意义上,我们说朗西埃是超越仍然在**主体圈层内**谈论微观生命控制的福柯-德勒兹的。治安正是让社会生活是其所是的**构序性的支配**。

进一步分析,治安的形式可以是多样的。朗西埃说,在古代赛西亚人那里,将奴隶的眼睛挖掉是一种治安,而今天我们"提供所有事物让人们竞逐的现代信息与交往策略的实践"也是一种新的治安,并且,"藉由民调判断的公众意见与永无止境地展示现实的体制,乃是当前西方社会所采取的治安标准模式"。② 当然,相对于古代的治安,今天的社会治安很可能是十分"良善或平易近人的",它可以成为"连结医药、福利与文化的社会机制中的一个元素",甚至,今天的"治安被指定扮演咨询者、组织者及公共法律与秩序的代理人的角色"。③ 在一次访谈中,朗西埃指认今天的软性治安体制中就包括了法国的"几家深度报纸",它们"像福克斯新闻台一样都是治安秩序其中一员"。④ 可就是在这些看起来十分自然的身体化秩序中,人们的感知无形中出现了某种特定的区分:一种行为是有分的政治,另一种行为则是无分的儿戏;一种言说是科学的理论,另一种言说则是非理论的噪音。比如资产阶级议会中的讨论是政治,学生和工人的游行示威则是胡闹;阿尔都塞口中说出的话是马克思主义科学,而胡闹的学生的口号则是空无;同理,欧洲白人的言说是道理,移民的话语则是胡说八道。这是一种无意识中的有分与无分之界划,由此,一个社会生活领域、一种学术研究领域的**治安**则得以保证。朗西埃还专门界划道,不同于福柯的"规训化"主体自惩戒,治安是"管控身体出现的规则、职业/居住的形态,以及这些职业/居住所分配到的空间的性质"。朗西埃一针见血地指出,往往"把政府的规则

---

① [法]朗西埃:《歧义》,刘纪蕙等译,台湾麦田出版 2011 年版,第 62 页。
② [法]朗西埃:《歧义》,刘纪蕙等译,台湾麦田出版 2011 年版,第 64 页。
③ [法]朗西埃:《歧义》,刘纪蕙等译,台湾麦田出版 2011 年版,第 61 页。
④ [法]朗西埃:《朗西埃访谈》,《世界外交论衡月刊》(奥斯陆版)2006 年 8 月号。

转化为社会的自然法则，这就是治安的原则"。①

当然，这种治安有时候也会直接使用暴力。比如，法国政府在 20
世纪 60 年代对阿尔及利亚的战争就被当局说成"并不是一种战争"，
"而是一次大规模的治安行动"。② 这是别有意味的，因为这里法国政府
下意识中的治安行动，恰恰就是为了维护作为宗主国法国的主体地位
和殖民地中阿尔及利亚人的非主体他者状态的有序结构不被破坏。治
安的本质就是传统政治看不到的身体化的有序性。甚至进一步说，传
统政治本身就是治安的布展。

说得更大一些，朗西埃那里还逐步地建构出一种新的本体论意义
上的治安说。在他看来，生活中的治安实际上也是在生成整个感性存
在世界的秩序，因此，治安的本质也被指认为**感性的分配**（*Le Partage
du sensible*）的本体论。并且，当政治被重新建构为一种对治安有序性
的颠覆的时候，朗西埃就生成了一种全新的批判逻辑。由此，朗西埃再
渗透和辐射到美学、文学、电影等其他艺术研究中，于是，美学、文学和
电影中的政治，则成了对感性治安逻辑中看不见的支配的深刻透视了。
由此，朗西埃将自己的逻辑触角伸进了一个更广泛的学术领域。

在朗西埃这里，传统的政治学中理解的政治"终结了"。因为，政治
不再是"权力的实施"，而是这种传统权力行动逻辑的**断裂**。为此，朗西
埃提出所谓的治安概念，其直接目的是为了打破传统西方政治学术中
的固有的微观治安秩序控制。与此相对应，他也不得不直接改写人们
已经熟知的**政治**范畴。如果说，治安的本质是有序性，那么，新的政治
概念就是**造成治安的失序**。这就会生成一种全新的生命政治哲学。

行文至此，我倒觉得朗西埃政治哲学中某些观点如果挪移到我们
现实生活中的学术场中倒是十分有意味的。比如，我觉得他对政治和
治安的区分，非常类似于学术研究中进入学术讨论的话语圈（"学术治
安场"）与个性的思想创新（"研究主体的存在"）之间的关系。我们无意
识生成的学术治安也让一些在学术圈中无分之青年人的话语成为可以
无视的"牛哞声"，这可能是值得我们深深内省的事情。

---

① ［法］朗西埃：《政治、同一化和主体化》，《政治的边缘》，姜宇辉译，上海译文出版社 2007 年版，
　　第 54 页。
② ［法］朗西埃：《共同体及其外部》，《政治的边缘》，姜宇辉译，上海译文出版社 2007 年版，第 111 页。

奥斯维辛背后不可见的存在论剩余

——阿甘本《奥斯维辛的剩余》解读①

原载《哲学研究》2013 年第 11 期

内容提要：阿甘本是继阿多诺之后，另一位真正可以透视奥斯维辛现象的哲学家。通过阅读可见的历史证言中隐匿的不在场之物，他极深刻地捕捉到了人类制造的"无罪的杀人者"和作为赤裸生命中极端状态下的"穆斯林"现象，由此发现了在作历史学研究对象的奥斯维辛证词背后某种不可见的存在论剩余。

关键词：阿甘本　《奥斯维辛的剩余》　"穆斯林"　人与非人　存在论剩余

在当今欧洲左翼学术界最热闹的后马克思思潮之中，意大利的阿甘本②以其独特的激进政治哲学观念当红于当下西方左翼学术圈派。阿甘本的激进政治批判背后，始终有他对哲学基础性的独立思考。为了进入阿甘本这种十分难解的生命政治哲学构境，我们可以先从一个看起来接近感性的深奥故事开始，即阿甘本哲学天目中的奥斯维辛。③十多年以前，我在写作《无调式的辩证想象——阿多诺〈否定的辩证法〉的文本学解读》一书时，曾经为阿多诺关于奥斯维辛的哲学思考所深深震撼。（张一兵，2001 年，第 324—340 页）。奥斯维辛，是现代人类生存中永远无法摆脱的存在之痛。阿多诺那句"奥斯维辛集中营之后（nach Auschwitz）的一切文化、包括对它的迫切的批判都是垃圾（Müll）"一

---

① 国家"十一五"社科规划重大招标项目："当前意识形态动态及对策研究"阶段性成果。项目号：08&ZD058。

② 吉奥乔·阿甘本（Giorgio Agamben, 1942 -），当代意大利著名思想家，欧洲后马克思思潮主要代表人物。现为欧洲研究生院（EGS）巴鲁赫·德·斯宾诺莎教授，意大利维罗拉大学美学教授，并于巴黎国际哲学学院教授哲学。在攻读博士后阶段，阿甘本参与了弗莱堡由马丁·海德格尔主持的研讨会，并主持了瓦尔特·本雅明意大利译本的翻译工作。主要著作：《诗节：西方文化中的文字与幻觉》（1992）、《将来的共同体》（1993）、《牲人》（1998）、《奥斯维辛的残余：证词与档案》（2002）等。

③ 奥斯维辛集中营（Auschwitz Concentration Camp），奥斯维辛是波兰南部距克拉科夫（Krakow）西南60 公里的一个小镇，1940 年纳粹德国党卫军在此建立了欧洲最大的集中营。在奥斯维辛集中营存在的 4 年多期间，先后关押过数百万人。其中有 110 万到 150 万人在这里丧生。奥斯维辛也有"死亡工厂"之称。奥斯维辛集中营是纳粹德国犯下滔天罪行的历史见证。

语，始终令一切言说者如鲠在喉。（阿多诺，1993，第 367 页）。依我的看法，阿甘本是迄今为止唯一一位正面回答阿多诺的人，他也是继阿多诺之后，真正可以透视奥斯维辛现象的政治哲学家。通过阅读可见的历史证言中隐匿的不在场之物，他极深刻地捕捉到了人类自己制造的"无罪的杀人者"和作为赤裸生命中极端状态下的"穆斯林"现象，从而透视出奥斯维辛背后那种不可正视的生命政治存在论剩余。并且，阿甘本宣称：今天的"西方的政治范式不再是城邦国家，而是集中营，我们从雅典走到了奥斯维辛"。（阿甘本，2004 年）这个作为政治范式的集中营，是支配我们今天生活"公与私的无差别区域以及我们生活其中的政治空间的隐藏母体"。（Agamben，2002．p. 1）这是令人震撼的断言。

1. 灰色地带中的无罪杀人者

在 1998 年完成的《奥斯维辛的剩余：见证与档案》（*Quel che resta di Auschwitz．Bollati Boringhieri*）①一书中，阿甘本通过他独特的"聆听未被言说之事"的方式，很深地面对了奥斯维辛，由此发现了在作为历史学研究对象的奥斯维辛证词背后某种**不可见的剩余**。这个剩余，既是马克思的那个被资本家故意遮蔽起来的二次方的不可见（价值本身就是非直观的东西，而剩余价值则是这种不可见的平方），也是拉康意义上的不可见（无法正视）的存在论缺失之伤痛。阿甘本说，其实奥斯维辛从来就是历史研究中的一个难题：有些人急于解释他们所看到的一切，但他们手中却空无一物，比如历史学家会关注这一震惊世界的惨剧中所有的事件细节，可他们却无法真正得知这里到底发生了什么；一些人则拒绝理解，并将其廉价地神秘化，从而远离真相，比如简单地重复阿多诺那句著名的"奥斯维辛之后不再写诗"，却拒绝真心实意地去思考历史教训。为什么会出现这种令人困窘的情境？阿甘本认为，这是因为在奥斯维辛的历史性研究中，发生了一种更深层面上的"事实和真相的不一致，确证和理解的不一致。"（Agamben，2002．p. 14）这也就是说，你在奥斯维辛所直接看到的，并不见得就是真相，你手中关于奥斯维辛的历史事实，你却不能真正理解。这是一种无法直观的"未写出之物"。

---

① Giorgio Agamben, *Quel che resta di Auschwitz. Bollati Boringhieri*. Torino，1998. *Remnants of Auschwitz The Witness and the Archive*, Zone Books，New York，2002.

阿甘本的思考，是从一名已经不在世的死亡别动队(Sonderkommando)①成员策尔曼·雷文塔尔(Zelman Lewental)藏隐在奥斯维辛第三火葬场下的证言②开始的。雷文塔尔在写给我们这些后世生存者的遗言中写道，在奥斯维辛中发生的事情之真相，将是以后所有重新在历史研究视域中面对它的正常人都无法想象的，因为在历史学的客观事实层面，"它无法被化约为构成它的真实元素"，它不仅仅是**客观事实**，这些事件"全然的真相更加悲惨，更加令人恐惧……"。(Agamben，2002. p. 14)并不等同于客观事实的真相，这正是阿甘本的关键性深入思考之处。阿甘本告诉我们，在雷文塔尔给后人留下的这一"证词的核心明显地包含了一道本质的裂痕；换言之，受害者承受着对某些事物的目睹，对这些事物的目睹恰恰无法被承受"。③ 阿甘本看到了那种**无法承受的目睹**，这种不能承受本身则是裂痕，这道裂痕即是**有罪与无罪、可见的历史事实与不可见的真相、人性与非人性、存在与非存在之间的断裂**。所以，阿甘本认为我们面对奥斯维辛，就不仅仅是传统历史学研究中的那种**客观**史实之呈现和考据，而是要能够"质询这道裂痕，或者，更确切地说，试图聆听裂痕"，即**必须要**"聆听某种缺席的事物"！(Agamben，2002. p. 15)聆听缺席之在，**体知到不在场**，这是根本。阿甘本坚持认为，这可能是我们"清除一切自奥斯维辛以来在伦理的名义下推进的几乎是所有的说教成为可能"。在这一点上，阿甘本与多年以前的阿多诺是一致的。阿甘本说，"这也是聆听未被言说之事的一种方式——或许是唯一的方式"。(Agamben，2002. p. 15)这可能也是阿甘本所说的，奥斯维辛不是一个简单的历史事实，而是一个存在论范式的真正意境。

阿甘本发现，许多奥斯维辛的幸存者(superstes)之所以坚持活下来，其中一个重要的原因就是为了要"成为一位见证人"。他说，superstes的原意，"指的是一个经历了某件事的人，他自始至终地经历了一个事件并因此能够承担对事件的见证"。可是，阿甘本让我们注意奥斯维辛中发生的惨剧之真相却往往是令历史学家无法下手的悖反性

① 死亡别动队是指从被关押的囚犯中挑选出来协助执行处决和清理死者的人。
② 雷文塔尔深埋在第三火葬场下用来记录奥斯维辛所发生暴行的几页证词，是1962年即奥斯维辛解放十七年后，才重见天日。
③ Giorgio Agamben, *Remnants of Auschwitz The Witness and the Archive*, Zone Books, New York, 2002. p. 14 - 15.

存在事件，这也就是上述那个"特别行动队"的存在，因为，身为奥斯维辛受害者的雷文塔尔同时也是纳粹的杀人工具，这筑就了一种"受害者成为了行刑者而行刑者成为了受害者的灰色地带"。

　　"灰色地带"的极端形象是死亡别动队（Sonderkommando）。党卫军（SS）把这群负责毒气室和火葬场管理的被流放者委婉地称作"别动队"。别动队的任务是把赤裸的囚犯带向毒气室的死亡，并在囚犯们中间维持秩序；之后，他们不得不拖出那些因发绀而变得又红又绿的尸体，用水清洗，确保尸体上没有藏着任何有价值的东西；他们从尸体口中拔出金牙；他们剪掉女人的头发，用氯化铵清洗；他们把尸体带到火葬场，眼看着它们焚化；最后，他们清空残留着骨灰的火化箱。（Agamben，2002. p. 25）

　　他们杀人，用纳粹的话语来说，即"干掉"那些**不值得活着的生命**（*lebensunwerten Leben*）。[①] 依福柯对生命政治学中出现的种族主义的说明，这种杀人的根据不是政治而是生物学：这种生物学的逻辑是"劣等种族、低等种族（或退化、变态种族）的死亡，将使整体生命更加健康更加纯粹"。于是，"处死、处死的命令，在生命权力的体系中，只有在这样的情况下才能接受：它不以政治对手的胜利为目的，而是以消灭生物学上的危险并以此消灭相联系的巩固人种或种族为目的。"（福柯，1999年，第 240 页）福柯认为，德国纳粹正是从 18 世纪起建立起来的生命权力机制发展的顶端。关于福柯的这个"生命权力"，我们在下面的讨论中还会具体分析。也是由于生命权力的普遍化，杀人的权力不仅被赋予了国家，而且被赋予了一系列的人（如冲锋队、党卫军等），在奥斯维辛，这种杀人权力的**对象化实施**（不是杀人权力本身）则交给了特别行动队。

　　可是，阿甘本要追问的问题是：这个别动队的本质到底是什么？杀人罪犯还是受害者？还是兼而有之？阿甘本说，"这种生存状况的内在恐怖已把一种缄默强加到所有的证词上，即便今天，我们依旧很难凭空想象，被迫数个月去做这样的事情'意味着什么'"。我们没有认真想过

---

① 1920 年，德国出版了一本名为《为消灭不值得活着的生命受权》（*Die Freigabe der Vernichtung lebensunwerten Lebens*）的小册子。作者为德国刑法专家卡尔·班丁和医学教授阿尔弗雷德·霍奇。

的是：**被迫**几个月去做违心的杀人"工作"这一事实对一个正常的人意味着什么？到底谁在杀人？我为了活下去却替别人杀害与我同类的生命存在是否是一种恶？通常的有罪和善恶标准对这一事件是否依然存有意义？如果有罪，"那"谁能审判这种"罪行"？全能的上帝能吗？

阿甘本让我们看到，这些明明杀了人的别动队员会用一种常人无法接受的话语说："你不能把我们当成怪物；我们和你一样，只是更加不幸。"这里，令我想起张纯如《南京大屠杀》一书描述的那个被日本兵强迫去强奸自己孩子的父亲，那究竟是谁的罪恶？！这里发生的事情，对历史学家的史实考证意味着什么？在这个灰色存在中，你可以看见发生的一切，但你无法意会它的真相：雷文塔尔不是一个幸存者，但却是一个**见证自己被迫杀人**的见证人。也是这个**灰色地带**中，生成了"那个臭名昭彰的非责任地带"。别动队员并不是自己要杀人，而是为了自己的生存而被迫杀人。他们是否应该承担责任？这成了一个无解的政治哲学悖结。因为在这里，"'连接受害者与刽子手的长链'变得松动，被压迫者成为了压迫者，刽子手转而变成了受害者。一种灰色的、持续不断的炼金术，它让传统道德的所有金属，伴随着善与恶，一齐达到了熔点"。（Agamben，2002. p. 22）我觉得，这可能也就是阿甘本所说的正常的人们无法理解的那个断裂的完全昏暗中的第一个构境层。也是在这个灰暗的构境层级中，阿甘本又指认了一个听起来十分寻常的奥斯维辛发生的日常生活片断：

> 米克洛斯·尼斯利（Miklos Nyszli），奥斯维辛最后的"别动队"的极少数幸存者之一。尼斯利讲述，自己曾在"工作"间歇期参加过一场足球赛，比赛的双方是党卫军和别动队的代表。"其他的党卫军和别动队剩下的人都在比赛的现场；他们分边，打赌，喝彩，为球员加油，仿佛比赛不是在地狱的门口，而是在乡间的绿地上进行。"（莱维，转引自 Agamben，2002. p. 26）

阿甘本提高声调说，这场比赛，这一在当时发生的"正常的时刻"，才是奥斯维辛"集中营的真正恐怖所在"。在阿甘本看来，今天我们或许以为，上一世纪发生的德国纳粹奥斯维辛的大屠杀和日本人在南京的大屠杀都已经结束了，是一种不会再来的过去的悲惨事件。可是，实际上我们根本意识不到的真相是："它还无处不在地重复着，与我们咫尺相距。但比赛从未结束；它继续着，似乎未被中断。这便是'灰色地带'完美而永恒的密码，不知时间，无处不在"。（Agamben，2002．p. 26）阿甘本的意思是说，当我们根本没有破解这种比赛中"加油"声中的密码时，这种灰色地带就会随时发生在我们身边，就像今天我们一边喝着酒一边从电视上观看发生在伊拉克和利比亚的屠杀事件，这一切似乎只是与我们无关的好莱坞故事。阿甘本认为，这就是幸存者的痛苦和耻辱，这同样是我们所有人类的耻辱，是那些不知道集中营的人的耻辱，"他们浑然不知，自己就是那场比赛的观众，而那场比赛，正在我们的每一个体育场，每一次电视广播和日常生活的常态里，重复着自我。如果我们还没有正确地理解那场比赛，还没有顺利地中断它，希望便无从谈起"。（Agamben，2002．p. 27）

我不得不承认，阿甘本的这种政治哲学思考是令我们这些在日常平日里早已麻木的观看者心惊肉跳和汗颜的。

2. "穆斯林"：无法见证的亚赤裸生命

阿甘本已经说过，在奥斯维辛的幸存者证词中总是"包含了一道裂痕"。他让我们质询和聆听这道看不见的裂痕。通过上述的讨论，我们已经知道这道裂痕最浅的那道是**灰色**的。可是，在灰色的背后，却是漆黑一团的无底**深渊**。深渊是海德格尔晚期使用的词语，它用以表达一种突然的话语间、思境间的断裂。阿甘本将这种深渊称之为"证词中存在着某种类似于见证之不可能性的东西"。这是一个全新的思考构境层。

我们能看到，在这里，阿甘本首先将目光投射到了奥斯维辛幸存者作家普里莫·莱维①身上。阿甘本注意到，莱维在自己痛苦的写作中，曾经被保罗·策兰②的诗歌所吸引。策兰原名安切尔（Antschel），他开始以 Ancel 为笔名，后来又将其音节前后颠倒，以 Celan（策兰）作为他本人的名字，这个名字在拉丁文里的意思是"隐藏或保密了什么"。他的诗以"晦涩"而著称。在一篇题为《论隐晦的书写》（On Obscure Writing）的短文中，莱维指认策兰诗歌的隐晦性会让那些大屠杀的幸

存者联想到一种"前自杀"状态,透露出一种"将死之人的喘息"。请注意,阿甘本说,这种"将死之人的喘息",同样是我们这些常人无法理解的。阿甘本说,莱维正要从策兰诗歌的"背景杂音"中症候式地辨认出某种"秘密词语"。这同样也是某种不在场的在场或"未曾写出之物"。因为,在奥斯维辛中发生的一切,那些被幸存者见证的东西是不能通过正常的语言或书写表达出来的,自然也就不可能被简单的直观。这一切显然不是历史学研究意义上的事实,虽然过去、现在和将来,人们可以从讲述、照片和书本上看到它,可是它却永远"只能是一种没有人见证过的东西"!对于像雷文塔尔那样的被迫杀人者,像莱维那样的"幸存者不仅无法彻底地承担见证,他甚至不能言说自身的裂痕",何况我们这些只能面对图片和史料的场外观众呢。

阿甘本让我们注意,正是这种**无法见证和不能言说的东西**才是我们真正要去在奥斯维辛现象中捕捉的**未到场之物**,这"就是来自裂痕的声音,一个孤独者言说的非语言,语言所回应的非语言,诞生于语言的非语言。我们有必要反思无人见证过的东西之本质,有必要反思这种非语言"。(Agamben,2002. p.40)这种来自裂痕后面深渊之黑暗中传来的声音,是我们根本看不见、听不到的非语言。这也正是我们真正需要反思和内省的奥斯维辛现象背后的真正本质。也正因为如此,

> 承担见证的不可能性,建构了人类语言的"裂痕"必须崩溃,让位于另一种承担见证的不可能性——一种没有语言的见证。无人见证之事的痕迹,语言相信自己要记录下来的痕迹,并不是语言的言说。语言的言说,诞生于语言对其起始的逃离,诞生于语言对其见证之所在的逃离:"它不是光,但它被遣送,以承担对光的见证。"(Agamben,2002. p.41)

阿甘本在对莱维关于策兰诗歌中那种隐晦的书写进行了发挥后,他突然话锋一转说,在这种光无法照亮的裂痕最深处,奥斯维辛中见证者无法见证和言说的真正令人恐怖的东西竟然是一种非人的生命存在,它是活着的人,却已经死去。这里不是可见的杀害,却是**非人的生命存在和已经死去的活人**,这是奥斯维辛中出现的**不可能存在之真实**。这种不可证明的、无人见证的人有一个特殊的名字:"在集中营的行话里,它叫 der Muselmann,字面意思是'穆斯林'"。(Agamben,2002.

p. 42)先说一下,这个"穆斯林"并非阿拉伯世界中的伊斯兰教徒,而是当时在纳粹集中营中对那些"被同伴所放弃的囚徒的称呼"。阿甘本指出,一个解释出现在《犹太百科全书》(Encyclopedia Judaica)的词条穆斯林(Muselmann)下面:"主要在奥斯维辛中使用,这个词似乎源于某些被放逐者的典型姿态,即蜷伏在地上,双腿以东方的样式弯曲,表情像面具一样僵硬。"(Agamben,2002. p. 47)他的外形拟似一个穆斯林在祷告。我得承认,跟着阿甘本去质询生命存在中的裂痕是一件很难很难的事情。对此,我们必须慢慢地一步一步地行进。

第一个构境层:作为奥斯维辛集中营囚徒的**赤裸生命**(*la nuda vita*)。我们知道,所有在纳粹集中营中的囚徒都是已经被残暴地剥夺了国籍、没有了法权、没有了身份、没有了民族、没有了性别、没有了人的尊严,说到底,集中营中的囚犯都已经是彻底**丧失了生存权的人**。所以,他们才会"被当作虱子"(希特勒语)被轻易地消灭掉。阿甘本说,"犹太人在种族法之后的合法地位,纳粹同样使用了一个暗含尊严的词:entwürdigen,字面意思是'尊严的剥夺'。犹太人是被剥夺了所有 Würde,即所有尊严的人:他只是人——并因此,只是非人"。(Agamben,2002. p. 70)阿甘本这里的讨论让人想起福柯在讨论"不正常的人"中对麻风病人的境况分析:麻风病人被"排斥、使丧失资格、流放的、抛弃的、剥夺的、拒绝的、视而不见的"黑暗之中。[①] 其实,这正是阿甘本命名为"赤裸生命"的存在状态,这也是他生命政治学中最重要的核心范畴之一。我们下面还会对这个赤裸生命作专门的讨论。阿甘本说,

> 奥斯维辛标志着尊严之伦理和规范之遵循的终结与毁灭。人被降低为赤裸生命,既不要求也不遵照任何东西。赤裸生命本身就是唯一的规范;它是完全内在的。"对物种的终极的归属感"在任何意义上都不是一种尊严。(Agamben,2002. p. 71)

奥斯维辛中出现的丧失生存尊严的赤裸生命不是一种悲苦现象,而是一种特殊的生命存在**范式**。集中营中的囚徒只是这种范式的一种极端表现。

[①] [法]福柯:《不正常的人》,钱翰译,上海人民出版社 2010 年版,第 33 页。

第二个构境层，"穆斯林"是从赤裸生命再下降到空有肉身皮囊的**濒死情境中的活死人**。在这个意义上，"穆斯林"只是一种**亚赤裸生命**！阿甘本让我们了解到，奥斯维辛中的所谓"穆斯林"则在这些已经丧失了一切的"赤裸生命"（囚徒）中再进一步沦落为的一种更无法说明的非存在处境，即处于**营养不良状态中的濒死的"木乃伊"和"活死人"**。对于根本无法置身于奥斯维辛中这种极端场境里的常人来说，这是一种很难理解的生存**情境**。在这个意义上，它不是一种可见的历史事实。这也是历史学家止步的地方。

我们真的无法重新复建起这种生存状态，"穆斯林"个人已经处于一种非主体意识状态之中，肉体也正在全面坏死，这是一个生不如死的边缘性状态。如果说，人的本质是其现实关系之和，那么，更令人震惊的**存在关系情境的崩裂**是：

首先，这些被称之为"穆斯林"的**人**，甚至为自己的囚徒同伴所根本抛弃。他们**不再具有人与人之间的任何关系**。在所有集中营囚徒的意识里，"穆斯林"已经不是他们那样的"人"（其实他们也已经是赤裸生命状态中的非人），"他是一具难以想象的尸体，一个肉身在最后的抽搐中运作着的皮囊"。（埃莫里[Amery]，转引自 Agamben，2002. p. 43）这是前面所说的那种**活着的死人**！从大部分幸存者的证言和回忆中可以看到，在集中营里，没有人对"穆斯林"抱有同情，也没有人为之感到怜悯。甚至"共处一室的其他囚徒，为自己的性命担忧不已，甚至都不认为他值得好好看一眼。对那些与纳粹合作的囚徒来说，'穆斯林'是愤怒和忧虑的来源；对党卫军来说，'穆斯林'只是没用的垃圾。每一个群体只想着用他们自己的方式来消灭他"。（莱恩[Ryn]和克罗德辛斯基[Klodzinski]，转引自 Agamben，2002. p. 45）连非人的囚徒也想"消灭"他们已经不再是人类生存的可怜的遗存物性实在，这就是"穆斯林"的真实生存情境——被全部存在遗弃的徒有肉身空壳的活死人。

其次，这些似乎已经不再是人类存在的"空壳人"（Muschelmann），"对周围发生的一切都感到冷漠，他们把自己从与环境的一切关系中排除"。"穆斯林"，这些甚至已经不再具有任何**关系**的"他们"，也想尽快从这种丧失了**存在本身**的情境中摆脱出来。这是一种悲惨的**自我关系解构**。

人们为什么叫他们为"穆斯林"呢？这是由于：

如果他们还可以四处走动，那也是缓慢地移动，甚至都不弯曲膝盖。他们不停地哆嗦，因为他们的体温通常降低到 98.7 华氏度以下。远远看去，人们还以为那是阿拉伯人在做祷告。这个形象就是"穆斯林"，奥斯维辛用来形容死于营养不良者的那个词的起源。（莱恩和克罗德辛斯基，转引自 Agamben，2002. p. 44 - 45）

实际上，行文至此，我自己的内心里已经开始涌流出一种无法抑制的悲恸。我得承认，这也是阿甘本的思考最令我动容的地方。因为，这里的思想构境不禁令我们想起在日本侵华战争中那些躺在"731 部队"细菌实验台上和"慰安妇"污秽黑屋中的中国兄弟和姐妹们，在他（她）们被注射细菌成为活体实验品的时候，在她们非人地轮番遭受强暴的时候，他（她）们难道不同样沦落到这种活死人和"空壳人"的境地吗？！可是，成天喊着中日两国世世代代友好下去的我们真的从政治哲学存在论上思考过这样的问题吗？那些做出这种无法见证的非人暴行的日本人和他们的右翼后代真的反省过这一点吗？我们给机会令他们产生过这样的内省吗？

阿甘本说，在阿拉伯语中，"穆斯林"的字面意思是"一个无条件地服从神之意志的人"。可是在这里，"穆斯林"的存在则是无条件服从死神的人。这是一个极大的反讽。对于"穆斯林"来说，他们不再有存在性的遭受，他们的死亡甚至不再是正常的死亡。阿甘本沉痛地说，当"一个人的死亡不被叫作死亡（它不仅仅是说，死亡没有重要性，这并不新奇，而是说，死亡还不能被叫作'死亡'这个名字），才是穆斯林带给集中营，而集中营又带给世界的特别的恐怖"。可是，今天仍然在屠杀的人们和我们这些观看屠杀的人真的感到这种恐怖了吗？当我们麻木地在电视上看到美军卫星画面上爆开的云朵，我们想过那是死亡吗？当死亡变成不是死亡的好奇快感时，这才是令人恐怖的质性改变。这就是后马克思思潮中的政治哲学家阿甘本对今天还活着的所有人的无法回过头去的质问和投射而来的愤怒目光。

3. 不能正视的蛇发女妖

因盲而看不见并不可怕，睁着双眼而看不见眼前的东西才真正的可怕。也是在这个意义上，阿甘本将莱维指认为"他是惟一一个在穆斯林,在被埋没者,在那些被毁灭并触及底端的人的位置上,有意识地承担见证的人"。(Agamben,2002. p. 45)因为,他看见了其他所有抛弃和不愿看到"穆斯林"的囚徒们没有看到的真相。

在"穆斯林"身上,莱维看到了什么?这种无法正视的情景为:"我们是依旧移动着的骷髅;而他们是早已不动的骷髅。"(索夫斯基,转引自 Agamben,2002. p. 56)其实,这并不是文学式的夸张,我们在那些集中营幸存者的照片中,我们真的可以看到站立和坐着的非人的"骷髅"。其中,那张"奥斯维辛集中营中的女人"组图中的八个姑娘的照片是最令人震撼的,除去面容上的女性清秀,她们完全是皮包骨头。这里的皮包骨头不再是形容词,而是非人的存在本身。这真的是我们无法正视的人所制造出来的非人景象。但是,这还只是一种外表之相。这并不是阿甘本所说的真相!

阿甘本说,"穆斯林的景象是一个绝对的新现象,是人类的双眼无法承受的"。其实在集中营中,作为已经降格为赤裸生命的囚徒们"所鄙夷的东西同时也是他害怕与他自己相似的东西,穆斯林被普遍地回避了,因为集中营里的每一个人都在穆斯林被损毁的脸上看到了自己"。这是一个自己正在到来的必然的**将死**。这当然不是阿甘本的老师海德格尔所指认的所有时间中存活的人类个体的正常**有死性**。对还没有处于濒死状态的其他囚徒来说,它也是拉康意义上的**不可正视的东西**。

用莱维的诗性话语来说,在"穆斯林"的身上"他见到了蛇发女妖(Gorgon)"。在希腊神话中,Gorgon 是头上长蛇、目光致死的女妖。并且,蛇发女妖是没有面孔(non-face)的。"被禁的面孔是无法被目睹的,因为它生成死亡"。阿甘本说,代表着蛇发女妖"戈尔贡图饰(gorgoneion)是不得不被目睹的东西,它再现了视像的不可能性"。(Agamben,2002. p. 55)所以,当莱维说,"他见到了蛇发女妖",也就意味着他"见到了目睹的不可能性",看见了那个**没有面容的**死亡之相。这是一种我们永远不可能看到的凝视。这恐怕也是阿甘本所说的那个没有证言的异形空间,在那个深渊中,才会存在蛇发女妖的死亡目光。我看到了你已经到来的死亡,你看到了我将至的死亡,这就是"独一的目睹之不可能性"中的凝视。这正是阿甘本所说的历史学家无法看到的东西。那种**从未被记下,也无法记下的曾经深渊般在场却永远不能复建的真相!** 我们今天只是知道,日本侵略者 1937 年在南京、在这块悲情的黄土地上杀害了无数我们的同胞，可是我们永远也不会知道那些死亡瞬间中发生的蛇发女妖般的凝视和绝望的悲情构境。

在阿甘本看来，正是"穆斯林"这种看不见的东西才是人类存在中自我生产和制造出来的悲性**非人**存在，这是一个政治哲学存在论意义上的断裂深渊。阿甘本愤怒地质问道：

> 在某一时刻，人不再是人，虽然他在表面上还保持着人的存在。这个时刻就是穆斯林，而集中营是其典型的位置。但一个人成为非人意味着什么？是否有一种人类的人性可以和人类的生物人性区别并相分离？（Agamben，2002. p. 57）

阿甘本发现，在"穆斯林"现象中，人性竟然被从人的生物性中残暴地分离出来，你在生物学的意义上还活着，可是作为"关系总和"与有尊严生存的人，你已经不再存在。阿甘本说，"穆斯林"的存在已经"把人转变成了一个非真实的范式，一台植物人式的机器。这一范式的唯一目的，是不惜任何代价地允许人们对在集中营里变得不可区分的东西进行区分：人和非人"。（Agamben，2002. p. 60）我们都知道，无法苏醒的植物人已经不再具有正常人的主体意识，阿甘本说"穆斯林"是植物人式的非真实范式，并不是想说，"穆斯林"是一具植物人，而是指认它为一种可怕的存在/非存在范式，是人自己所制造出来的一种非人的存在范式。而我们恰恰没有意识到这种非人的存在范式的深层意味，就更不用说发现我们身边这种存在范式的种种变形实在。

阿甘本愤怒地说，"穆斯林"的死亡已经**不再是**死亡。说得更大一些，在集中营里，"人不再死亡，而是作为尸体被生产"。

> 在奥斯维辛，没有人死去；而尸体却被生产了出来。无死亡的尸体，非人的死亡被降低成了一个批量成产的问题。根据一种可能的、广为人知的解释，这种死亡的堕落恰恰构成了奥斯维辛的特殊侵凌，构成了奥斯维辛之恐怖的专名。（Agamben，2002. p. 74）

在纳粹的集中营中，人已经不再能够正常地死亡，而只是作为尸体被批量生产和制造。在这里，死亡本身的本质沦丧了，这可能是人之生存最根基处的异化。我注意到，福柯在《必须保卫社会》的讲座中，已经指认了 18 世纪开始的资产阶级生命政治中某种"死亡的伟大的公共仪式化消失了,或被清除了"。(福柯,1999 年,第 233 页)这是说,死亡的神性之解构。这可能是一个重要的隐性历史背景。为此,阿甘本还援引了他的老师海德格尔 1949 年 12 月在不莱梅的一次有关技术的题为《危险》(Die Gefahr)的演讲文本:

> 他们死了吗?他们死了。他们被灭绝了。他们成了尸体生产的储藏室的碎片。他们在灭绝营里被不知不觉地清洗掉了……但赴死(Sterben)意味着:在一个人自身的存在中承担死亡。能够赴死意味着:能够做出这种决定性的承担。我们能够如此,惟当我们的存在能够成为一种死亡的存在……我们无处不面对着不计其数的、残酷的、尚未死去的死亡(ungestorbener Tode)的无尽之悲惨,然而,死亡的本质已对人遮蔽。(海德格尔,转引自 Agamben,2002. p. 76)

海德格尔说,在**尸体生产**的过程中,死亡的本质已经对人遮蔽。在《语言与死亡否定之地》(*Il linguaggio e la morte:Un seminario sul luogo della negatività*. 1982)一书中,阿甘本曾经讨论过海德格尔对有死的此在的死亡,"对于动物或那些苟活的生灵来说,它们没有死亡,仅仅是停止生存",而此在的生存则是面向死亡的"向死而生"。(Agamben,1982. p. 3)在奥斯维辛,人不再是有死者,他不能**作为人赴死**。这是何等的令人悲哀!面对这种状况,我们难道能够无动于衷吗?

阿甘本指出,"阿多诺想要把奥斯维辛变成一道历史的分水岭,他不仅宣称'奥斯维辛之后不再写诗',他甚至说'奥斯维辛集中营之后的一切文化、包括对它的迫切的批判都是垃圾'"。阿甘本显然不赞同阿多诺的观点,他认为,正因为在奥斯维辛中发生了人类自己制造的罪行,对此无视和不去正视都不可能真正解决我们心中的魔碍。当我们在阿甘本的指引下,看到了那个不可见的"穆斯林"之后,我们对人类生存的看法必将发生根本性的改变。

> 生命与死亡,尊严与无尊严,既极端又完全为人熟知。在这些范畴中,奥斯维辛的真正密码——穆斯林,"集中营的核心","没有人想要看见"他,但他却作为空隙而铭刻在每一份证词中间——徘

徊着,还没有找到一个固定的位置。他是我们的记忆无法顺利地将之埋葬的真正的幽灵(larva),是我们必须处理的不可遗忘者。(Agamben,2002. p. 83)

阿甘本告诉我们,"集中营不只是死亡和灭绝的位置;它们同样,并且首先是穆斯林之生产的位置,是最终的生命政治实体在生物连续体中被隔离出来的位置"。(Agamben,2002. p. 86)他让我们注意,亚里士多德的《形而上学》曾经提及一种"不能作任何发言"类似植物的人,这是一种在人的生命存在中以"排斥的形式留下一种剩余"。阿甘本在《时间的剩余——解读〈罗马书〉》(Il tempo che resta. Un commento alla Lettera ai Romani. 2000)中曾经说明过这种"非数量上的余数和部分"的剩余,它缘起于保罗在《罗马书》中对犹太人与非犹太人区分中的某种弥赛亚式的将获救的余存。(阿甘本,2011年,第63—72页)①他也提及朗西埃那个作为额外剩余群体的"无分之人",但却混淆了"无分之人"(n'avaient part à rien)与"无分之分"(une part des sans-part)。(阿甘本,2011年,第72—73页)穆斯林正是奥斯维辛中那种无法正视的**存在论剩余**(resto)。在阿甘本看来,"穆斯林成了一个不确定的存在,在他身上,不仅人性和非人性,同样还有植物人式的存在和关系,生理学和伦理学,医学和政治,生命与死亡,都不断地相互穿越。这就是为什么,穆斯林的'第三领域'是集中营的完美密码,是摧毁一切规训屏障、淹没所有堤坝的虚无之地"。(Agamben,2002. p. 50.)这是一种"极端情境"(extreme situation),在集中营中,日常生存中的例外状态成为常态,而赤裸生命则直接成为法西斯的公然的施暴对象,"穆斯林"是赤裸生命再沦落为植物人式的非人境况的结果。

可是,阿甘本之所以批判性地透视奥斯维辛现象,并非如传统政治学研究中试图将其从西方的民主政治范畴排除出去,而恰恰是想说明一个观点:以奥斯维辛为象征的集中营,不过是一种主权政治权力用例外状态操持赤裸生命生死的普遍模式的"一种在技术上说比较发达的版本",而在今天所谓的西方民主社会中,这种例外状态通过种种方式成为常态。在这一点上,阿甘本的观点与提出奥斯维辛是同一性逻辑的必然结果的阿多诺在思想意向上有相近之处,但在具体构境层中却

---

① [意]阿甘本:《剩余的时间——解读〈罗马书〉》,钱立卿译,吉林出版集团2011年版,第63—72页。

似乎更意味深长。

参考文献：

Giorgio Agamben，*Remnants of Auschwitz The Witness and the Archive*，Zone Books，New York，2002. 中译文参见王立秋译稿。

Giorgio Agamben，*Il linguaggio e la morte：Un seminario sul luogo della negatività*. Einaudi. 1982. 中译文参见张羽佳译稿。

Theodor W. Adorno，*Negative Dialektik*，Gesammelte Schriften，Band6，Suhrkamp Verlag Frankfurt am Main 2003.

阿甘本，《剩余的时间——解读〈罗马书〉》，钱立卿译，吉林出版集团 2011 年版。

阿甘本，《对生命—政治文身说不》，《世界报》2004 年 1 月 10 日号。中译文参见王立秋译稿。

福柯，《必须保卫社会》，钱翰译，上海人民出版社 1999 年版。

福柯，《不正常的人》，钱翰译，上海人民出版社 2010 年版。

阿多诺，《否定的辩证法》，张峰译，重庆出版社 1993 年版。

张一兵，《无调式的辩证想象——阿多诺〈否定的辩证法〉的文本学解读》，北京三联书店 2001 年版。

社会功能化与认知构架的制约性关联

——索恩-雷特尔《脑力劳动与体力劳动》初解[①]

原载《马克思主义与现实》2016 年第 1 期

内容提要：索恩-雷特尔提出，必须在哲学认识论的层面真正深化历史唯物主义。推进马克思在经济学研究已经提出但没有根本解决的问题，即康德认识论革命的历史唯物主义答案——商品形式与意识形式的关系问题。并且，这一归基关系特别是"拜物教化的整个机制"甚至可以延伸到整个文化史，康德认识论中放大的观念本质构成的先天图式和它所统摄的现象世界（事实性），都是一定历史条件下不平等社会剥削关系下的劳动实践的拜物教化异在，看起来独立的思维结构只是中介化的功能社会化的结果。

关键词：索恩-雷特尔　康德认识论　商品形式　剥削　社会功能化

阿尔弗雷德·索恩-雷特尔[②]，作为法兰克福学派忠实的同路人，一辈子被关在学术圈认可的门外。他花了 68 年写成的那本不被世人所知的书——《脑力劳动与体力劳动——西方历史的认识论》（*Geistige und körperliche Arbeit Zur Epistemologie der abendländischen Geschichte*）[③]，至今仍然是西方马克思主义文献中鲜为人知的文本。我们这里面对的第一个文本，是索恩-雷特尔作为本书附录一的在 1936 年写给阿多诺的命名为"功能社会化理论草案"的一封信。据时间线索判断，这封信也应该是索恩-雷特尔自指为"卢塞恩草案"的主要内容。

---

① 本文为国家社科基金重大项目"当代国外马克思主义研究"（2015MZD026）的阶段性成果。

② 索恩-雷特尔（Alfred Sohn-Rethel，1899－1990），德国西方马克思主义哲学家。1921 年毕业于海德堡大学。1920 年，与恩斯特·布洛赫成为朋友，1921 年结识本雅明。1924—1927 年间，在意大利与法兰克福学派的克拉考尔和阿多诺接近。但由于霍克海默的反对，始终没有成为法兰克福学派的成员。1928 年获得哲学博士学位。1937 年，他通过瑞士和巴黎移居英国。1978 年，索恩-雷特尔被任命为不莱梅大学的社会哲学教授。代表作：《商品形式与思想形式》（1971）、《德国法西斯主义的经济和阶级结构》（1973）、《认识的社会理论》（1985）、《脑力劳动与体力劳动》（1921—1989）、《货币：先天的纯粹铸币》（1990）等。

③ 此书 1970 年版的书名为《脑力劳动与体力劳动——社会综合的理论》（*Geistige und körperliche Arbeit Zur Theorie der gesellschaftlichen Synthesis*）。此书的中译本由南京大学出版社 2015 年出版。

依他自己后来的说法,"这封信,正如我当时所有的草稿那样,只能说是自我澄清的一个阶段"。① 在这封信中,索恩-雷特尔已经使自己从1921年开始思考的先验主体与商品形式关系的问题直接与马克思1845年写下的《关于费尔巴哈的提纲》结合起来,并使马克思新世界观中已经萌发的实践认识论构境意蕴得以生长和视域深化。从文本的思考构境意向中能看出,1936年索恩-雷特尔的第一个理念构境点是社会功能化的剥削关系决定了现代性认知结构的机能。这也是他用历史唯物主义对康德命题的第一个尝试性答案。

1. 伪自在的认识归基于历史性实践

索恩-雷特尔告诉阿多诺,自己长期思考的问题构想(Konzeption)基于两个本质性的洞见(wesentlichen Einsichten)。将自己的认识直接指认为"本质性的洞见",也是需要勇气的,这能看得出索恩-雷特尔此时的理论自信。一是认识的历史发生缘起于**与实践的断裂**;二是人类的文化史与人类**剥削关系**史同体发生。我们先来看第一个洞见。

首先,认识的**独立存在伪像**必须归基为历史性的实践。我们知道,在整个西方思想史上,从柏拉图、康德一直到胡塞尔,理念、先天综合判断和观念直观始终代表着独立于感性存在的内在本质,而索恩-雷特尔则认为,

> 整个独立的且带有逻辑自律外观(Schein der logischen Autonomie)的**理论**的历史产生,也就是说任何唯心主义所理解的"认识"(Erkenntnis)的历史产生,最终只能从社会存在的**实践**(*Praxis* des gesellschaftlichen Seins)中的一种独特且极其深刻的断裂(Bruch)出发才能得到解释。一般来说,这是与一种基本的马克思主义洞见相符的:人类理论的所有问题实际上都可以回溯到人类实践的问题上去,从而马克思主义意识形态批判的任务便可概括为,理论问题可归基于(zurückzuführen)实践中的奠基性问

① [德]索恩-雷特尔:《脑力劳动与体力劳动——西方历史的认识论》,谢永康等译,南京大学出版社2015年版,第117页。

题,即归基到矛盾之上。①

乍听起来,这很像是传统马克思主义哲学认识论中的那个著名观点,即"认识来源于实践"。其实不然,依我复构的思境即海德格尔式的**归基论**,索恩-雷特尔这里批判的观念独立论正是海德格尔在存在论差异中指认出来的存在者假象,一部独立的形而上学史不过是与存在本身的深刻断裂后被石化了的存在者之尸,索恩-雷特尔让认识归基于实践的地方,海德格尔叫**关涉**(Sorge)。与传统解释框架中的认识论不同,索恩-雷特尔理解的马克思的实践认识论观点并没有坚持简单的反映论,而是主张一种**实践目的指向**。在海德格尔那里,叫"何所向"(Worauf)。所以,他直接向收信人阿多诺求证,马克思"完全不是对一种新的本体论或初始哲学的设定"(nicht die Setzung einer neuen Ontologie und prima philosophia),他的新唯物主义不再简单地承认**抽象的物质本体论**。这正是阿多诺后来在《否定的辩证法》中确认的重要观点,他更极端的说法是:一切企图建立某种"第一性"哲学的做法都是非法的。阿多诺反对过去一切本体哲学、主义哲学和体系哲学。这当然包括历史上一切唯心主义和唯物主义,只要是遵循一种"基础概念(Grundlagenbegriff)以及内在思想的第一性(Primat)"原则,均在此矢所射之靶心内。

索恩-雷特尔这一观点的重要意义在于,马克思的历史唯物主义新世界观中并没有抽象的物质本体论,而只有一定历史条件下的社会实践出发点,也由此才会建立起始终与社会生活相关的**历史的认识论**和**自然观**。由此,不仅非历史的抽象物质决定精神的**旧唯物主义命题**是非法的,而且离开了具体社会存在制约的**抽象哲学认识论和自然辩证法**也是非法的。

其次,**真理**(Wahrheit)不是对**无历史规定的物质存在**的反映,而是服务于"对人的物质存在进行实践的改造"(praktischen Veränderung des materiellen menschlichen Seins)。② 传统教科书中那种真理是**对外**

①[德]索恩-雷特尔:《脑力劳动与体力劳动——西方历史的认识论》,谢永康等译,南京大学出版社2015年版,第106—107页。中译文有改动,参见 Alfred Sohn-Rethel, *Geistige und körperliche Arbeit: zur Epistemologie der abendländischen Geschichte*, VCH, Acta Humaniora, 1989. S. 131。

②[德]索恩-雷特尔:《脑力劳动与体力劳动——西方历史的认识论》,谢永康等译,南京大学出版社2015年版,第106页。

部事物本质的客观反映—说在索恩-雷特尔这里遭到了拒绝,因为,"马克思主义是从人类历史出发提出关于真理的问题的;因此它只知道关于真理的问题是在历史中发生的(并通过历史而落到它的头上)"。马克思眼中的真理不是传统旧唯物主义那种对抽象物质存在的直映,而往往是由人类实践历史性地**构序—构式**的,"马克思主义是从人类历史发出真理追问(Wahrheitsfrage)的;因此它只知道在历史发现(Geschichte vorkommt)中(并通过历史而落到它的头上)发出真理追问"。① 我觉得,索恩-雷特尔这里的历史认识论是对马克思的正确解读,而此时正在建构起来的斯大林教科书体系中的真理观则是严重的理论倒退。可遗憾的是,这种对马克思历史认识论的误认到今天仍然没有被彻底清除。

其三,认识的**有效性**取决于历史,或者说,社会存在的效用决定真理性质。这可以看作是上一个观点的具体展开。索恩-雷特尔明确界划道,与西方资产阶级的社会学不同,马克思对真理的追问,从发生学(genetische)的意义上,是从人类社会历史生活本身出发的,准确地说,他将"**关于其有效性特征**的概念(Begriffe *hinsichtlich ihres Geltungscharakters*)归基到了社会存在(gesellschaftliche Sein zurückführt)之上"。② 这也就是说,认识的有效性取决于社会存在(生活)的功效,而不在于简单的物相反映-符合论。在索恩-雷特尔的思想构境中,在假想的经验论基础之上建立起来的社会学,是资产阶级意识形态的重要工具。所以,

> 在资产阶级-社会学的还原(bürgerlich-soziologischen Reduktion)中,"存在"变形为粗糙的事实性(krude Faktizität),而它在马克思主义的还原中却产生出了其作为物质实践(materielle Praxis)的特征;意识形态那被批判过的真理要求作为革命性的能量嵌入这个实践之中了。③

---

① [德]索恩-雷特尔:《脑力劳动与体力劳动——西方历史的认识论》,谢永康等译,南京大学出版社2015年版,第107页。

② [德]索恩-雷特尔:《脑力劳动与体力劳动——西方历史的认识论》,谢永康等译,南京大学出版社2015年版,第108页。中译文有改动。参见 Alfred Sohn-Rethel, *Geistige und körperliche Arbeit: zur Epistemologie der abendländischen Geschichte*, VCH, Acta Humaniora, 1989. S. 133.

③ [德]索恩-雷特尔:《脑力劳动与体力劳动——西方历史的认识论》,谢永康等译,南京大学出版社2015年版,第108页。

这一观点显然受到了青年卢卡奇《历史与阶级意识》一书的影响。青年卢卡奇指出,资产阶级意识形态的本质正是以拜物教的形式停留在社会现实的直接性现象上,即"**资产阶级社会的普通人在日常生活中所面对的那种直接性**"。① 这也是科学的实证主义的认识论样式。依索恩-雷特尔的看法,马克思的实践-历史认识论的观点可以透视这种直接性的事实,将认识和真理的有效性归基于历史性的社会存在中,特别是改变世界的物质实践的有效性。他认为,必须"由对一定的历史和社会存在(bestimmten geschichtlichen und gesellschaftlichen Seins)的分析出发,必须得出从属于这个存在的一个无漏洞的推导关联,直至导出**其逻辑结构**(logische Strukturen),导出其真理概念"。② 而绝不是相反。在这一点上,索恩-雷特尔显然是对的。

其四,**社会存在与意识**的辩证关系。索恩-雷特尔反对旧哲学中那种与抽象物质相对立的抽象的意识观,按照马克思的理解,只有社会存在才决定了意识的产生、发展。在传统教条主义教科书体系中,先有一个抽象的物质决定抽象的意识,然后再在下一层级的历史观中设定一个"社会存在决定社会意识"的观点。其实,在马克思的历史唯物主义中,根本不存在抽象的物质与意识的对立,而只有历史发生的社会存在与在此之上发生的全部主观世界的制约关联。人们面对**客观先在的**自然以及作为自己客观活动建构起来的社会生活事物,都是一定历史条件下社会生活的特定认知结果。不过,索恩-雷特尔还特别强调,

离开意识的社会存在什么都不是,或者,更正确地说,它无非是纯粹事实性的拜物教幻相而已;并且,离开社会存在的意识同样什么也不是,或者,更正确地说,无非是对"先验主体"的拜物教式反映(fetischistische Gegenschein)。与之相反,"意识"**是**由社会存在决定的,而社会存在**是**决定人们的意识的。只有在这一联系(Relation)中,二者才具有其历史的、辩证的现实性(geschichtliche und dialektische Wirklichkeit)。③

① [匈]卢卡奇:《历史与阶级意识》,杜章智译,商务印书馆1995年版,第236页。

② [德]索恩-雷特尔:《脑力劳动与体力劳动——西方历史的认识论》,谢永康等译,南京大学出版社2015年版,第108页。

③ [德]索恩-雷特尔:《脑力劳动与体力劳动——西方历史的认识论》,谢永康等译,南京大学出版社2015年版,第110页。

人类社会生活的肇始中,社会存在与意识就是共存的。在一定历史性质的社会生活之上,就会发生一定的意识,同样,没有不存在意识的社会生活。两者总是相互依存的。也是在这里,索恩-雷特尔指认马克思方法的本质就是**联系性的**(relational)。这是深刻的指认。

当然,有些自我膨胀的索恩-雷特尔并不认为马克思真的完成了上述理论意向,即便是在他最重要的《资本论》研究中。他自陈,在"早年的学生时代以来的十年中,我一直关注着这一分析中阻碍着实际澄清的巨大困难",他的疑问在于:在《资本论》中,

> 如果商品形式透析了唯心主义认识论,直至其基本因素,以至于主体性、同一性、定在、物性、客体性和判断形式的逻辑(der Subjektivität, der Identität, des Daseins, der Dinglichkeit, Objektivität und der Logik der Urteilsformen eindeutig)这些概念清晰地、毫无遗漏地归基到劳动产品的商品形式,归基到其起源和辩证法之上,那么它就被足够严格地执行了。由于我认为,在马克思的分析中,我并没有看到这一要求得以圆满地实现,所以我试图继续深化这一分析。因为我无条件地坚信,马克思主义的科学的连贯性依赖于这样的可能性,即继续推进对商品形式的分析,直到这样一个关键点,在这个点上,拜物教化的整个机制超出了特殊的资本主义拜物教(speziell kapitalistischen Fetischismen),也就是说,因其有效性特征,对意识形态起源的揭示,贯穿了整个所谓的文化史,也就是直到古典时代,甚至还要更早。①

这就是索恩-雷特尔当时向阿多诺陈述的一个主要观点:马克思在《资本论》中开辟了正确的思考方向,即从**商品形式**透视全部资产阶级的意识理论,但马克思并没有真正完成这一任务。我不能苟同索恩-雷特尔的这种判断,所以对马克思的辩护如下:马克思从来没有打算把全部意识,包括索恩-雷特尔所例举的主体和同一性无条件地都规制于商品形式,因为,商品形式并不是规制人的意识(认识)形式的唯一方面,实践活动还包括了经济活动之外的大量生产实践、艺术实践以及后来

---

① [德]索恩-雷特尔:《脑力劳动与体力劳动——西方历史的认识论》,谢永康等译,南京大学出版社2015年版,第111页。

历史形成的科学技术实践，它们与一定历史条件下发生的商品交换形式共同构成了人的主观世界十分丰厚的塑形与构序来源，索恩-雷特尔将全部人类主观意识特别是思维形式的基础狭窄地归基为商品交换形式，这也是他后来在理论学术构境上陷入死胡同和非历史逻辑泛化的根本原因。而马克思只是历史地说明现代资本主义生产方式之下商品交换关系对资产阶级意识形态的根本规制作用，在这一点上，显然马克思是对的。我所坚持的这一观点，恐怕也会是一种贯穿本书始终的与索恩-雷特尔的争执。

索恩-雷特尔自己标识出来的努力方向有二：一是真正解决马克思提出的问题，深化关于商品形式与意识形式的关系问题；二是他认为，这一归基关系特别是"拜物教化的整个机制"甚至可以延伸到整个文化史。我有保留地同意第一个努力方向，第二个方向则还需要具体分析。能看到，索恩-雷特尔的第二个研究方向恰好是与他自己的所谓第二"洞见"相关联的。

2. 文化与剥削的历史关联

索恩-雷特尔自己宣称的第二个"洞见"，是认为"人类文化史，其实在根本上是与人类剥削关系的历史（Geschichte der menschlichen Ausbeutungsverhältnisse）同时发生的"。① 乍看起来，索恩-雷特尔的这一断言似乎与马克思恩格斯后来对《共产党宣言》的修正方向相违。因为马克思和恩格斯在读到摩尔根的《古代社会》一书后，得知人类历史进入阶级社会之前，还有一个原始部族生活的史前发展阶段，所以他们将"有史以来的一切人类社会历史都是阶级斗争的历史"，特设标注为"有文字记载以来的文明史"。应该说，在一般的意义上，索恩-雷特尔的这一断言明显是错误和不周延的。因为在剥削社会发生之前，人类社会历史存在着相当长的一个没有阶级和剥削关系的前史时期，也就是到今天，我们这个星球上还残存着一些没有进入现代性的原始部族生活，以索恩-雷特尔的断言，由于他们的生活中没有剥削，所以就没有"文化"？ 这是荒唐的论断。以我的理解，索恩-雷特尔这里的"人类

---

① ［德］索恩-雷特尔：《脑力劳动与体力劳动——西方历史的认识论》，谢永康等译，南京大学出版社2015年版，第111页。

文化史"即是服务于剥削阶级利益,并已经独立于生产劳动过程的脑力劳动及其观念产品的**现代**文化史。这样的限定之后,索恩-雷特尔的下述说明才有可能成立,

> 所有的所谓"文化"特征——诸如存在对人而言(Seins für die Menschen)的世界形式性(Weltförmigkeit)、人自身的主体特征、人在"此岸"与"彼岸"(Diesseits und Jenseits)之间的纠葛、定在及其认同模式(Identitätsmodus,在这里,"定在"始终负有一种消极的论调)、判断关系与理性(ratio)、个体的人格性、真理问题、关于"知识"与客体世界(Objektwelt)的理念、善、美,等等——简言之,所有唯心主义高谈阔论的东西——都明白无误地被证实且被证明为剥削在发生学上的后果。①

能看得出来,索恩-雷特尔这里例举的所有文化特征都是近代以来西方哲学中的关键词,而一半与康德认识论相关。在索恩-雷特尔看来,所有这一切"表面上自律"(scheinautonomer)的意识形式其实都不过是剥削关系的一种异化理论存在,所以,让这些异化的意识形式(Bewußtseinsformen der Entfremdung)归基于剥削的客观实践,"将会使得整个人类文化的所有历史形式及形式化,转化为人类实践及其施魅(Verzauberung)的独特的问题式(Problematik)"。② 在认识论研究中意识到剥削关系的在场,这是所有专业哲学家永远都不会想到的构境层。但将以康德哲学认识论为核心的概念体系强加于整个人类文化史则必然是非历史的臆断。

> 所有那些所谓的异化形式——事实性以及本质的图式(Schemen des Wesens)——都是以剥削实践为根据的劳动实践的拜物教化(Fetischisierungen der Arbeitspraxis),并且,文化人类的所有理论问题式(theoretischen Problematik)的真实内容,乃是一个关于其物质存在的纯实践问题式(rein praktische Problematik

---

① [德]索恩-雷特尔:《脑力劳动与体力劳动——西方历史的认识论》,谢永康等译,南京大学出版社2015年版,第111—112页。
② [德]索恩-雷特尔:《脑力劳动与体力劳动——西方历史的认识论》,谢永康等译,南京大学出版社2015年版,第112页。

ihres materiellen Seins）。如果这一点能够被完整地、简洁地证明出来，那么借此，显然就与上面所要求的、对异化的意识形态的发生学上的真理性批判（Wahrheitskritik）直接联系起来了。①

这是比较难理解的一段表述了。依我的解意复构，这大约是指康德认识论中放大的观念本质构成的先天图式和它所统摄的现象世界（事实性），都是一定历史条件下不平等社会剥削关系下的劳动实践的拜物教化异在，一切看起来独立运行的理论问题式的真正现实基础只能是实践的问题式。依索恩-雷特尔的理解，如果能够实现这种历史唯物主义的归基，那么，对异化的意识形态的真理性批判就成为可能。比如，哲学认识论中的主体与客体的分裂，真理问题的悖结，无论哲学家们怎样苦思冥想，都不可能在哲学认识论的观念内部得到根本的解决，只有将这些异化的、拜物教化理论形式归基到其缘起性的根基——异化和拜物教的剥削实践中，矛盾才会彻底解决。

能看出，索恩-雷特尔在这里的构境背景是马克思在《关于费尔巴哈的提纲》中对费尔巴哈宗教异化批判问题的进一步归基，即宗教世界的异化"只能用这个世俗基础的自我分裂和自我矛盾来说明"。② 这个大的思路是对的。可质疑的有二：一是康德的哲学认识论并不是宗教，**先验综合判断的逻辑构架并不等于上帝**，绝不可能像费尔巴哈那样用一句"上帝是人的类本质之异化"就可能打发掉。二是索恩-雷特尔"非反思地"（他常常挂在嘴边的话语）使用**异化**概念，却不知道马克思1845年春天从《1844 年经济学哲学手稿》中的人本主义异化史观的根本叛离，而他试图作为理论武器的历史唯物主义恰恰是这种逻辑解构的结果，马克思后来的经济拜物教批判正是异化逻辑的替代。当索恩-雷特尔脑子中关于马克思历史唯物主义的学说理路处在一团糨糊状态时，企望他的讨论是完全科学可信的人大约会失望的。

也是在这里索恩-雷特尔提出，与传统马克思主义解释框架不同，真理与实践的关系不是简单的反映关系，这原则上是对的。可是他接着说，真理往往是被异化的意识形态结构化地遮蔽起来的，或者说，"异

---

① ［德］索恩-雷特尔：《脑力劳动与体力劳动——西方历史的认识论》，谢永康等译，南京大学出版社2015 年版，第 112 页。中译文有改动。参见 Alfred Sohn-Rethel, *Geistige und körperliche Arbeit : zur Epistemologie der abendländischen Geschichte*, VCH, Acta Humaniora, 1989. S. 138。

② ［德］马克思：《关于费尔巴哈的提纲》，《费尔巴哈》，人民出版社 1988 年版，第 84 页。

化了的意识与探寻真理的问题是捆绑在一起的;这就是说,真理问题仍然是异化的产物",所以,"人们必须砸开异化的结构(Konstitution der Entfremdung),为的是撞开异化的意识形态而达到真理,意识形态(Ideologien)的结构掩盖了这个真理"。① 从历史唯物主义的观点来看,任何真理性认识都是一定历史条件下社会生活和实践的产物,特别是人们对外部自然界的认识并不一定就都是与剥削关系直接相关联的"异化意识",一个时代中发生的真理性认识在后继社会实践中被证明其历史局限性是正常的。当索恩-雷特尔非反思地使用"异化"范式时,他并没有意识到**没有异化的本真意识状态**是什么,在马克思的历史唯物主义中,意识形态不是异化中的**不应该**,而就是统治阶级的意志体现。

也因此,索恩-雷特尔为自己指认的进一步深入的理论任务就是"在颠倒的关系中使'先验演绎'的不可解决的难题(从思想出发构造[Konstruktion]存在的努力)变得可以解决:采取辩证地重构剥削关系史(Geschichte der Ausbeutungsverhältnisses)的方式,以物质的社会存在来构造逻辑"。② 你看,这还是对康德命题的关注。先验演绎中无法解决的康德难题,只有在索恩-雷特尔指认的剥削关系史中被彻底澄清。不是先验观念解释现实存在,而只能是社会物质存在结构说明看起来独立、先在的逻辑构架。他说,这个特定的社会物质存在结构就是**居有性**的社会功能化。

3. 居有社会中的社会功能化

索恩-雷特尔说,如果要真正实现上述两个理论任务,即观念结构归基于实践结构、遮蔽真理的异化意识形态问题式归基于社会剥削关系,就必须在马克思主义的理论上有所突破,他选择了一个理解社会历史结构的新范式,即**功能社会化**(*funktionale Vergesellschaftung*)。这是原创性的新概念。

那么,什么是索恩-雷特尔所说的功能社会化呢? 依他自己的解

---

① [德]索恩-雷特尔:《脑力劳动与体力劳动——西方历史的认识论》,谢永康等译,南京大学出版社2015年版,第112页。

② [德]索恩-雷特尔:《脑力劳动与体力劳动——西方历史的认识论》,谢永康等译,南京大学出版社2015年版,第112页。

释,这个所谓的功能社会化是"与马克思所说的'原始共同体'(naturwüchsigen Gemeinwesens)的社会化类型在历史和结构上都是不同的"。[1] 具体些说,

> 功能社会化产生于与自然发生的社会化的断裂(Bruch),这一断裂是剥削,即这样一个事实状态:社会的一部分人开始依赖于另一部分人的产品而生存,因为前者居有(aneignet)了因逐渐增长的生产力而产生的可供支配的剩余产品(Mehrprodukt)。这种居有首先是作为单方面居有而发生的(它能够囊括从习惯上以正当的方式发展起来的对礼物的接受,到野蛮的掠夺之间的各种形式);只有经过一个较长的历史时期之后,这样一种单方面的居有关系才变成了以作为商品交换的交互居有为形式(Formen wechselseitiger Aneignung qua Warenaustausch)的剥削。[2]

在这里,我们可以看到索恩-雷特尔精细地区分了在马克思文本中出现的三个生产关系的重要概念,即 Eigentum、Besitz 以及 Aneignung,我们所熟悉的是前两个概念,即表示居有权归属关系的 Eigentum——**所有**(也可译为财产、产权),以及表示对某物的实际控制和使用的 Besitz——**占有**。而与这两个经常出现在中文译文中的概念不同,马克思在自己的经济学文本中还使用过一种表示对某物进行侵吞和据为己有的 Aneignung——**居有**。应该承认,马克思文本的 Aneignung 一词很长一段时间内,没有得到学术研究界的关注,甚至根本没有出现在中文语境中。所以说,索恩-雷特尔对这一概念的突显关注是具有重要学术价值的。日本学者望月清司在上世纪 60 年代曾经将其日译为中性的"领有",我觉得,这是一种词义不清的转译。在索恩-雷特尔这里,相对于原始共同体中那种**自然发生**的社会化过程,剥削关系产生了一批不劳而获的人,这种将原来公有的财富特别是由生产力发展带来的"剩余产品"据为己有的剥削现象则生成独特的**居有社会**。我推测,在他的理解中,侵占他人劳动产品的**剥削性居有关系**比简单的财产

---

① [德]索恩-雷特尔:《脑力劳动与体力劳动——西方历史的认识论》,谢永康等译,南京大学出版社 2015 年版,第 113 页。

② [德]索恩-雷特尔:《脑力劳动与体力劳动——西方历史的认识论》,谢永康等译,南京大学出版社 2015 年版,第 113 页。

和生产资料私有社会更准确地揭露了剥削社会的本质。同时,索恩-雷特尔又将所谓的居有社会区分为早期的以掠夺性侵占为主的**单向**居有社会与商品交换出现后形成的**双向**居有社会。这个由索恩-雷特尔在上个世纪30年代提出的观点贯穿在他一生的学术努力中。

有趣的是,索恩-雷特尔提出这一观点还有一个哲学上的推论,即居有性的剥削关系的出现违背了马克思历史唯物主义所定义的人的存在本质——劳动生产。请注意,这不是《1844年手稿》中那个粗糙的人本主义价值悬设——尚未异化的劳动,而是《德意志意识形态》中历史唯物主义中的生产劳动。他十分认真地指出,马克思在自己创立的历史唯物主义中明确提出,正是劳动生产才使人作为一种新的社会存在区别于动物:**我劳动生产故人在**,所以,"必须将马克思理解为'劳动过程'的这种现实性作为人类历史的根本性基础",这是对的。在索恩-雷特尔看来,对于人来说,"在人类的历史上,他的生活无时无刻不是与自然(这个自然通过生产力的发展也成为了一个历史概念)进行物质交换的生活,并且无时无刻不是生产和消费中的生活"。① 前一句是对青年卢卡奇在《历史与阶级意识》中那句"自然是一个社会概念"所做的修正,而后一句的言下之意则是:**不劳动者则非人也**。可是,剥削关系的出现却"否认'同自然进行物质变换的人的物质生活'的实践",因此否认了**人作为人而应该**进行的"'生产劳动'(马克思所讲的劳动过程的意义上的生产劳动),因而是对实践的一种实践上的否定"。② 在此,我们不难体会出,索恩-雷特尔这里浓浓的价值悬设之意,这与他所公开声称的历史唯物主义原则是不相符合的。以后我们也可以看到,对于这种逻辑悖结,他总是无意识的。

所以,索恩-雷特尔专门界划道,他研究的范围正是与人类社会历史进程中**出现剥削关系**这一特定阶段相关联。

> 这段历史的独有的特征,特别是理论与实践的分裂(Spaltung)以及由此带来的知识现象(一种孤立的、似乎是自治的知识现象),最终是起源于:这里人类生活的物质实践(materielle Praxis)是通过

---

① [德]索恩-雷特尔:《脑力劳动与体力劳动——西方历史的认识论》,谢永康等译,南京大学出版社2015年版,第113页。
② [德]索恩-雷特尔:《脑力劳动与体力劳动——西方历史的认识论》,谢永康等译,南京大学出版社2015年版,第113页。

那些与实践相矛盾的中介形式（Vermittlungsformen）而实现的。社会中的剥削者部分（不论其与被剥削者种族是否源于同一种族）依赖于人类劳动的产品而生存，但却不是其自己的劳动产品，所以这里统治阶层的生活并不是建立在自己对自然的关系之上，而是代之以对其他人的关系（Verhältnis zu andren Menschen）以及**后者**对自然的实践—生产关系（praktisch-produktives Verhältnis）。①

显然，索恩-雷特尔指认出社会历史发展中出现的剥削关系，还是为了解决哲学认识论的现实基础问题。在他看来，恰恰是由于人类社会物质生活中出现了**非直接**劳动生产关系之上的**寄生性存在**，才导致了理论与实践的分裂。显然，索恩-雷特尔这里依从的逻辑不是马克思，而是黑格尔的"主奴辩证法"，主人的生存不是建立在自己直接劳动生产中的生存，而是通过奴隶的"生产—实践"中介式地面对自然，在索恩-雷特尔眼里，这种寄生性的剥削关系是中介性的思维形式**独立于现实**的真正原因。以后，这一理论质点上将梳理出脑力劳动与体力劳动的分野。这是一个看起来很深刻的推论。因为，即便是马克思也很少直接谈及剥削对认识论的影响，他有时只是从宏观上谈到意识形态作为统治阶级的政治意志的体现。关键在于，索恩-雷特尔是否能真正深入地讨论这一主题。他认为，

> 在剥削的范围内，人与自然之间的生产关系变成了一种人与人之间关系的对象（Gegenstand eines Verhältnisses Mensch-Mensch），并将服从于后者的构序与法则（Ordnung und Gesetz），因此它相对于"原始"状态而言乃是"去自然化"的（按照马克思的观点，在价值对象性［Wertgegenständlichkeit］中连一个自然物质的原子也没有掺杂进来），以便从此以后按照中介形式的规律（Gesetz von Vermittlungsformen）来实现，这些中介形式意味着对它的积极的否定（affirmative Negation）。②

---

① ［德］索恩-雷特尔：《脑力劳动与体力劳动——西方历史的认识论》，谢永康等译，南京大学出版社2015年版，第113—114页。

② ［德］索恩-雷特尔：《脑力劳动与体力劳动——西方历史的认识论》，谢永康等译，南京大学出版社2015年版，第114页。

索恩-雷特尔这里的说明，显然有比较大的逻辑跳跃，因为，他在上述哲学认识论的讨论中先是引进了历史唯物主义构境意向，这里，又不加说明地突然引进马克思关于政治经济学讨论的微观细节，这会让很多熟悉马克思理论某一个专业方向的学者无所适从。我觉得，这种显得十分不专业的写作方式很可能是霍克海默不认同索恩-雷特尔的原因之一。在1965年阿多诺与索恩-雷特尔的谈话中，前者对此也提出了尖锐的疑问："如果人与自然的关系是由交换来中介的，那么这种关系具有何种特征，它的主体和客体具有何种特征？交换的抽象性如何规定这种关系，它是这种关系的因素吗？对于主体来说，客体是如何表现的，客体自身又是如何表现的？这样的主体如何由交换构建（konstituiert）起来，交换抽象在其中发挥了何种作用？"①当然，这时索恩-雷特尔还没有提出**交换抽象**问题，这是后话，但阿多诺的疑问是索恩-雷特尔一时无法回答的。

况且，索恩-雷特尔的这种逻辑挪移又不是特别准确，这无疑加深了理解上的难度。我们知道，在《德意志意识形态》中，马克思最初说明广义历史唯物主义的视角时就指明了人与自然的关系和人与人的关系的双重性，而在1857—1858年以后的政治经济学研究中，他深入说明了资本主义生产方式中商品—市场经济运行过程里必然发生的人与人的直接劳动关系颠倒地表现了物与物的关系，而不是索恩-雷特尔这里描述的"人与自然的生产关系"变成"人与人的关系的对象"。当然，索恩-雷特尔这里思想构境的基本意向是对的，他特别想指认出康德-黑格尔式的独立的思维结构只是**中介化**的功能社会化的结果。我觉得，这种消极中介化的观点，更多地来自黑格尔的《法哲学》而非马克思的《资本论》。在黑格尔那里，市民社会中的原子化个人是由交换中介消极地无意识建构起来的。所以，我觉得索恩-雷特尔口口声声允诺给出的"历史唯物主义答案"中的成分是复杂的，其显性话语与实际运作的隐性话语之间存在断裂。

索恩-雷特尔认为，剥削关系对直接劳动生产关系的否定不是观念性的，而同样是实践性的客观存在，

---

① [德]阿多诺:《阿多诺与索恩-雷特尔谈话笔记》，转引自[德]索恩-雷特尔:《脑力劳动与体力劳动——西方历史的认识论》，谢永康等译，南京大学出版社2015年版，第177页。

这种否定本身具有实践的特征,它是在这种人与人之间关系中的居有实践(Praxis der Aneignung)。不过我认为,在这种关系中的居有实践是同一性、定在以及物形式(Dingform)或物性(因而不只是"物化"[Verdinglichung]才如此,"物"本身就已经是一种剥削样态了)模式(Modi)的真实的社会起源。①

张异宾卷

217

居有实践本身已经是坏东西了! 在传统马克思主义的解释框架中,实践总是检验真理的标准,但如果出现反动的剥削性的实践,被其证明有效的观念难道也是真理吗? 这倒真出了一个难题。关于这一点,索恩-雷特尔的这种反动的居有实践,后来在 60 年代先是萨特提出**异化实践**概念,然后由科西克发展成为与革命的实践相对立的**伪实践**。这些讨论对传统实践概念的线性解读是有冲击的。不仅人与人的关系的物化的居有实践是否定性的,由此产生的同一性、定在和物性模式都是剥削关系的表现,也是他所指认的**社会功能化的具体表现**。这三者下面索恩-雷特尔还会逐一交待其特定的批判性构境意义。

---

① [德]索恩-雷特尔:《脑力劳动与体力劳动——西方历史的认识论》,谢永康等译,南京大学出版社 2015 年版,第 114 页。

马克思:物化、事物化与拜物教

原载《哲学研究》2014 年第 7 期

自广松涉的《物象化论的构图》①一书在中国出版以来,长期在马克思经典文献的德文汉译中发生的一个深层构境的遮蔽事件终于重现天日:马克思晚期经济学研究中所创立的历史现象学中经济拜物教批判的真实基础,竟然是一个从未被关注到的重要理论构境域,即Versachlichung(事物化)-Verdinglichung(物化)批判视域。② 但由于,广松涉对 Versachlichung 所作的"物象化"重构产生着越来越大的影响,也无形中生成着一种深层次思考构境中新的思想屏障,所以,重新梳理马克思历史现象学中这一重要批判视域的原初构境就成为一件急迫的事情。文本试图从 Ding 和 Sache 的历史性区分开始,最终厘清马克思在这种区分之上所逐步生成的 Verdinglichung、Versachlichung 历史现象学范式与经济拜物教批判之间的真实关系。

一

在马克思的文本中,表达客观存在的概念是多样化的,在德文中,他同时使用 Materie(物质)、Natur(自然)、Ding(物)、Sache(事物)、Gegenstand(对象)、Stoff(物质质料)、Substanz(物质实体)、Objekt(客体)等。除去 Ding 和 Sache,其他概念在英文、法文中大多有相对应的概念,而在黑格尔、马克思文本中被逐步区分开来,并在德文中有着具体区别的 Ding 和 Sache 却在英文转译中都被同一为 thing(法文为同一的 chose)。如同狄尔泰和海德格尔格外界划开来的 Geschichte(历史)与 Historie(历史学)在英文转译中被同一消解为 history(法文 histoire)一

---

① [日]广松涉:《物象化论的构图》,彭曦等译,南京大学出版社 2002 年版。
② 在《马克思恩格斯全集》第一版的中文翻译中,马克思晚期经济学研究的重要文本中的 Verdinglichung 被译成物化,Versachlichung 也被翻译成物化,而物化更多地还占位性替代了重要的 Vergegenständlichung(对象化)概念。所以,在我们过去对马克思晚期经济学文本的研究中,如果精细一些则会出现对马克思物化观点的不同层面的理解。其实,这只是由于德文转译俄文,再转译成中文中发生的译境遮蔽和人为文本幻象。在《马克思恩格斯全集》中文第二版的校译中,这一问题正在逐步得到校正。

样。这让人们在走向经典作家德文思想原初构境的道路上,增加了一种不同语言转译构境中的遮蔽。这种同一性高显中的无意遮蔽,有时会是根本性的。

Ding(物)和 Sache(事物),在德语的日常使用时一般都是指物和东西①,Ding 在作复数时也有事物、事情的意思,而 Sache 则直接有事物和事情的意思。在日常生活中,Ding 通常会是指随意一个物品,意会直觉上会是指某种与人无关的对象;而 Sache 则意味着与人的某种关联的物品或事情。在辞源学的意义上,Ding 可以追溯到希腊语中的 χρῆμα、χρῆγμα,而在拉丁语中的词源则是 res。Sache(古高地德语为 sahha),早先在哥特时期指争辩之事,后来在 18—19 世纪之后,逐步成为一个法律术语,这一特殊构境中,Sache 通常是指与所有权相关的财物。

从与马克思思考语境接近的德国近代哲学思想史上看,刻意使这两个德文词发生特殊学术构意的是康德。康德著名的"Ding an sich(自在之物)"说建构了一种奇妙的**认知现象学**中深刻构境层:*Ding* **存在,却不可达及。**在传统认识论之中,人们总是假设思维对外部对象(Ding)的直接反映,休谟的经验怀疑论挑战已经铸成了康德对主体理性无限性的历史性限定之决心,他认定,现实发生的认知对象总是以一定的"先天综合判断"构形建构出来的现象(Erscheinung)物,这已经是**一种与主体相关的事—物**,而非自在的 Ding,Erscheinung 是**向着我们**(*Für uns*)显露,这实际上是哲学上 Sache **在关系本体论上构境的最初缘起**。最有趣的是,通常被说成是不可知论中的"Ding an sich selbst",并非真的是先验之物,而恰恰是每一个时代被指认为基始感性对象背后**无限后退**的那个"实在"。物实在,但永远在现象界之外。与此相对,人们常识中所见之**物**,其实只是一个现象界的伪构境幻象。自在之物,实际上是对日常物相的否定,这看起来在认识论中的指谬突然显现为一种本体论和价值论中的构境。我觉得,这是康德在认识论中实现的"哥白尼革命"的真正秘密。

黑格尔总是那么自负地和肤浅地看待 Ding an sich,他以为一句"本质总是通过现象显露出来"就能克服康德的二元分裂,其实这只是更深一层构境中的假象式的**问题遮蔽**。首先,黑格尔接受康德在认知

---

① 德文中还有专门指认"东西"的不定代词 etwa。

现象学构境中对外在 Ding 的拷问，一部《精神现象学》就是在更直白地揭露 Ding 的假象性，在他看来，人们可以看到的一切"感性意谓性"（物质世界）都不过是由理念支撑着的自我意识统觉无意识建构起来的外化幻象，"太阳下面没有任何新东西"，也是在这里，他道出了康德没有明确界划的 Ding 与 Sache 的异质性构境面：

> 可以说，**事物自身**（*Sache selbst*）表达出了一个**精神性**本质性……意识发现它的自身确定性转变为一个对象性的本质（gegenständliches Wesen），转变为**一个事物**（*Sache*）。这是一个来自于自我意识的对象（Gegenstand），隶属于**意识**，同时不失为一个自由的、真正的对象。对于自我意识来说，感性确定性和知觉活动所指的**物**（*Ding*）只有通过自我意识才获得一个意义。一个**物**（*Ding*）和一个**事物**（*Sache*）之间的差别就在于这里。①

Sache selbst 的第一构境层面是**自为之物**，相对于 Ding 之自在，Sache 是与意识（主体）发生关联之中的**事情**。这一唯心主义的光亮式解蔽是深刻的，但却更深地遮蔽了康德自在之物的幽幽深意。如果 Sache 是康德关系性现象界的表征，那彼岸之 Ding 的构境层则被大大贬低了，因为康德之问是被绕过去的。还应该专门交待的是，黑格尔这里的思想构境视位显然是没有价值判断的**客体向度**。

其次，超越康德的认知现象学构境之后，黑格尔的 Sache 概念还会出现在"法哲学"视域中市民社会的劳动产品身后的**社会现象学**之中。但是，参透了斯密"看不见的手"秘密的黑格尔用 Sache selbst 深化了另一重深刻的立足于**主体向度**的**批判**构境层：人通过主体性劳动将自然物（Ding）提升到精神关系物（Sache）的水平，但劳动产品作为主体性作品却在资产阶级市场交换关系中再一次沦为对象性的**自发**世界，这个商品世界尽管是劳动者自己的作品，可却不是任何一个个别劳动者的产品，而是无形中生成一个由劳动分工造成的总体性的**无名**产品。在

---

① ［德］黑格尔：《精神现象学》，贺麟、王玖兴译，北京：商务印书馆 1979 年版，第 272 页。译文根据德文有改动，下同。Hegel, *Phänomenologie des Geistes*, hrsg. v. G. Lasson, Leipzig: Verlag der Dürr'schen Buchhandlung, 1907, S. 267 - 268.

这一点上,日本学者平子友长是有所意识的。① 这个无名的产品不能依靠自身实现自己,只能通过中介性的市场交换,于是,"在个体性与个体性之间就出现了一种互相欺骗的游戏,每个个体性都自欺也欺人,都欺骗别人也受人欺骗"。② 这种相互欺骗的市场交换结果是造成了一个"理性的狡计"(List der Vernunft)在背后发生作用的**自发构序**(Ordnung)进程,黑格尔将这个脱离了劳动者直接劳作的无名的"作品的世界"中发生的"无名的客观事物构序(Diese anonyme objektivsachliche Ordnung)"称之为**事物自身**(Die Sache selbst),也就是所谓**第二自然**(zweiten Natur)。"第二自然"是黑格尔的一种历史性的特设规定,它在黑格尔的历史哲学中是指绝对观念进入社会历史发展的高级阶段之后(即斯密在经济学中指认的工业文明之上的商品—市场经济),人类主体对象化实践所创造出来的商品(市场)经济运作呈现出一种不以主体意志为转移的自发倾向,他将其指认为异质于原发的"第一"自然(Ding)的**第二自然**(zweiten Natur = Sache selbst)。这也暗合康德所讲的社会历史中的"自然意图"之语境。这个"第二自然",后来被青年卢卡奇和阿多诺所引伸和深化。③

这是一个全新的批判性的深层构境面,因为主体劳作了,却不是作为劳作结果的作品的支配者,相对于观念沉沦于自然物质的对象性异化,社会生活中 Sache selbst 是更高层次的异化。应该指出,固然黑格尔这里已经出现了人的劳作与社会关系颠倒为"第二自然"的事件,但他并没有提出 Verdinglichung 和 Versachlichung 的概念。在这一点上,平子友长提出黑格尔《精神现象学》中存在"Versachlichung"和

---

① 平子提出:"黑格尔'事物自身'的理论向我们展示出,他在很大程度上接受了亚当·斯密自由主义的设想——在其中**分工**(the division of labour)和**看不见的手**(invisible hand)扮演着重要角色。"参见[日]平子友长:《黑格尔〈精神现象学〉中的 Versachlichung 和 Verdinglichung》,《社会批判理论纪事(第 5 辑)》,南京:江苏人民出版社 2012 年版。

② [德]黑格尔:《精神现象学》,上册,贺麟、王玖兴译,北京:商务印书馆 1979 年版,第 276 页。

③ 阿多诺指认的是青年卢卡奇最早在《小说理论》(Theorie des Romans)一书中重新诠释和复活了黑格尔的"第二自然"理论。在他看来,卢卡奇是用黑格尔的"第二自然"概念试图说明这个"由人创造、然而人却失去了对物支配的世界(Welt der vom Menschen geschaffenen und ihm verlorenen Dinge)为'流俗世界(Welt der Konvention)'"——布尔乔亚的商品—市场王国。参见 Theodor W. Adorno, Die Idee der Naturgeschichte, Gesammelte Schriften, Band1, Suhrkamp Verlag Frankfurt am Main 2003. S. 355。

"Verdinglichung"的观点,显然是缺少直接文本依据的。① 人通过劳动,将无机界和有机界的物质"调集"到自己身边,劳动其实在使精神成为自然物质的主人,这是一个从"太阳下面没有新东西"的死物质(Ding)向观念性存在的回归,即对自然物化(异化)的摆脱;但是,劳动又使精神在一个更高的层面受到人造物(经济财富=Sache)的奴役,**劳动外化同时也是一种观念在人类主体活动(社会历史过程)中发生的新的更深刻的异化:主体在市场中再次沉沦**。当然,在黑格尔唯心主义的绝对观念自我实现的进程中,这同样是一种**不得不发生**的必须**肯定**的异化。

其三,黑格尔极为深刻地提示了在市民社会中,观念决定论恰恰是以商品与货币一类**事物的颠倒的形式**表现出来的,黑格尔自然要继续反对精神**颠倒地沉沦于社会财物**,以拒绝任何形式的**拜物教**。这是第一个重要的唯心主义**经济现象学**批判理论。在黑格尔看来,在资产阶级市场经济之中,

> 个别的人,作为这种国家的市民(Bürger)来说就是**私人**(*Privatpersonen*),他们都把本身利益作为自己的目的。由于这个目的是以普遍物(Allgemeine)为中介的,从而在他们**看来**普遍物是一种手段,所以,如果他们要达到这个目的,就只能按普遍方式(allgemeine Weise)来规定他们的知识、意志和活动,并使自己成为**关联**(*Zusammenhangs*)的锁链中的一个环节。②

这个普遍物是什么? 它就是市民社会的市场交换中**自发形成的客观的对象化了的"关联"**。每个个人,只有通过市场中事物与事物的交换才能进行社会联系,也只有在市场的商品流通之中,物化在产品中的各种劳动的价值才能得以比较和实现。这样,人的社会**联系**(*Beziehung*)的实质就是**披着物的外衣的价值关系**(*Verhältnis*)。这种抽象关系成为统治性的力量,就是市民社会中占支配地位的东西。比如在市民社会中,货币(Geld)从商品交换中脱颖而出,这个原来仅仅作

---

① [日]平子友长:《黑格尔〈精神现象学〉中的 Versachlichung 和 Verdinglichung》,《社会批判理论纪事(第5辑)》,南京:江苏人民出版社2012年版。

② [德]黑格尔:《法哲学原理》,范扬、张企泰译,商务印书馆1961年版,第201页。中译文将此处的 Zusammenhang 一词译作"社会联系",我改译为"关联"。

为中介出现的抽象的价值关系,现在却一跃而成为占统治地位的东西。**它成为了真正的主体!** 固然,这里市场交换的实质是"抽象"(观念)成**为统治性的力量**(这是黑格尔要肯定的东西),但由于它还是以事物的形式表现出来,所以它又必然**以颠倒的形式表现为**对 *Sache selbst* 的**崇拜**。虽然,黑格尔并没有直接和精细地提出 Verdinglichung 和 Versachlichung 概念,但马克思后来这一重要的历史现象学批判构境却真是从这里唯心主义地缘起的。

二

在青年马克思 1845 年以前的早期思想发展中,他并没有一开始就严格区分 Ding 和 Sache。我也不觉得,他能够从康德和黑格尔那里获得上述深刻的认知现象学或社会—经济现象学批判的构境意义。这一构境层,马克思只是在 1845 年《关于费尔巴哈的提纲》中才第一次真正进入并超越。1843 年,马克思哲学思想发生第一次转变之后,与他刚刚获得的哲学唯物主义思想接近的构境域,自然首先是费尔巴哈。

费尔巴哈批判基督教,拒绝唯心主义的现象学僭越,他重新颠倒黑格尔的唯心主义观念论,"从美满的神圣的虚幻的精神乐园下降到多灾多难的现实人间",从绝对理念回到感性直观的自然存在和人,这一切在传统思辨哲学构境中所造成的**断裂**都极大地震撼了马克思。在 1841 年出版的《基督教的本质》一书中,费尔巴哈指认基督教和黑格尔的唯心主义思辨哲学是"人类精神之梦",在这种超拔于物性的白日梦中,"我们不是在现实性和必然性之光辉中看到现实物,而是在幻觉和专擅之迷人的假象中看到现实物",也由此,费尔巴哈指认这是一个"影像胜过实物、副本胜过原本、表象胜过现实、外貌胜过本质"的时代。[①] 然而,费尔巴哈很朴素地告诉我们,即便是在美好的神性和精神之梦中,我们的物性身子仍然躺在现实的床上。

在 1843 年的《未来哲学原理》中,费尔巴哈声称,与思辨哲学不同,他的唯物主义"未来哲学"的科学任务,"并不在于离开感性物(**Dinge**),

---

① [德]费尔巴哈:《基督教的本质》,《费尔巴哈哲学著作选集》,下册,荣震华等译,商务印书馆 1984 年版,第 17—18 页。

而是在于接近这些物"。① 这是故意反驳黑格尔的《精神现象学》。并且，他竟然还在认识论的层面上认识到，

> 人们最初看见的物（Dinge），只是物对人的表现（erscheinen），而不是物的本来面目，并不是在物中看见物本身（Dingen nicht sich selbst），而只是看到人们对物的想像，人们只是将自己的本质放进物之中，并没有区别对象（Gegenstand）与对象的表象（Vorstellung）。②

显然费尔巴哈读过康德，只是在哲学唯物主义的立场上，康德的现象界被重新指认为感性对象——现实客体物（**Ding**），而康德**放进物**的东西——"先天综合判断"被揭穿为人"自己的本质"。我觉得，费尔巴哈比黑格尔聪明的做法，是将 Ding an sich（自在之物）设定为物的"本来面目"与人们假想中的本来面目的假象的关系。这可能是费尔巴哈自己都没有真正理解的深刻话语。

费尔巴哈是批判思辨的，可他的批判本身却仍然是脱离社会现实的思辨。所以，他根本无法透视"聪明的唯心主义者"（列宁语）黑格尔在思辨的社会现象学逻辑中对资产阶级市民社会的深刻现实批判。这是一个倒置构境中的辩证法。所以，我们会偶尔看到费尔巴哈在对宗教批判中透露出来的另一重否定性构境场景，即神学反对**人沉迷于物**，"役于物"（verpfänden）的努力，费尔巴哈只是反讽式地引用"不要让自己去屈从物（Dingen），而是让物屈从于自己（sondern die Dinge sich unterwefen）"的口号。③ verpfänden 一词的直接意思是典当，典押物品。在神学语境中也衍生出我所说的人屈从于物的**物役性**。④ 用恩格斯的俏皮话来讲，走向哲学唯物主义的费尔巴哈，总是无法在泼出去的

---

① ［德］费尔巴哈：《未来哲学原理》，《费尔巴哈哲学著作选集》，上册，荣震华等译，商务印书馆 1984 年版，第 174 页。

② ［德］费尔巴哈：《未来哲学原理》，《费尔巴哈哲学著作选集》，上册，荣震华等译，商务印书馆 1984 年版，第 174 页。参见 Feuerbach, *Grundsätze der Philosophie der Zukunft*, *Ludwig Feuerbach Sämmtliche Werke* Band 2, Frommann Verlag, 1960, S. 306。

③ ［德］费尔巴哈：《基督教的本质》，《费尔巴哈哲学著作选集》，下册，荣震华等译，商务印书馆 1984 年版，第 61 页。参见 Feuerbach, *Das Wesen des Christenthums*, *Ludwig Feuerbach Sämmtliche Werke* Band 4, Frommann Verlag, 1960, S. 42。

④ 参见拙著：《马克思历史辩证法的主体向度》，武汉大学出版社 2003 年版，第三章第三节。

洗澡水中抱住孩子,他看不清神学拜物教批判中的合理性,以及这种批判在黑格尔现象学逻辑中被重新构境的激进话语,这样,他不会想到的事情是:日耳曼现实社会生活本身中正在发生和漫延开来的那种物欲横流的资产阶级拜物教,就成了看起来激进的费尔巴哈"我欲故我在"①的合法拥戴物。恐怕,这也是青年马克思后来在赫斯的影响下决心要将费尔巴哈的哲学批判重新运用到社会生活领域的根本原因之一。

对于青年马克思来说,在他 1843 年之后的众多文本中,除去对 Ding 和 Sache 这两个词的一般使用以外,有特殊质性意义的词语构境使用出现在他写于 1843 年秋天的《犹太人问题》一文中的最后部分。我们会看到,沉浸在将费尔巴哈的人本主义哲学话语应用到黑格尔法哲学批判中的青年马克思突然提出了一种新的看法,即基于经济学的**主体视位中**的社会批判观点。相对于费尔巴哈的自然唯物主义反抗,这是一种向现实资产阶级雇佣世界的经济现实发起质疑的重要的**异轨性**跳跃。在这里,青年马克思不再是仅仅着眼于资产阶级世界中的政治法权异化(《黑格尔〈法哲学〉批判》),而是转向他根本还没有基本概念的商品经济领域,他提出,犹太人的世俗基础恰恰是**做生意**(Schacher),"他们的世俗上帝"就是**货币**(Geld)。② 还完全没有涉猎经济学的哲学家马克思,突然指认"货币是现实交易世界(Schacherwelt)中人们的上帝",依我的判断,这可能是对此时赫斯将费尔巴哈运用到经济学中的观点的挪用。几乎与马克思同时,赫斯也意识到必须"把费尔巴哈的人本主义运用到社会生活中去"。③ 但当马克思将费尔巴哈运用到政治法律领域时,赫斯和恩格斯却先行一步进入到经济学批判之中。④ 这是一个需要辨识的差异性历史细节。青年马克思有模有样地说,

> **货币**是以色列人的妒忌之神;在他面前,一切神都要退位。货币贬低了人所崇奉的一切神,并把一切神都变成商品(Ware)。货

① [德]费尔巴哈:《未来哲学原理》,《费尔巴哈哲学著作选集》,上册,荣震华等译,商务印书馆 1984 年版,第 591 页。
② 《马克思恩格斯全集》第 1 卷,中共中央马克思恩格斯列宁斯大林著作编译局译(下文将译者省略——笔者注),人民出版社 1956 年版,第 446 页。
③ [德]赫斯:《哲学与社会主义文集》(1837—1850 年),柏林,1980 年,第 292 页。
④ 参见拙著:《回到马克思——经济学语境中的哲学话语》(第三版),江苏人民出版社 2014 年版,第 1 章第 3 节。

币是一切物(aller Dinge)的普遍的、独立自在的**价值**(*Wert*)。因此它剥夺了整个世界——人的世界和自然界——固有的价值。货币是人的劳动和人的定在的同人相异化的本质(entfremdete Wesen seiner Arbeit und seines Daseins);这种异己的本质(fremde Wesen)统治了人,而人则向它顶礼膜拜。①

这已经是明确的**货币异化论**了。这是马克思第一次在经济学的语境中使用 entfremdete 一词。由于青年马克思这时并没有直接看到赫斯正在写作中的《货币的本质》一文,以至于他根本无法说明货币为什么是世俗犹太人的上帝,因为,赫斯那个构成颠倒世俗偶像神的关键性的**交往类本质**还被遮蔽着。所以,作为经济学外行的青年马克思此时关于货币异化的讨论是抽象和空洞的。

其一,货币是一切**物**(*Ding*,而不是 Sache)的价值,但此时的马克思并不知道经济学意义上的价值(及使用价值)是什么,所以,他还不能更深地从**关系异化**的构境层中把握货币。他也无法弄清,Ding 是不能异化的,因为它没有**主体性关系**。并且,货币所表征的价值不是 Ding 的属性,而是 Sache(商品)的社会属性。其二,马克思这里的货币异化缘起于"人的劳动"和"定在",而不是更接近经济学的赫斯的**现代的交往**(交换)。显然,他还没有将这个货币异化与此时他所批判的资产阶级社会中的"非人的关系"联结起来。当然,这是一段极为重要的表述,因为我们看到了在马克思思想中第一次突现的**经济异化**思想。可是,此时马克思还没有开始自己的经济学研究。我的推测,应该是马克思此时直接受到了赫斯影响。虽然,赫斯自己关于经济异化的论文《论货币的本质》一文还没有发表,但他已经在不少场合宣传自己的观点,马克思不可能不知道这些公开的言论。能够看得出来,他已经在认同赫斯从经济学研究中得来的这些观点。马克思急急忙忙地赞同了赫斯以货币为思考点的经济异化观点,可是,他自己还没有真正碰过经济学,并且,此时的经济异化论还停留在人的活动和产品(物,Ding)上,而作为社会生活最重要的**交往关系**(Sache)尚没有进入他的思考视域之中。

必须指出,青年马克思在这一思考轴线上的思想转变出现在一个

---

① 《马克思恩格斯全集》第 1 卷,人民出版社 1956 年版,第 448 页。中译文有改动。Daseins 一词从原译的"存在"改为"定在"。

重要的文本事件之后，即他阅读到赫斯写于 1843 年底至 1844 年初的《论货币的本质》(Über das Geldwesen，又译《论金钱的本质》)一文。① 正是在这篇文章中，赫斯完整地建构了不同于费尔巴哈人学那种自然类关系的**人的社会类存在——社会交往关系在金钱世界中的异化**(Entfremdung)理论。这是在马克思之前出现的**第二个**经济现象学批判理论。这里，我们可以看到黑格尔的现象学批判与费尔巴哈人本主义异化观的结合及其在**哲学**共产主义中的最初运用。

赫斯先于青年马克思指认出，在现实的资产阶级金钱世界中，利己主义的小贩(黑格尔的原子化的个人)之间是相互隔绝的，人与人之间没有**直接的**交往关系，他们只能通过市场交换联结起来，于是，市民社会的本质就是将现实的人变成死去的遗骸——私人。在市场建构起来的交易世界(Schacherwelt)中，我们必须外化我们的类生活——人与人之间的**真实交往关系**，这种人的现实中的异化了的"类生活就是货币"②。在金钱世界中，孤立的人与人的交往，只能通过**非人的**货币才能实现。货币正是那个颠倒了的离我们而去的类生活，货币则是我们异化出去的**交往类本质**。这是费尔巴哈那个"上帝是人的类本质的异化"的经济哲学翻版。赫斯这里的货币异化逻辑显然比青年马克思清楚得多。在赫斯这里，如果说，

> 人的具象性的类生活在天国就是上帝，**超人类的善**(Gut)，而在地上就是在人外部的、非人的、**用手摸得着**的财富(Gut)，事物(Sache)，财产，脱离了生产者即它的创造者的**产品**，交往的抽象的本质(Das abstracte Wesen)，即**货币**。③

货币不是物(Ding)，而是类关系颠倒的**事物**(Sache)，这个事物的本质是交往的抽象。赫斯在**人本主义的**经济现象学批判中的这一细致的区分将对马克思产生重要影响。

----

① 这篇论文是赫斯于 1843 年底到 1844 年初为《德法年鉴》撰写的，并且已经呈交编辑部准备发表，后来因杂志停刊，未能及时发表，一年多以后才在其他杂志上刊出。参见《莱茵社会改革年鉴》第 1 卷 (*Rheinische Jahrbücher zur gesellschaftlichen Reform*，Hrsg. Von H. Püttmann. Bd. 1. Darmstadt, 1845)，达姆施塔德，1845 年版，第 1—84 页。
② [德]赫斯:《论货币的本质》，《赫斯精粹》，南京大学出版社 2010 年版，第 154 页。
③ [德]赫斯:《论货币的本质》，《赫斯精粹》，南京大学出版社 2010 年版，第 153 页。

很快,我们在青年马克思的第一次经济学研究中找到了赫斯观点的直接影响痕迹。在 1844 年写于巴黎的"巴黎笔记"中,马克思在普雷沃根据穆勒来解释李嘉图的附录文章的摘录中提到:"'积累劳动'这种说法除去表示资本的起源外,也同样有这样的意义:劳动愈来愈成为事物(Sache)、成为商品,与其理解为人的活动(menschliche Thätigkeit),不如理解为**资本**的形态(Gestalt eines *Capitals*)"。① 马克思在这里开始使用了与人相关的 Sache,而没有用 Ding。这是一个离开哲学唯物主义的感性物(Ding)走向黑格尔 Sache selbst 思想构境的重要的进展。

也是在这份"巴黎笔记"的最后,青年马克思阅读了 19 世纪著名的英国经济学家詹姆斯·穆勒的成名之作,即 1821 年发表的《政治经济学原理》(马克思阅读的版本是 1828 年巴黎法文版),并写下了《詹姆斯·穆勒〈政治经济学原理〉一书摘要》(以下简称《穆勒笔记》)。也是在这一笔记中,我们看到青年马克思在此书第三部分"交换(*Des échanges*)"②的第 6 节——**货币**(*Geld*)的摘录中,开始留意到穆勒使用"媒介"一词的复杂构境,并用德文翻译了它(*Vermittler \ intermédiate*),以期引起注意。③ 这是支援背景中的赫斯思想在起隐性支配作用。以我的推论,马克思应该是在这个时候,再一次仔细阅读了赫斯的《货币的本质》一文。因为,赫斯上述的**交往异化观**突然成为了马克思思考的中心点。青年马克思说,穆勒将货币称为"交换的媒介(Vermittler)"的观点,"非常成功地用一个概念表达了事物的本质(Wesen der Sache)"。我们发现,青年马克思通过穆勒的经济学解释更深刻地理解了赫斯的货币异化论,货币的本质是**交往(交换)关系(事物)**的异化,而不是他过去误认的"**物(Ding)**"的价值的异化。请注意,马克思在遭遇 Sache 概念的时候,它已经被重新构境为一种**关系性存在**。

① [德]马克思:《麦克库洛赫摘要》,Karl Marx, *Historisch-politische Notizen*, *Pariser*, *Gesamtausgabe*(*MEGA2*),Ⅳ/2, Berlin:Dietz Verlag, 1981, S. 481. 中译文参见《巴黎笔记选译》,王福民译,《马克思恩格斯研究资料汇编》,书目文献出版社 1982 年版,第 44 页。Arbeiter 一词在德文中是"劳动者",但大多数马克思文献的中译都意译为"工人"。
② 马克思阅读的文本为法文译本。
③ [德]马克思:《詹姆斯·穆勒〈政治经济学原理〉一书摘要》,Karl Marx, *Historisch-politische Notizen*, *Pariser*, *Gesamtausgabe*(*MEGA2*),Ⅳ/2, Berlin:Dietz Verlag, 1981, S. 422。

青年马克思说,货币是人的"**现实的上帝**(*wirklichen Gott*)"!① 我们记得,这是青年马克思在《犹太人问题》一文中引述过的赫斯的观点,但那时,马克思并不知道赫斯的金钱之神是如何被颠倒的交往关系建构而成的。这一回,马克思弄明白了,赫斯的把戏是将费尔巴哈的人的类本质异化批判挪移到经济学中的结果,只是将后者的人的**自然类关系**转换成人的**交往类关系**,而在这里,马克思则以基督是人与上帝的媒介为喻,来重新说明货币的本质是人之交往类本质的异化和颠倒。其实,这已经开始融入了马克思自身的思想判断。马克思说,金钱——货币的本质其实首先并不在于财产通过它转让,而在于人的产品赖以互相补充的**中介活动**(*vermittelnde Thätigkeit*)或是中介运动本身的异化,"**人的、社会的行动异化了**(*entfremdet*)并成为在人之外的**物质东西**(*materiellen Dings*)的属性"。② 如果货币是关系性 Sache,但它却在异化中**成为**人之外的 Ding 的属性。应该说,这已经不再是赫斯的观点,而是马克思独特的敏锐发现,当然,此时他还无法看清商品的价值表象为物的自然属性的资产阶级拜物教的发生机制,但这一思考构境点有可能直达后来历史现象学中的 Verdinglichung 批判域。然而,它只是短暂的构境闪念。有趣的是,此时仍然不懂经济学的马克思还假作内行地指出,"在信贷关系中,不是货币被人取消,而是人本身变成**货币**,或者是货币和人**并为一体**。**人的个性**本身、人的**道德**本身既成了买卖的物品,又成了货币存在于其中的物质(*Material*)。"③信用作为道德存在畸变成可买卖的金钱,甚至是金钱的物质性承载实体。这个 Material 就是指货币的物质载体,如金属和纸张,是 ding,而不是关系性的事物(Sache)。马克思这里的表述显然是不准确的,他此时还无法真正科学地说明 G—G' 的资本拜物教本质。

很快,我们看到了同为"巴黎笔记"文本群中独立构境的三个笔记本,青年马克思在这个著名的《1844 年经济学哲学手稿》(*Ökonomisch-*

① 《马克思恩格斯全集》第 42 卷,人民出版社 1979 年版,第 18 页。此处原中译文中将 wirklichen 译作"真正的",我改为"现实的"。

② 《马克思恩格斯全集》第 42 卷,人民出版社 1979 年版,第 18 页。中译文有改动。参见[德]马克思:《詹姆斯·穆勒〈政治经济学原理〉一书摘要》,Karl Marx, *Historisch-politische Notizen*, *Pariser*, *Gesamtausgabe*(MEGA2),IV/2,Berlin: Dietz Verlag, 1981, S. 447.

③ 《马克思恩格斯全集》第 42 卷,人民出版社 1979 年版,第 23 页。参见[德]马克思:《詹姆斯·穆勒〈政治经济学原理〉一书摘要》,Karl Marx, *Historisch-politische Notizen*, *Pariser*, *Gesamtausgabe*(MEGA2),IV/2,Berlin: Dietz Verlag, 1981, S. 450.

philosophische Manuskripte，1844）中加深了上述的看法。在第一笔记本中的"劳动异化"手稿中，马克思让我们注意在"对人的漠不关心"的国民经济学所关注的**事物**世界之外还有一个人的世界，并且这个"事物的世界（Sachenwelt）的**增值**同人的世界的**贬值**成正比"。① 我们可以清楚地看到，这里马克思没有说 Dingwelt，而是说了 Sachenwelt，他已经理解了黑格尔哲学构境中的 Sache，资产阶级经济世界是一个**人造的事物的世界**。所以，马克思认为当前的资产阶级经济事实决不是资本家假想中简单的外部物（Ding）的自然进程！在资产阶级事物世界中的劳动产品就是固定在某个对象中，即关系性、事物性（sachlich）对象的人的劳动，国民经济学所面对的那个事物性的世界，不过是这种"劳动的**对象化**（Ver-gegenständlichung）"。这里的 sachlich 还不是马克思后来使用的 Versachlichung（事物化），马克思在此文本中五次使用 sachlich，而没有使用 dinglich（物性）。请一定注意，从赫斯的**货币（交往）异化**到这里的**劳动对象化**（异化）是一个了不起的进步，这已经暗示着马克思将来从**交换和流通领域向生产领域过渡**的先期思考构境意向。这一重要的转变也使青年马克思使自己的异化史观真正超越性地异质于赫斯。从逻辑上看，显然整个《1844 年手稿》都是在《穆勒笔记》之后完成的，那种试图将《穆勒笔记》插入到《1844 年手稿》之中或之后的做法，是将青年马克思的这一重要理论进展**倒退到**赫斯的立场。

青年马克思在这里的理论构境中，人的劳动的实现就是对象化，劳动对象化在黑格尔那里体现为"第二自然"（Die zweite Natur）。本来"第二自然"是人类主体精神外化后对自然的提升，人类精神应该成为自然的主人，可是现在却出现了更深一层的异化，即 Sache selbst（事物自身）。所以，对象化也是"**事物的异化**（Entfremdung der *Sache*）"！显然，这时马克思的内在思路是从黑格尔的社会现象学批判出发的，而不是以往人们所标注的表层构境中的费尔巴哈。所以，他不再说**物**（Ding）的异化，而强调了事物的异化。依马克思此时的判断，资产阶级国民经济学虽然看到了不同于自然物（Ding）的社会财富，但他们只看到劳动的对象化现象，而无法透析劳动与劳动者主体的本质关系，特别是与这种物的进程同时发生的人的社会存在中的劳动关系**异化**。或者说，资产阶级国民经济学家就驻留在异化之中。

———————

① 《马克思恩格斯全集》第 42 卷，人民出版社 1979 年版，第 90 页。

接下去，在《神圣家族》中讨论政治经济学问题的"批判性的评注 2"里，马克思开始注意到，"私有制在自己的国民经济运动（nationalökonomischen Bewegung）中自己把自己推向灭亡，但是它只有通过不以它为转移的、不自觉的、同它的意志相违背的、为事物的本性（Natur der Sache）所制约的发展"，才能做到这一点。① 这是对资产阶级私有制的批判，此处的 Natur der Sache 其实就是黑格尔的那个 Sache selbst 和 zweiten Natur，资产阶级创造了一个"不以它为转移的、不自觉的、同它的意志相违背的"客观力量，私有制恰恰在这种无法控制的**自在事物**中消灭自己。显而易见，马克思这里的"自在事物"批判已经在悄悄离开人本主义异化史观。

我们知道，在马克思哲学思想构境的历史转换中，这已经是人本主义异化史观丧钟将被敲响的最后时刻，在不久之后发生的实践唯物主义新世界观的变革之中，Ding 和 Sache 概念会在客体与主体两个向度上被重新塑形，并走向新的批判视域。

三

在关于 Ding 和 Sache 概念的思考上，马克思思想构境中的格式塔质性改变首先出现在**客体向度**的"本体论"和认识论视域中，而不是前述黑格尔、费尔巴哈和赫斯的异化史观——**主体性**批判性构境中。我觉得，这种思考有可能更为根本。我们最先看到的缘起性显迹，是马克思于 1845 年 1 月写下的《黑格尔现象学的结构》的四点札记。马克思在其中第二点中提出：

> 事物（Sachen）的**差别**（*Unterschiede*）并不重要，因为实体被看作是自我区别，或者说，因为自我区别、区别、悟性的活动被看作是本质的东西。因此，黑格尔在思辨范围内提供了真正把握事物（Sache）实质的区别。②

① 《马克思恩格斯全集》第 2 卷，人民出版社 1957 年版，第 44 页。此处原中译文将 Natur der Sache 译作"客观事物的本性"，我改译为"事物的本性"。
② 《马克思恩格斯全集》第 42 卷，人民出版社 1979 年版，第 237 页。参见 Karl Marx, *Manchester Hefte*, *Gesamtausgabe*（*MEGA2*），Ⅳ/3, Berlin: Dietz Verlag, 1998, S. 11.

仔细去想,马克思这里很可能已经发现,黑格尔唯心主义现象学批判结构中包含了一种他过去并没有真正意识到的重要的认知图式,即客体对象(Ding)的差别虽然存在,但出现在我们认识图景中的**"事物的差别"**却与主体的活动有关,这甚至是更"本质"的差别。但这些重要的差异性关系却是沉浸于感性直观物(Ding)的唯物主义哲学家费尔巴哈根本无法理解的。这个札记中的第四要点是最重要的:

> 你**扬弃**想象中的对象、作为意识对象的对象,就等于**现实的对象性的**(*wirklichen gegenständlichen*)扬弃,等于和思维有差别的感性的**行动、实践以及真正的活动**(sinnlichen *Action*, *Praxis*, u. *realen Thätigkeit*)。(还需要发挥)。①

康德与黑格尔在现象学反思中都发现直达感性物(Ding)的幻象性,而 Für uns 的现象—事物的差别**与主体的活动有关**,但它们只是被唯心主义地认定为先天理性构架的统摄结果,而马克思则已经开始深刻地意识到,这个**改变了事物存在状态的主体的活动**是与思维不同的**感性物质实践活动**。由此,马克思开始走向自己的**实践唯物主义**新世界观。

在 1845 年写下的著名的《关于费尔巴哈的提纲》(*Thesen über Feuerbach*)的第一条中,马克思指出,在传统的哲学唯物主义者那里,

> 对对象、现实、感性(der Gegenstand, die Wirklichkeit, Sinnlichkeit),只是从**客体的**或者**直观的**形式(Form des *Objekts* oder der *Anschauung*)去理解,而不是把它们当作**感性的人的活动**,当作**实践**去理解(menschliche sinnliche *Tätigkeit*, *Praxis*),不是从**主体方面**(subjektiv)去理解。②

在这里,马克思既没有提到 Ding,也没有使用 Sache 概念,他小心

---

① 《马克思恩格斯全集》第 42 卷,人民出版社 1979 年版,第 237 页。中译文有改动。参见 Karl Marx, *Manchester-Hefte*, *Gesamtausgabe*(MEGA2), Ⅳ/3, Berlin: Dietz Verlag, 1998, S. 11。

② [德]马克思、恩格斯:《费尔巴哈》,人民出版社 1988 年版,第 85 页。恩格斯对第一条的修改与马克思的原有表述没有质性的差别。参见 Karl Marx, *Manchester-Hefte*, *Gesamtausgabe*(MEGA2), Ⅳ/3, Berlin: Dietz Verlag, 1998, S. 19。

翼翼地使用了 **Gegenstand**、**Wirklichkeit**、**Sinnlichkeit** 这三个概念。之所以孙伯鍨教授将这一突现的新思想构境指认为马克思的**第二次转变**,是因为马克思的批判之剑是突然逆指向哲学**唯物主义**者费尔巴哈的。在马克思看来,费尔巴哈将康德-黑格尔那种由理性构架参与建构的现象界-物相颠倒性地重新还原为感性直观中的客观对象(Ding),他在唯物主义的哲学立场上可能会是正确的,但却真是肤浅的,因为他没有意识到,康德和黑格尔唯心主义地指认出的由先天理性构架塑形和建构起来的现象**呈现**和感性意谓性**物相**(Sache),的确是与主体性的活动有关,只是这种参与了 Sache 构形的活动**首先**不是主观或客观精神的能动性,而是"'革命的'、'实践批判的'(der 'revolutionären', der 'praktisch-kritischen')"的感性物质活动。应该说,正是马克思的这一断裂性的全新的看法,生成着他所实现的马克思主义哲学革命的根本性基础。

还有一个更深的构境背景,马克思此时正在进行的《布鲁塞尔笔记》①的前期研究中,在古代经济发展与现代资产阶级社会经济发展的对比性观察里,他已经在着眼于思考社会经济进程中真正变革世界的**现代工业生产**。如果说,在"巴黎笔记"时期,青年马克思只是通过古典经济学理论和舒耳茨②的《生产运动》一书初步了解了工业生产在整个资产阶级经济活动中的基础性作用,而此时,他则直接阅读了埃·吉拉

---

① 1845 年 2 月 3 日,马克思在布鲁塞尔重新开始研究政治经济学。他在 2 月先写下《布鲁塞尔笔记》(*Brüsseler Hefte*)A 后,在其间又写下了《评李斯特》,以及《关于费尔巴哈的提纲》,实现了其哲学思想革命的突破,并自觉地走向马克思主义新科学的全面建构。而在 5—7 月,马克思在布鲁塞尔又继续从事他的政治经济学研究,写下了《布鲁塞尔笔记》B。7—8 月,马克思与恩格斯一起首次访问资产阶级的工业王国——英国。在此期间,马克思在曼彻斯特还写下一批经济学摘录笔记,即《曼彻斯特笔记》(*Manchester-Hefte*,九册)。

② 舒耳茨(Wilhelm Schulz, 1797 - 1860),德国作家、激进的民主主义者。1832 年发表《由国家代表而来的德国统一》(*Deutschlands Einheit durch Nationalrepräsentation, Stuttgart*)。1835 年亡命瑞士,任苏黎世大学讲师。1843 年出版《生产运动:为国家和社会奠定新的科学基础的历史和统计方面的研究》(Wilhelm Schulz:*Die Bewegung der Production. Eine geschichtlich-statistische Abhandlung zur Grundlegung einer neuen Wissenschaft des Staats und der Gesellschaft, Zürich und Winterthur, 1843*),产生较大影响。除了著有《生产运动》之外,他于 1840 年还著有《劳动结构的变化及其对社会状况的影响:物质生产劳动的结构》一文,载《德意志季刊》1840 年第 2 期。1848 年 3 月革命后,回到德国,由故乡达姆城(Darmstadt)推选为法兰克福国民议会的议员,作为左派而活跃。

丹的《机器》、查·拜比吉①的《关于机器和工厂的经济性质》、安·乌尔②的《工场哲学,棉花、羊毛、麻、丝制造工业的经济学研究,附英国工场中使用不同机器的描写》等重要论著,并且,很快他与恩格斯前往英国的曼彻斯特,亲眼目睹了资本主义大工业的生产过程。因为,如果说在农业社会自然经济中的物质生产的本质还只是依附于自然运动之上的经过**加工**和获得**优选**后的自然产品(接近那个假想中的自在状态下的 Ding),人类主体还是自然总过程中的被动受体(历史性的主-客体二元模式的现实基础),那么,在现代资产阶级社会商品经济中,经济世界已经成为**人的工业生产**的直接**塑形和构序的结果**(被进一步强化的 Sache),工业实践活动及其实践构式和进一步的筑模已经成为我们**周围事物世界客体结构**的重要支撑性构件,由此,在资本主义工业生产中,自然物质对象第一次成为人类主体**全面**支配的客体,财富第一次真正摆脱自然的原初性(dinglich),而在工业生产实践的重构和市场交换关系中成为"社会财富"(黑格尔所说的劳动提升了的 Sache)。在现代性社会中,我们不再在自然经济中简单直观地面对自然对象物,而是能动地面对工业实践和交换市场关系的复杂 Sache。康德-黑格尔在唯心主义认识论中透视的物相第一次被马克思提示为人类实践的世界图景,人们通过能动的工业(科学技术)实践,更深刻地超越感性直观物,掌握周围事物性世界越来越丰富的存在塑形结构和发生机制。

也由此,马克思现在深刻地意识到,康德与黑格尔的唯心主义思想构境中的 Ding an sich 和 Sache selbst 问题,并不是费尔巴哈那样简单地颠倒主谓逻辑关系就能解决的,因为,这其中蕴藏着一个**先验理性构架**与**实践的先验历史结构**的隐密关系问题。根据《关于费尔巴哈的提纲》第一条的逻辑,马克思实际上指认了黑格尔的绝对认知活动(康德的先验构架之变形)正是以实践的感性活动为基础的,这样,黑格尔的错误首先是把人的物质实践变成理念的认知活动,再把这种认知活动及结构暴力性地变成逻辑本质,实践的此岸性就等于概念的彼岸性。

① 拜比吉(Charles Babbage, 1792—1871),英国数学家和早期机器计算机专家。1814 年毕业于英国剑桥大学,1828—1839 年任剑桥大学教授。主要论著有:《论机器和工厂的经济性质》(1832 年)。此外还有一些数学手稿。

② 乌尔(Andrew Ure, 1778-1857),英国科学家。乌尔出生于英国的格拉斯哥,先后在爱丁堡大学和格拉斯哥大学学习,从 1804 年起,乌尔成为格拉斯哥大学安德逊学院的教授,从事化学及自然哲学的教学和研究工作,开始了他的学术生涯。

由此,康德是被诬骗过去的! 可当费尔巴哈把黑格尔颠倒过来的同时却顾此失彼:实践同样被抛弃了,思维被立于感性直观的 Ding(抽象的人与自然)之上了,概念的彼岸性与客观现实一起被打倒了。这样,康德是被绕过去的。马克思说,思维的此岸性和现实性是一个实践的问题,黑格尔反对而费尔巴哈肯定的感性直观中的物相(客体与直观对象=Ding)恰恰是实践造就的**此岸性**(=Sache),历史的现实的具体的社会实践又是一座正在通向彼岸的桥梁。

所以,从哲学角度反思这一点,马克思才第一次在哲学逻辑中发现,从这种对现实的社会历史生活的真实了解出发,康德和黑格尔所揭穿的自然物相和天然本性(Natur)并非仅仅是理性构架**非历史地**塑形事物,而人们对自然存在的表象、任何社会现象和人类生活存在本身都历史地"属于一定的社会形式(bestimmten Gesellschaftsform)"!① 具体到费尔巴哈和赫斯(包括青年马克思在《1844 年经济学哲学手稿》中的想法)所标注的人的类(关系)本质,马克思现在则说,"人的本质并不是单个人所固有的抽象物(Abstraktum),在其现实性上,它是一切社会关系的总和(In seiner Wirklichkeit ist es das Ensemble der gesellschaftlichen Verhältnisse)。"② 这里的抽象物是指那个"内在的、无声的(innere, stumme)"类本质,它被假设为一种天然物性(dinglich),正是它构成着文艺复兴以来全部资产阶级启蒙思想的根本逻辑支点,天赋人权和天赋理性正是将"许多个人**自然地**联系起来的共同性(die vielen Individuen *natürlich* verbindende Allgemeinheit gefaßt werden)",这也是资产阶级社会("市民社会")的现实本质。在这个构境意义上,被假扮作天然本性和自然法则的 Dinglich 的人权之本质恰恰是**资产阶级特有的事物**(Sache)。 由此,被资产阶级粉饰成 Ding 的永恒人性和抽象不变的人的本质只能是**一定**社会历史条件下形成的一切社会关系总和的 Sache。

《德意志意识形态》(*Die deutsche Ideologie*,1845 - 1846)是**广义**历史唯物主义的诞生地,马克思在 1845 年的《提纲》中宣告了新世界观的实践本质之后,他和恩格斯一同开始清算当时仍然统治着德国思想

---

① [德]马克思、恩格斯:《费尔巴哈》,人民出版社 1988 年版,第 85 页。参见 Karl Marx, *Manchester-Hefte*, *Gesamtausgabe*(MEGA2),Ⅳ/3, Berlin:Dietz Verlag, 1998, S. 21。

② [德]马克思、恩格斯:《费尔巴哈》,人民出版社 1988 年版,第 89 页。参见 Karl Marx, *Manchester-Hefte*, *Gesamtausgabe*(MEGA2),Ⅳ/3, Berlin:Dietz Verlag, 1998, S. 20 - 21。

界的种种资产阶级意识形态幻象。于是,他们需要对整个社会生活和人类社会历史发展作出一个基于**客体向度**的一般性解释,这就是广义历史唯物主义中的物质生产与再生产**塑形与构序**历史存在的基始论。在此,那种没有被人作用过的自然存在——Ding 进一步消失在特定历史条件下劳动生产创造的我们周围的 Sachenwelt 之中。

在马克思、恩格斯 1845 年之后的全新话语实践中,根本改变 Ding 和 Sache 构境域质性的事情是历史唯物主义的历史(Geschichte)范式。这个历史并非是简单的**实体物质**(*Ding*)现实之**持续性**,而是人类实践(物质生产与再生产)**正在生成**的现实社会生活和发展过程。海德格尔后来明确区分了作为历史事件持存的**历史之物**(*Historische*)与生成性事件发生的**历史**(*Geschichte*)。马克思和恩格斯在《德意志意识形态》一书并没有仔细区别这两个概念。这是对康德-黑格尔 Sache 问题的真正解决。这是由于,康德那个以一定的形式向我们呈现的现象界不是一个理性构架统摄的主观认知结果,而是由一定的社会实践塑形的历史存在本身,观念世界"向自然的立法"的统觉建构只不过是实践构形的偶像化而已;黑格尔那个"以对自然产物(Naturprodukts)的**塑形**(*Formierung*)为职能"①的**产业**(*Gewerbe*),被重新历史地安置在现实资本主义生产方式之中,成为我们周围这个 Sachenwelt 的真正现代性"造物主"。

这也就是说,马克思这里的"历史"主要是现代性工业生产之上的人类主体**主导**的历史情境——最大的 Sache,即由人们的物质生产活动创造的新的**社会定在**(*gesellschaftliche Dasein*)②,即"不依个人'意志'(*Willen*)为转移的个人的物质生活(das materielle Leben),即他们的相互制约的生产方式和交往形式(Produktionsweise und die Verkehrsform)"。③ 这显然不是工业发生以前的自然经济中的那种人与自然的关系,在那里,人只是周围自然过程的一个**被动因素**的生存,在土地上**优选**和**协助**自然物质(Ding)生产。这也就是说,马克思的这

----

① [德]黑格尔:《法哲学原理》,范扬、张企泰译,商务印书馆 1961 年版,第 214 页。参见 Georg Wilhelm Friedrich Hegel, *Werke 7*, Suhrkamp Verlag Frankfurt am Main 1970. S. 357。

② gesellschaftliche Dasein 一词应该译为"社会定在",与马克思的"一定的社会历史条件"相一致。由赫斯首先使用,马克思在《1844 年手稿》、《1857—1858 年经济学手稿》和《政治经济学批判》中分别各一次使用此词,在本书中,马克思并没有使用此词。马克思在 1859 年写下的《〈政治经济学批判〉序言》中唯一一次使用了 gesellschaftliche Sein(社会存在)一词。

③《马克思恩格斯全集》第 3 卷,人民出版社 1960 年版,第 376 页。

个"历史"规定的经济学基础不是农业社会，甚至不是重商主义的，而是古典经济学所认可的**工业和工业之上的现代经济**过程。正是大工业生产才**第一次**创造了人在其中居主导地位的新的人与自然的关系和社会存在（Sache）。财富的主体不再是外部自然的结果（"自然财富"），而直接是人的活动的结果（"社会财富"）。其实，我们熟知的胡塞尔"朝向事情本身（sich nach den Sachen selbst richten）"和"回到事情本身（auf die Sachen selbst zurükgehen）"之说，这里的事情（Sache）即马克思所说的区别于那种旧唯物主义和假想中的外部物（Ding）的与人相关的**事物**，并且，在胡塞尔这里，真正的事情即是真正的**现象**。在后来的维特根斯坦那里，Sache 一词又变形出 Tatsache（事实）、Sachlage（逻辑可能的事态）和 Sachverhalt（基本逻辑可能事态）等词。

这样，马克思才会批评费尔巴哈"没有看到，他周围的感性世界（umgebende sinnliche Welt）决不是某种开天辟地以来就已存在的、始终如一的物（Ding），而是**工业和社会状况的产物**（*Produkt der Industrie und des Gesellschaftszustandes*），是历史的产物（*geschichtliches* Produkt），是世世代代活动的结果"。① 马克思在这里特别强调，我们生活与存在其中的周围世界并非人之外的**物**（*Ding*），而是人的活动之**产物**（产品，*Produkt*）或者**事物**（*Sache*）。在这里，历史性生成的**人的**"周围的感性世界"取代了费尔巴哈不准确的单纯直观中的一般感性自然。显然，马克思是在用**历史性**来重新规定这个自然唯物主义的前提，因为，今天我们周围的自然存在中这种"最简单的'感性确定性'（sinnliche Gewissheit）的对象也只是由于社会发展、由于工业和商业交往才提供给他的"。② 更宽泛地说，人类历史情境中的任何一种自然对象之**表象**，都是历史的。

我以为，这是对康德-黑格尔的 Ding an sich 和 Sache selbst 命题的最终破解。

四

在《德意志意识形态》一书中发生的整个**广义**历史唯物主义的建构

---

① ［德］马克思、恩格斯：《费尔巴哈》，人民出版社 1988 年版，第 20 页。
② ［德］马克思、恩格斯：《费尔巴哈》，人民出版社 1988 年版，第 20 页。

过程中,马克思与恩格斯的主要思考焦点都在于刻意将自己的新想法与传统哲学界划开来,为此,他们直接放弃了全部**人本主义哲学话语**。比如通过文献词频统计①可以发现,在《穆勒笔记》和《1844 年经济学哲学手稿》中作为**权力话语关键词**的 Entfremdung(异化)、Entäusserung(外化)和 Gattungswesen(类本质)三词,分别从高值 25/150、27/99 和 0/16,突然在《德意志意识形态》中降低为负 17(即否定性的引述,其中直接他引 4 次)、负 3(其中直接他引 1 次)和 0/0。在《1844 年经济学哲学手稿》中作为正面肯定的 Humanismus(人本主义)则从**相对高峰值** 8 到《德意志意识形态》中的**底谷峰值**负 13(即作为批判对象)。马克思和恩格斯还专门标注自己的"实证科学"属性,以此表示对所有思辨哲学的根本拒斥。我发现,也由于这种特定的批判目标的设定,人本主义价值悬设批判话语的被摈弃,《德意志意识形态》这一文本中的确出现了**某种现象学批判缺席**的状况:我们不难看到异化史观批判逻辑退场后留下的巨大**价值评判空场**,广义历史唯物主义对社会历史一般概说背后,对当下资产阶级社会现实的批判被大大弱化了。依我的理解,如果社会存在决定观念,那么,现实中的资产阶级意识形态则是商品—市场王国的必然对应物,穿越现实幻象的激进批判话语——科学的社会主义则需要全新的生长点。这恐怕也是马克思再一次投身到经济学研究的主要原因。

不过,即便如此,我们还是可以在《德意志意识形态》一书中发现一些处于压抑状态的批判性意向。我们看到,摆脱了人本学话语的马克思试图通过从经济学研究中借用来的**分工**(*Teilung der Arbeit*)范畴,导引出一种历史性的现实社会批判,即走向对包括资产阶级社会在内的四种所有制形式的**历史性批判**。具体地说,分工这个概念在《德意志意识形态》第一手稿的一般表述之后和第五手稿的理论阐释开始之前被凸现出来。这是一种直接来源于马克思初步肯定经济学研究的科学批判话语,同时它也是**狭义**历史唯物主义开始建构的直接理论基础。应该说,马克思此时对经济学分工问题的了解,还停留在斯密的手工业劳动分工的水平,因此,他的大部分分析依然不够深入和准确。比如,马克思还无法正确区分**社会分工**和**劳动**分工的历史性生成,这里的分

---

① 所谓词频(term frequency, TF),就是指在一份给定的文献中,某一个给定的词语在该文献中出现的次数。

工概念更多的是一个**准哲学的**范式。直至《哲学的贫困》中他才清楚地辨析它们之间的差异。马克思对分工问题的科学解决,是在 1857 年以后的经济学研究中才真正完成的,在那里,他进一步区分了社会分工与企业内部的劳动分工。① 并且科学地指出公有制和自然共同体中的分工并没有产生"异化",而仅仅那种在商品(市场)经济的特殊社会分工中才可能导致社会关系的颠倒和"异化"。毋庸置疑,注意这一点对我们的研究是十分重要的。

在马克思这时的思想构境中,客观发生的分工取代了原来在人本主义话语中作为价值悬设的异化规定。他很可能是假定,异化是一个**哲学逻辑**规定,而分工则是一个来自**经济学的实证概念**。在马克思当时所持有的经济学认知水平上,他直观地指认社会经济生活中的各种矛盾**都是**由于分工造成的。这显然是不准确的。在《曼彻斯特笔记》中,马克思看到英国社会主义者欧文等人"消灭分工"的观点。与他们不同的是,马克思的观点是直接从经济学出发的。在此时的马克思看来,"**分工**不仅使精神活动和物质活动、享受和劳动、生产和消费由不同的个人来分担这种情况成为可能,而且成为现实"。② 正是由于分工的出现,才造成了生产力、社会状况和意识三个因素之间的**客观矛盾**,并且,"要使这三个因素彼此不发生矛盾,则只有消灭分工"!③ 这也是极其简单化的判断。

依马克思这时的看法,分工导致劳动及产品的不平等分配,从而也产生了所有制。分工的发展也产生了单个人(或单个家庭)的利益与所有相互交往的个人的共同利益之间的矛盾。更重要的是,马克思在过去用异化史观揭露的劳动异化现象之处,**实证地**发现了新的情况:只要人们还处于自然形成的社会(naturwüchsige Gesellschaft)中,只要私人利益与公共利益之间还存在分裂,只要分工还不是出于自愿而是历史地自发生成,"那么人本身的活动对人来说就成为一种异己的,同他对

---

① 在《1861—1863 年经济学手稿》中,马克思认识到,"分工是一个特殊的、有专业划分的、进一步发展的协作形式(Form der Kooperation),是提高劳动生产力(Produktivkraft der Arbeit),在较短的劳动时间内完成同样的工作,从而缩短再生产劳动能力所必须的劳动时间和延长剩余劳动时间的有力手段"。参见《马克思恩格斯全集》第 47 卷,人民出版社 1979 年版,第 301 页。并且,分工有两种:一是社会劳动分成不同的劳动部门的社会分工;二是同一个工厂内部的劳动分工(同上,第 305 页)。

② [德]马克思、恩格斯:《费尔巴哈》,人民出版社 1988 年版,第 27 页。

③ [德]马克思、恩格斯:《费尔巴哈》,人民出版社 1988 年版,第 27 页。

立的力量,这种力量压迫着人,而不是人驾驭着这种力量"。① 这的确很像是《1844 年经济学哲学手稿》中的表述。那么,这个异己的力量是什么呢? 马克思进一步解释道,这是由于分工出现后,

> 每个人就有了自己一定的特殊的活动范围,这个范围是强加给他的,他不能超出这个范围:他是一个猎人、渔夫或牧人,或者是一个批判的批判者。只要他不想失去生活资料,他就始终应该是这样的人。②

具体说,马克思发现的人之外的"异己力量"竟然是分工的**固定范围**,或者叫分工的**片面性**状态。由此,马克思指出,在这样的社会发展中,分工所导致的"社会活动的这种固定化(Sichfestsetzen der sozialen Tätigkeit),我们本身的产物聚合为一种统治我们的、不受我们本身控制的、与我们的愿望背道而驰的并抹煞我们打算的事物性力量(sachlichen Gewalt)"——马克思在此还专门作了一个特设说明——"是过去历史发展的主要因素之一"。③ 这个 Gewalt 在德文中也有控制和支配的意思。这是历史唯物主义创立之后,区别于自然物(Ding)的**事物性力量**的第一次出现。然而,我必须指出,马克思这种从分工的片面性引导出来的物役性批判,从出发点上就是错误的。他甚至没有深入到斯密的劳动分工的内部,在那里,分工作为手工业工场内部的劳动分工,首先是与生产率相关,也就是说,劳动分工是资本主义商品经济发展的内部生产力提高的条件之一,之后,才会出现由于劳动分工所导致的社会总劳动与产品的全新关联,以及劳动产品商品市场交换联系所生成的价值关系事物化等问题。

当然,我也注意到,在《德意志意识形态》第一卷后面的第三章中,马克思开始将这种异己的外部力量从片面分工的结果更准确地定位为"一切实际的财产关系的真实基础"的社会关系,但是,"在分工的范围里,这些关系必然取得对个人来说是独立的存在"。④ 这仍然是不准确

---

① [德]马克思、恩格斯:《费尔巴哈》,人民出版社 1988 年版,第 27 页。
② [德]马克思、恩格斯:《费尔巴哈》,人民出版社 1988 年版,第 29 页。
③ [德]马克思、恩格斯:《费尔巴哈》,人民出版社 1988 年版,第 29 页。中译文原来将此处的 sachlichen 译为"物质的",我改译作"事物性的"。
④《马克思恩格斯全集》第 3 卷,人民出版社 1960 年版,第 421 页。

的,以后我们会看到,不是分工造成了异己的力量,而是资本主义市场交换才生成了人与人的关系颠倒为事物与事物的关系。或者换句话说,即"在一定的、当然不以意志为转移的**生产方式**(*Produktionsweisen*)内,总有某些异己的、不仅不以分散的个人而且也不以他们的总和为转移的实际力量(praktische Mächte)统治着人们"。① 我得说,马克思这里的断言还残存着传统哲学的思辨性。在此时的马克思看来,

> 个人行为(Individuellen Verhaltens)向它的对立面即向纯粹的事物性的行为(sachliches Verhalten)的转变,个人自己对个性和偶然性(Zufälligkeit)的区分,这正如我们已经指出的,是一个历史过程(geschichtlicher Prozeß),它在发展的不同阶段上具有不同的、日益尖锐的和普遍的形式。在现代,事物性的关系对个人的统治(Herrschaft der sachlichen Verhältnisse über die Individuen)、偶然性对个性的压抑,已具有最尖锐最普遍的形式。②

人的活动向事物的关系的转变,这是一个十分深刻的指认,并且,马克思在这里都十分精确地使用了与人相关的 sachliche 一词,而并没有用物的关系(dingliche Verhältnisse)。这是一个重要的区分。但是,事物性的关系的本质被马克思指认为某种"普遍形式"的偶然性对人的个性的压抑,这仍然是不准确的看法。此处的"普遍形式"一语显然带有黑格尔《法哲学》社会现象学的痕迹,后来在经济学研究中的历史现象学批判中,马克思才科学地说明了这一黑格尔式的思辨行话。

紧接着,马克思立刻得出一个极重要的逻辑确认:**这就是过去他用异化来指认的东西!**"用哲学家易懂的话来说(um den Philosophen verständlich zu bleiben)",就是"**异化(*Entfremdung*)**"!③ 此时,异化概念已经不再是马克思思考语境中重要的逻辑规定,虽然马克思在全书中仍然十一次提到 Entfremdung,但除去这一处,大多数情况都是在

---

① 《马克思恩格斯全集》第 3 卷,人民出版社 1960 年版,第 274 页。
② 《马克思恩格斯全集》第 3 卷,人民出版社 1960 年版,第 515 页。原中译文将 Verhaltens 译作"关系",我改译为"行为"。参见 Marx/Engels: *Die deutsche Ideologie MEW* Bd. 3, Berlin: Dietz Verlag. 1969. S. 424.——本书作者第三版注。
③ Marx/Engels: *Die deutsche Ideologie MEW* Bd. 3, Berlin: Dietz Verlag. 1969. S. 35.——本书作者第三版注。

后面对批判对象的引述中使用的。这大概也是为什么马克思总是否定性地指认分工，而不像后来那样首先肯定分工的进步意义，然后再历史地说明分工在私有制条件下导致奴役性关系的原因。在此时的马克思的眼里，分工的理论角色，是在经济学科学中才能得以确认的**恶之源**。马克思的逻辑转换在此明确地得以显现，他力图**用科学的经济学规定取代哲学的价值规定**。"异化"是**价值评判**（应该不存在的"是"），分工是社会**现实结构**（"是"）。为此，马克思在后面的第三章中将批判的矛头直接对准施蒂纳，因为他根本不能理解真实发生的历史真相，即

> 在个人利益变为阶级利益而获得独立存在的这个过程中，个人的行为不可避免在受到事物化、异化（versachlichen, entfremden），同时又表现为不依赖于个人的、通过交往（Verkehr）而形成的力量，从而个人的行为转化为社会关系（gesellschaftliche Verhältnisse），转化为某些力量，决定着和管制着个人，因此这些力量在观念中就成为"神圣的"力量。①

请注意，也是在这里，作为本文关注和思考焦点的 versachlichen 前无古人地出现了。这是马克思第一次创造和使用"事物化"（versachlichen）一词。在德文中，Versachlichung 是"使某些东西变成事物"（etwas zur Sache Machen）之意。这里，马克思使用了此词的形容词，在后面的讨论中，马克思批评施蒂纳时提到"竞争中的事物化（Versachlichung）"。② 这也是此书中仅有的**两次**使用事物化概念。显然，这里肯定没有后来被广松涉所重构的"物象化"之意。我们可以看到，事物化概念在马克思的文本里的第一次出场情境中，马克思的批判对象是不明确的。versachlichen 只表明了一种抽象的事物性的外部力量对人的反向统治，用我的概括即**物役性**，而没有通过经济学的研究认

---

① 《马克思恩格斯全集》第 3 卷，人民出版社 1960 年版，第 273 页。参见 Marx/Engels：*Die deutsche Ideologie MEW* Bd. 3，Berlin：Dietz Verlag. 1969. S. 228. 中译文原来将此处的 versachlichen 译成"物化"，我改译为"事物化"。日本学者广松涉在日文翻译中，为了迎合自己的现象学（胡塞尔和海德格尔）取向，将其译作"物象化"，我再三思量后以为是不妥的。并且，广松涉为了突显自己的这一"发现"，专门指出马克思文本中的另一个概念 Verdinglichung（物化），其实，此词马克思只是在《资本论》第三卷中使用过两次，从来没有在重要的理论讨论中使用过。

② 《马克思恩格斯全集》第 3 卷，人民出版社 1960 年版，第 433 页。参见 Marx/Engels：*Die deutsche Ideologie MEW* Bd. 3，Berlin：Dietz Verlag. 1969. S. 357.

真找到资本主义经济关系颠倒的本质和复杂发生机制。

五

1847年，马克思撰写并发表《哲学的贫困》(*Misère de la philosophie. Rèponse a la philosophie de la misère de M. Proudhon*(Paris 1847)。在批判蒲鲁东的过程中，我们可以看到马克思的经济学见识在不断加深，并且，他也将自己刚刚创立的广义历史唯物主义方法运用到对经济学的研究本身。于是，我们看到马克思开始能够准确地认识到，在蒲鲁东那里，"分工和这种分工所包含的交换(échange)等都是凭空掉下来的"①，他根本不知道和无法理解人类社会生活存在的**历史性**特征。分工和交换都有它自己的历史(histoire)。它经过各个不同的阶段②。显然，马克思没有再坚持过去所指认的"分工"造成物役性的现象，相比之前面我们看到的马克思对分工的简单否定，这里的观点无疑是一个进步。

同时，我还注意到，马克思针对蒲鲁东认为李嘉图将帽子的生产费用与人的生活费用混为一谈的看法时，马克思还提到了如下一个重要观点："如果说有一个英国人把人变成了帽子，那末，有一个德国人就把帽子变成了观念。"③这个英国人是李嘉图，马克思说他将人变成帽子，这种做法实际上揭示了资产阶级社会商品经济的那种"为了生产而生产"的过程中人与**事物(财富)**在生产目的上的颠倒。应该指出，这一思想构境是批判性的。马克思特意说，李嘉图的确是"把人变成了帽子"，但这不是因为李嘉图观点的"刻薄"造成的，而是由于资产阶级社会的**经济事实本身**就是刻薄的。进一步，黑格尔不满意资产阶级社会的这种主体沉沦于劳动事物的状态，于是他再将事物化了的人扬弃为绝对观念即"把帽子变成了观念"。关于这个人变成事物的观点，在另外一处，马克思还有一个更深刻、更具体的分析，他批评蒲鲁东无法理解"货币(monnaie)不是物(chose)④，而是一种社会关系(rapport social)"，一种"生产关系"(rapports de production)，"这种关系正如个人交换一样，

①《马克思恩格斯全集》第4卷，人民出版社1958年版，第78页。
②《马克思恩格斯全集》第4卷，人民出版社1958年版，第79页。
③《马克思恩格斯全集》第4卷，人民出版社1958年版，第138页。
④ 这里的 chose 应该是马克思对德文中 Ding(物)的翻译。

是和一定的生产方式相适应的"。① 我觉得,这与上述那种人变帽子的**生产目的**的讨论域不同,这里马克思已经精准地透视了流通领域中交换关系的**物化错认**问题。当然,马克思此时还无法更精确地说明,作为物出现的货币,其实不是自然物(Ding),甚至不是与人相关的事物(Sache),而是客观发生在交换活动中对劳动关系(直接的人与人的社会关系)的**客观抽象**(价值等价)和结晶**物化**(价值实体化)的在场。这是后来历史现象学构境的批判性任务。

实际上,这里最重要的一个理论进展,是马克思广义历史唯物主义视域中的**科学的生产关系概念**的形成。马克思指出,蒲鲁东根本无法理解,一切"经济范畴(catégories économiques)只不过是生产方面社会关系(rapports sociaux)的理论表现,即其抽象(abstractions)"②。蒲鲁东与资产阶级经济学家一样,不知道人们是在一定的生产关系内生产,他不明白,

> 这些一定的社会关系(rapports sociaux déterminés)同麻布、亚麻等一样,也是人们生产出来的。社会关系和生产力密切相联。随着新生产力(nouvelles forces productives)的获得,人们改变自己的生产方式(mode de production),随着生产方式即保证自己生活的方式的改变,人们也就会改变自己的一切社会关系。手工磨产生的是封建主为首的社会,蒸汽磨产生的是工业资本家为首的社会(la société avec le capitalisme industriel)。③

细一些分析,我们首先会看到出现在马克思这段文本中的两种Sache(事物):一是作为劳动产品的麻布和亚麻,这是与人的生产**相关**的事物;二是作为生产方式象征的生产工具——手推磨和蒸汽磨,这显然已经是**人工**事物。应该看到,这里出现的**事物**不是在现象学批判的构境中,而是一种客体向度中的广义历史唯物主义的**客观指认**。这也是马克思第一次比较准确地阐明生产力、生产关系与生产方式之间的历史关系。这一重要的进展也导致了马克思对资产阶级社会本质的全新认识,即**资本关系**作为支配性构架的资本主义的生产方式。

---

① 《马克思恩格斯全集》第4卷,人民出版社1958年版,第119页。
② 《马克思恩格斯全集》第4卷,人民出版社1958年版,第143页。
③ 《马克思恩格斯全集》第4卷,人民出版社1958年版,第143—144页。

在不久之后的《资本与雇佣劳动》①中，马克思明确说明他的经济学研究主要是面对**经济关系**（*ökonomische Verhältnisse*）。他极为深刻地指出，

> 人们在生产中不仅仅同自然界发生联系（sich beziehen）。他们如果不以一定方式（bestimmte Weise）结合起来共同活动和互相交换其活动，便不能进行生产。为了进行生产，人们便发生一定的联系和关系（bestimmte Beziehungen und Verhältnisse）；只有在这些社会联系和社会关系（die gesellschaftliche Beziehungen und Verhältnisse）的范围内，才会有他们对自然界的关系，才会有生产。②

这同样是客体向度中的肯定性描述：人们改造自然的物质生产总是一定社会历史条件下的生产，而且必然是一定生产关系下以一定的形式构成的物质实践过程。人与自然的联系中必然依托人与人的联系，这是生产力与生产关系的历史性结合。马克思接着说：

> **生产关系总合起来**（*Produktionsverhältnisse in ihrer Gesamtheit*）**就构成为**所谓**社会关系**，构成为所谓**社会**（die *gesellschaftliche Verhältnisse，die Gesellschaft*），并且是构成为一个处于**一定历史发展阶段**上的社会，具有独特的特征的社会。古代社会、封建社会和资产阶级社会（bürgerliches Gesellschaft）都是这样的生产关系的总和，而其中每一个生产关系的总和同时又标志着人类历史发展中的一个特殊阶段。③

马克思在这里以大段的篇幅讨论广义历史唯物主义的原则，当然只有一个目的，那就是通过强调每一个生产关系总和的**特定历史性质**引出对现实资产阶级社会经济关系的批判，特别是资产阶级经济学对这种经济关系性质的**意识形态遮蔽**，即资产阶级社会关系的天然性和

---

① 这一文本的原型，是马克思在 1847 年底在布鲁塞尔关于资本与劳动关系的多次演讲。1848 年 2 月，马克思开始修改这一文本。1849 年 4 月，这一文本以连载的社论形式公开发表在《新莱茵报》上。
② 《马克思恩格斯全集》第 6 卷，人民出版社 1961 年版，第 486 页。
③ 《马克思恩格斯全集》第 6 卷，人民出版社 1961 年版，第 487 页。

永恒性。这必然会导引出一种新的批判性视域,即基于狭义历史唯物主义的**历史现象学**。请注意,以资本主义的生产关系为指向的构境层标志着马克思的理论着眼点开始从**客体向度向主体向度的转变**,因为,与广义历史唯物主义的**中性**客观描述不同,研究资本主义生产关系的目的是**证伪**。这就有了马克思十分著名的一段论述:

> 黑人就是黑人。只有在一定的关系(bestimmten Verhältnissen)下,他才成为**奴隶**。纺纱机是纺棉花的机器。只有在一定的关系下,它才成为**资本**。脱离了这种关系,它也就不是资本了,就像**黄金**本身并不是**货币**,砂糖并不是砂糖的**价格**一样。①

这里发生的理论突破在于,**事物**与社会关系历史性联结的透视:黑人是主体性的人,纺纱机、黄金和砂糖是具体实在的事物,在特定的社会关系之下,它们才成为奴隶(奴隶制度之下的会说话的工具),黄金才成为货币(商品经济下劳动交换关系的价值等价物),纺纱机才成为资本(资产阶级占有劳动的统治关系)。在这里,透过直观的物相,在更深一层的批判性思想构境中,奴隶、货币和资本都不是**可见的**感性事物,而是一种**看不见的**社会关系。我们发现,此时,马克思开始持有了经济学和历史现象学上的重要认识,他入木三分地指出:

> **资本**也是一种社会生产关系。这是**资产阶级的生产关系**(*bürgerliches Produktionsverhältnis*),是资产阶级社会的生产关系。构成资本的生活资料、劳动工具和原料,难道不是在一定的社会条件下,不是在一定的社会关系(bestimmten gesellschaftlichen Verhältnissen)下生产出来和积累起来的吗?难道这一切不是在一定的社会条件下,在一定的社会关系内被用来进行新生产的吗?并且,难道不正是这种一定的社会性质(bestimmte gesellschaftliche Charakter)把那些用来进行新生产的产品变为**资本**的吗?②

这些来自于历史唯物主义话语的五个"一定的(**bestimmt**)",直接

---

① 《马克思恩格斯全集》第 6 卷,人民出版社 1961 年版,第 486 页。
② 《马克思恩格斯全集》第 6 卷,人民出版社 1961 年版,第 487 页。

促使了马克思在经济学认识上的一定程度的深化。在马克思看来，资本"作为一种独立的社会力量，即作为一种属于**社会一部分**的力量，借**交换直接的、活的劳动**而保存下来并增殖起来"①。显然，原来在《德意志意识形态》一书中被指认为分工的片面性状态的人之外的支配力量，现在被揭示为作为**一种社会统治关系**的资本。

可是，马克思这里还只是着眼于资本与事物（生活资料、劳动工具和原料）的外在关系，马克思甚至还仍然在这样一种不准确的观点中打转转，即"资本是过去劳动的积累"的说法，在此时的他看来，"由于积累起来的、过去的、对象化的劳动（vergegenständlichten Arbeit）支配直接的、活的劳动，积累起来的劳动才变为资本。"②显然，马克思此时还没有认识到劳动的二重性，劳动交换关系在商品交换的过程中历史性地客观抽象为价值关系，并逐步结晶实体化为外部等价物——货币，而当它再一次投入到生产过程中并无偿占有劳动者创造的剩余价值以增殖自身，也就构型为资本的统治和支配力量。也由此，人与人的劳动交换关系历史性地颠倒为事物与事物的**事物化**关系，以及主观映照为资产阶级经济**拜物教**的意识形态。这是马克思即将进行的第三次经济学研究需要解决的问题。

六

1857 年 7 月至 1858 年 10 月，马克思写下了著名的《1857—1858年经济学手稿》（Ökonomische Manuskripte 1857/1858），从而进入他第三次也是最重要的经济学研究过程。我们可以看到，马克思在批判资产阶级政治经济学、建构和实现自己的政治经济学变革的同时，也在有意识地超越资产阶级古典经济学的拜物教意识，在科学批判的起点上形成不断深化着历史唯物主义的哲学逻辑，即以批判资本主义生产方式为主要对象的**狭义的**历史唯物主义和批判的**历史现象学**（geschichtliche Phänomenologie）。也是在这里，我们将最终遭遇马克思关于资本主义社会经济关系的特有的客观颠倒和误识的Versachlichung（事物化）-Verdinglichung（物化）批判视域，以及三大经

---

① 《马克思恩格斯全集》第 6 卷，人民出版社 1961 年版，第 488 页。

② 《马克思恩格斯全集》第 6 卷，人民出版社 1961 年版，第 488 页。中译文原来将此处的 vergegenständlichten 译为"物化"是不准确的，应该为"对象化"。

济拜物教理论。

我们知道,由于古典经济学将**资本主义**这种特定社会历史的存在视为永恒的自然物质存在,所以,马克思在《1857—1858 年经济学手稿》中开始进行的政治经济学(die politische Ökonomie)研究,从历史哲学的视角上看,正是为了说明资本主义生产方式的历史性和暂时性的方面,因为它本身就是一种历史地变化并将被超越的现实。正是这种历史性的现实,在资本主义商品生产和市场经济中产生了一个巨大的**多重颠倒**的复杂社会关系**筑模**。资产阶级政治经济学就是在这种社会关系颠倒的经济现象中形成他们特有的**拜物教意识形态**:将资本主义生产方式特有的社会历史存在直接设定成经济运行本身的**自然的**客观属性,所以,在资产阶级的意识形态中,资本主义经济运行相对于人类生存的**事物化颠倒**,直接被指认为人的天然**本性**("自然法")和社会存在(生产)运作天经地义的**正常**形式("自然秩序"),如此一来,三大经济拜物教(商品、货币和资本)就会是其逻辑发展必然结果。

我们都记得,在《1844 年手稿》中,马克思同时批判了黑格尔与斯密、李嘉图,那时他凭借着人本主义社会**现象学**,从主体向度出发,用人本主义一层层剥离资产阶级政治经济学所肯定的现象(事实)的丑恶面具,从而复归人的劳动类本质。1845 年以后,马克思创立了广义历史唯物主义科学,他在放弃人本主义异化史观的同时,也暂时放弃了现象学批判。他的焦点意识主要集中于资本主义历史发展中内在的**客观矛盾**,而不是在于这种社会历史规律的**表现形式与现实具象**。因此,事物化("异化")与颠倒的经济现象并不是广义历史唯物主义**客体向度**的关注主题。我们也看到,它以并不精准的**物役性批判**生成自己的过渡理论形态。然而,在 1847 年以后特别是 50 年代以来的第三次经济学研究进程中,马克思在对大量资本主义生产方式的具体表象的研究中,再一次从**主体**(劳动)向度出发,也**再一次**开始关注商品—市场经济关系的事物化与颠倒的问题(人本主义话语中的"异化"批判)。他再一次从经济学研究中发现,资本主义生产关系,从劳动到价值、货币再到资本,这是劳动关系和劳动成果本身事物化与颠倒的二次方,是"异化的异化"。而这里从主体出发指认的颠倒与事物化的发生,不再是相对于人本主义类本质的"应该",而是相对于"先有"(封建社会及以前的直接和简单的经济关系)与"后有"(共产主义的人类理想化生存之客观可能性),这一"先"一"后"都是一种客观存在,后者是一种**客观的现实可能**

性。对于前资本主义的"先有",这种关系颠倒的事物化是一种**客观的进步**,也是人的进步;而对于"后有",这种事物化则是新型的奴役、对抗的历史形式。马克思指出了面对"先有"与"后有"的事物化的不同,它正是马克思此时的历史逻辑与过去人本主义异化史观一个很重要的异质性区别。

在这里,马克思深刻地指认出,相对于"先有的"**人的依赖关系**(*persönliche Abhängigkeitsverhältnisse*)的前资本主义"第一大社会形式",资本主义社会的本质是

> 以**事物性的**依赖性(die *sachliche* Abhängigkeit)为基础的人的独立性(Unabhängigkeit),这是第二大形式,在这种形式(form)下,才形成普遍的社会物质变换,全面的联系(universale Beziehungen),多方面的需求以及全面的能力体系。①

首先请读者注意,在马克思看来,资本主义社会关系的本质不是过去汉译文本中"**物(Ding)的依赖性**",而是"**事物性(*sachliche*)的依赖性**",这个误译将会导致严重的理论误识。其次,也是在这里,马克思第一次完整说明了第二大社会形式即**资本主义社会中人与人的关系的事物化与颠倒**。这正是本文非常关注的问题。这是一个很大的跳跃,因为这显然是黑格尔《法哲学》市民社会现象学批判逻辑的"接着说"!马克思认为,在资本主义商品市场经济中,由于交换价值成为目的,一切都必须转化为交换价值,交换价值成为个人抵达现实社会认同的唯一通道。此时马克思还没有正确区分交换价值与价值,没有科学地认识到所谓交换价值不过是商品价值在价格上的表现形式。同时,交换价值又必然从一般等价物发展到货币。相对于过去那种第一大社会形式中简单的人与人的**直接**交往关系,当下资本主义社会中人与人的关系需要经过**交换中介**的**事物化**和**颠倒**(*Verkehrung*)成为不可避免的现象。马克思写道:

> 活动的社会性,正如产品的社会形式以及个人对生产的参与,

---

① 《马克思恩格斯全集》第 46 卷,上册,人民出版社 1979 年版,第 104 页。中译文将此处的 sachliche 译作"物的",我改译为"事物性的";而 form 被译成"形态",我均改译为"形式"。参见 Karl Marx: *Grundrissen*, *Gesamtausgabe*(*MEGA2*) II/1, Berlin: Dietz Verlag, 1976, S. 90 - 91.

在这里表现为对于个人是异己的东西(Fremdes),表现为事物性的东西(Sachliches);不是表现为个人互相间的关系(Verhalten),而是表现为他们从属于这样一些关系,这些关系是不以个人为转移而存在的,并且是从毫不相干的个人互相冲突中产生出来的。活动和产品的普遍交换已成为每一单个人的生存条件,这种普遍交换,他们的互相关联(wechselseitiger Zusammenhang),表现为对他们本身来说是异己的、无关的东西,表现为一种事物(als eine Sache)。在交换价值上,人的社会联系(dei gesellschaftliche Beziehung der Personen)转化为事物性的社会状态(ein gesellschaftliche Verhalten der Sachen);人的能力转化为事物性的能力(das persönliche Vermögen in ein sachliches)。①

我们可以清楚地看到,与《德意志意识形态》中着眼于分工导致的活动固定化的思考不同,马克思此时已经通过经济学研究理解了资本主义经济关系本身的历史性**颠倒和事物化**。资本主义社会为什么是"以**事物性**(*sachliche*)的依赖性为基础"呢? 马克思告诉我们:在资本主义社会之中,"为什么人们信赖事物(Sache)呢? 显然,仅仅是因为这种事物是人们互相间的**事物化的关系**(*versachlichtem Verhältnis*),是事物化的交换价值(Tauschwert),而交换价值无非是人们互相间生产活动的联系(Beziehung der produktiven Tätigkeit)。"②这是事物化概念的第二次在场。第一次是在《德意志意识形态》中。我认为,马克思历史现象学十分重要的**事物化批判理论**正是在这里被真正建构起来的。他让我们看到,在资本主义经济世界中,人们所拜物教式地依赖的事物(商品、货币和资本)的真正本质是人与人"相互间的生产活动的联系",更准确地说,发生于商品—市场活动中的劳动交换关系客观抽象为"交换价值"关系,这里发生的事件是,人与人的关系颠倒地事物化为商品(货币)之间的关系。这种颠倒和事物化的实质恰恰是遮蔽资本主义经

①《马克思恩格斯全集》第 46 卷,上册,人民出版社 1979 年版,第 103—104 页。参见 Karl Marx: *Grundrissen, Gesamtausgabe*(MEGA2) II/1, Berlin: Dietz Verlag, 1976, S. 90。
②《马克思恩格斯全集》第 46 卷,上册,人民出版社 1979 年版,第 107 页。中译文原来将此处的 versachlichen 译成"物化",我改译为"事物化";中译文将此处的 Beziehung 译成"关系",我改译为"联系"。参见 Karl Marx: *Grundrissen, Gesamtausgabe* (MEGA2) II/1, Berlin: Dietz Verlag, 1976, S. 93。

济剥削的秘密。

应该指出，马克思在此处所创立的**事物化批判理论**的基本构境平台不再是描绘一般社会历史图景的**广义**历史唯物主义，而是直接面对资本主义生产方式，特别是这一商品—市场经济形态批判的**狭义**历史唯物主义，在这一特殊哲学构境平台上，资本关系所建构的经济力量成为决定一切的**主导性**力量，人与人的社会关系全面颠倒为事物与事物的关系。这就是马克思事物化理论的出场的更大构境背景。

为了说明事物化现象的发生机制，马克思具体分析道，货币在资本主义商品经济中存在的前提正是**社会关系本身**的事物化，人们每天都可以触摸到的金钱在这里表现为一种奇特的"抵押品"。在市场交换中，人从另一个人手中获得商品时，他就必须将这种抵押品留下。就是这样一个并不起眼的小小行为片断，却建构着一种根本性的**关系颠倒**："人们信赖的是事物（货币），而不是作为人的自身"。并且，"个人的产品或活动必须先转化为**交换价值**的形式，转化为**货币**，才能通过这种**事物**的形式取得和表明自己的社会**权力**"。① 在市场经济中，人本身不再重要，金钱开始成为**物神**。因为你一旦拥有货币，你就拥有了这个世界中的万能权力。于是，货币就这样成为众人追逐和膜拜的神！我经常在想，货币拜物教并不是一种在主观上可以简单克服的错误认识，因为它反映的恰恰是一种客观现实，每个开始懂事的孩子都会在"有钱就能吃肯德基"、"没有钱就不能拥有自己喜爱的文具"等生活细节中被塑形为素朴拜金者，这是中国今天的马列主义老师无法战胜的市场经济中发生的客观社会存在。

相比之青年马克思在《论犹太人问题》和《穆勒笔记》中的相近表述，这是他第一次在经济学的研究成果中科学地说明了这一重要社会现象。马克思辨识说，这里的问题实质为，"单个人本身的交换和他们本身的生产是作为**独立于**他们之外的**事物性**（sachliche）的关系而与他们相对立"。② 这解释了马克思在《德意志意识形态》中发现的那个与个人对立的偶然性的普遍形式的生成机制。在资本主义生产方式的货币占有关系中，一旦"每个个人以事物的形式占有社会权力。如果你从事

---

① 《马克思恩格斯全集》第 46 卷，上册，人民出版社 1979 年版，第 105 页。

② 《马克思恩格斯全集》第 46 卷，上册，人民出版社 1979 年版，第 108 页。中译文将此处的 sachliche 译为"物"，我改译为"事物性"。参见 Karl Marx: *Grundrissen*, *Gesamtausgabe*（MEGA2）II/1, Berlin: Dietz Verlag, 1976, S. 94。

物那里夺去这种社会权力,那你就必须赋予人以支配人的这种权力"。① 实际上,马克思通过分析劳动交换关系在资本主义经济过程中的这种事物化颠倒的性质,说明了货币在经济现象中获得神秘权力的秘密。这也就是说,过去在专制等级中通过血缘关系世袭的社会权力,现在必须由货币占有来获得。

在不久之后的《政治经济学批判》(1859 年)中,马克思更精确地指明事物化现象的本质:

> 生产交换价值的劳动还有一个特征:人和人之间的社会关系(die gesellschaftliche Beziehung der Personen)可以说是颠倒地表现出来的,就是说,表现为事物和事物的社会关系(gesellschaftliches Verhältnis der Sachen)。……因此,如果交换价值是人和人之间的关系这种说法正确的话,那么必须补充说:它是隐蔽在物的外壳(dinglicher Hülle)之下的关系。②

请一定注意,马克思这里讨论,Sache 与 Ding **同时在场**了。这是一个在经典文献汉译中容易被忽视的文本细节,在此,马克思十分精细地区分了**客观发生**的人与人的社会关系(直接的劳动交换关系)事物化和**颠倒**(Verkehrung)为商品经过货币与其他商品的关系,以及这种颠倒的事物化关系本身所呈现出来的一种仿佛与人无关的物相("物的外壳")之**主观错认**,后者,则是马克思区别于客观事物化的**物化**(Verdinglichung)主观错认论。这是马克思第一次明确指认出**关系客观事物化**与**物化主观幻境**之间根本的异质差别。可是,马克思并没有直接使用 Verdinglichung 这个概念。对于后者,马克思还这样表述:"一种社会生产关系采取了一种对象的形式(Form eines Gegenstandes),以致人和人在他们的劳动中的关系倒表现为物(Dinge)和物彼此之间的和物与人的关系,这种现象只是由于在日常生活中看惯了,才认为是平凡的、不言自明的事情"。③ 在前面是客观事物化的地方,马克思用了对象

---

① 《马克思恩格斯全集》第 46 卷,上册,人民出版社 1979 年版,第 104 页。
② 《马克思恩格斯全集》第 13 卷,人民出版社 1962 年版,第 22 页。参见 *Marx-Engels-Gesamtausgabe* (*MEGA2*), Band II/2 Berlin: Dietz Verlag, 1980, S. 113。
③ 《马克思恩格斯全集》第 13 卷,人民出版社 1962 年版,第 23 页。参见 *Marx-Engels-Gesamtausgabe* (*MEGA2*), Band II/2 Berlin: Dietz Verlag, 1980, S. 114。

的概念，以表征这是一个**客观**事实，后面则用了"表现为物"，这是一个在日常生活中习惯了的**主观**假象。在马克思看来，

> 货币主义的一切错觉（Illusionen）的根源，就在于看不出货币代表着一种社会生产关系，却又采取了具有一定属性的自然物（Naturding）的形式。嘲笑货币主义错觉的现代经济学家，一到处理比较高级的经济范畴如资本的时候，就陷入同样的错觉。他们刚想拙劣地断定是物（Ding）的东西，突然表现为社会关系（gesellschaftliches Verhältnis），他们刚刚确定为社会关系（gesellschaftliches Verhältnis）的东西，却又表现为物（Ding）来嘲弄他们，这时候，同样的错觉就在他们的天真的惊异中暴露出来了。①

货币主义基于一种主观错觉，它将货币所代表的社会关系本质从外部错认为是物的自然性。这里的要害是明明是资本主义生产方式特有的经济关系，现在却被假设为人类社会中**永恒存在的天然物**！请一定记住，资产阶级**自然法**和**自然秩序**的全部立论正是在这里发生的。由此可见，马克思长期以来被遮蔽起来的事物化和物化批判理论不是可有可无的学术探秘，而是对资产阶级意识形态批判的重要根据。

再回到《1857—1858年经济学手稿》的讨论语境，我们发现马克思在后面的讨论中也指出：

> 经济学们把人们的社会生产关系和受这些关系支配的事物（Sachen）所获得的规定性看作物的**自然属性**（*natürliche Eigenschaften der Dinge*），这种粗俗的唯物主义（grobe Materialismus），是一种同样粗俗的唯心主义（Idealismus），甚至是一种拜物教（Fetischismus），它把社会关系作为物的内在规定归之于物（Dingen），从而使拜物教秘化（mystifiziert）。②

① 《马克思恩格斯全集》第13卷，人民出版社1962年版，第23页。参见 *Marx-Engels-Gesamtausgabe*（*MEGA2*），Band II/2 Berlin：Dietz Verlag，1980，S. 114。
② 《马克思恩格斯全集》第46卷，下册，人民出版社1980年版，第202页。参见 Karl Marx：*Grundrissen, Gesamtausgabe*（*MEGA2*）II/1，Berlin：Dietz Verlag，1976，S. 567。

这就是**拜物教**！这是马克思在此文本中唯一一次使用 Fetischismus 一词。这也意味着，将社会关系之下特定事物的社会属性错认为与人无关的自然属性的**物化**（Verdinglichung）**主观错认论是马克思拜物教批判的前提**。这里的逻辑关系应该是：**客观发生的事物化是主观物化错认的前提**，而物化错认又是整个拜物教观念的基础。有趣的是，马克思仍然没有使用那个后来被青年卢卡奇再次发明出来的 Verdinglichung 一词。在德文中，Verdinglichung 是指"使某些东西变成物"（etwas zur Ding Machen）。依我的看法，这就是马克思历史现象学批判中最重要的三个思想构境层。

七

马克思在《1857—1858 年经济学手稿》中生成的事物化、物化和拜物教批判的历史现象学观点，在后来的《资本论》中得到了进一步的强化。但是，马克思并没有经常使用 Versachlichung 与 Verdinglichung 二词。① 这恐怕是马克思这一重要理论长期被忽视的重要原因之一。可马克思的这个历史现象学批判视域的确是始终存在的。我们知道，在《资本论》中，马克思通过揭示劳动二重性的内在矛盾，引发出使用价值—价值，价值形态从一般等价物到货币，再到市场竞争导致的价格转化，最终揭露了带来"利润"的货币—资本剥削剩余价值的真正秘密。其中，马克思也揭露资产阶级意识形态所无意识遮蔽这一秘密的**主客观微观机制**，这种微观机制则是通过事物化（Versachlichung）与物化（Verdinglichung）的双重批判构境完成的。这里，我们先来看马克思在《资本论》中对事物化（Versachlichung）问题的讨论。

在《资本论》第一卷开始不久，马克思就对资本主义经济活动中事物化现象进行了一个重要的总体说明。他分析道，在资本主义生产方式中，时常会发生如下的现象：

---

① 其实，在马克思那里，这两个词的使用率都是较低的。据我的不完全文献数据统计，Verdinglichung 一词在《德意志意识形态》、《1857—1858 年经济学手稿》、《1861—1863 年经济学手稿》和《资本论》1—2 卷中使用频次都为零，只是在《资本论》第 3 卷中才出现过两次。而 Versachlichung 在《德意志意识形态》中出现过两次，在《1857—1858 年经济学手稿》使用过六次，在《1861—1863 年经济学手稿》中出现过三次，在《资本论》第 1 卷出现过一次，第 3 卷使用过三次。

人们在他们的**社会**生产过程中的原子一样的行为（atomistische），他们自己的生产关系（Produktionsverhältnisse）的**事物性**形态（*sachliche* Gestalt），那种不受他们统制，并且和他们个人意识行为相独立，不以它为转移的物质形式，首先是由他们的劳动产品**一般**（Arbeitsprodukte *allgemein*）采取**商品形式**（*Warenform*）这一件事而显现出来。①

我觉得，这可能是马克思在第三次经济学研究中，离黑格尔的"事物自身"观点最近的一次。如前所述，在《法哲学》中，在对斯密经济学中"看不见的手"一说的深刻理解之上，黑格尔透视到市场经济中的作为私人的原子化的个人（市民，Bürger），在追逐自己的私利过程中，恰恰是以一种"普遍物（Allgemeine）"为中介的，这个抽象的普遍物正是事物性的交换关联（Zusammenhangs）**锁链**。② 他认为，市民社会中这种相互欺骗的市场交换结果是造成了一个"理性的狡计"（List der Vernunft）在背后发生作用的**自发构序**（Ordnung）进程，黑格尔将这个无名客观事物构序（Diese anonyme objektivsachliche Ordnung）称之为**事物自身**（*Die Sache selbst*）和**第二自然**（*zweiten Natur*）。黑格尔从经济学生成的哲学思辨，在马克思这里再一次被复归于经济学的科学透视：资本主义商品—市场经济过程中，原子化的个人（独立的法人个人主体）之间不存在直接的社会关系，他们之间的"劳动产品**一般**"的关系只能在市场交换中通过一种"不受他们统制，并且和他们个人意识行为相独立，不以它为转移的物质形式"**中介性地**实现出来，这就是所谓**颠倒的事物性**形态或格式塔（*sachliche* Gestalt③），这个事物性形态的本质是劳动分工所导致的构形产品的劳动一般（黑格尔的那个"普遍物"）只能通过被交换的商品形式完成。我认为，黑格尔在思辨唯心主义视域中发现的"事物自身"（Sache selbst）命题的真正意义，是马克思在这里第一次科学说明的。

---

① ［德］马克思：《资本论》第 1 卷，人民出版社 1953 年版，第 71 页。中译文原来将此处的 sachliche Gestalt 一词译为"物质的形式"，我改译作"事物性形态"；而将 Warenform 译成"商品形态"，我则改译为"商品形式"。参见 Karl Marx, *Das Kapital*, *Kritik der Politischen Ökonomie*, *Marx-Engels-Gesamtausgabe*(MEGA2), Band II/5 Berlin: Dietz Verlag, 1983, S. 59。

② ［德］黑格尔：《法哲学原理》，范扬、张企泰译，商务印书馆 1961 年版，第 201 页。

③ Gestalt 一词在德文中有形态、构形等义，这也是后来著名的格式塔（完形）心理学的关键词，但在马克思那个时代，Gestalt 还没有被重构为格式塔。

由此马克思指认,在资本主义经济运行中,

> 在生产者面前,他们的私人劳动的社会关系(gesellschaftlichen Beziehungen ihrer Privatarbeiten)就表现为现在这个样子,就是说,不是表现为人们在自己劳动中的直接的社会关系(unmittelbar gesellschaftliche Verhältnisse),而是表现为人们之间的**事物的关系**和**事物之间的社会关系**(das *gesellschaftliche Verhältnisse der Sachen*)。①

这就是**事物化颠倒**的真实发生。我们可以清楚地看到,马克思第一次准确地指认出,在资本主义生产方式中被事物化颠倒的原初社会关系并不是什么**本真性**的人的本质,而是劳动者"自己劳动中的直接的社会关系",人与人之间的**直接性**劳动关系,在资本主义生产方式中推动了它的直接性,而只能通过在市场交换中历史性地生成的商品、货币之间的**间接事物之间的关系**,这是一种从人的**直接主体关系**颠倒为**事物性的间接客体关系**的事物化事件。

再具体到马克思这时所面对的商品分析的思考中,他在《资本论》第三卷中更微观地指认到:资本主义社会事物化现象的本质,恰恰在于"商品的内在的使用价值和价值的对立,私人劳动同时必须表现为直接社会劳动(unmittelbar gesellschaftliche Arbeit)的对立,特殊的具体的劳动同时只是当作抽象的一般的劳动的对立,事物的人格化(Personificierung der Sache)和人格的事物化(Versachlichung der Personen)的对立——这种内在的矛盾在商品形态变化的对立中取得了发展了的运动形式。"②这是马克思在《资本论》第一卷中唯一一次使用 Versachlichung 这个词。但在马克思亲自审定的《资本论》第一卷的

---

① [德]马克思:《资本论》第1卷,《马克思恩格斯全集》第44卷,人民出版社2001年版,第90页。译文有改动。参见 Karl Marx, *Das Kapital*, *Kritik der Politischen Ökonomie*, *Marx-Engels-Gesamtausgabe*(*MEGA2*), Band II/5 Berlin: Dietz Verlag, 1983, S. 47。
② [德]马克思:《资本论》第1卷,《马克思恩格斯全集》第44卷,人民出版社2001年版,第135页。译文有改动。德文见 Karl Marx, *Das Kapital*, *Kritik der Politischen Ökonomie*, Erster Band, Hamburg 1890, MEGA2, II/10, S. 106。

法译版中,却唯独跳过对这个词段的翻译。① 这四个对立,十分深刻地说明了事物化现象发生的根本原因。这里的关键性构境线索是抽象劳动→社会劳动→价值→事物化。

马克思是想告诉我们,在过去的前资本主义社会中,个人的劳动是"完整"地进入到产品之中的,而对自然经济基础之上的社会生活来说,这种劳动本身并不构成我们周围世界的基础。而资本主义的劳动分工使个人的劳动失去全面性,使之必然成为片面性历史生存,然而社会正是在这种专业化分工与交换中第一次成为有机的经济运作系统。正是这种劳动片面性,使独立的个人作为互相需要的人群互相联系起来,并且彼此互补,形成黑格尔所说当代"市民社会"。这种客观的总体性是一种新的强制和奴役,每一个个人的劳动由于分工都被扯裂为碎片,都变得片面化,从而无法直接得以实现,只有通过市场交换由社会(他人)的需要作为中介才可能得到实现。因此,劳动必然一分为二,作为物质内容构成的有目的的有一定形式的**具体劳动**,创造物品的使用价值,而作为新的社会经济构序形式的与具体物性塑形无关的一般劳动消耗的**抽象劳动**则形成供交换所用的价值,这样,劳动的自然属性与社会属性就历史性地分离了。在交换中,价值形式的发展历经了这样的过程:从物物交换到简单价值形式,再发展到扩大了的价值形式,进而演变为一般价值形态即货币。在市场竞争中,物品的价值实现了向价格的转化。至此,人的劳动已经在交换中获得了一种特殊的社会存在形式,它原本是人与人相互交换的**直接**劳动成果关系,现在则颠倒地表现为一种经过**市场中介**的事物与事物的关系。在资本主义市场经济中,充分分工之下的劳动者个人的具体劳动只是构成产品使用价值的片面因素,劳动产品必须通过市场的交换才能卖出自己,以实现不同社会劳动之间的交换,而交换关系本身的客观抽象历史性地生成价值等价物(货币),这个代表了人与人之间劳动一般的"人格化"关系则事物化为事物(货币)与事物(商品或货币)之间的**非人格性**关系。"在生产者面前,他们

---

① 根据刘冰菁的考证,在由翻译费尔巴哈的著作而著名的约·鲁瓦长达两年的艰苦工作和马克思的认真修改下,法文版《资本论》第一卷于1872年出版。其中,在对上述这一文本段落中的四个对立的法译中,独独跳过了翻译最后的"von Personifizierung der Sache und Versachlichung der Personen"。参见 Karl Marx, *Le Capital*, Livre premier, Le temps des crises, 2009, Pantin, P. 133. 而在后来《资本论》第二、三卷的法文和英文版的翻译中,Versachlichung 一词多被意译为"réification"(物化)、"matérialisation"(物质化)和"objectification"(客体化)。从而使马克思在德文文本中的 Versachlichung 原初构境意义完全消失。

的私人劳动的社会关系就表现为现在这个样子,就是说,不是表现为人们在自己劳动中的直接的社会关系,而是表现为人们之间的事物的关系(sachliche Verhältnis)和事物(Sachen)之间的社会关系。"①其实,这种事物化关系还更深地**重新主体化**为资本对世界的实际的支配者和统治者。**资本家不过是资本的人格化**。也是在这个意义上,马克思曾经甚至用了"事物的主体化、主体的事物化"(die Versubjektivierung der Sachen, die Versachlichung der Subjekte)这样的极端表述。②

马克思特别强调指出,事物化现象的本质是人与人的关系颠倒为事物与事物之间的外部关系,这种事物化关系构式的客观经济力量反过来成为支配人的东西。也是在这里,马克思终于破解了他自己从1845年就开始寻觅的**物役性**现象之谜。马克思说,

> 在叙述生产关系的事物化(der Versachlichung der Produktionsverhältnisse)和生产关系对生产当事人的独立化(Verselbständigung)时,我们没有谈到,这些联系由于世界市场,世界市场行情,市场价格的变动,信用的期限,工商业的周期,繁荣和危机的交替,会以怎样的方式对生产当事人表现为压倒的、不可抗拒地统治他们的自然规律(als übermächtige, sie willenlosbeherrschende Naturgesetze),并且在他们面前作为盲目的必然性(blinde Nothwendigkeit)发生作用。③

这里的**压倒的、不可抗拒地统治他们的自然规律**正是黑格尔那个作为**事物自身**(*Die Sache selbst*)**第二自然**(*zweiten Natur*)!事物化正是**物役性**的本质,也是第二国际非历史地放大了**经济决定论**的真正的社会现实基础。马克思发现的真相是,在资本主义经济运作过程中,事物化了的社会关系历史性地成为决定性的主要制约力量,并在人类自身的物质实践—经济活动中创造出不以自己意志为转移的一种新的外部力量。人成为自己的经济创造物和工具性事物之间关系的奴隶,最

---

①《马克思恩格斯全集》第 44 卷,人民出版社 2003 年版,第 90 页。译文有改动。
②[德]马克思:《剩余价值理论》第 3 卷,人民出版社 1975 年版,第 548 页。参见 *Marx-Engels-Gesamtausgabe*(*MEGA2*), Band II/3/4 Berlin: Dietz Verlag, 1979, S. 1494。
③《马克思恩格斯全集》第 46 卷,人民出版社 2003 年版,第 941 页。译文有改动。Karl Marx: *Grundrissen, Gesamtausgabe*(*MEGA2*) II/15, Berlin: Dietz Verlag, 2004, S. 805。

初开始作为中介的东西现在成为主体（人格化）。在货币产生利息、资本获得利润之时,资产阶级意识形态的假象就成了新的神话。于是,经济(商品、货币和资本)**拜物教**(Fetischismus)就出现了,并不知不觉地成为人们无法批判性透视的无孔不入的常识!

八

我发现,在不久前写下的《1861—1863年经济学手稿》中,马克思还谈及这样一个与事物化批判不同的观点,即资本主义生产的当事人是生活在一个"由魔法控制的世界(verzauberten Welt)里,而他们本身的关系在他们看来是物的属性(Eigenschaften der Dinge),是生产的物质要素的属性"。[1] 不是事物(Sache),而是物(Ding),不是变成事物,而**看起来像**是物的属性。这就是事物化客观颠倒之上的一种新的神秘主观倒错,即由于无法透视颠倒了的事物化社会关系,人们将这一关系产生的**非实体社会关系存在**错认成物品本身的自然属性。这就是Verdinglichung了。我认为,马克思那里不同于事物化批判的**物化批判论**正是在此被再一次明确界划出来。

对于这个**不同于客观发生的事物化颠倒事件的物化错认现象**,马克思在《资本论》第一卷第一章中很形象地说,

> 正如一物(Dings)在视神经中留下的光的印象,不是表现为视神经本身的主观兴奋,而是表现为眼睛外面的物的可感觉的形式。必须补充说,在视觉活动中,光确实从一个外界对象射入另一对象即眼睛;这是物理的物之间的物理关系(physisches Verhältnis zwischen physischen Dingen)。但是,**商品形式**(*Waarenform*)和劳动产品的**价值关系**(*Wertverhältnis*),是同劳动产品的物理性质完全无关的。这只是**人与人**之间的一定的**社会关系**(das bestimmte *gesellschaftliche Verhältnis der Menschen* selbst),但它在人们面前采取了**物与物之间的关系**的虚幻形式(die phantasmagorische Form eines *Verhältnisses von Dingen*)。我们

---

[1] [德]马克思:《剩余价值理论》第3册,人民出版社1975年版,第571页。参见 *Marx-Engels-Gesamtausgabe*(*MEGA2*), Band II/3/4 Berlin: Dietz Verlag, 1979, S. 1511。

只有在**宗教世界**的幻境中才能找到这个现象的一个比喻。在那里，人脑的产物表现为具有特殊躯体的、同人发生关系并彼此发生关系的独立存在的东西。在**商品世界**（*Waarenwelt*）里，人手的产物（die *Produkte der menschlichen Hand*）也是这样，这可以叫做**拜物教**（*Fetischismus*）。劳动产品一旦**表现为商品**，就带上拜物教的性质，拜物教是同这种**商品生产**（*Waarenproduktion*）分不开的。①

这是马克思关于商品拜物教的一段非常著名的表述。显而易见，此处的说明性构境中，马克思明确用宗教世界中的幻境来类比，以说明作为人与人的特定劳动交换关系在交换过程中被客观抽象出来的价值关系**并不是**产品的物理属性（自然物性），但在资本主义商品—市场交换中却颠倒为商品、货币一类事物与事物之间的关系，更重要的是这种事物性的社会关系在人们面前却进一步表象为商品本身物理存在的**物与物关系**的虚幻形式，他将这种主观幻境的误认指认为**拜物教**。我们不难发现，这个拜物教的前提正是资本主义商品生产中发生的**物化错认**。然而，一直到《资本论》第二卷，马克思始终没有使用那个Verdinglichung。

实际上，在马克思的全部论著和手稿中，Verdinglichung一共只使用过两次，这两次都出现在《资本论》第三卷。马克思说：

> 在资本—利润（或者，更恰当地说是资本—利息），土地—地租，劳动—工资中，在这个表示价值和财富一般的各个组成部分同其各种源泉的联系的经济三位一体中，资本主义生产方式的神秘化，社会关系的物化（Verdinglichung），物质的生产关系和它们的历史社会规定性的直接融合已经完成：这是一个着了魔的、颠倒的、倒立着的世界。在这个世界里，资本先生和土地太太，作为社会的人物，同时又直接作为单纯的物（bloße Dinge），在兴风作怪。古典经济学把利息归结为利润的一部分，把地租归结为超过平均利润的余额，使这二者以剩余价值的形式一致起来；此外，把流通

---

① ［德］马克思：《资本论》第1卷，人民出版社1953年版，第47页。参见 *Marx-Engels-Gesamtausgabe*（*MEGA2*），Band II/5 Berlin：Dietz Verlag，1983，S. 637 - 638。

过程当做单纯的形式变化来说明;最后,在直接生产过程中把商品的价值和剩余价值归结为劳动;这样,它就把上面那些虚伪的假象和错觉,把财富的不同社会要素互相间的这种独立化和硬化,把这种事物(Sachen)的人格化和生产关系的事物化(Versachlichung),把日常生活中的这个宗教揭穿了。①

这是 Verdinglichung 概念在马克思的全部思想构境中的第一次出场。有意思的是,Verdinglichung 与 **Versachlichung** 在同一文本段落中在场,这更有益于理解二者的差异和关联。我以为,马克思此处用 Verdinglichung 表征了这样一种观念:资本—利润(利息),土地—地租,劳动—工资这种资产阶级经济学图景中的公平交换关系建构的市场经济中的三位一体,其实是一个"着了魔的、颠倒的、倒立着的世界"。资本与土地,明明是资本主义生产方式中的特定社会关系的人格化,却直接被错误为"单纯的物(bloße Dinge)",利润与地租不过是一种投资物公平的客观回报,由此,遮蔽了剩余价值的真正来源。这就是 Verdinglichung 假象的根源。而当古典经济学奠定了劳动价值论之后,就完全有可能揭示这种 Verdinglichung 主观错认假象背后发生的"事物(Sachen)的人格化和生产关系的事物化(Versachlichung)"的客观机制。这是马克思唯一一次直接说明 Verdinglichung 与 **Versachlichung** 之间的关系。

在《资本论》第三卷文本中 Verdinglichung 在场的第二处,马克思说,"在商品中,特别是在作为资本产品的商品中,已经包含着作为整个资本主义生产方式的特征的社会生产规定的物化(Verdinglichung)和生产的物质基础的主体化(Versubjektivirung)"。② 这也就是说,作为资本而出现的商品被错认为物的**物化**现象,是与整个资本主义商品生产和市场经济本身的**主体化**假象同时发生的。这是一个**双重错认**。我们先来集中说明第一个错认中发生的物化假象。在马克思看来,

① [德]马克思:《资本论》第 3 卷,《马克思恩格斯全集》第 46 卷,人民出版社 2003 年版,第 940 页。Karl Marx: *Grundrissen*, *Gesamtausgabe*(MEGA2) II/15, Berlin: Dietz Verlag, 2004, S. 804 - 805.

② [德]马克思:《资本论》第 3 卷,《马克思恩格斯全集》第 46 卷,人民出版社 2003 年版,第 996—997 页。Karl Marx: *Grundrissen*, *Gesamtausgabe*(MEGA2) II/15, Berlin: Dietz Verlag, 2004, S. 852.

在论述资本主义生产方式甚至商品生产的最简单的范畴时，在论述商品和货币时，我们已经指出了一种神秘性质，它把在生产中由财富的各种物质要素充当承担者的社会关系，变成这些物（Dinge）本身的属性（商品），并且更直截了当地把生产关系本身变成物（Ding）（货币）。一切已经有商品生产和货币流通的社会形式，都有这种颠倒。但是，在资本主义生产方式下和在构成其占统治地位的范畴，构成其起决定作用的生产关系的资本那里，这种着了魔的颠倒的世界就会变得厉害得多地发展起来。①

这是说，物化的错认，甚至在简单商品生产过程中就出现了，只要有商品交换，就会有把劳动交换关系**误认为物的属性**这种物化的神秘性，这应该是经济拜物教观念的缘起。但是，只是到了资本主义生产方式占统治地位时，整个商品—市场经济王国则全部变成了一个多重颠倒着了魔的世界：人与人的劳动交换关系在商品和货币的主体化、人格化中客观颠倒为这些经济事物之间的事物化关系，而这种事物化颠倒又在物化—拜物教观念中被进一步颠倒为物品的物理属性的主观误识，最终，物化错认在资产阶级意识形态中直接确认为人类社会存在中的**天然属性和自然秩序**。这样一来，在个人眼中，社会存在事物的社会历史属性常常与物的自然属性混淆起来，如"资本的物质要素和资本的社会的形式"形同一体，从而使资本主义的特定事物和人的存在状态的**暂时的社会历史属性**变成永恒的。马克思曾经说，由此**资产阶级**关系就被乘机当作社会一般的颠扑不破的自然规律偷偷地塞进来。这也就是意味着，在资产阶级市民社会中人的直观不能使人看到社会本质的真相，物与人都笼罩在拜物教之白日梦中。资产阶级的如意算盘是人们永远都不要从这个梦中醒来，因为，这是保证剩余价值被他们无偿占有的**隐身机制**。

面对资本主义经济发展中最终出现的生息资本，马克思有些感慨地说，

在 G—G′上，我们看到了资本的没有概念（begriffslose）的形式，看到了生产关系的最高度的颠倒和事物化（Verkehrung und

---

① ［德］马克思：《资本论》第 3 卷，《马克思恩格斯全集》第 46 卷，人民出版社 2003 年版，第 936 页。

Versachlichung）。资本的生息形态，资本的这样一种简单形态，在这种形态中资本是它本身再生产过程的前提；货币或商品具有独立于再生产之外而增殖本身价值的能力，——资本的神秘化（Kapitalmystifikation）取得了最显眼的形式。对于要把资本说成是价值即价值创造的独立源泉的庸俗经济学来说，这个形式自然是它求之不得的。在这个形式上，利润的源泉再也看不出来了，资本主义生产过程的结果也离开过程本身而取得了独立的存在。①

这个 G—G’是资本主义商品—市场经济神秘化和全部资产阶级意识形态的最高境界。存一笔钱，它便能生出新的钱来，看起来，这是一件与劳动者没有任何关系的事情。在生息资本这里，资产阶级的事物化、物化和拜物教战胜了整个世界。

不过，非常有趣的是，为了说明经济关系的事物化颠倒和对其的物化错认现象是资本主义生产方式所特有的历史现象，马克思还以历史性的比较参照系判别化地告诉我们说，"我们只要逃到别的生产形态中去，商品世界的一切神秘，在商品生产基础上包围着劳动产品的一切魔法妖术，就都立刻消灭了"。② 没有商品—市场经济活动，事物化就会解构，准确地说，不是解构，而是根本没有被建构起来的基础性场境。比如，在资本主义社会以前的封建社会中，"无论我们怎样判断封建社会内人们互相对待的装扮，人与人在劳动上缔结的社会关系，总是表现为他们自己的人的关系，而不会假装为物与物、劳动产品与劳动产品间的社会关系"③。同理，在马克思所构想的未来共产主义自由王国中，一切束缚我们的事物化外在关系和物化魔法都会消除，在那时，我们将是历史的真正主人。

---

① ［德］马克思：《资本论》第 3 卷，《马克思恩格斯全集》第 46 卷，人民出版社 2003 年版，第 442 页。译文有改动。Karl Marx: *Grundrissen*, *Gesamtausgabe*（MEGA2）II/15, Berlin: Dietz Verlag, 2004, S. 382.

② ［德］马克思：《资本论》第 1 卷，人民出版社 1953 年版，第 52 页。

③ ［德］马克思：《资本论》第 1 卷，人民出版社 1953 年版，第 53 页。

事物化与物化:从韦伯到青年卢卡奇

原载《现代哲学》2015年第1期

摘要:韦伯将马克思的历史现象学批判指认为"价值合理性"之后,将颠倒的资本主义经济关系直接指认为祛魅化——Versachlichung(事物化)之后的真正中立的社会事物(Sache);青年卢卡奇却再次颠倒老师韦伯的资产阶级立场,反将事物化(世俗化)否定性地贬斥为Verdinglichung(物化),并在马克思那里找到了拜物教构境中的支持。

关键词:卢卡奇 广松涉 物象化 马克思 物化 事物化

自广松涉的《物象化论的构图》①一书2002年在中国出版以来,马克思经典文献的德文汉译中曾经发生的一个深层构境中的遮蔽事件终于大白于天下:马克思晚期经济学研究中所创立的**历史现象学**中经济拜物教批判的真实基础,实际上是一个从未被关注到的重要理论塑形域,即 Versachlichung(事物化)-Verdinglichung(物化)相关批判视域。②

按照我的理解,在马克思中晚期写下的《1857—1858年经济学手稿》中,马克思第一次区分了**客观发生**的人与人的社会关系(直接的劳动交换关系)**事物化**(*Versachlichung*)和**颠倒**(*Verkehrung*)为资本主义经济活动中商品经过货币与其他商品(事物与事物)的构序关系,以及这种颠倒的事物化关系本身在市场直观中所呈现出来的一种仿佛与人无关的物相(物理的自然属性)之主观错认塑形,后者,则是马克思区别于客观事物化的**物化**(*Verdinglichung*)**主观错认论**。进而,资本主义社会中人们无意识地将市场交换关系之下特定事物的社会属性错认为与人无关的自然属性的**物化主观错认论**是马克思拜物教批判的前提。

---

① [日]广松涉:《物象化论的构图》,彭曦、庄倩译,南京大学出版社2002年版。
② 在《马克思恩格斯全集》第一版的中文翻译中,马克思晚期经济学研究的重要文本中的 Verdinglichung 被译成"物化",Versachlichung 也被翻译成"物化",而物化更多地还占位性替代了重要的 Vergegenständlichung(对象化)概念。所以,在我们过去对马克思晚期经济学文本的研究中,如果精细一些,则会出现对马克思物化观点的不同层面的理解。其实,这只是由于德文转译俄文,再转译成中文中发生的译境遮蔽和人为文本幻象。在《马克思恩格斯全集》中文第二版的校译中,这一问题正在逐步得到校正。

这里的真实逻辑构序关系应该是：**客观发生的事物化是主观物化错认的现实前提，而关系物化错认又是整个经济拜物教（*Fetischismus*）观念（商品、货币和资本三大拜物教）的基础。** 这也意味着，马克思的历史现象学批判由三个异质的构境层所构形：一是客观发生的社会关系之事物化颠倒；二是将这一事物化结果误认为是与人无关的物的自然属性之主观物化误识；三是由此发生的资产阶级意识形态基础性内容——经济拜物教观念。

实际上，"物化"（Verdinglichung），或者是"物象化"（Versachlichung）的概念，在马克思整个文献群中并没有很高的使用频次。① 他也没有在自己的研究中直接和明确标识这两个概念与相关批判理论的内在有序关联性，所以，在相当长的一个历史时期内，人们并没有注意到马克思这一隐匿在经济学分析中的历史现象学批判构境层。这是正常的情况。依广松涉的观点，是青年卢卡奇在 1923 年的《历史与阶级意识》中首次"再澄清"了马克思的这一重要观点。② 而按照我的看法，青年卢卡奇并非真正澄清了马克思的这一重要历史现象学问题，他只是敏锐地发现了这一被第二国际理论家遮蔽的马克思基于经济学研究的批判性观念，在一定的意义上，他倒真是让这一问题产生深层次混乱的始作俑者。广松涉自己也提到，物化概念较早的形成史考古，可以上溯至谢林的**条件**（*Be-dingung*）概念，以及黑格尔的**制成此物**（*das-zum-Dinge-Machen*）的观点，其中，德文构词中都有**物**（*Ding*）这个基词。在马克思之后，也经"新康德学派的李凯尔特、韦伯，再加上席美尔、卡西尔"等人在不同的语境中使用，最终由青年卢卡奇重新在马克思的语境中"再发

---

① 据我的不完全文献数据统计，Verdinglichung 一词在《德意志意识形态》、《1857—1858 年经济学手稿》、《1861—1863 年经济学手稿》和《资本论》1—2 卷中使用频次都为零，只是在《资本论》第 3 卷中才出现过两次。而 Versachlichung 在《德意志意识形态》中出现过两次，在《1857—1858 年经济学手稿》使用过六次，在《1861—1863 年经济学手稿》中出现过三次，在《资本论》第 1 卷出现过一次，第 3 卷使用过三次。

② Georg Lukacs：*Geschichte und Klassenbewußtsein*，*Georg LukacsWerke Gesamtausgabe*，Band 2，Frankfurt am Main：Hermann Luchterhand Verlag，1968，S. 257—397. 青年卢卡奇的这一解读影响甚远，我发现，后来的海德格尔、阿多诺竟然都是在 Verdinglichung 这一概念上推进马克思的观点的。海德格尔更精细一些，早在 1919 年的讲座中，他就已经区分了物化（verdinglicht）和事物化（versachlicht）。（［德］海德格尔：《哲学观念与世界观问题》，见《形式显示的现象学：海德格尔早期弗莱堡文选》，孙周兴译，同济大学出版社 2004 年版，第 4 页。参见 Heidegger：*Gesamtausgabe*，Band56/57，Frankfurt am Main：Vittorio Klostermann，1987，S. 66. ）

现"了批判性的物化（Verdinglichung）概念。① 这基本上是正确的判断。依广松涉的推测，估计是因为青年卢卡奇"在海德堡与李凯尔特的交往中获得了触发"。可是依我的判断，青年卢卡奇的物化理论更主要地是对韦伯**事物化**（*Versachlichung*）理论的故意颠倒后的逻辑塑形。

众所周知，韦伯的合理性思想和法理型社会机制是当代全部资产阶级主流学术的根本性构序基础。与我们这里所关注的问题线索相关，韦伯倒真地区分了马克思所描述的资本主义经济过程中的"对象化"与"异化"，不过，费尔巴哈-青年马克思那种具有价值悬设尺度的"异化"批判，在他力主建构的"价值中立"化中被作为主体性的**目的合理性**"去魔"了，他只是肯定可见的生产和经济过程中对象化构序的**形式合理性**。在他看来，属于传统型社会运转的目的（价值）合理性关注人的存在，追求主体的质性价值（舍勒语）；而形式合理性（工具理性）则关注生产或社会本身的客观塑形进程，在走向财富增长的社会的客观经济运转和法理型官僚体制建构面前，人的主体性的欲求恰恰是无关紧要的和有害的，所以人（主体）必须被**量化**为客观构序要素以便具有**可计算性**（*Kalkulierbarkeit*）和可操作性。这便构成韦伯独特的**事物化**（*Versachlichung*）概念的核心，在他的思想构境中，马克思所批判的经济关系事物化颠倒恰恰是资本主义工业进程必然的客观要求。据我的不完全词频统计，韦伯在《经济与社会》一书中 20 次使用了Versachlichung 一词。因此，在这个意义上可以说，作为批判性的现象学理论在韦伯那里根本不存在，而他正好拥护生产**对象化和全部社会关系物性化**中的量化构序和可计算性，所以说，与马克思的事物化批判相反，韦伯的 Versachlichung 概念是**非批判和肯定性**的。这种事物化（世俗化）理论恰恰是青年卢卡奇物化理论力图在更深一层构境层中否定的隐性对象。

依我的理解，韦伯正是将马克思基于事物化—物化—经济拜物教的历史现象学批判指认为"价值—目的合理性"之后，将马克思批判的事物化颠倒的资本主义经济关系塑形结构直接肯定性地指认为**走向现**

---

① 1962 年，日文版的卢卡奇《历史和阶级意识》的译者平井俊彦将"Verdinglichung"这个词译作"物象化"，这造成了最初的转译构境中的混乱。（参见［匈］卢卡奇：《历史和阶级意识》，［日］平井俊彦译，东京：未来社 1962 年版。）而后来，广松涉在自己的学术构境中，则进一步区分了"物化"（Verdinglichung）与"物象化"（Versachlichung），由此，Sache 才在广松涉的特定思想构境中被意译成"物象"。

代性的祛魅化：由此，上帝之城的事物化之后才会有资本主义的新教伦理，神性教义的事物化之后才会生成工具理性，宗法亲情等圣性物的事物化之后才有真正中立的社会事物（Sache，事实），传统法律中负载价值取向的事物化之后才会有注重可见 Sache 的形式法；更重要的还有，"克里玛斯（魅力）的事物化"（Versachlichung des Charismas）①之后才会建构出在人之外客观运转的法理型官僚制机器，由此，整个传统社会存在的事物化才会有全新的资产阶级**世俗化构序**现实，等等。其实，在韦伯看来，这一切重要的改变都追溯于资本主义经济关系本身的**非人格化和事物化**：

> 在市场社会化基础上的经济的事物化（Versachlichung der Wirtschaft），完全遵循着它自己的事物规律性（sachlichen Gesetzlichkeiten），不注意事物性规律会导致经济失败的结果，从长远看会导致经济衰退的后果。

> 合理的经济的社会化总是在这个意义上的事物化（Versachlichung），而且人们不可能通过向具体的人提出慈善的要求，来控制事物合理的社会行为的世界（Kosmos sachlich rationalen Gesellschaftshandelns）。尤其是资本主义的事物化了的世界（versachlichte Kosmos des Kapitalismus），根本没有为此提供任何场所。②

这是一段韦伯关于事物化理论的非常重要的文本片断。在韦伯那里，布尔乔亚新世界的真正基础，正是对马克思历史现象学所反对的人与人的关系颠倒为事物与事物关系的事物化之重新肯定。Versachlichung 是资本主义社会经济自身客观建构起来的"事物性规律"（不是与人无关的 Ding 的规律），人创造了经济事物的规律，但它除却了一切法理性工具理性之外的亲情（"慈善"）和价值合理性。在这个构境意义上，资本主义就是完全事物化了的全新有序世界。

我发现，1923 年，走向马克思主义进程中的青年卢卡奇当然会站在自己老师的反面，他有意识地再次颠倒韦伯的资产阶级立场，青年卢卡奇所做的最重要的事情，即是将韦伯直接使用的事物化（世俗化）戏剧性地**反指和否定性地**贬斥为 Verdinglichung（**物化**），虽然，他并没有在马克思那里获得这两个概念的直接文本证据，但他极其聪明地在马

---

① 韦伯在此书中九次使用 Versachlichung des Charismas 这一重要表征。

② ［德］马克思·韦伯：《经济与社会》上卷，林荣远译，商务印书馆 2004 年版，第 653 页。中译文有改动。Max Weber, *Wirtschaft und Gesellschaft*, Tübingen：J. C. B Mohr, 1922, S. 335.

克思那里找到了经济拜物教批判构境中的间接支持。这本身就是非常了不起的学术原创。一个重要的理论事实是,当青年卢卡奇在 20 世纪 20 年代撰写《历史与阶级意识》时,既没有读过青年马克思建构人本主义劳动异化史观的《1844 年经济学哲学手稿》(问世于 1932 年),也不曾读到马克思后来具体建构自己事物化理论的《1857—1858 年经济学手稿》(首次出版于 1939 年)。显然,青年卢卡奇完全是从马克思的《政治经济学批判》和《资本论》等大量经济学批判中感悟到马克思的**拜物教批判理论**的,这需要非凡的理论洞察力!广松涉认为,"卢卡奇有时候甚至将'物化'的概念与'异化'以及'外化'这样的概念基本上以相同意义来使用,他在概念上没有明确地区分'异化'与'物化'"①。这基本上是对的。青年卢卡奇并没有完成自觉地区分和严格界划这些概念的具体内涵。我也注意到,在早期的《心灵与形式》等书中,青年卢卡奇曾经使用过异化概念,但在《历史与阶级意识》中,他在 1922 年 9 月以前的论文中曾经少量使用过 Versachlichung 一词,而在《物化与无产阶级意识》一文中则集中地使用了 Verdinglichung 概念。②

应该承认,在《历史与阶级意识》中,青年卢卡奇敏锐地看到了"商品拜物教(Warenfetischismus)问题是我们这个时代、即**现代**资本主义的一个**特有的**问题"。③ 然而,他并没有真正弄清在资本主义市场的商品交换中,马克思言下的人与人的关系是如何历史地颠倒为事物(Sache)与事物的有序关系的,但他却异常大胆地直接套用了马克思的事物化批判的观点,并且将马克思的物化错认**幻象**直接变成了**现实对象化**,所以,当他在韦伯的影响下,将对资本主义的全部愤怒一股脑地倾泻在劳动生产塑形过程的可计算性的量化过程之上时,他的**物化批判逻辑**实际上恰恰来自于韦伯,而不是马克思!当然,他又正好**颠倒了**韦伯的肯定逻辑。换句话说,青年卢卡奇的所谓 Verdinglichung(物化),描述的不是马克思面对的 19 世纪的资本主义市场**交换**中的社会关系的事物化颠倒状况的主观错认,而是韦伯所描述的自泰勒制以来

① [日]广松涉:《物象化论的构图》,彭曦等译,第 67 页。

② 青年卢卡奇在此书中 7 次使用 Versachlichung 一词及其相关词。其中,在《历史唯物主义的功能》一文中,青年卢卡奇有一处将 Versachlichung 与 Verdinglichung 直接混用,指认资本主义的"社会生活条件的事物化与物化(der Versachlichung, der Verdinglichung der sozialen Lebensbedingungen)"。(参见 Lukacs, *Geschichte und Klassenbewußtsein*, Gesamtausgabe *Band* 2., S. 407.)在全书中,青年卢卡奇共计 175 次使用 Verdinglichung 及其相关词。

③ [匈]卢卡奇:《历史与阶级意识》,杜章智、任立、燕宏远译,商务印书馆 1992 年版,第 144 页。

的 20 世纪工业**生产对象化**技术塑形和构式进程中的合理化（量化的可计算的标准化进程）。这是一个比较复杂的交叉和颠倒的思想构境。我认为，青年卢卡奇物化理论中存在着的双重逻辑导致了一种理论悖结：**表面语义构境上的**马克思意义上商品交换结构（生产关系）之上的"事物化"与**深层批判构境**中与韦伯意义上生产过程（技术）对象化的无意识链接，以建构出他自己思想构境中的物化批判理论。

所以，卢卡奇的物化（Verdinglichung）不是传统人本主义话语中的**异化**（*Entfremdung*）逻辑，也不是马克思历史现象学中的事物化（Versachlichung）批判，青年卢卡奇自以为他是在马克思的"经济学分析"之上，去探求"在商品关系的结构中发现资本主义社会一切对象性形式（Gegenständlidikeitsformen）和与此相适应的一切主体性形式（Formen der Subjektivität）的原形"。① 这是一个十分思辨但并不明晰的表述。请注意这个 Gegenständlidikeitsformen（对象性的形式），这不是指生产过程中的对象化（Vergegenständlichung），而是商品交换关系中的对象化（物化）。② 我觉得，这是青年卢卡奇物化理论表层塑形中的正确出发点。由此，他再进一步引出主观上由商品拜物教（Warenfetischismus）特性所产生的问题。③ 青年卢卡奇认为，资本主义商品结构的本质：

它的基础是，人与人之间的关系与联系（eine Verhältnis, eine Beziehung）获得物的（Dinghaftigkeit）性质，并从而获得一种"幽灵般的对象性（Gespenstige gegenstandlichkeit）"，这种对象性以其严格的、仿佛十全十美和合理的自律性（Eigengesetzlichkeit）掩盖着它的基本本质，即人与人之间联系（Beziehung zwischen Menschen）的所有痕迹。④

我们不难体知到，青年卢卡奇此处的观点直接引述了马克思的物

---

① ［匈］卢卡奇：《历史与阶级意识》，杜章智、任立、燕宏远译，商务印书馆 1992 年版，第 143 页。
② 在《马克思恩格斯全集》中文第一版的翻译中，由于是从俄文转译，马克思一些重要文本（如《1857—1858 年经济学手稿》）的中译文将 Vergegenständlichung 译作"物化"，在第二版的重新校译中，逐步改译过来。
③ ［匈］卢卡奇：《历史与阶级意识》，杜章智等译，第 144 页。
④ 同上，第 143—144 页。中译文有改动。参见 Lukacs, *Geschichte und Klassenbewußtsein*, Gesamtausgabe *Band* 2., S. 257 - 258。

化批判观点①，但卢卡奇并没有注意到，马克思对资本主义的物化现象批判，是一种对商品—市场交换中人与人的关系所发生的客观事物化颠倒后的**主观错认**。这导致了青年卢卡奇自主性地提出，这种物化现象有**客体**与**主体**的两个层面："在客体方面是产生出一个由现成的物以及物与物之间联系构成的世界（Welt von fertigen Dingen und Dingbeziehungen，即商品及其在市场上的运动的世界）"，这是他所说的资本主义经济世界中生成的"第二自然"界。我们可以留心，卢卡奇这里悄悄地将马克思使用的"事物与事物之间的关系（Verhältnis der Sachen）"替换成了"物与物的联系（Dingbeziehungen）"，这也意味着，他是将黑格尔的作为**事物**自身（Sache selbst）的"第二自然"重新替换成了康德的自在之**物**（Ding an sich）。这是一个很深的退步。而"在主观方面——在商品经济充分发展的地方，人的活动同人本身相对立地被客体化，变成一种商品，这种商品服从社会的自然规律的异于人的客观性，它正如变为商品的任何消费品一样，必然不依赖于人而进行自己的运动"②。不难看出，在分析资本主义经济现象的时候，青年卢卡奇并没有意识到马克思是从商品交换关系抽象到价值等价物——货币，从会生息的货币再到资本统治关系，层层递进，最终揭露资本主义生产方式剥削的本质的。青年卢卡奇这里主—客层面的物化理论并不是马克思完整的事物化—物化—经济拜物教的历史现象学批判，而仅仅是外在化了的**商品**拜物教观念，它只是三大拜物教（商品、货币、资本）中第一层次上的并没有被准确理解的东西。其实，在《历史与阶级意识》的文本中，青年卢卡奇与马克思历史现象学构境的关联，也就到此为止了。

并且我注意到，在《历史与阶级意识》一书第 149 页（原文第 176 页最后）上，青年卢卡奇的物化批判构境中发生了一个无意识的**逻辑越轨式构序**与非法的**理论拼合塑形**。这就是青年卢卡奇从对马克思商品拜

---

① 卢卡奇此处所引的马克思的原文为："商品形式（Warenform）所以是神秘的，不过因为这个形式在人们眼中，把他们自己的劳动的社会性质（gesellschaftlichen Charaktere），当作劳动产品自身的对象性质（gegenständliche Charaktere），当作各种物品的社会的自然属性（gesellschaftliche Natureigenschaften dieser Dinge）来反映，从而，也把生产者对社会生产总劳动的社会关系，当作一种不是存在于生产者之间而是存在于客观界各种对象之间的社会关系（gesellschaftliches Verhältnis von Gegenständen）来反映。"中译文原来将此处 Warenform 译成"商品形态"，我改译为"商品形式"。（参见［德］马克思：《资本论》第 1 卷，人民出版社 1953 年版，第 48 页。参见 Karl Marx & Friedrich Engels, *Werke*, Band 23, "*Das Kapital*", Bd. I, Berlin: Dietz Verlag, 1963, S. 86。）

② ［匈］卢卡奇：《历史与阶级意识》，杜章智等译，第 147—148 页。

物教批判理论的表层援引，突然转向完全异质的韦伯的事物化逻辑。依我的观点，马克思对**生产过程**中的**对象化**（使用价值的形成）是持充分肯定态度的，而对**交换过程**中社会关系的**事物化颠倒及其物化错认**则提出了批判与否定。如前所述，韦伯的 Versachlichung（事物化）理论则完全否定了对社会关系（价值层面）的关注，直接将生产对象化塑形中的工具合理性和事物化颠倒直接确定为资本主义经济社会存在的根本性基础。在 Versachlichung 中主体性的消除和生产对象化构序中的量化导致的可计算性、可操作性，是韦伯站在资产阶级意识形态立场上充分肯定的东西。青年卢卡奇刚刚进入的马克思主义的阶级立场，决定了他不可能不从正面肯定韦伯，而是将韦伯再次颠倒过来，并将 Versachlichung 一词特意重新构境为否定性**物化**（*Verdinglichung*），以形成他自己独特的物化批判视域。我认为，这种物化批判与前面青年卢卡奇表层引述的马克思的商品拜物教立刻失去了直接关联，这不能不说是一个严重的理论逻辑混乱。

从文本中可以看到，青年卢卡奇在描述了资本主义经济塑形造成的"第二自然"后，直接采纳了**被颠倒地使用**的韦伯的资本主义合理性（Rationalisierung，工具理性）的事物化理论。他明确说："如果我们纵观劳动过程从手工业经过协作、手工工场到机器工业的发展所走过的道路，那么就可以看出合理化不断增加，工人的质的特性，即人的—个体的特性越来越被消除。"①不难发现，这里问题的实质是韦伯式的合理性以及这种工具理性导致劳动主体性在生产过程中的丧失。显然，这已经不是在直接面对马克思所讲的市场交换中人与人的**社会关系颠倒为事物与事物之间的事物化**，而是在反对韦伯眼中**物质生产对象化**过程否定主体性和价值质性的"祛魅"的"**可计算性**（*Kalkulierbarkeit*）"的量化、标准化和世俗化（事物化）进程。有趣的是，对于这一思想塑形中的逻辑错位，青年卢卡奇竟然完全无意识。

青年卢卡奇说，在资本主义现代物化进程中起关键作用的原则是"根据计算、即**可计算性**来加以调节的合理化的原则（das Prinzip der auf Kalkulation, auf *Kalkulierbarkeit* eingestellten Rationalisierung）"②。或者说，"数量化是一种蒙在客体的真正本质之上的物化着的和已物化了的外

---

① ［匈］卢卡奇：《历史与阶级意识》，杜章智等译，第149页。
② 同上。

衣"①。显然,这里的 *Verdinglichung* 理论原则并非来自马克思,而是来自韦伯的 *Versachlichung* 的理论构境。② 他把韦伯正面论述的东西倒转过来反对资本主义,这恰恰是青年卢卡奇物化批判的本质。这个古怪的**反向逻辑接续关系**颇类似于马克思与李嘉图的关系。需要认真指出的是,马克思与韦伯理论构序中关键的异质性在于,马克思对事物化—物化的批判分析是从特定的资本主义商品—市场**生产关系**着眼的,而韦伯则是从 20 世纪资本主义**生产力发展**本身入手的。这一点十分重要。马克思对资本主义社会关系事物化—物化批判构境主要是商品**交换过程**中,人与人的直接劳动交换关系通过商品交换中客观抽象生成的交换等价物再到货币关系和资本关系,颠倒地表现为事物与事物的关系,然后,这种颠倒的事物化关系本身所呈现出来的一种仿佛与人无关的物相(物理的自然属性)之主观错认即是物化幻象,再由此,建构起整个资产阶级经济拜物教意识形态。这是马克思事物化、物化和拜物教批判的原意。而青年卢卡奇讲的却是**生产过程**中工具性对象化导致的量化和可计算性的对象化,用他自己话说是"资本主义社会的人们受生产力奴役的情况"③。**人受生产力的奴役**,这决不是马克思能够接受的观点。这倒是鲍德里亚以假想的原始生存反对历史唯物主义"生产之境"的核心论调之一。

必须说明的后续事件还有,1962 年,青年卢卡奇的《历史和阶级意识》的日文版在日本出版,正是在这次文本翻译构境中,此书译者平井俊彦将"Verdinglichung"这个词意译作**物象化**,这造成了最初的转译构境中的混乱。④ 而广松涉则明确地在自己的学术研究中正确区分了马克思的 Versachlichung 与 Verdinglichung 两个概念,并将马克思的Versachlichung(而不是平井俊彦从卢卡奇文本中 Verdinglichung 一词构境出来的物象化)这一概念专门转译并重新构境作**物象化**,以区别于马克思的 Verdinglichung(物化)概念,并以物象化作为马克思 1845 年思想变革的重要落脚点,以异质于之前的人本主义异化史观。其实,广

---

① [匈]卢卡奇:《历史与阶级意识》,杜章智等译,第 250 页。
② 青年卢卡奇在这里专门加了一个注:"这整个过程在《资本论》第 1 卷中被历史地和系统地加以表述。这些事实本身——当然大多没有涉及物化问题——在毕歇尔、桑巴特、A. 韦伯、高特尔等人的资产阶级国民经济学中也有。"([匈]卢卡奇:《历史与阶级意识》,杜章智等译,第 149 页注 1。)
③ 同上,第 102 页。
④ 参见[匈]卢卡奇:《历史和阶级意识》,[日]平井俊彦译。

松涉并不关注"物化"（Verdinglichung）的内容，而是专注于他所特别指认的"物象化"。

广松涉在 1983 年出版了《物象化的构图》一书。此书是他从 1969—1983 年公开发表的有关"物象化"问题的相关论文的一个结集。广松涉在自序一上来就说道，"'物象化（Versachlichung）论的构图（Verfassung）'，对笔者来说，既是理解马克思的后期思想的重要钥匙，同时也是作者本身所构想的社会哲学、文化哲学方法论的基础"①。这有两个重要的定位：一是物象化概念是他用来指认马克思后期思想（准确地说，是 1845 年历史唯物主义创立后）的科学方法论的范式，这是取代人本主义异化论的**方法论转换**的质性定位；二是这种对马克思的方法论解读构成了他自己全新哲学构境的基础，这是一个他与马克思的**历史性关联**的定位。我认为，广松涉的这个"物象化"并不是马克思 Versachlichung 原初的构境，而是广松涉所重新抽象的**关系存在被错认为实体存在的主观假性幻象**。广松涉所理解的物象化，是指人的主体际关系在**当事人的日常意识中**犹如事物之间的关系或物的性质，这是在主观意识中发生的错认。在广松涉看来，Versachlichung 的两个层面的事件都是一种主观的"错误理解"，即**将关系性的存在重新实体化误认的物象错觉**。我觉得，广松涉的物象化构境与马克思的事物化（Versachlichung）视域并不是直接一致的，这只是广松涉走向自己哲学建构的一种特设性理论构境。

① [日]广松涉：《物象化论的构图》，彭曦等译，"著者自序"第 1 页。

广松涉物象化范式之缘起

——《物象化论的构图》的构境论解读

原载《学术月刊》2014年第7期

内容提要：马克思的历史现象学中的重要概念 Versachlichung 与 Verdinglichung 在汉译过程中的长期缺席，以及青年卢卡奇对 Verdinglichung 概念的错位使用，造成了长期以来这一重要理论的严重遮蔽和阐释混乱。广松涉将马克思的 Versachlichung 重新定义为的社会关系存在被错认为实体存在的主观假性幻象。广松涉所理解的物象化，是指人的主体际关系在当事人的日常意识中犹如事物之间的关系或物的性质，这是在主观意识中发生的错认。广松涉的物象化构境与马克思的事物化（Versachlichung）视域并不是直接一致的，而只是广松涉走向自己哲学建构的一种特设性理论构境。

关键词：广松涉 《物象化论的构图》 马克思 事物化 物化 关系本体论

自广松涉的《物象化论的构图》①一书在中国出版后，在马克思经典文献的德文汉译中始终没有出场的 Versachlichung（事物化）-Verdinglichung（物化）批判视域②开始逐步引起学界的注意。广松涉对 Versachlichung 所作的"物象化"重构，对我们认识马克思的 Versachlichung 理论产生着越来越大的影响，可是，广松涉物象化理论的缘起以及这一理论观点的具体建构并没有得到来自于文本的话语研判和情境思考。在此，本文将以《物象化论的构图》一书的构境论文本解读为基础，深入讨论和思考广松涉提出的这一重要哲学批判范式。

---

① ［日］广松涉：《物象化论的构图》，彭曦等译，南京大学出版社2002年版。
② 在《马克思恩格斯全集》第一版的中文翻译中，马克思晚期经济学研究的重要文本中的 Verdinglichung 被译成物化，Versachlichung 也被翻译成物化，而物化更多地还占位性替代了重要的 Vergegenständlichung（对象化）概念。所以，在我们过去对马克思晚期经济学文本的研究中，如果精细一些，则会出现对马克思物化观点的不同层面的理解。其实，这只是由于德文转译俄文，再转译成中文中发生的译境遮蔽和人为文本幻象。在《马克思恩格斯全集》中文第二版的校译中，这一问题正在逐步得到校正。

1. 关系本体论：对实体主义的超越

广松涉在 1983 年出版了《物象化的构图》一书，此书是他从 1969—1983 年公开发表的有关"物象化"问题的相关论文的一个结集。1982 年，广松涉已经出版了阐释自己哲学体系的主要论著《存在与意义》的第一卷①，所以，《物象化的构图》这本文集的出版，至少是明示出物象化范式是进入"广松哲学"的真正入口。在我看来，这本文集中部署为第二章，也是写于 1983 年的《物象化论的构图与适用范围》②一文是全书的核心，广松涉自己也说，此文为本书的"主干部分"。

广松涉在自序一上来就说道，"'物象化(Versachlichung)论的构图(Verfassung)'，对笔者来说，既是理解马克思的后期思想的重要钥匙，同时也是作者本身所构想的社会哲学、文化哲学方法论的基础"。③ 广松涉在文本写作中，比较喜欢使用来自于马克思和海德格尔等人的德文概念来标识自己思想构境在德国思想史进程中的刻度和关联。这有两个重要的定位：一是物象化概念为他用来指认马克思中后期思想(准确地说，是 1845 年历史唯物主义创立后)的科学方法论的范式，这是取代青年马克思早期人本主义异化论的**方法论转换**的质性定位；二是这种对马克思的方法论解读构成着广松涉自己全新哲学构境的基础，这是一个他与后期马克思历史唯物主义的**历史性关联**的定位。在这里，我们重点分析第一个定位。

在广松涉看来，马克思的"历史唯物主义(materialistische Auffassung der Geschichte)"④不是狭义的历史观，即斯大林所理解的辩证唯物主义在社会历史领域的推广结果的**唯物主义的历史观**，而是作为历史科学的整个马克思主义的科学世界观。这是精准的重要辨识。广松涉在解释历史唯物主义的革命意义时，将其特别指认为马克思对近代"主体—客体模式"(Subjekt-Objekt-Schema)的根本超越。请注意，这显然是认识论视位，虽然在黑格尔的唯心主义逻辑构架中，认识论(逻辑学)就是本体论(辩证法)。在广松涉看来，马克思、恩格斯吸取了黑格尔哲学的教训，在黑格尔自以为用绝对唯心主义一元论根本

---

① [日]广松涉：《存在与意义》(第一卷)，彭曦等译，南京大学出版社 2009 年版。
② [日]广松涉：《物象化论的构图与适用范围》，《思想》1983 年 3 月号，岩波书店。
③ [日]广松涉：《物象化论的构图》，彭曦等译，南京大学出版社 2002 年版，自序第 1 页。
④ 广松涉专门标的德文原意恰恰为"唯物主义的历史观"。

弥合了费希特"自我"与"非我"的二元分裂的缝合处,马克思和恩格斯则在本体论的**不可见裂口中**嵌入了中介性的**社会关系**。我注意到,为此广松涉主要谈及了马克思的《关于费尔巴哈的提纲》(以下简称《提纲》)中第六条中那一名句:"人的本质并不是单个人所固有的抽象物,在其现实性上,它是一切社会关系的总和(In seiner Wirklichkeit ist es das Ensemble der gesellschaftlichen Verhältnisse)。"①依广松涉的解释,马克思的这一观点,直接受到了赫斯的影响,即从那个将交往关系视作人的类本质的观点,转向"一定的社会"中的现实的人的本质观点。

首先,在广松涉看来,马克思这一表述的构境意义在于否定了费尔巴哈和施蒂纳共同居有的**实体主义**。细一点说,我发现广松涉竟然明确指认费尔巴哈是普遍的类本质(第二实体),施蒂纳是现实的个人(第一实体),这是一个有趣的理论透视。这也是过去我们在解读这段思想史时可能漏掉的东西。只是,令人生疑之处有二:一是费尔巴哈的人的类本质,在底根处也是人与人的自然**关系**,因为这一构境基点,也才有可能生出赫斯将人的交往类关系重构为人的类本质。二是在这一构境层中,广松涉忽略的细节是青年马克思自身在唯物主义立场上的转换,即他1843年已经站在费尔巴哈式的哲学唯物主义观念上,如果1845年发生了对"实体主义"的超越,那也应该是青年马克思对自己的超越,即从哲学唯物主义向历史唯物主义的转换。而马克思则是说,任何个人的现实**本质**都是他在社会存在中建构的关系总和。这样,作为第一实体的个体实体与作为第二实体的类本质实体同时消解为**关系建构**。这奠定了马克思关于人的看法的**非实体性**基础。依广松涉的暗示,非实体性的**关系本体论**是全部马克思新世界观的根本。

其次,更深一层思想史构境层中,广松涉刻意指认马克思的这一重要观点的真正缘起是黑格尔的**关系本体论**,因为在《精神哲学》中,黑格尔曾经这样写道:"在个人的具体存在中,他属于与别人以及世界一般之间形成的**诸关系**的总体。这个总体性内在于个人,这个(诸关系的)总体性构成个人的现实性。"②这也是我们不曾注意到的方面。我不知

---

① [德]马克思:《关于费尔巴哈的提纲》,《费尔巴哈》,人民出版社1988年版,第89页。参见 Karl Marx, *Manchester-Hefte*, *Gesamtausgabe*(*MEGA2*), Ⅳ/3, Berlin: Dietz Verlag, 1998, S. 20 - 21。

② 广松涉原注:《黑格尔全集》第10卷,第133页——另外,如果引用所谓《小逻辑学》的某个补遗部分的话,黑格尔甚至说道:"自我,既是单纯的自我关系,同时更是对他者的关系。"第8卷,第283页。

道广松涉是否在暗示,这才是马克思《提纲》第六条的思想史缘起之处。

并且,更进一步,

> 马克思、恩格斯在宣布批判地超越黑格尔左派意识形态整体的《德意志意识形态》①中,将视轴定在"内部存在"于历史诸关系中的人们,"人们的对自然的以及相互的诸关系"②上来重新建构理论。——在《提纲》中,还停留在"一切社会关系的总和"这样的一般性的提法上,而现在将所说的诸关系以"生产关系"③为基轴构造地来重新进行规定。④

广松涉的观点是,如果《提纲》第六条中那个"社会关系的总和"还是一种一般性的抽象提法,而在《德意志意识形态》中,马克思、恩格斯则已经深入到以生产关系("交往关系")为视轴来说明整个**社会存在**的关系性本质了,即人与自然的关系、人与人的关系的双重视轴和结构。这也是我所指认的马克思、恩格斯在1845—1846年创立的**广义历史唯物主义**构架,亦即用新的实践唯物主义哲学观念说明整个人类社会存在本质的一般世界观。只是,广松涉明确将其突显为**关系本体论**,而没有强调这种新历史理论的唯物主义性质。

而且,广松涉也标识了马克思眼中的**关系本体论构境中的意识本质**:"我对我环境的关系即是我的意识。凡是有某种关系存在的地方,这种关系都是为我而存在的"。⑤ 在马克思那里,意识的本质也是**关系**,但不是观念实体以及逻辑关系,而是现实社会关系的观念内化,这是对的。对此,广松涉进一步分析到:

---

① 这一点,从马克思在《德语布鲁塞尔报》等上所告知的《德意志意识形态。对费尔巴哈、布·鲍威尔和施蒂纳所代表的现代德国哲学以及各式各样先知所代表的德国社会主义的批判》这样的题目以及手稿的构成和内容都可以得知。

② 广松涉原注:前注所提到的广松涉编《德意志意识形态》(河出书房1974年版,以下简称为广松版《德意志意识形态》)第50页。1983年的新版中订正了旧版的排版错误。

③ 广松涉原注:在《德意志意识形态》中,此概念作为专门术语虽然尚未固定,不过笔者仍冒昧地加以使用。值得注意的是,在《德意志意识形态》中,此词广义地被使用,甚至有下列句子:"直到现在存在着的个人的生产关系也必须表现为法律的和政治的关系。"德文版《马克思恩格斯全集》第3卷,347页。——参见《马克思恩格斯全集》第3卷,人民出版社1960年版,第421页。

④ [日]广松涉:《物象化论的构图》,彭曦等译,南京大学出版社2002年版,第36页。

⑤ 《马克思恩格斯全集》第3卷,人民出版社1960年版,第34页。

马克思、恩格斯不是从**内在**的实体，或者机能等等来观察"精神"和"意识"，而是从根本上将之当作"关系"来理解。而且，作为人们被自为化的"对自然的、相互的"的关系，用今天的话来说，正如"以语言交流使之成为现实态"那样，将之理解为只有在"主体际性"中才存在的事物。①

至此，我们可以看到广松涉在此书中对马克思历史唯物主义诠释的特设视轴，即反复突显关系本体论的构境背景，这是他后面引出物象化理论的重要前提。

值得我们特别关注的是，广松涉拼贴了马克思相关词语的一段文本建构物：

人的诸个体之所以"是什么样的，这同他们的**生产**是一致的——既和他们生产什么一致，又和他们怎样生产一致。"②之所以这样是因为"个人怎样表现自己的**生活**，他们自己也就怎样"，③那也是"这些个人的一定的活动方式、表现他们生活的一定形式、他们的一定的生活方式"④的原因之所在。

我们知道，这是马克思恩格斯在《德意志意识形态》中阐述广义历史唯物主义观点中最关键性的一些表述。广松涉这里试图说明，作为第一实体的个人在马克思这里被进一步消解为"一定形式"和"一定的生活方式"，其本质都是非实体性的社会**关系**。这基本是对的。可是，我觉得他并没有注意到，马克思的历史唯物主义的最深构境层中，"关系本体论"是被更深入的**生产塑形和功能化筑模——怎样生产的生产方式**所突破。所以，广松涉没有在这一重要理论构境层中驻思。

广松涉告诉我们，马克思在处理人与自然的关系时，并没有依从实体性的"主体—客体"的二元模式。他引证了马克思恩格斯如下一段重要表述："关于人与自然关系的重大问题……在工业中向来就有那个很

---

① 广松涉原注：关于这一点，请参照拙著《事物、事情、语言》（劲草书房，1979 年刊）第 98 页。详细内容请参照《存在与意义》第 1 卷第 1 篇第 3 章。
②《马克思恩格斯全集》第 3 卷，人民出版社 1960 年版，第 24 页。
③《马克思恩格斯全集》第 3 卷，人民出版社 1960 年版，第 24 页。
④《马克思恩格斯全集》第 3 卷，人民出版社 1960 年版，第 24 页。

著名的'人和自然的统一性'，而且这种统一性在每一个时代都随着工业或快或慢的发展而不断改变。"①这个引号中的"人与自然的统一"，可以有黑格尔绝对观念的**同一性**逻辑和费尔巴哈式的**人化自然**逻辑一类的答案，而马克思则是要指认这种所谓的"统一"在历史性的资本主义工业生产中的实际改变。在广松涉的解释构境域中，这里的工业生产的出场是解除人与自然独立的实体性的依存关系，代之以一种全新的人工关系系统。

也是在此处，他突然引证了海德格尔的一对重要概念：Vorhandensein（在手存在）和 Zuhandensein（上手存在）。② 由此开启了另一重更深的构境理解层。Vorhandensein 和 Zuhandensein 是海德格尔从胡塞尔现象学中引申出来的一个方法论意义上的差异性范式，Vorhandensein 可理解为对象性的现成实体，意指实体主义中的实体自然物，而 Zuhandensein 则是指**正在发生的功用性**的非实体存在状态。依广松涉的看法，

> 人将工业场合的人与自然统一这样的"自然"，如果仅仅以物理学的自然，按照海德格尔式的说法，以作为"物在"（在手存在 Vorhandensein）③的自然物的形态来理解的话，那么那种情况下的自然，大概只能覆盖地球表面的区区一小块吧。不过，基始的自然是以海德格尔的所谓"用在"（上手存在，Zuhandensein）④的形式出现。⑤ 例如，太阳在成为物理、化学的客体之前，作为照亮世界、抚育草木、温暖身体……的事物；月亮作为照亮夜路……的事物。基始的自然以呼应活生生的实践关心的形式而出现。⑥

---

① 《马克思恩格斯全集》第 3 卷，人民出版社 1960 年版，第 49 页。

② Zuhandensein 和 Vorhandensein 为海德格尔的重要术语，中文版《存在与时间》分别译为"上手性存在"和"现成在手性存在"，广松涉日译为"用在性"（用具的存在性）和"物在性"。我认为，广松涉所使用的"用在"和"物在"比"上手存在"和"在手存在"在广义存在论的意义上要更精确。

③ 德文版海德格尔《存在与时间》，第 69 页。——海德格尔《存在与时间》，三联书店（北京），第 81 页。

④ Ibid. Vgl. S. 71.

⑤ Zuhandensein 和 Vorhandensein 为海德格尔的重要术语，中文版《存在与时间》分别译为"上手性存在"和"现成在手性存在"，广松涉日译为"用在性"（用具的存在性）和"物在性"。审订者认为，广松涉所使用的"用在"和"物在"比"上手存在"和"在手存在"在广义本体论的意义上要更精确，所以在本书中保留广松涉的"用在""物在"，但同时用括号标注（"上手"和"在手"）。而在下文论述海德格尔哲学一节中则相反标注。

⑥ ［日］广松涉：《物象化论的构图》，彭曦等译，南京大学出版社 2002 年版，第 41 页。

广松涉是深刻的。他虽然没有读到过后来出版的海德格尔写于1922 年的《那托普报告》①,但他极为准确地透视到自然(φνσιs,涌现)在海德格尔那里是一种"用在性"出场,即他所说的"基始的自然以呼应活生生的实践关心的形式而出现"。被实体主义假定为外部自然**物**(Ding)的存在,在今天的地球上是正在趋于零的少量"未开垦的处女地"(马克思在《德意志意识形态》一书所指出的"澳大利亚的珊瑚礁"),而我们生存所直接依存的"周围世界",实际上不过是在不同时期的工业中"呼应活生生的实践关心的形式"而在场的**事物**(Sache)。

不过,广松涉没有细致辨识的是,实体主义并非仅仅是一种认识上的主观错误,而是特定历史条件下的产物,因为在农耕文明中,人对外部自然的关系的确是表面的和**非对象性**的,也就是说,在一定的意义上,主体—客体二元模式在特定的历史中恰恰是人类生活中真实存在的现实实体关系,也只是在资本主义工业生产中,自然才真正成为我们生活存在的**关涉塑形物**。由此,主体—客体二元模式才丧失其**历史的合法性**。

也基于上述的讨论,广松涉说,正是马克思的历史唯物主义超越了实体主义的人本学,建立了"以生产的场合为轴心而被建制成的生态系的'人与自然、人与人的'关系态,定位于这个面向'历史世界'内的存在中,并规定人的存在"。② 在广松涉的重新构境理解中,马克思的历史唯物主义是一种强调**关系基始性**的新世界观。广松涉认为,也由此,我们才有可能理解海德格尔 1947 年在《关于人本主义的书信》一文中对马克思的重要评价:仍然陷在实体论人本主义之中的萨特为什么没有资格与马克思对话。

2. 从异化论向物象化论的转换

与通常我们所看到的解释不同,上述广松涉对马克思历史唯物主义的诠释,其核心构境支点是**关系本体论**,我们不难发现,从人本学的实体主义到关系**第一性**的转换,还只是我所指认的广义历史唯物主义中历史**客体向度**的观察视位,即将实体对象化的社会现象透视为社会

---

① 青年海德格尔于 1922 年完成的《对亚里士多德的现象学阐释——解释学情境的显示》一文,为了争取马堡大学的副教授一职,海德格尔将此报告寄给马堡大学的那托普教授,简称"那托普报告"。
②［日］广松涉:《物象化论的构图》,彭曦等译,南京大学出版社 2002 年版,第 46 页。

历史的**建构性关系**本质。在这一构境层中,显然缺席了马克思的批判立场。广松涉似乎也看到了这一点,他必须要讨论一个更重要的方面,即与上述马克思哲学革命同步发生的批判理论中的重大转换——从人本主义异化论向历史唯物主义的**物象化**(Versachlichung)批判的转变。广松涉认为,这个所谓物象化正是对上述历史唯物主义关系本体论的**遮蔽**!社会历史的关系本质在资本主义生产方式中被重新伪构成**实体性的物象**。依据我们上述的解读,从逻辑关节来看,人本主义异化史观恰恰是**主体性**人学,关系本体论如果是广义历史唯物主义中的**客体**向度,那么,物象论批判到底依托于什么视位? 我们具体来看广松涉的破解。

依广松涉的观点,青年马克思在"巴黎笔记"的《穆勒笔记》和《1844年经济学哲学手稿》中所塑形的劳动异化史观,其实质仍然是依从了人本主义的逻辑三段论,这是从宗教故事中的神话逻辑开始的某种演绎:

1. 〈a〉乐园,〈b〉失乐园,〈c〉复归乐园;

2. (A)"人们尚未被异化的本真态的时代",(B)"人们被异化,处于非本真态的时代",(C)"扬弃这样的非本来的异化态,实现不被异化的本真态的时代";

3. (a)还没有出现私有制的历史阶段,(b)存在私有制这样的"异化"的历史阶段,(c)这种"异化"被扬弃,私有制不复存在的历史阶段。[①]

这是广松涉十分精彩地复原的异化论思想构境中的三层递进关系:首先是人天生**应该居有**的本真存在状态——未被罪恶侵入的天堂乐园,然后**是**在被魔鬼引诱后失真的世俗凡界现实,最后是在神的引领下离开世间苦海重新进天堂。这是一种**价值悬设**问题式中"应该"与"是"的**伦理批判**辩证法。所以广松涉说,

异化、复归这样的设想,在黑格尔的情况下,被定位于基督教中的"神"→"人(化)体"→"神"这样的宗教表象的构图中,因此理所当然地伴随着实体的主体的自我异化和自我复归这样的过程。

---

① [日]广松涉:《物象化论的构图》,彭曦等译,南京大学出版社 2002 年版,第 54—55 页。

只要是以这样设想性构图为前提、将现状论定为异化态的话,异化态的自我扬弃,也就是说,对本真态的复归的意思自然也包含在里面了。①

这里有一个重要的逻辑链接,即异化论与**主体—客体二元模式**的内在关联,因为在此,上帝与绝对观念是主体,而世俗堕落和观念物化是主体向客体状态的外化和异己化,扬弃异化则是复归于主体。其实,从历史中并不存在的本真性价值悬设出发的异化逻辑,这显然是唯心主义问题式之下的历史理论,可以说,**异化史观**是近代资产阶级人本主义话语中最出色地体现这种批判逻辑的理论传统。广松涉出色地辨识出,1844 年青年马克思的劳动异化论仍然是深陷这种人本主义的逻辑泥坑之中的,而在 1845—1846 年的思想变革中,马克思恩格斯创立历史唯物主义的前提,就是根本摈弃了这种人本主义的异化史观,确立了**物象化论的批判性构图。**

在历史唯物主义的视域中,马克思恩格斯都不再从本真的、应该存在的非历史、非现实和非具体的理想逻辑规定出发,而开始从一定历史条件下的具体社会现实出发,于是在马克思的眼中,"社会不是由诸个人构成的",但是,"社会是诸个人的**诸关联,诸关系**的一个总和"(Die Gesellschaft besteht nicht aus Individuen, sondern drückt die Summe der Beziehungen, Verhältnisse aus)。② 请注意,这里广松涉显然使用了非常规的文献插入,因为,这一表述是马克思在十多年之后的《1857—1858 年经济学手稿》中的论述。需要特别指认的构境论**断裂**细节在于,广松涉没有再依循对人本主义的异化逻辑的批判,而转向他所关心的历史唯物主义对**非实体关系存在**的现实指认,在此,既没有了作为第一实体的个人,也没有了作为第二实体的应该居有的类本质(劳动),那个在人本主义异化史观中被批判性地呈现的坏的"是"被消解为现实存在的社会诸关系的总和。显然,广松涉意在将其与上述《关于费尔巴哈的提纲》中的第六条中那个"关系总和"说相呼应。然后,广松涉再跳回到《德意志意识形态》的语境中,他引述说,马克思和恩格斯现在反倒开始挪揄异化论者们:"哲学家,不直接说你们不是人。这位哲学

---

① [日]广松涉:《物象化论的构图》,彭曦等译,南京大学出版社 2002 年版,第 55—56 页。
② 参见 Karl Marx: *Grundrissen*, *Gesamtausgabe*(*MEGA2*) II/1,. Berlin: Dietz Verlag, 1976, S. 188. (Dietz Ausgabe. S. 176.)。文中的重点号为广松涉所加。——本文作者注。

家不直截了当地说：你们不是人。他说：你们从来就是人，可是你们缺乏你们是人的意识，正因为如此，所以你们实际上不是真正的人。所以你们的现象与你们的本质不符。你们是人又不是人。"①人本主义的异化论，现在直接成了被马克思恩格斯调侃的对象。

我觉得要再次特别指出，广松涉否定掉异化论构图后的构境意向十分明确，即让他标定为**物象化论的构图**出场：

> 但是，此时构成"诸关系"的东西当然不会独立自在。那是将分支的诸个人视为"项"的诸关系，存在的是将诸个人视为"项"的关系态。不过，该诸关系在一般情况下，在当事的诸个人的意识中，不作为他们自身的相互间的诸关系而被意识到。在日常的意识中，那毋宁说是以独立自在于诸个人的客体对象的形式，或者是以对象属性和对象物彼此之间的关系形式呈现出来。不过，这也正是"社会"全体之所以能够被人错误地认为似乎是固有的实体的原因之所在。②

首先，需要注意的话语细节是，广松涉在思考马克思从异化论向物象化论转化的过程中，他的聚焦点并不是人本主义价值悬设批判的方法论隐性唯心主义前提，而仍然是反对实体主义幻象。这与阿尔都塞"断裂说"的具体所指完全不同，广松涉并没有进一步深刻分析那个异化史观的经典三段论——(A)"人们尚未被异化的本真态的时代"，(B)"人们被异化，处于非本真态的时代"，(C)"扬弃这样的非本来的异化态，实现不被异化的本真态的时代"的**主观悬设**的逻辑出发点、**远离现实**的逻辑推论与批判张力，以及**非历史**的伦理道德宣判尺度，而是紧紧抓住的是作为社会存在本质的被建构起来的"诸关系"，在他看来，真正取代人本主义异化史观的是"关系主义"的本体论，或者**社会本体论**。或者用孙伯鍨教授的话来说，即历史唯物主义的**物**不是实体性的东西，而是**关系性存在**。

其次，这也是一个**不同构境意向**中突然的转向和断裂。如前所述，广松涉这里在文献基础上出现了一个很大的跳跃，他一下子从 1845 年

---

① 德文版《马克思恩格斯全集》第 3 卷，第 233 页。——《马克思恩格斯全集》第 3 卷，人民出版社 1960 年版，第 297 页。

② ［日］广松涉：《物象化论的构图》，彭曦等译，南京大学出版社 2002 年版，第 62—63 页。

马克思恩格斯的早期哲学方法论变革时期创立的广义历史唯物主义客体向度的观察,突然进入马克思 1857—1858 年甚至更晚近的经济学研究之中,他直接将 1845 年的哲学革命与马克思后来在狭义历史唯物主义基础之上建立历史现象学中的经济拜物教批判("物象化")链接了起来。这种逻辑前置显然是不合法的。

其三,在广松涉的诠释下,取代异化论的物象化主要是指这样两个构境层:一是马克思的历史唯物主义中,关系性存在不会独立自在,它们不是个人实体之间的"项",因为个人实体本身就不是历史唯物主义构境中的对象,个人如果有某种本质,它只是作为功能性的现实社会关系总和的建构活动。二是这种建构性的关系存在对于人的**意识**来说,通常不被意知为人与人的关系,而被误认为"独立自在于诸个人的客体对象的形式,或者是以对象属性和对象物彼此之间的关系形式呈现出来"。在这一点上,构成**社会实体现象的物象错觉**。我发现,如果说第一构境层是广义历史唯物主义之上的社会客观存在中的关系本体论,第二构境则是这种关系本体论在认识论中生成的**主观物象幻觉**。广松涉没有意识到的事情是,他所引述的马克思历史现象学中透视出来的拜物教批判只是**狭义**历史唯物主义所面对的资本主义生产方式中的特定历史现象。

紧接着,广松涉再将其与异化史观做了这样一个链接:"在马克思、恩格斯的历史唯物主义的视域上,在原理的层面上,已经不能采用主体的客体化和再主体化这样的所谓'主体—客体的辩证法'的理论,也就是主体的人的自我异化、自我获得这样的构图。"①这也就是说,广松涉认为,只有在主体—客体二元模式的视域中,才可能发生作为实体存在的主体—客体异化颠倒的现象。

在这一点上,我并不赞同广松涉的这种理论演绎。因为在我看来,实际上,从费尔巴哈和赫斯那里,异化逻辑早已经是**作为关系存在**的类本质的异化了,前者那里本真性类本质是人的自然关系,而后者则升格为人与人的交往关系,在青年马克思的《1844 年经济学哲学手稿》中,马克思也是特别指认了非实体的劳动活动的异化、工人与自己劳动产品的所有(Eigentum)关系的异化,以及劳动与不劳动者支配关系的异化。虽然,费尔巴哈、赫斯和青年马克思在哲学唯物主义的客体向度上

① [日]广松涉:《物象化论的构图》,彭曦等译,南京大学出版社 2002 年版,第 63—64 页。

仍然停留在感性直观的对象实体存在上,但在关注主体向度的异化批判尺度上,一定的意义上,整个费尔巴哈式的人本主义异化逻辑已经是关系本体论的话语。这个复杂构境中的悖反,是广松涉估计不足的。由此,主体—客体二元模式中的实体本体论与异化逻辑并非有必然关联,而关系本体论也未必不能生成新的异化理论。

为了彻底消除人本主义在历史唯物主义中的可能性残余,广松涉还对个人主体的**原动性**(Agent)问题进行了意图明确的解构。依我所见,广松涉这里显然是针对萨特用存在主义补充历史唯物主义中所谓的人学空场地的回击。在《辩证理性批判》第一卷中,萨特明确指认个人主体的存在是社会历史发生、发展的真正**原动**。在那里,萨特写下了一句著名的断言:在今天的马克思主义哲学的中心,尚"有一块具体的人学的空场",当然,他也说,"这不是在第三条道路或唯心主义的人道主义名义下抛弃马克思主义,而是把人恢复到马克思主义内部之中"。①当然,在萨特眼里,他的存在主义就是填补马克思主义空白的唯一利器。在萨特看来,**个人的实践是不可还原的**,这是历史创造的**真正原动**。实践就是个人存在谋划的现实,它通过否定现存的关系来肯定未来的东西。

> 人是他产物的产物:通过人的劳动而自行创造出来的一个社会的各种结构,对每一个人规定了一开始的客观状况:人的真实性在于他的劳动和工资的性质。但是人的真实性又是在他经常以他的实践扬弃这种真实性的情况之下被规定的。这种扬弃只能被理解为一种现存性对可能的关系。②

萨特认为,当我们说一个人**存在着时**,意味着一种双重性:既是指一个人面临**限制**他的活动可能性的特定物质条件,同时也是说一个人能够**做什么**。人的现存条件就是一种可能性的疆域,它一方面被社会历史的现实性所决定,另一方面又是能动的人超越其既定状况的前提。

对此,广松涉的看法则正好相反,他说,"将作为个体的人视为原动主体来论述,说他将'内在的东西'外化,他的主体活动被客观化之类的

---

① [法]萨特:《辩证理性批判》,商务印书馆1963年版,第63页。
② [法]萨特:《辩证理性批判》,商务印书馆1963年版,第70页。

话。只要是这样的话,将难免不以异化、获得的构图来叙述'小循环'"。① 这个所谓的异化"小循环"是相对于作为类主体异化为客体那个宏观异化三段论大循环逻辑的微观构境层,即萨特通过个人实践来强调的历史原动性。在广松涉看来,萨特作为历史原动的"个体的主体不是自我完结的、自在的原动的主体,即使其个体中有一定限度的能动的主体性,但真正的能动的主体只能是社会关系态的一个整体"。② 我觉得,广松涉的这一批判是有力量的。

3. 何为广松涉所指认的马克思的物象化概念?

那么,究竟什么是广松涉所说的物象化呢? 依他的解释,"物化"(Verdinglichung),或者是"物象化"(Versachlichung)的概念③,在马克思的文献中并没有很高的使用频次④,应该说,是青年卢卡奇在 1923 年的《历史与阶级意识》中第一次"再澄清"了马克思的这一重要观点。⑤ 广松涉也提到,物化概念较早的形成史考古,可以上溯至谢林的**条件**(*Be-dingung*)概念,以及黑格尔的**制成此物**(*das-zum-Dinge-Machen*)的观点,其中,都有**物**(*Ding*)这个基词,在马克思之后,也经"新康德学派的李凯尔特、韦伯,再加上席美尔、卡西尔"等人在不同的语境中使

① [日]广松涉:《物象化论的构图》,彭曦等译,南京大学出版社 2002 年版,第 65 页。
② [日]广松涉:《物象化论的构图》,彭曦等译,南京大学出版社 2002 年版,第 65 页。
③ 在《马克思恩格斯全集》第一版的中文翻译中,马克思晚期经济学研究的重要文本中的 Verdinglichung 被译成物化,Versachlichung 也被翻译成物化,而物化更多地还占位性替代了重要的 Vergegenständlichung(对象化)概念。所以,在我们过去对马克思晚期经济学文本的研究中,如果精细一些,则会出现对马克思物化观点的不同层面的理解。其实,这只是由于德文转译俄文,再转译成中文中发生的译境遮蔽和人为文本幻象。在《马克思恩格斯全集》中文第二版的校译中,这一问题正在逐步得到校正。
④ 其实,在马克思那里,这两个词的使用率都是较低的。据我的不完全文献数据统计,Verdinglichung 一词在《德意志意识形态》、《1857—1858 年经济学手稿》、《1861—1863 年经济学手稿》和《资本论》1—2 卷中使用频次都为零,只是在《资本论》第 3 卷中才出现过两次。而 Versachlichung 在《德意志意识形态》中出现过两次,在《1857—1858 年经济学手稿》使用过六次,在《1861—1863 年经济学手稿》中出现过三次,在《资本论》第 1 卷出现过一次,第 3 卷使用过三次。
⑤ Georg Lukacs: *Geschichte und Klassenbewußtsein*, *Georg LukacsWerke Gesamtausgabe*, Band 2, Hermann Luchterhand Verlag, 1968, Darmstadt. S. 257 - 397. 青年卢卡奇的这一解读影响甚远,我发现,后来的海德格尔、阿多诺竟然都是在 Verdinglichung 这一概念上推进马克思的观点的。而海德格尔则更精细一些,早在 1919 年的讲座中,他就已经区分了物化(verdinglicht)和事物化(versachlicht)。[德]海德格尔:《哲学观念与世界观问题》,《形式显示的现象学:海德格尔早期弗莱堡文选》,孙周兴译,同济大学出版社 2004 年版,第 4 页。参见 *Gesamtausgabe*, Band56/57, Vittorio Klostermann, Frankfurt am Main, 1987. S. 66。

用,最终由青年卢卡奇重新在马克思的语境中"再发现"了批判性的物化(Verdinglichung)概念。① 依广松涉的推测,估计是因为青年卢卡奇"在海德堡与李凯尔特的交往中获得了触发"。可是依我的判断,韦伯将马克思的历史现象学批判指认为"价值合理性"之后,将颠倒的资本主义经济关系直接指认为祛魅化——Versachlichung(事物化)之后的真正中立的社会事物(Sache),青年卢卡奇却再次颠倒老师韦伯的资产阶级立场,反将事物化(世俗化)否定性地贬斥为 Verdinglichung(物化),并在马克思那里找到了拜物教构境中的支持。

依广松涉的观点,"卢卡奇有时候甚至将'物化'的概念与'异化'以及'外化'这样的概念基本上以相同意义来使用,他在概念上没有明确地区分'异化'与'物化'"。② 这基本上是对的。青年卢卡奇并没有完成自觉地区分和严格界划这些概念的具体内涵,然而,我也注意到,在早期的《心灵与形式》等书中,青年卢卡奇使用过异化概念,但在《历史与阶级意识》中,他在 1922 年 9 月以前的论文中曾经少量使用过 Versachlichung 一词,而在《物化与无产阶级意识》一文中则集中地使用了 Verdinglichung 概念。③ 应该说,青年卢卡奇这里在批判语境中对 Verdinglichung 一词的使用,不是来自他的老师韦伯和席美尔,而直接来自于他所阅读的马克思的《资本论》及相关经济学论著,因为,他直接引述了马克思一些关键性的文本。④ 当然,韦伯反转马克思的 Versachlichung 历史现象学构境,将 Versachlichung 直接指认为去除主体价值合理性的形式合理性的可操作、可计量的事实基干,比如政治权力中"克里斯玛的事物化"(Versachlichung des Charismas),对青年

---

① 1962 年,日文版的卢卡奇《历史和阶级意识》的译者平井俊彦将"Verdinglichung"这个词译作物象化,这造成了最初的转译构境中的混乱。参见[匈]卢卡奇:《历史和阶级意识》,平井俊彦译,未来社 1962 年初版。

② [日]广松涉:《物象化论的构图》,彭曦等译,南京大学出版社 2002 年版,第 67 页。

③ 青年卢卡奇在此书中 7 次使用 Versachlichung 一词及其相关词。其中,在《历史唯物主义的功能》一文中。青年卢卡奇有一处将 Versachlichung 与 Verdinglichung 直接混用,指认资本主义的"社会生活条件的事物化与物化(der Versachlichung, der Verdinglichung der sozialen Lebensbedingungen)"。参见 Lukacs, *Geschichte und Klassenbewußtsein*, Gesamtausgabe *Band 2*. Hermann Luchterhand Verlag GmbH & Co KG. 1968. S. 407. 在全书中,青年卢卡奇共计 175 次使用 Verdinglichung 及其相关词。

④ 我已经指出过,青年卢卡奇在《历史与阶级意识》一书中的物化理论构境中,无意识地存在着严重的逻辑断裂和错误缝合,即将马克思所指认的**存在于交换领域**的劳动关系颠倒和物化与韦伯式的现代流水线上的**生产物化**和心理物化缝合在一起。参见拙著:《文本的深度耕犁》(第一卷),中国人民大学出版社 2004 年版,第 54—58 页。

卢卡奇也起到了相反的刺激作用。①

广松涉明确反对将物化等同于异化，这是对的。因为，这会使物化（物象化）重新降格为实体主义视域中去。在这里，他指认了物化三表象：一是"人本身的'物'化"；二是"人的行动的'物'化"；三是"人的能力的'物'化"。在广松涉看来，

> 在这些"常识性的"物象化—物化的想法中，有着主体（人）与客体（事物）这样的二元区分的图式这样一个大前提，"物象"被"主体的东西转化为物的东西"这样的想法所表象。也就是说认为在（1）当中，实体的主体的人的存在转化为商品、机械的附属品之类的物的存在；在（2）当中，人的主体行动转化为惰性形态的物的存在；在（3）当中，人的主体能力物性地被对象化，转化为物的存在。那些想法即使没有把物象化—物化当作字面意义上现实的转成，但在概念上可以说仍然是在以"主体的东西""转化"成"物的东西"这一方式来把握。②

并且广松涉认为，在 1845 年以前的青年马克思那里，的确存在着这种将"主体的东西""转化"成"物的东西"的做法，但在 1845 年之后马克思的晚期思想中，

> 所谓"物象化"，**不是**立足于主体的东西直截了当地转成物的客体存在这样的"主体—客体"图式的想法（**如果**是那样的话，物象化终究是"异化的一种形态"），如果用我们的话来说，那是在定位于"关系的基始性"这样的存在理解的同时，立足于为他（für es）和自为（für uns）这一构图③的规定形态。④

其实我觉得，青年马克思那里的劳动异化理论也并不是将主体的

---

① 据我的不完全词频统计，韦伯在《经济与社会》一书中 20 次使用了 Versachlichung 一词，9 次使用 Versachlichung des Charismas 这一重要表征。

② ［日］广松涉：《物象化论的构图》，彭曦等译，南京大学出版社 2002 年版，第 69 页。

③ 广松涉原注：关于这个问题，请参照拙著《辩证法的逻辑——辩证法中的体系构成法》（青土社 1980 年版）的相关部分。

④ ［日］广松涉：《物象化论的构图》，彭曦等译，南京大学出版社 2002 年版，第 69 页。

东西转化为物性的实体的东西，因为作为理想化类本质的自由自主的劳动活动不是物（Ding），青年马克思的劳动异化逻辑构境中的三种颠倒都是关系性事物（Sache）的异化。所以，用**客体向度**中关系本体论来反对**主体向度**中人本主义异化逻辑的理由是不充分的。而且，马克思在晚期经济学研究中还真说过这样的话："事物的主体化、主体的事物化"（die Versubjektivierung der Sachen，die Versachlichung der Subjekte）。① 只是，他后来在《资本论》第三卷中更精确地表述为"事物的人格化和生产关系的事物化（diese Personifizierung der Sachen und Versachlichung der Produktionsverhältnisse）"。②

按广松涉的理解构境，

> 马克思的所谓物象化，是对人与人之间的主体际**关系**被错误地理解为"物的性质"（例如，货币所具有的购买力这样的"性质"），以及人与人之间的主体际社会**关系**被错误地理解为"物与物之间的关系"这类现象（例如，商品的价值关系，以及主旨稍有不同的"需要"和"供给"的关系由物价来决定的这种现象）等等的称呼。③

广松涉所指认的马克思关于"物象化"概念的两个思想构境层，的确是马克思在晚期经济学研究中所生成的历史现象学批判语境里直接阐释"物化"（Verdinglichung）和"物象化"（Versachlichung）概念的内容。

按照我的理解，在《1857—1858年经济学手稿》中，马克思第一次区分了**客观发生**的人与人的社会关系（直接的劳动交换关系）**事物化**（Versachlichung）④和**颠倒**（Verkehrung）为商品经过货币与其他商品（事物与事物）的关系，以及这种颠倒的事物化关系本身所呈现出来的一种仿佛与人无关的物相（物理的自然属性）之主观错认，后者，则是马克思区别于客观事物化的**物化**（Verdinglichung）**主观错认论**。进而，资

---

① ［德］马克思：《剩余价值理论》第三卷，人民出版社1975年版，第548页。

② 《马克思恩格斯全集》第46卷，中央编译局2003年版，第940页。译文有改动。

③ ［日］广松涉：《物象化论的构图》，彭曦等译，南京大学出版社2002年版，第70页。

④ Versachlichung由区别于Ding（物）的Sache（事物）构词而来，Sache一词是指与人相关的事物或事情，它本身并没有物的映像和表象之意。Versachlichung在德文中是指使某东西成为事物（etwas zur Sache Machen），而广松涉将Versachlichung意译为"物象化"有其特定的构境意向。

本主义社会中人们无意识地将社会关系之下特定事物的社会属性错认为与人无关的自然属性的**物化**（Verdinglichung）**主观错认论是马克思拜物教批判的前提**。这里的逻辑关系应该是：**客观发生的事物化是主观物化错认的前提**，而物化错认又是整个经济拜物教（Fetischismus）观念（商品、货币和资本三大拜物教）的基础。这也意味着，马克思的历史现象学批判由三个不同的构境层所构形：一是客观发生的社会关系之事物化颠倒；二是将这一事物化结果误认为是与人无关的物的自然属性之主观物化误识；三是由此发生的资产阶级意识形态基础性内容——经济拜物教。由此，经济拜物教的三个主观构境层分别对应商品的社会属性向自然物性的假性转移——商品拜物教（这是广松涉所指的主观错认 Verdinglichung）、人与人的直接劳动关系在商品交换（事物与事物的关系）的历史进程中**现实抽象**为独立主体化的价值形态——货币拜物教（它面对的价值形态不是主观错认，而是客观的 Versachlichung 的社会存在）、G—G' 中达到事物化关系的再神秘化——资本拜物教的最高点。

似乎，广松涉并不关注"物化"（Verdinglichung）的内容，而专注于他所特别指认的"物象化"。因为，在青年卢卡奇《历史与阶级意识》一书中，恰恰是 Verdinglichung 被日译为物象化，广松涉倒是遮蔽了这一误译，而直接将 Versachlichung 重新构境为物象化。这是一个十分重要的译境转换。然而在他看来，Versachlichung 的两个层面的事件都是一种主观的**"错误理解"**，即**将关系性的存在重新实体化误认的物象错觉**。我觉得，广松涉的物象化构境与马克思的 Versachlichung 视域并不是直接一致的，这是广松涉走向自己哲学建构的一种特设性理论构境。关于马克思的 Versachlichung 与 Verdinglichung 观点，我将另文详述。所以他才说：

> 人们的主体际的对象参与活动的某个总体关联形态，在当事人的日常意识中（另外，即使对于仅仅停留在系统内在水准的体制内"学识"来说），犹如事物彼此之间的关系，或者像物的性质，甚至像物的对象性一样地映照出来。这样的自为（für uns）的事态，就是马克思的所谓的"物象化"。①

---

① ［日］广松涉：《物象化论的构图》，彭曦等译，南京大学出版社 2002 年版，第 70 页。

这也就是说,广松涉所理解的物象化,是指人的主体际关系在**当事人的日常意识中**犹如事物之间的关系或物的性质,这是在主观意识中发生的错认。

广松涉认为,他所指认的物象化恰恰与历史唯物主义的发生是一致的,"从形成史的角度来看,从异化论地平到物象化论地平的飞跃,这的确与历史唯物主义立场的设定是融为一体的"。① 他的目的,还是要回到那个广义历史唯物主义的**关系本体论**中去。依他的看法,马克思和恩格斯真正超越近代的主—客二元世界观的,是将人的本质转入**关系塑形**(《提纲》第六条)开始的,进而在历史唯物主义中依据人与自然关系中"被历史化的自然"、"被自然化的历史"而确立的物质生产基础,建立了一种"对自然的且人际的动态关联态"的建制基轴,并且确立了"综合了自然史和社会史的单一性体系知识"的作为基本构造(Grundverfassung)的新世界观的唯物主义,并以此根本超越了"物质与精神、主观与客观、类与个、本质与存在……自然与人等等的二元对立性的地平"。广松涉十分肯定地说:

> 马克思、恩格斯所开拓的历史唯物主义的地平,正是扬弃了近代世界观的现代世界观的新地平,这也是我们宣扬作为展示新范例的划时代的观点(Auffassung)的缘由之所在。这样的历史唯物主义是能够将"自为的自然"(Natur für uns)、"被历史化的自然"的存在机制,以及社会的、历史的、文化的诸形象,也就是说,"被自然化的历史"的存在机制,进行统一把握的机制,这正是"物象化论的构图"。②

这就是广松涉提出物象化的目的,即为下一步自己的哲学构想划定一种全新的关系本体论的思想构境背景。

1983 年,广松涉在《思想》3 月号上发表《物象化论的构图及其适用范围》一文。这是他对"物象化"理论的一个新的泛化尝试。在这篇文章中,广松涉承认,"马克思、恩格斯没有对'物象化'进行过定义式的论述,也未必频繁地使用过这个概念",但是,在他们的后期经济学研究

---

① [日]广松涉:《物象化论的构图》,彭曦等译,南京大学出版社 2002 年版,第 73 页。
② [日]广松涉:《物象化论的构图》,彭曦等译,南京大学出版社 2002 年版,第 76 页。

中,"人与人的社会关系(这种关系中,事物的契机也媒介性地、被媒介性地介入)是以'物与物的关系',或者是以'物所具备的性质'、'自立的物象'的形式体现出来的事态"。① 显然,广松涉是故意将马克思在Versachlichung 与 Verdinglichung 两个概念所指认的东西统统归到他的"物象化"理论中来。可是我认为,他的这个"物象化"并不是马克思Versachlichung 原初的构境,而是广松涉所重新抽象的**关系存在被错认为实体存在的主观假性幻象**。

在我看来,马克思所说的 Versachlichung,是特指人与人的关系颠倒为事物与事物的关系是历史性地发生在资本主义生产方式中的一种客观发生和特定历史现象,所以应该按其原始语义译作**事物化**,事物化并不是一般生活常识里人的认识中发生的错认。然而,广松涉则坚持要将被重新构境了的 Versachlichung(物象化)置于一般认识论视域之中,为此他还专门解释道:

> 人与人的关系以外观相异的,物质的关系、性质、形态的形式表现出来的这个事态,从学理反省的见地看来,的确是错视、误识,然而那决不是偶然的、肆意的妄想性的幻觉。说那是在所给条件下理当出现的错视,是人们的日常意识"必然"陷入的误识,也不过分。这一点也应该铭记在心。②

其实,广松涉所说的"给定条件"恰恰是马克思所说的资本主义市场经济现实客观发生的**事物化关系颠倒**。然而,依广松涉的解释,"关系的物象化,并不是指有关系的**事物**像字面意义上那样生成转化为物象的存在体",不是真的关系变成实体,而是关系存在被**误识为实体**。

> 物象"化"的这个"化成",不是在当事人的日常意识中直接体现的过程,眼下,是在学识反省的见地上审察性地被认定的事情。在当事人的日常意识中,以物质的关系、物性、形态的形式出现的事物,如果从学理反省的见地看,是人与人的关系的折射映现、假现现象,实际存在的首先是这个共时的、结构的事态。③

---

① [日]广松涉:《物象化论的构图》,彭曦等译,南京大学出版社 2002 年版,第 79 页。
② [日]广松涉:《物象化论的构图》,彭曦等译,南京大学出版社 2002 年版,第 80 页。
③ [日]广松涉:《物象化论的构图》,彭曦等译,南京大学出版社 2002 年版,第 82 页。

我与广松涉发生歧义的地方,一是马克思的 Versachlichung 概念,究竟是一个客观发生的社会现象,还是仅为一种主观认识中的幻象;二是马克思所说的人与人的直接社会关系(劳动交换)颠倒地事物化为事物与事物之间的关系(商品与商品、货币与商品等),究竟是真正发生在资本主义商品交换进程的**客观历史现象**,还恰恰是一种普遍发生的**主观错认的幻象**。或者换一种说法,马克思的三大经济拜物教究竟是一个普通主观幻象,还是对资本主义复杂的、多重颠倒的经济关系的真实写照?

对此,广松涉举出的例子是马克思明确说过"在商品体的价值对象性中连一个自然物质的原子也没有"①,价值是"超自然的属性(übernatürliche Eigenschaft)"。② 这是对的,但问题在于,商品的价值不是劳动产品的自然物质属性,但在劳动交换关系中现实抽象出来的价值仍然是一种**客观存在的**社会关系,它是原来劳动之间的**直接**社会关系事物化为一种经过市场交换中介的事物与事物之间的非直接关系,即 Versachlichung,**使之成为事物(关系)**——*das-zum-Sache-Machen*。事物化本身不是主观发生的认知错误,而事物化之后的颠倒社会关系再在主观认知层面中被误认为商品的自然属性,这则是马克思所说的**物化现象**,即 Verdinglichung,**使之成为物**——*das-zum-Dinge-Machen*。当然,这不是真的关系被制成为物,而是关系**被错认为物**,商品的社会属性**被错认为物的自然属性**。

广松涉的物象化理论,在特定的历史时期中有着极其重要的学术启迪意义,特别是对他自己哲学体系的奠基起到了关键性的作用,并且,引领了人们对马克思 Versachlichung 与 Verdinglichung 批判视域的重新关注,在这一点上,广松涉功不可没。

① 德文版《马克思恩格斯全集》第 23 卷,第 62 页。——《马克思恩格斯全集》第 23 卷,第 61 页。
② Ib. S. 71.

论历史唯物主义的物

——追述吴恩裕教授《马克思的政治思想》

原载《中国高校社会科学》2015 年第 3 期

20 世纪 30 年代,我们的学术前辈吴恩裕①先生在著名英国政治学家拉斯基②教授的指导下,完成了一篇重要的博士论文,题为《马克思的政治思想》(*Evolution of Marx's Social and Political Ideas with Specail Reference to the Period 1840 - 1848*)③。与同时代拉斯基门下的其他中国弟子不同,吴恩裕没有像罗隆基、王造时④等人那样从事政治学的研究和实践,而是深入思考了一系列马克思的哲学问题,其中,尤以对历史唯物主义的思考为深。吴恩裕指认,历史唯物主义中的物不是实体性的物性存在,而是关系性的生产方法。由此,他进入到马克思哲学思想构境的一个十分深刻的层面中,而这恰恰是同期正在生成的教条主义传统哲学解释构架在理解马克思哲学中错失的第一个正确逻辑入口。在此,本文追述和探讨吴恩裕前辈七十多年以前的这些关于历史唯物主义的重要见解,以期今天学界进一步的内省和思考。

---

① 吴恩裕(1909—1979),我国著名哲学家、政治学家和红楼梦研究专家。辽宁沈阳人。1933 年毕业于清华大学哲学系。毕业后在北平从事编辑工作,后在英国伦敦大学师从著名政治学家拉斯基,获政治经济学博士学位。回国后历任重庆中央大学教授,北京大学政治系教授,北京政法学院教授,中国社科院世界政治研究所研究员。主要哲学代表作为:《马克思的哲学思想》(1935)、《马克思的政治思想》(1945)、《唯物史观精义》(1948)等。

② 拉斯基(Harold Joseph Laski, 1893—1950),英国工党领导人之一,政治学家,费边主义者,西方"民主社会主义"重要理论家。

③ 吴恩裕:《马克思的政治思想》,商务印书馆 2008 年版。吴恩裕在 1943—1944 年将其从英文译回为中文,于 1945 年在商务印书馆出版。依吴恩裕自己的说明,博士论文的原题为 *The Philosophical, Ethical and Political Ideas of Marx*,即"马克思的哲学、伦理和政治观念",目前的书名 *Evolution of Marx's Social and Political Ideas with Specail Reference to the Period 1840—1848* 为拉斯基所重新确定的。现在的书名从英文原文看,应该是"马克思的社会和政治观念的演进——特别参照 1840—1848 时段"。这一说明参见吴恩裕此书的自序。同上书,第 1 页。

④ 罗隆基、王造时均为拉斯基的学生,20 世纪 30 年代回国后积极参加政治活动,是民主同盟的创始人。

一、马克思的方法论的辨识

吴恩裕的这篇博士论文写于 1937—1939 年,从其思考和写作的基本思想构境支点上看,他可能既没有受到前苏联斯大林教条主义传统解释构架的直接影响,也没有意识到当时欧洲已经独成气候的西方马克思主义哲学的全新起意。他自称:"我只是对马克思的学说,做纯粹学术的研究"。① 平心而论,这倒像是英国式的一般**马克思学**的格致理路。这是一个进入吴恩裕理论构境层的立场入口。此外需要指出,虽然吴恩裕的此篇论文写于 20 世纪 30 年代末,并且他明确标示了主要关注马克思 1840—1848 年的文献,可是,他竟然没有留心 1932 年已经出版的青年马克思的《1844 年经济学哲学手稿》,由此,错失了一种人本主义与历史唯物主义异质性比较研究的可能。同时我也观察到,在此文关于马克思哲学的讨论中,除去《神圣家族》和《致卢格的信》,吴恩裕几乎没有援引青年马克思在 1845 年以前写下的文本,而此后的文本,除去引用刚刚整理出版的《德意志意识形态》以及《哲学的贫困》以外,倒是较多地使用了马克思中后期的经济学论著,如《政治经济学批判》和《资本论》。

通读文本,可以看到他对马克思历史唯物主义的讨论主要集中在论文的前三章中。以下,我们先来看他在论文第一章中对马克思**方法论**的一般解析。

首先,我注意到,吴恩裕当时已经十分深刻地体认到,马克思的方法之所以超越资产阶级意识形态,恰恰在于马克思发现了,"资本主义的生产方法,不过是人类经济生活发展的一种形态,它并不是一个静固的状态:它有它的过去和将来"。正是因为斯密和李嘉图等资产阶级经济学家"忽略了资本主义的交换方法之特别的史的性质;而误认资本主义的交换方法是'大自然给任何状态的社会所永久确定的'唯一交换方法"。② 这是对的。面对资本主义社会的现实,这些经济学家(同启蒙运动以来的一切资产阶级思想家一样)都将资本主义社会的生产方式视为人类生存的自然(天然)形态,视为亘古不变的东西。还原到马克思的《哲学的贫困》一书的原始出处中,他的原话是:"经济学家们在论断

① 吴恩裕:《马克思的政治思想》,商务印书馆 2008 年版,第 1 页。
② 吴恩裕:《马克思的政治思想》,商务印书馆 2008 年版,第 10 页。

中采用的方式是非常奇怪的。他们认为只有两种制度：一种是人为的（artificielles），一种是天然的（naturelles）。封建制度是人为的，资产阶级制度（la bourgeoisie sont des institutions）是天然的。"①所以，"以前是有历史的，现在再也没有历史了"（**Ainsi il y a eu de l'histoire, mais il n'y en a plus**）②。真实的**社会历史性**，构成了马克思方法论思想的独特视角，这是一个正确的质性确定。

然而吴恩裕认为，马克思的方法论首先是一种不同于自然科学方法的关于社会现象的研究方法，并且，"马克思研究法的主要特征，是推求一切现象之历史经济动机的方法（historico-economic motivation）"。③ 很遗憾，这显然是不够准确的理解。将马克思的方法同质于**经济决定论**，这是第二国际的误认诠释构境。可能，这与 20 世纪 30 年代欧洲马克思学界同时屏蔽苏式马克思主义和西方马克思主义逻辑的特定历史情境相关。

其次，依照吴恩裕的解释，马克思的方法也就是所谓"历史"加"唯物论"的方法，或者直接地说，也就是"经济地唯物的史学分析法"，其中，马克思"不但用物质来解释概念，而且以经济的动机去研究概念的产生"。④ 显而易见，这是一个真伪交织的复杂学术构境。需要辨识的是，这里的"历史"，已经不是吴恩裕前述的那个马克思区别于资产阶级经济学家意识形态的**哲学历史性**，而成了一般社会历史领域之意，而"历史"加"唯物论"的逻辑，如同传统解释构架中那个"辩证法"（黑格尔）加"唯物主义"（费尔巴哈）一样，都是过于外在和简单的拼接。当然，从内容上看，吴恩裕此处思考的第一构境层是深刻的，因为这是他所直觉到的马克思哲学中唯物主义原则上的重要改变，**不是物质决定观念，而是经济动机制约概念的生成**。应该说，吴恩裕正确的理解之处，在于他发现了马克思从一般哲学唯物主义的**物质决定论**向新世界观中**社会存在制约论**的转换，但在他的第二构境意向中，却犯了第二国际将马克思的**狭义历史唯物主义**普适化的错误。在马克思那里，他的

---

① 《马克思恩格斯全集》第 4 卷，人民出版社 1958 年版，第 153 页。
② 《马克思恩格斯全集》第 4 卷，人民出版社 1958 年版，第 154 页。
③ 吴恩裕：《马克思的政治思想》，商务印书馆 2008 年版，第 11 页。
④ 吴恩裕：《马克思的政治思想》，商务印书馆 2008 年版，第 14 页。此处吴恩裕文本中原使用"形上学"一词，我均改作"形而上学"。显然，吴恩裕对此词的使用是泛指一切形上之道的哲学，而非与辩证法思想相对立的僵化形而上学方法。——本文作者注。

确指认过社会生活中的经济动机在一定的历史条件下（经济的社会形态）决定社会存在的性质，进而制约人的整个观念世界，然而，在根本不存在经济动因的人类原始部族生活中，观念从何生成于经济？同时，吴恩裕还指认，马克思在对社会生活的整体分析中，将社会上层结构中的各种变化最终归因于经济动机。在狭义的历史唯物主义语境中，这是对的，可是根本不存在现代经济的社会形态意义上的经济基础与上层建筑的地方，这种判断也会是一句错话。这一误认，与长期以来我们抽离了马克思那篇著名的 1859 年《〈政治经济学批判〉序言》的具体构境限定相关，马克思在那里只是描述**经济的**社会形态中社会结构及其变迁的特殊运行规律，而人们却将其**泛化**为整个人类社会发展的一般法则。这里，我们当然不能去责怪七十年前的老前辈，而只是划一些在进入他特定历史思考构境时的边界，以防思之僭越。

其三，吴恩裕对马克思方法论的解读，更深地基于他对《关于费尔巴哈的提纲》的十分有见地的理解。在他看来，马克思对于实在的理解不同于以往的一切旧形而上学，因为我们关于对象、感性和实在的认识都只能基于作为感性活动的物质实践。这也是他前述马克思的新哲学中"不是物质决定观念"的文本基础。吴恩裕说："马克思给实在的问题加上'实践'一概念，与传统的形而上学是全然无关的。因为形而上学的内容全都是在讲一些抽象的范畴，如心、物等，它无意跻于实践的科学之列。"① 在这个意义上，马克思的新哲学恰恰是**反对一切形而上学**的。吴恩裕这里的判断与海德格尔"马克思是第一个颠覆形而上学的人"一语是相近的。吴恩裕为此还专门例举了一个近似逻辑实证主义分析路径的例子：与只是关注 X、Y、Z 一类独立对象（心、物）的形而上学不同，马克思更关心的是改变世界，即通过实践的应用范围（a，即 applications 的简写）使独立的 X、Y、Z 变成 Xa、Ya、Za。这一重要的构境层面对理解下述更深一层的思考有前提性的意义。如果说，"形而上学无相关事实（relevant fact），只是纯理论的抽象系统"，而马克思的方法则是聚集于"分析事实，分析事物之性质及其相互关系"。② 请一定注意，这个方法论意义上的事物之性质及其**相互关系**非常重要。也是我们进入到下一步吴恩裕所理解的历史唯物主义核心构境层的关键性入口。

---

① 吴恩裕：《马克思的政治思想》，商务印书馆 2008 年版，第 41 页。
② 吴恩裕：《马克思的政治思想》，商务印书馆 2008 年版，第 48 页。吴恩裕文本中原使用"物事"一词，我均改作"事物"。——本文作者注。

二、什么是历史唯物主义中的物?

在论文的第二章中,吴恩裕明确指出,马克思真正"自成系统的学说"就是历史唯物主义。并且,历史唯物主义与唯物辩证法是**同一个东西**。有趣的是,他竟然明确反对将马克思的哲学视为"包罗自然界与人类社会的学说",特别不能容忍将辩证法认定为关于整个世界"普遍的运动规律"的说法。①

为什么呢? 吴恩裕给出的推理根据多少有些让我们吃惊。他说,

> 我们所以认为马克思的唯物论是一种人类社会的哲学者,系因它的"物"的概念(即生产方法一概念),根本是由社会的成分所组成的。它用此种已经存在于社会中的成分,来说明社会的内部结构及其活动。它说:"XRY"—关系体乃是社会发展的基本动因。因为,"XRY"根本即已存在于此发展的过程之中,所以它总与社会发展过程发生关系(即为动因)的可能。②

这是吴恩裕在此书中第一次谈及马克思历史唯物主义的**物**。究竟什么是马克思历史唯物主义中的物? 这恐怕是当时诠释马克思历史唯物主义的所有学者们都没有认真思考和追问过的问题。甚至到今天仍然如此。所以,吴恩裕在 20 世纪 30 年代的这一指认是极为重要的。在吴恩裕的理解构境中,历史唯物主义中的物不是实在的物质,而是功能性的、关系性的**生产方法**。后面我们将看到,这是吴恩裕对马克思所使用的 Produktionsweise(生产方式)概念的英文翻译(mode of production)后的再汉译。并且,他还有一个具体的说明,这就是"XRY"**关系体**。说实话,我们真的一下子很难进入其学术解释构境的具体表意层。为此,我们先回到上一相关思想构境的前提性构件,前面吴恩裕在说明马克思哲学构境的实践特质时,曾经指认过一个将形而上学语境中孤立的实体性对象的 X、Y、Z 改造为有一定实用范围(applications)的 Xa、Ya、Za,而我们这里将进入的思想构境意向则从

---

① 吴恩裕:《马克思的政治思想》,商务印书馆 2008 年版,第 49 页。
② 吴恩裕:《马克思的政治思想》,商务印书馆 2008 年版,第 49—50 页。

作用于对象的实践意向转到了对象之间的**关系**,即英文中的 relation。这就是对象 X 与对象 Y 发生被改造或相互作用的实践关系(relation,即 R),在吴恩裕看来,对这种实践关系的历史抽象就是生产方法。所以,历史唯物主义中的物不是实体性的物质,而是一种功能性的关系,就是 XRY,即**生产方法**。

对此,吴恩裕专门解释说:

> 马克思哲学中之"物"一字是指生产方法,它根本是一件社会事实:其中包括许多成分。形而上学的唯物论可以说:"宇宙之究极的或第一的原因,实在,或本体是 X('物'或'心')。"此中之 X 即为一单纯的、纯粹的及抽象的概念。而马克思的唯物论则只能说:"人类社会发展之动因或决定的因素是'XRYRZ'(即'生产方法')。"此为一由 X, Y, Z 发生关系 R 的关系体,而不是单纯的东西。①

我认为,这是一个对马克思历史唯物主义原像之初始构境极为精妙的解读意向,它的出现将会真正呈现被斯大林教条主义传统解释构架尘封太久的历史唯物主义的精深构境层。对于这个生产方法的具体内涵和思想成境,我们在下面的讨论中再进一步地解析。

当然,此处吴恩裕想急于证伪的是反对将历史唯物主义=唯物辩证法延伸到自然界中去的做法。这一思考路径恰恰与同时代不久前写下《历史与阶级意识》的青年卢卡奇的观点相接近。因为在吴恩裕看来,作为实体性物质存在的自然界本身并不存在**非实体性关系体**的生产方法。由此,"生产方法这个基本概念,虽可能说明社会的发展,却不能说明自然的演化",他反问道,自然界里发生的岩石生成、草木滋长与牲畜繁殖中会有生产方法吗?肯定没有,因为"由劳动力、原料和工具三者所构成的生产方法,只能加工或利用上述各物,却不是决定它们内部组织之发展的动因"。② 可以看出,吴恩裕这里的构境意向为,作为历史唯物主义的物之本质的生产方法是劳动者利用工具改造自然对象的功能性关系,它生成着社会历史发展的动因,可是它并不存在于自然物质存在和演进之中。他还专门指认,马克思的文本都是讨论社会和历

---

① 吴恩裕:《马克思的政治思想》,商务印书馆 2008 年版,第 54 页。
② 吴恩裕:《马克思的政治思想》,商务印书馆 2008 年版,第 50 页。

史问题的,而恩格斯有时则会超出这一范围。他此处例举的是恩格斯的《反杜林论》。这一论点也同质于同期的青年卢卡奇。

讨论吴恩裕的文本,令人头痛的地方是他深刻之处往往嵌在一些逻辑盲区的灰色地带之中。我们只有厘清一些基本构境边界才有可能拯救出其中的合理成分。在我看来,吴恩裕正确地体认到,历史唯物主义中的物并不是传统教科书所误认的实体物质存在,进而发现了马克思正是基于我们变革世界的**实践性的关系塑形**才建构起整个新唯物主义的学说。依我的理解,从**广义历史唯物主义**的构境层来看,物质生产始终是一切人类社会生活的基础,而只是到了工业生产发展起来之后,现代性社会生活的基本场境才转换为人与物和人与人的复杂社会、经济和文化关系**构序结构**,社会发展的根本动因才表现为生产方式的革命。我以为,吴恩裕没有进入的马克思思考更深的构境层恰恰不是哲学中,而是在对历史唯物主义生成至关重要的古典经济学之中,也就是他准确认识到固守在非历史的资产阶级意识形态之网中的斯密-李嘉图所透视到的工业—商品经济全新社会现实背后。其实,我觉得传统形而上学的实体本体论还是有着自身的历史合理性的,因为在整个农业—自然经济时代,人仍然处于实体性的自然物质存在链环之中,人的劳动在整体上并不改变自然物质的存在方式,农业的种植和畜牧业的养放都是在优选和利用现成自然条件的意义上生成的,即使在这种社会生活中存在着人与人的社会关系,可这种关系的基础仍然是自然性的血亲和宗法性存在。所以,主—客二元认知模式正是对种人与世界关系的历史写照。然而,马克思在 1845 年之后的哲学新思考中确实向前走了关键性的一步。

如果说,在农业社会自然经济中的物质生产的本质还只是依附于自然运动之上的经过加工和获得优选后的自然产品,人类主体还是自然过程中的被动受体,那么,在现代资产阶级社会商品经济中,经济世界已经成为人的工业生产的直接创造结果,工业实践活动及其实践结构已经成为我们周围世界客体结构的重要构件,自然物质对象第一次成为人类主体全面支配的客体,财富第一次真正摆脱自然的原初性,而在社会实践的重构中成为"社会财富"。①

---

① 张一兵:《回到马克思——经济学语境中的哲学话语》(第三版),江苏人民出版社 2014 年版,第 366 页。

我以为,古典经济学已经发现的全新资本主义的社会存在基础是工业文明和商品—市场经济创造出来的复杂社会关系存在。因为,工业生产开始创造自然存在中没有的**人择物质塑形方式**,而由充分劳动分工导致的市场中劳动交换关系之**客观抽象**,则生成了价值等价物的历史构式结果——货币和资本,它逐步**在社会存在的本体中篡位为财富本身**。作为关系存在的它不是**物**,却是在这个资产阶级王国中支配一切物和人的"普照之光"之以太。这才是马克思历史唯物主义思想构境中透视整个人类社会历史的真正现实基础,也是他所说的"人体是解剖猴体的钥匙"一语的真谛。吴恩裕明确意识到历史唯物主义的物不是实体性的物质存在,而是社会关系体,这是有重要学术贡献的,可他将这种社会关系体直接确认为"生产方法",这里就有需要讨论的地方了。

三、生产方法与"生产诸力"的关系辨识

进入论文的第三章,吴恩裕开始具体讨论作为历史唯物主义的物的生产方法。这也是这一文本中论述历史唯物主义最重要的思考场境。也是在这里,我们再一次看到了吴恩裕理解历史唯物主义更丰厚的独特构境层面。

我们发现,这个所谓的生产方法正是吴恩裕对马克思生产方式概念的汉译。他先将马克思所使用的 Produktionsweise 译成英文中的 mode of production,然后再将这个 mode 转译成方法。我认为,吴恩裕将 Produktionsweise 译作生产方法是不准确的,在马克思那里,这个 weise 从来就不是指具体的生产劳作技术方法,而是一种总体性的社会**生产构序方式**。从文本演进的原初语境看,马克思是在《1844 年经济学哲学手稿》中第一次使用了**生产方式**(Produktionsweise)概念①,而在《德意志意识形态》中第一次将其标注为历史唯物主义的核心概念。马克思写道:"人们之所以有历史,是因为他们必须**生产**自己的生活,而且必须用**一定**的方式(bestimmte Weise)来进行。"②这也就意味着,人们如何共同构成一定的生产活动的方式(构序结构),而这个**特定的有序**

---

① 《马克思恩格斯全集》第 42 卷,人民出版社 1979 年版,第 134 页。参见 Karl Marx, *Ökonomisch-philosophische Manuskripte*, *Gesamtausgabe*(*MEGA2*), Ⅰ/2, Berlin: Dietz Verlag, 1982, S. 420。——本书作者第三版注。

② [德]马克思、恩格斯:《费尔巴哈》,人民出版社 1988 年版,第 25 页加的边注。

结构在"一定的"程度上是构成整个人类社会生活的根本！在《马克思历史辩证法的主体向度》一书中，我最早将其指认为马克思主义广义历史唯物主义的基本观点，以区别于后来马克思主要针对特定的经济的社会形态历史分析的狭义历史唯物主义（以及在此基础上重新确立的历史现象学批判）。

然而，吴恩裕的观点却是将作为历史唯物主义的物的"生产方法"与所谓"生产诸力"界划开来。因为他认为，我们通常在历史唯物主义中所说的生产力（Produktionskraft）概念，在马克思那里多数是由复数形式（Produktionskräfte）出现的，所以，用**生产诸力**概念会更贴近马克思的原意。① 其实，马克思也较多地使用不是复数的 Produktionskraft。依吴恩裕之见，在马克思的历史唯物主义中，生产方法与生产诸力在构成因素上看起来是相同的，都包括三个因素，"即有目的的劳动，原料，和工具"，后二者又合并称为"生产工具"。② 可是，虽然二者的构成因素是相同的，但其实际功效却是不同的。依吴恩裕所见，"生产方法与生产诸力，在构成因素一点上说，虽然相同，但却有一动一静之别"。③ 对此，吴恩裕转引了美国学者鲍博（M. Bober）的一个表述："生产方法是一种'活的单位'（living unit），一个'有机的整体'（organic whole）；而生产诸力只是包括劳动力、工具及原料诸死的项目的总称。"④吴恩裕基本赞成鲍博的看法，只是说后者没有能在马克思的文本中找到直接的依据。为此，吴恩裕在马克思的不同文献中分别查找了处于潜在状态和运动中（in action）的劳动力、工具和原料的各种表述，并由此确认，在马克思那里，劳动力、工具和原料被区分为没有参加生产劳动的静态和在生产劳动之中的动态的两种存在状态，处于静态的劳动力、工具和原料是生产诸力，而进入到生产劳动活动中的劳动力、工具和原料则是生产方法。显然，这是一个极其简单的表面界划。吴恩裕指认道：

> 马克思认为：生产方法中的劳动力、工具和原料乃是在联合地运动中的劳动力、工具和原料。只有上述诸因素联合地运动起来，

① 在吴恩裕自己的英译中，Produktionskräfte 被译作 forces of production。
② 吴恩裕：《马克思的政治思想》，商务印书馆 2008 年版，第 63 页。
③ 吴恩裕：《马克思的政治思想》，商务印书馆 2008 年版，第 66 页。
④ Bober：*Karl Marx's Interpretation of History*，转引自吴恩裕：《马克思的政治思想》，商务印书馆 2008 年版，第 64 页。

亦即劳动力开始工作,拿走工具,改造原料,然后才能制造物品形成一种生产方法。反之,生产诸力则是在所谓的"死睡"状态中的劳动力、工具和原料。①

在吴恩裕看来,经过他的界划,生产诸力与生活方法二者的关系也容易看得清楚:"马克思认为生产诸力是死的,未参加生产工作的劳动力、工具和原料;而生产方法是指参加生产过程的劳动力、工具和样子和形态"。所以,"生产方法乃是一个集合名词,联合地指还在活动中的生产诸力"。② 他还专门辨识到,在马克思那里,相对于生产诸力的复数形式,生产方法总是一个"单数"。于是,在吴恩裕那里,生产力既"不能决定生产方法的性质",也不是社会历史发展的动力,因为"假如说生产诸力上支配人类社会发展的动因,便等于说一些静止的死的因素做了活的人类社会发展的原动力"。③

不难看到,吴恩裕这里的讨论将我们对马克思历史唯物主义的思考带入了一个十分复杂的新情境之中,我们不会想到历史唯物主义中的物竟然会不是一种死的静态生产诸力,而是活动中的将生产诸力发挥功能作用的生产方法,相对于传统哲学解释构架的语境,这里的全新思想构境会是一个巨大的学术冲击。可是我得说,吴恩裕的上述观点却仍然是值得商榷的。为什么?

让我们先回到马克思创立历史唯物主义的原初文本中去。在写于1845—1846 年的《德意志意识形态》第一卷第一章手稿中,马克思和恩格斯在讨论社会历史存在发生和发展的真实基础时,先是指认了作为人类全部生活起点的"直接生活资料的物质生产与再生产",紧接着他们提出了一个重要的问题,即物质生产得以发生的人与自然和人与人的**双重历史性社会关系**,以及人们每天的社会生活中最核心的存在关系**构式结构**的再生产问题。在马克思和恩格斯看来,无论是由劳动完成的自己生命的生产和还是由生育完成的他人生命的生产,都"立即表现为双重关系:一方面是自然(natürliches)关系,另一方面是社会关系(gesellschaftliches Verhältnis)"。④ 在物质生产中,一方面是人与物的

---

① 吴恩裕:《马克思的政治思想》,商务印书馆 2008 年版,第 65—66 页。
② 吴恩裕:《马克思的政治思想》,商务印书馆 2008 年版,第 67 页。
③ 吴恩裕:《马克思的政治思想》,商务印书馆 2008 年版,第 68 页。
④ [德]马克思、恩格斯:《费尔巴哈》,人民出版社 1988 年版,第 24 页。

历史的自然关系,另一方面,这种生产从来就是由人们**共同活动**结合起来的,这又是历史的人与人的社会关系;在人的自身生产中,一方面是人与人的历史的自然血缘关系,另一方面又是人与人之间历史地构成的社会关系。在这里,马克思将社会存在的主要构件视作以生产为核心的**非实体的**历史活动,而客观上的社会存在的**本质**则是作为这种活动有序结构的**关系**。这正是区别于传统哲学唯物主义的历史唯物主义中**物**的真实含义。

我认为,马克思关于历史唯物主义中物的最重要的规定性,既是他根本上超拔出资产阶级政治经济学的非历史的意识形态,也是对现代社会**生产关系**本身的科学理论抽象。吴恩裕恰恰丢掉了这个重要的生产关系环节!在马克思和恩格斯那里,这种现代社会生产关系恰恰不再是资产阶级政治经济学将**事物化了的经济关系神化了的拜物教**,即吴恩裕所指认的经济动机,而是作为**历史本质性规定的有序的社会关系**,在这里主要是指现代生产过程中"许多个人的共同活动"。马克思在文本特别指认说,"由此可见,一定的(bestimmten)生产方式或一定的工业阶段(industrielle Stufe)始终是与一定的共同活动的方式(Weise des Zusammenwirkens)或一定的社会阶段联系着的,而这种共同活动方式本身就是'生产力'(Produktivkraft)"。[①] 生产力是一种物质生产中的共同活动方式,生产方式总是历史性的。社会生产力的水平决定了社会存在的基本性质,所谓历史,就是由一定的生产方式决定的人们的社会关系有序结构的变化过程。

可见,上述吴恩裕所提供的理论认证中是存在一定的逻辑混乱的。他直接指认的处于"死睡"状态中的劳动力、工具和原料构成的**实体性的**"生产诸力",根本就不是马克思对社会生产力概念的基本规定。那倒像是传统哲学解释构架中生产力概念实体三要素说的另一种说法,这种三要素说源于马克思在《资本论》中关于劳动过程三个方面的错误移植。在马克思那里,物质生产是全部社会存在和变化的基础,但是,在物质生产过程中的劳动对象(原料)和工具都不作为,其中的核心驱动力量恰恰是人有目的的主体性的**劳动活动塑形**,这恰恰是生产力中最有活力的因素。当然,在工业生产的后期,以科学技术为主体的创造

---

① [德]马克思、恩格斯:《费尔巴哈》,人民出版社 1988 年版,第 24 页。手稿原稿中"一定的生产方式"之前,删除了"在一定的生产关系下的[每个人]"一段文字。

性知识劳动逐步地取代物性体力劳动的地位，成为直接生产塑形**先行性**系统操控和创造活动，而原有的物性生产则转换为技术操控的对象化实现进程。在后工业生产系统中，知识性创意、原代码创作、简单复制性编程，再到数控操作和体力安装，生产劳动已经演化为一个复杂的体系，但是，这并没有根本改变劳动塑形的本质。

我以为，正是劳动塑形基础之上建立起来的生产**构序**才是马克思社会生产力概念的本质。所以，生产力恰恰不是物的实体要素，而是一种功能性的水平和能力！这可能反倒是吴恩裕误认为"生产方法"的东西。实际上，吴恩裕指认的生产方法更接近于生产过程中的具体劳动工艺方法，在大工业生产中则是技术方法和机器系统中科学技术的应用，以及在劳作中人与人的分工协作，有如斯密在《国富论》中讨论的钉子的劳动分工之上的协作关系。恰如吴恩裕在文本中引述的马克思的那段表述，即"由合作及分工所产生的生产力，是不费资本分文的"。而马克思的生产方式概念则是从一定时代的社会生产过程抽象出来的生产力与生产关系之间历史性的有序构成结构，用我的话语来表征就是社会**实践筑模**方式，它更多地是指一个社会**在总体上的本质发生方式**。比如马克思所关注的资本主义社会的生产方式，显然就不是指这个社会中的劳动力、工具和原料的具体动态存在，而是指在欧洲中世纪结束以来历史地生成的以现代大工业为基础的商品—市场经济结构运动的方式，它的核心内驱力是对剩余价值的疯狂追逐。并且，资本主义市场经济的整个实现方式是以颠倒的全面**事物化**的方式呈现的，在这里，人与人的劳动交换关系颠倒地表现为事物与事物的经济关系，资本家是资本的人格化，而劳动者只是功能性的劳动力，人变成追逐物质利益的经济动物，金钱成了支配一切的上帝，从表面上看，这个社会的根本存在基础倒真成了经济之**物**！马克思基于狭义历史唯物主义的历史现象学批判，正要重新透视这种市场关系颠倒中的事物化迷雾，再一次揭露出其背后真正创造世界的劳动关系。这是一个十分复杂的历史辩证法！

应该承认，吴恩裕先生在七十多年之前在《马克思的政治思想》中的努力，无论在当时还是今天都不愧为杰出的学术探索。他所付出的心血，为我们这些后来的马克思主义的追随者踏出了最初的道路。今天，我们更应该继承和光大学术前辈们的未竟的事业。

学术年谱

1966—1971 年,10—15 岁

读中国古典小说四大名著。沉迷于《福尔摩斯》侦探故事,常为小伙伴背诵和讲述。喜摘录格言警句。

1972 年,16 岁

12 月,在南京五四中学入伍。

1973 年,17 岁

1 月,进入南京部队通讯训练大学一中队学习报务。

5 月,加入中国共产主义青年团。

11 月,毕业分配至南京部队技术侦察大队工作。

1974 年,18 岁

11 月,加入中国共产党。读部队要求学习的"马列主义六本书":《共产党宣言》、《哥达纲领批判》、《法兰西内战》、《反杜林论》、《唯物主义和经验批判主义》、《国家与革命》。

1975 年,19 岁

12 月,参加南京部队直属队文艺会演。第一次接触欧洲古典小说,其中,雨果的《悲惨世界》等书促使在人性的复杂性问题上猛醒。

1976 年,20 岁

5 月,参加南京部队曲艺调演。

1977 年,21 岁

3 月,进入南京大学哲学系求学。授业老师为孙伯鍨(马克思主义哲学史)、胡福明、林仁栋(马克思主义哲学原理)、李华钰(马克思主义哲学原著)、孙叔平(中国哲学)、林德宏(自然科学思想史)、夏基松(现代西方哲学)、郁慕镛(形式逻辑)、朱亮(西方古典哲学)等。印象深刻的授课场境:孙伯鍨老师的青年马克思哲学,胡福明老师的列宁"哲学笔记"解读,李华钰老师的列宁《唯物主义与经验批判主义》文本精读,孙叔平老师的中国哲学史稿,林德宏老师的科学思想史论,郁慕镛老师的形式逻辑推理说,朱亮老师的黑格尔的《逻辑学》解读。

1978 年,22 岁

进入南京大学团委学生广播站工作。后任播音组长。出演话剧《于无声处》。

1979 年,23 岁

9 月,再考入南京大学哲学系攻读硕士研究生。研究方向为马克思主义哲学,导师为李华钰老师。

1980 年,24 岁

访学厦门大学哲学系商英伟、张澄清老师。为哲学系 77 级同学报告黑格尔《精神现象学》学习心得体会。与李华钰老师商定以马克思的辩证法为研究方向,初步确定以否定之否定规律为思考对象。

1981 年,25 岁

11 月,硕士研究生毕业。完成硕士论文初稿,约 22 万字,主要内容为以否定之否定为线索,重构唯物辩证法逻辑体系结构。孙伯鍨教授批二字:"重写"。孙老师说,与其说写这样一个黑格尔式的逻辑体系,不如写一点否定之否定形成的思想史。李华钰老师同意孙老师意见,故只好重新思考。

1982 年,26 岁

4 月,在《南京大学学报》第 2 期发表《唯物史观逻辑起点的历史考察》一文。亦为第一篇公开发表的学术论文。导师李华钰老师和学报编辑蒋广学老师为之倾注大量心血。

5 月,硕士学位论文通过。论文题目为:《否定之否定学说的内在逻辑结构》,约 38000 字。逐步意识到辩证法的规律是人与外部世界的客观关系,但是实践—认识的"程度表"。

12 月,从部队转业,任中共南京市委党校哲学教研室教师。赵逢境教授为教研室主任。

1983 年,27 岁

12 月,获哲学硕士学位。

1984 年,28 岁

3 月,启用第一本研究性思想笔记。草拟"论人类社会总体实践的历史结构——关于马克思主义哲学的探索"思考提纲。

4 月,形成"实践结构是一个时期人的行为和意识的基础"的观点。

6 月,任中共南京市委党校哲学教研室副主任。关注库恩的"突现"和"重构"概念,开始研究皮亚杰的发生认识论。形成作为生产内部的诸种"要素"结合起来的结构——"生产格局"的概念,认为这种"怎样生产"的结构决定思想理论框架。

8 月,初步确立实践结构不等于生产结构,而是一个人的社会总体行为结构的观点。

9 月,初步确立人的思维结构的基础是人的实践格局的判断,后者包括"怎样生产"的方式、协作的方式和劳动模式。

11 月,任南京市哲学学会秘书长。开始在笔记本中做重要文本摘录和评述。关注作为一种能动创造性系统的意识形式和认识的结构问题。

12 月,确认实践结构中包含行为结构与物化为工具等人工物的外壳。

1985 年,29 岁

1 月,认识到实践格局的层次的非线性状态。参加中国社会科学院哲学所举办的"哲学与现代化"讲习班。在《齐鲁学刊》第 1 期发表《唯物辩证法肯定范畴的内在结构》一文。

3 月,明确自己的哲学思想要突出中国传统哲学所缺少的创造性,追寻一个"新的体系"。向孙伯鍨老师提出应建立能与国内外哲学界对话的"金陵学派"。开始研究科学技术哲学方法论和心理学。

4 月,确立不同社会历史发展中的基础与主导概念。

6 月,形成从物→主客体形成→实践与客体—意识→实践结构→人造物结构→意识结构的观点。

6 月 12 日,从"张一兵"正式恢复"张异宾"的原名,以后,"张一兵"为学术论著的笔名。

9 月,开始思考实践格局的历时性发展问题。

10 月,在《天府新论》第 5 期上发表《现代自然科学的总体进步与马克思主义哲学发展》一文;在《哲学动态》第 10 期发表《现代自然科学总体理论框架的新特征》一文。

11 月,重读马克思《1857—1858 年经济学手稿》,意识到科学技术实践中的活劳动问题。构思中的"博士论文提纲"——《社会实践结构论》,其中将共产主义设定为"意境"。

12月,在《社会科学研究》第6期发表《西方马克思主义总体性范畴的哲学命意》一文。

1986年,30岁

1月,确认"结构"是历史实践的积淀,历史的发展会使这种格局成为认识史的层次,而新的历史实践发展又会提供新的框架。在《学术月刊》第1期发表《皮亚杰发生认识论研究与历史唯物主义》一文。

2月,形成关于实践格局与理论框架的对应关系的历史看法。

3月17日,读《曾国藩家书》,对中国古代思想大师治学、修性和养心之道有所体悟。与孙伯鍨老师长谈,提出再读博士研究生,孙老师道,"还是自己搞,其他都是假的"。于是,下决心"沉下去十年",认真做学问。

4月,在《天府新论》第2期发表《列宁的辩证法思想进程》一文。开始西方马克思主义的专题研究,初拟《论西方马克思主义哲学思想进程》书名。在精读西方马克思主义文本的过程中,切身感到对马克思经济学论著研讨不足。

5月,任江苏省哲学学会理事。

6月,开始重读《马克思恩格斯全集》。一是发现马克思新世界观中的哲学基本问题并非抽象的物质与意识关系,而是社会存在(实践方式)与意识的关系;二是注意到马克思的人类社会发展与"自然历史过程"是相类似的观点,都是在特定的经济的社会形态中、在否定的意义上使用的。开始西方马克思主义哲学研究领域书稿的写作。

8月,1. 确认科学技术系用非物质的逻辑模拟操作替代原先生产中的物性操作,随着信息论、控制论和系统论的出现,特别是基于计算机中的信息交往、系统工程和自动控制的实践运用出现,实践格局将被重组。2. 认识到社会规律不以人的意志为转移这一观点应是历史的:在经济必然性的王国中,规律不以人的意识为转移,这是对的;但在未来的自由王国中,社会发展的规律是必须以人的意志为转移的。3. 实践结构不是物的实体框架,而是一种活动的"格";社会存在则是一种"关系"。

9月,读海森堡的《物理学发展与社会》一书,从物理学领域的电磁场存在中,意识到社会行为场的存在:社会活动场由人类主体发出的物质、能量和信息交互作用场构成,其中有历史演变。体会社会行为场与文化场、认知场的关系。注意到波兰尼的意会认知场论、格式塔(完形)

心理学的感知心理场,以及认知心理学中的匹配说。

10月,在《齐鲁学刊》第5期上发表《论人的自然环境》一文。开始陆续阅读经济学论著。

12月,始读胡塞尔的现象学与海德格尔的存在哲学,深受触动。参与《马克思主义哲学的历史与现状》第三卷写作,撰写其中西方马克思主义哲学部分。

1987年,31岁

3月,入中共南京市委政策研究室农林处工作。

4月,学会使用个人计算机汉字输入系统。

5月,第一次接触到后现代思潮。在南京市工人文化宫举办"现代西方哲学评介系列讲座",开始编写《西方最新哲学流派20讲》一书。

8月,研究马斯洛的心理学,对科学的人本主义印象深刻。

10月,返回中共南京市委党校任哲学教研室主任。在南京工学院出版社出版《西方最新哲学流派20讲》(与孙伯鍨老师联合主编)一书。这是公开出版的第一本书。

1988年,32岁

1月,任中共南京市委党校哲学教研室副教授。

2月,在《天府新论》第1期发表《人类社会历史发展永远是一个自然历史过程吗?》一文。

3月,认识到知识的主体逻辑结构来自主体实践的进程。

4月,再次思考"金陵学派"之事。确认"实践本体论"。

5月,形成"实践唯物主义论"提纲。在《上海社会科学院学术季刊》第3期发表《论科学真理的理论框架制约及其现实基础》一文。

6月,整理马克思经济学文献的学术索引。

7月,在《光明日报》发表《整合:微观认知运行的重要机制》一文。认识到思维操作是实践运行的替代法。

8月,在《齐鲁学刊》第4期发表《论科学理论框架与实践格局的有序结构》一文。形成"隐性文化心态圈"概念,以对应实践中的惯性行为。思想中第一次确认实践结构的不同层次:一是作为格物方式的生产活动;二是人的社会行为结构;三是人的生活行为方式;四是人的惯性行为。读利科《解释理论与人的科学》,获益良多。开始关注功能概念。

9月,在《江海学刊》第5期发表《论社会实践场》一文。读施密特

《马克思的自然概念》,生共鸣。确定"实践功能度"概念。计划用五年写完《实践格局论》。

11月,任中共南京市委党校副教育长。

12月,确认意识是一种非物质的突现场存在。形成实践负熵(实践信息)概念,亦即以人的主体价值取向为核心;同时,意识到实践有序有时发生的"异化"现象。

1989 年,33 岁

1月,开始关注波兰尼的意会哲学思想,倾倒,共鸣。拟定"历史唯物主义范畴体系的内在结构"提纲。形成实践整合概念。

2月,第一次意识到建构像、场、境的哲学。

3月,在《天府新论》第2期发表《实践功能度》一文。拟定《西方最新人道主义思潮15种》一书计划。初遇德里达的解构理论。

5月,在《哲学动态》第5期发表《实践唯物主义是一个新的哲学框架》一文。第一次与孙伯鍨老师和姚顺良具体讨论有关建设"金陵学派"的计划。

6月,在《人文杂志》第3期发表《马斯洛人本主义心理学的哲学确证》一文。

7月,意识到实践格局的"异化"问题。生成实践格局论是关系本体论的观点。读拉兹洛的系统哲学,有一定的影响。

7月20日,思想实验。1. 形成流形主义—场境论—功能建构论—外赋整体质说—框架制约论—交射说—像境论等观点。2. 开始思考实践格局论的具体构成:自然图景论—人的社会行为场论—意识的主观境论—历史的总体进程。3. 开始意识到必须建构区分于西方哲学的中国传统文化中的东方式的境说和术说。

7月31日,意识到"境"是意识的最高层:像—场—境。

8月2日,确认实践格局论是场境论,自觉指认境论是反西式结构论的一种主体存在:实践之境—意识之境。境的突现与粉碎,境之异化。构境论。读伽达默尔《真理与方法》。

8月5日,确立人的社会历史存在中的物→实践创化→功能关系格局→境的线索。

8月19日,形成构境之消解的观点:破境。选英文词 situation.

9月,在《求是学刊》第5期发表《实践整合》一文。

10月,在《社会科学研究》第5期发表《隐性文化心态圈与亚意图惯性行为系统》一文。

11月,读科西克的《具体的辩证法》。

1990 年,34 岁

1月,研究波兰尼意会哲学。计划写作波兰尼哲学著作。

3月,在《南京社会科学》第2期发表《当代资本主义再认识的科学基点》一文。

4月,读谢嘉幸的《反熵·生命意识·创造》一书,获反熵和创序概念,逐步形成实践构序观念。

6月,在南京出版社出版《折断的理性翅膀——西方马克思主义哲学批判》一书,应编辑要求,在副标题上加"批判"二字。这也是公开出版的第一本个人学术专著。

7月,在《福建论坛》第4期发表《突现的社会层系结构》一文。

8月,在《哲学动态》第4期发表《波兰尼与"个人知识"》一文。

9月,任江苏省哲学学会副秘书长。

1991 年,35 岁

1月,任中共南京市委党校校务委员。读斯宾格勒《西方的没落》。

2月,在《哲学研究》第2期发表《析马克思关于社会历史发展自然性的特设规定》一文;在《上海社会科学院学术季刊》第1期发表《唯物辩证法的内在本质:实践的逻辑》一文;在《求索》第1期发表《实践的惯性运转》一文。

5月,在学林出版社出版有关马斯洛存在心理学研究的专著《西方人学第五代:科学人本主义》。

6月,在《社会科学研究》第3期发表《实践格局》一文。

7月,开始研究新版列宁"哲学笔记",开始确立新版《德意志意识形态》第一卷第一章研究的思路,逐步进入经典文献研究。

8月,在《江海学刊》第4期发表《缄默认知:波兰尼意会认知理论的探索》一文。开始研究新版《德意志意识形态》文本。

9月,任中共南京市委党校学术委员会副主任。

10月11日,思想实验。明确构境论的基本构架:境是人类生存的特有生存。物境—行为境—情境—思境。

11月,明确五本书的写作计划:1. 马克思的似自然性理论;2. 波兰尼意会哲学;3. 实践格局论;4. 列宁的"哲学笔记"研究;5.《德意志意识形态》研究。

1992 年，36 岁

1 月，购第一台"286"个人计算机，从手工抄写进入电脑写作时代，极大提高学术写作的生产力。在《福建论坛》第 1 期发表《实践构序》一文。

5 月，在《哲学研究》第 5 期发表《列宁深化唯物辩证法的真实逻辑》一文；在《哲学动态》第 3 期发表《论意识空间的操作本质》一文。

6 月，在电脑中系统录入一批已经发表的重要论文。

8 月，任中共南京市委党校哲学教研室教授。主持国家青年基金项目"马克思自然历史过程理论"。

1993 年，37 岁

2 月，请辞全部行政职务，获批准。

3 月，调入南京大学哲学系任教授，获得硕士生导师资格。

5 月，在《哲学动态》第 5 期发表《哲学：走向实际，走向真实的生活》一文。

8 月，在《哲学研究》第 8 期发表《当代生态学视界与唯物史观的深层逻辑》一文。

1994 年，38 岁

2 月，读西田几多郎。意识到实践的工具性之外的表现性。自觉想成为一名西田式的东方哲学家。

3 月，任南京大学哲学系哲学原理教研室主任。在《哲学动态》第 3 期发表《先在的自然、基始的实践、第一级的生产》一文。认识到构境论的生存层级：体→事件→场→系统→构境。标注构境论是交互主体论，不再是人类中心主义的占有性的支配与被支配，而是一种互动生存论。开始关注话语理论。拟定"非支配：当代人本主义之剑和逻辑倒刺"提纲。

4 月，关注认识结构问题。决定暂时停下"理论建构"，多读当代大师们的文本。

7 月，界划场与境象的差别：场——他性—形成—客体；境——我性—构成—主体。悟到理论要从身边的直接性开始，如康德的知性，黑格尔的感性意谓，马克思的商品。再思基础与主导的关系。

8 月，在《哲学研究》第 8 期发表《马克思必然王国向自由王国飞跃的深刻含义》一文。思考物性化、物役性、众役性和自拘性。

9 月，开始关注广松涉哲学。形成"物性、物役与自拘——历史辩证法与后工业社会批判"提纲。思考"役与超役"。梳理西方马克思主义的总体逻辑结构。开始参与南京大学文科博士研究生公共课《马克思主义与当代社会思潮》的教学。

11月,拟定《折断的理性翅膀》的修改计划。集中阅读"后现代"文献。

11月15日,思想实验。思考南京大学马哲学派的学术战略。构境与消解。

12月,拟"批判主体性——论'人'在现代化进程中的消解与重建"提纲。思考构境论与马克思、海德格尔和弗洛伊德的关系。

1995年,39岁

1月,在《南京大学学报》第1期发表《马克思主义哲学新视界的初始逻辑》一文。思考奥德赛式的返回、现象学的返回和海德格尔的回到存在问题。

1月9—14日,思想实验。思考海德格尔的存在论。

2月,在《哲学动态》第2期发表《痛苦的发展与历史的超越》一文。

6月,在河南人民出版社出版《马克思历史辩证法的主体向度》一书。

9月,获政府特殊津贴。读马丁·布伯的《我与你》。写下四本书的计划:1.马克思以后的西方社会批判;2.境论;3.西方马克思主义哲学的逻辑;4.西方后人学。

10月19日,开始在电脑中同时起草《境论》和《马克思以后西方社会批判》的写作提纲。

11月11日,拟定《从马克思到列宁——一种文本学的科学解读》的研究提纲。初次形成文本学的概念。

1996年,40岁

1月26日,思想实验。

2月,在《哲学研究》第2期发表《马克思走向哲学革命的三次非常性思想实验》一文。

3月,获得博士生导师资格。

4月,任南京大学哲学系主任。识构境的自身消解和伪境。在《上海社会科学院学术季刊》第2期发表《后人学与否定辩证法》一文。在《马克思主义与现实》第2期发表《五大解读模式:从青年马克思到马克思主义》一文。

7月7日,确定写作《回到马克思——一种哲学文本学的重新解读》计划。识电影之境。

8月,在《江海学刊》第4期发表《广义与狭义、基础与主导》一文。识构境为人类独有的构序层面,系一种突现的主体之境。点—面—体—场—系统—境。历史学与构境:史料只有被重构境,否则是死的。

9月,开始解读《1844年经济学哲学手稿》文本。思考马克思与恩格斯的思想关系。再读古典经济学说史。

10月,任江苏省哲学学会秘书长。

11月,再次确认写作《回到马克思》(30万字)和《西方马克思主义哲学的逻辑结构》(50万字)。课题组第一次活动:学派自觉建构之始。经济学研究。

12月31日,关于马克思经济学研究的思想实验。确定《回到马克思》的基本思路。

1997年,41岁

1月3日,将《话语语境与思想实验室——一种马克思文本的哲学解读》书名改为《回到马克思——经济学语境中的哲学话语转换》。

2月,系统精读古典经济学的文本。

3月,获评南京大学中青年学术骨干。读巴赫金论著。曾考虑在《回到马克思》一书中,基于复调逻辑提出构境论,未实施。

4月21日,思想实验。关于马克思的思想逻辑。

6月,在《马克思主义与现实》第3期发表《马克思理论著述中三类文本的哲学解读》一文。在《哲学动态》第6期发表《马克思哲学思想发展的三个理论制高点》一文。

7月,任南京大学校长助理。

7月16—20日,思想实验,马克思的思想逻辑(续)。22日,思想实验。生产构序:人对自然;构境:人对人。

8月7日,思想实验。关于马克思文本理解的多重思路问题。

9月,入选江苏省"333高层次人才培养计划"。

10月,兼任南京大学图书馆馆长。

11月,在《哲学研究》第11期发表《青年马克思经济研究中的哲学转变》一文。再读海德格尔。

12月,兼任《南京大学学报》主编。

1998 年,42 岁

1 月,启动学科资料建设,从中央编译局获得 mega2 复制件。

3 月,任南京大学教学委员会副主任。

8 月,入选教育部"优秀青年跨世纪人才培养计划";入选江苏省青蓝工程学术带头人培养计划。

9 月,在《哲学研究》第 9 期发表《马克思历史唯物主义中的历史概念》一文。

11 月,在《学习与探索》第 6 期发表《经济学语境中的〈提纲〉》一文。《回到马克思》书稿交江苏人民出版社。

12 月,筹备编译《当代学术棱镜译丛》(南京大学出版社)。

1999 年,43 岁

1 月,开始全面转向西方马克思主义哲学研究,启动多卷本《西方马克思主义经典文本解读》一书的写作。计划含两卷,第一卷为西方马克思主义文本解读,第二卷为后马克思思潮文本解读。

2 月,在《马克思主义研究》第 2 期发表《从抽象到具体与历史唯物主义》一文。

2 月 24 日,思想实验。马克思—第二国际—列宁—西方马克思主义的逻辑线索。

3 月,在广西师范大学出版社出版《张一兵自选集》(第一本个人文集)。

9 月,在江苏人民出版社出版《回到马克思——经济学语境中的哲学话语》一书。主持国家"九五"社科规划项目"晚期资本主义文化批判"。

10 月,在安徽人民出版社出版《邓小平理论与历史辩证法》(主编)。在《哲学研究》第 10 期发表《历史唯物主义与历史现象学》一文。读拉康,印象深刻。

11 月 22 日,思想实验。资本与信息时代。

2000 年,44 岁

2 月,写作中有关阿多诺的部分,逐步成为一本独立的书。

3 月,在《马克思主义研究》第 3 期发表《马克思新唯物主义与哲学唯物主义的异质性》一文。

7 月,在《福建论坛》第 4 期发表《西方马克思主义、后马克思思潮和晚期马克思主义》一文。

8月，在《哲学研究》第8期发表《市场交换中的关系物化与工具理性的伪物性化》一文。

9月，在南京大学出版社正式启动主编"当代学术棱镜译丛"。

11月，拟定《马克思哲学中的客观存在维度》(《回到马克思》第二版)一书的写作提纲。

2001年，45岁

1月，在《马克思主义研究》第1期发表《无形的本体牢狱》一文。拟定《哲学基础》一书提纲。

2月，写作中有关阿尔都塞的部分开始成为一本独立的著作。

4月，确定《文本的深度耕犁》书名。

5月，在《中国社会科学》第3期发表《"回到马克思"的原初理论语境》一文。

6月，在《哲学研究》第6期发表《物化、异化及其观念反抗》一文。

10月11日，思想实验。主体。

10月17日，思想实验。构境论：历史构境—音乐之境—电影之境—诗境—情境。

12月，在北京三联书店出版《无调式的辩证想象——阿多诺〈否定的辩证法〉的文本学解读》一书。也是在这本书的写作中，第一次明确设定了自己独有的文本多异体字标识格局：正文为宋体，被强调的概念和观点为黑体，诠释逻辑以外的夹述评论为楷体，引言为仿宋体，大段背景文字为方格内楷体。启动主编"国外马克思主义哲学经典文本解读丛书"，中央编译出版社出版。读齐泽克。

2002年，46岁

2月，任南京大学副校长。任南京大学百年校庆副总指挥。

5月，在南京大学出版社出版《马克思历史辩证法的主体向度》第2版。

6月，在《马克思主义研究》第6期发表《阿尔都塞：保卫马克思》一文。在《学术月刊》第6期发表《方法的前置与自觉：马克思何以呈现》一文。

7月，在《哲学研究》第7期发表《问题式：阿尔都塞的核心理论范式》一文。

8月，在《哲学动态》第8期发表《广松涉：关系存在论与事的世界观》一文。

9月,入选教育部优秀青年教师培养计划。拟定《当代国外马克思主义流派》五卷本提纲:第1卷,西方马克思主义;第2卷,后现代的马克思主义;第3卷,后马克思思潮;第4卷,晚期马克思主义;第5卷,西方马克思主义经济学。拟定《他者的辩证法》一书提纲。

2003年,47岁

1月30日,思想实验。构境论。

3月,在《南京大学学报》第2期发表《后马克思思潮不是马克思主义》一文。

5月,在《马克思主义研究》第5期发表《只有一个马克思》一文。主办第一届"广松涉国际学术研讨会"(南京)。

6月,获得中山大学哲学博士学位。博士论文题目为:《问题式、症候阅读与意识形态——关于阿尔都塞的一种文本学解读》。导师叶汝贤教授。

7月,在中央编译出版社出版《问题式、症候阅读与意识形态——关于阿尔都塞的一种文本学解读》一书。主持教育部重大委托项目"社会科学引文及评价体系"。

10月,在南京大学出版社出版《西方马克思主义哲学的历史逻辑》(教材,与胡大平合作)。

12月,当选江苏省哲学学会会长。

2004年,48岁

2月,在中国人民大学出版社出版《文本的深度耕犁——西方马克思主义经典文本解读》(第一卷)。在《马克思主义研究》第2期发表《孙伯鍨哲学思想的方法论缘起和内在逻辑》一文。

4月,入选国家社会科学基金规划项目评议组成员。主办第一届"当代资本主义国际学术研讨会"(南京)。

5月,在中国人民大学出版社出版《神会马克思——马克思哲学原生态的当代阐释》(与蒙木桂合作)一书。

6月,任中共南京大学委员会常务委员;入选教育部社会科学委员会哲学学部委员。

8月,在《哲学研究》第8期发表《马克思发明了拉康的症候概念》一文。主持国家"十五"社科规划重点项目"列宁哲学的历史逻辑"。

10月,在北京师范大学出版社出版《文本学解读语境的历史在场——当代马克思哲学研究的一种立场》(第二本个人文集)。在《南京大学学报》第 5 期发表《何为晚期马克思主义》一文。

11 月,在日本《情况》杂志第 6 期发表「廣松渉—関係主義的存在論と事的世界観　訳者序文に代えて」一文。在《中国社会科学》第 6 期合作发表《中国西方马克思主义哲学研究的逻辑转换》一文。

2005 年,49 岁

1 月,在《哲学动态》第 1 期发表《拉康哲学的发生学逻辑》一文。在《学术月刊》第 1 期发表《不可能的存在之真》一文。

5 月,主办第二届"广松涉国际学术研讨会"(南京)。

10 月,在《学术月刊》第 10 期发表《如何真实地呈现马克思主义哲学的发生史》一文。

11 月,在日本《情况》第 10—11 期发表「文献学コンテキスト中の広義の史的唯物論の原初的基盤——廣松渉の『文献学コンテキスト中の「ドイツイデオロギー」』を評す」一文。

2006 年,50 岁

1 月,在《马克思主义研究》第 1 期发表《分延马克思:被解构了的精神遗产》一文。开始筹备写作《资本主义理解史》(五卷本)和《西方马克思主义哲学史》(五卷)。

2 月,在商务印书馆出版《不可能的存在之真——拉康哲学映像》一书。

2 月 6 日,决定在《回到列宁》一书中公开构境论的思想。

2 月 7—20 日,思想实验。构境论:境与格式塔突变,音乐乐谱与演奏构境。

3 月,开始写作《回到列宁》一书。

3 月 11—12 日,思想实验。网络远程在场与虚拟构境。构境与电影蒙太奇。

4 月,创办《社会批判理论纪事》杂志。

5 月,自觉将写作中的"我认为"改为"我构想"和"我猜想"。

6 月,思想实验。关于鲍德里亚。

8 月 17 日,思想实验。关于《回到列宁》中的构境论布展。

11 月,在《哲学研究》第 11 期发表《马克思:历史唯物主义的僭越?》一文。在《马克思主义研究》第 11 期发表《生产本体论:我生产故历史在》一文。主办第二届"当代资本主义国际学术研讨会"(苏州)。

11 月 11 日,思想实验。构境与幻象—伪境。

12月,与译林出版社筹划"乌托邦"系列译丛。

2007 年,51 岁

1月,在《学术月刊》第1期发表《文献学与马克思主义基本理论研究的科学立场》一文。筹划出版《德意志意识形态》多种历史版本,计划开发多语种《德意志意识形态》考证版软件。

4月,主办第三届"广松涉国际学术研讨会"(日本东京)。

5月,在《学术月刊》第5期发表《思想构境论:一种新文本学方法的哲学思考》一文。

8月2日,思想实验。他性镜像到自主性构境。

8月24日,思想实验。他性构架。

10月,在《哲学研究》第10期发表《从他性镜像到自主性思想空间的转换》一文。在《哲学动态》第10期发表《"哲学笔记":列宁哲学思想发展的非同质性》一文。在日本《情况》第5期别册发表「文献学とマルクス主義基本理論研究の科学的立場—魯克俭氏ならびに大村氏等日本の研究者の批判に応える」一文。主办第一届"鲍德里亚国际研讨会"(南京)。主办"欧洲思想与文化国际学术研讨会"(南京)。在江苏人民出版社主编"马克思主义研究丛书"(江苏凤凰出版集团凤凰文库)。

11月17日,思想实验。电影构境:死的胶片—光影记忆—场景的伪像—剪接的蒙太奇。电视构境:特性光点与声音的组合,看就是建构。

12月,在黑龙江大学出版社出版《启蒙的自反与幽灵式的在场》(第三本个人文集)一书。完成《回到列宁》书稿。

12月18日,思想实验。构境论是"在场形而上学"。

2008 年,52 岁

1月,在中国人民大学出版社出版《文本的深度耕犁——西方后马克思思潮文本解读》(第二卷)一书。在《历史研究》第1期发表《历史唯物主义与历史构境》一文。在《哲学动态》第1期发表《我拟真故我在》一文。

2月,在《学术月刊》第2期发表《新解读构架的突现与理论逻辑异轨》一文。

4月,在《哲学研究》第4期发表《广松涉与〈历史唯物主义的原像〉》一文。

5月,在《马克思主义研究》第5期发表《黑格尔:唯物辩证法不可或缺的思想环节》一文。

9月,在江苏人民出版社出版《回到列宁——对"哲学笔记"的一种后文本学解读》一书。第一次公开自己的构境论思想实验。

11月23日,思想实验。空间句法,逻辑凸点。

12月,改毕《回到马克思》第二版书稿。《资本主义理解史》(六卷)交稿。土耳其Canut International Publishers决定翻译出版本人中文著作。

12月31日,思想实验。拟定构境论中关键概念的英文:塑形(shaping);创序(ordering);筑模(modeling);构境(situating)。造势。

2009年,53岁

1月11—12日,思想实验。祛序概念。

2月2日,思想实验。构型(configurating)概念。

2月8日,思想实验。中国文化中的大象无形即境。

3月,任中共南京大学委员会副书记。在《哲学动态》第3期发表《"符号政治经济学"的复杂逻辑结构》一文。

3月19—20日,思想构境。音乐构境之立体声。作曲为第一层构境,硬化为谱;指挥和演奏(唱)家吃透曲谱,为第二构境层;现场演出为第三构境层;听众即为第四构境层;录音则为另一种复构境。戏剧排演到演出之境。

4月,在人民出版社出版《马克思哲学的历史原像》(主编)一书。读罗姆巴赫。

5月,日本《情况》出版社拟翻译出版本人的中文论著。

7月,在《学术月刊》第7期发表《构境论到底想说明什么?》一文。开始写作广松涉的著作。

8月,在江苏人民出版社出版《回到马克思——经济学语境中的哲学话语》(第2版)一书。在江苏人民出版社出版《资本主义理解史》(六卷,主编)。主持国家"十一五"社科规划重大招标项目"当前意识形态动态及对策研究"。获得国家级教学创新团队(马克思主义哲学)。

11月,在《哲学研究》第11期发表《劳动塑形、关系构式、生产创序与结构筑模》一文。在《马克思主义研究》第11期发表《广松涉:日本新马克思主义的奠基者》一文。主办第四届"广松涉国际学术研讨会"(南京)。

12月,在商务印书馆出版《反鲍德里亚——一个后现代学术神话的解构》一书。开始重读海德格尔,暂停广松涉研究。

2010年,54岁

1月,决定写"存在与构境——对话海德格尔"。

2月7—18日,思想实验。海德格尔。

4月,任中共南京大学委员会常务副书记。

4月6—25日,思想实验。佛境。海德格尔研究:"诗之思境——让海德格尔在"、"反用在:诗之思境——神会海德格尔"、"本有与构境——让海德格尔本现"。

5月,在凤凰出版社出版《张异宾自选集》(第四本个人文集)一书。开始写作海德格尔一书。

6月,在《哲学研究》第6期发表《科学实践场与社会历史构境》一文。读胡塞尔。

7月,主办"马克思《大纲》与当代资本主义批判"国际学术研讨会(南京)。

7月26—27日,思想实验。开始思考海德格尔的不同文本类型:表演性文本、表现性文本、秘密文献。

9月,在武汉大学出版社出版《马克思历史辩证法的主体向度》第3版。主办"马克思主义本土化:中国和英国经验的比较研究"国际学术研讨会(南京)。

10月,在《马克思主义研究》第10期发表《交道与实践:青年海德格尔与马克思的相遇》一文。主办第一届"中韩马克思主义研究学术研讨会"(韩国首尔)。在北京师范大学出版社出版"马克思主义哲学实验教材"(六本)。

11月,在《学术月刊》第11期发表《青年海德格尔:背离大他者的秘密文本》一文。在《韩国日报》2010年11月1号发表〈"21세기 사상적 좌표로 마르크스주의 여전히 유효" 제1회 한중 마르크스주의 연구자회의 정문길 고려대 명예교수 - 장이빈 난징대 부총장 대담〉,〈한국일보〉,2010년11월1일 28면。

2011年,55岁

1月,在德国出版 *A Deep Plough*:*Unscrambling Major Post-Marxist Texts from Adorno to Zizek*,Canut International Publishers 2011,1,Berlin and London。(《文本的深度耕犁》第二卷)一书。

2月1—6日,思想实验。关于海德格尔的复杂思境。

2月12—23日,思想实验,得"现身性文本"。确定海德格尔研究的三卷结构:走向存在;争执;本有。

3月,在河南人民出版社出版《人的解放》(与夏凡合作)一书。

3月4日,思想实验。海德格尔四类文本的质性:表演(光亮);表现(去蔽);现身(让予);秘密(归隐)。

3月11日,思想实验。海德格尔思境的分层:路德从外由内的神性肉身;克尔凯郭尔的"这个个人";现象学的"层层剥皮法";解释学的历史—时间语境;体验关系结构。双重废弃或双重归基:对存在者(Was)的废弃 → Sein;再对存在(用之世界)——Sein 的废弃 → Seyn → Eiregenis。

4月,在《历史研究》第4期发表《关联与境:狄尔泰的历史哲学》一文。

6月,在德国出版 *The Subjective Dimension of Marxian Historical Dialectics*,Canut International Publishers 2011,12,Berlin and London。(《马克思历史辩证法的主体向度》)一书。在 Canut International Publishers 出版《文本的深度耕犁》(第二卷,土耳其文版,二册)一书。

7月,在《哲学研究》第7期发表《海德格尔学术思想文本中的"怎样"(Wie)》一文。

8月23日,思想实验。海德格尔思想的多重转变。

10月,在《马克思主义研究》第10期发表《海德格尔的实际性解释学与马克思的实践意识论》一文。在《学术月刊》第10期发表《走向本有之思的道路》一文。主办"第三届当代资本主义研究国际学术研讨会"(杭州)。

12月,在德国出版 *Lenin Revisited:A Post-textological Reading on Philosophical Notes*,Canut International Publishers 2011,Berlin and London(《回到列宁》)一书。开始修改《回到马克思》第三版。

12月3日,思想实验。拟定《概念与境考古学——"回到马克思"的一种重新归基》提纲。

2012年,56岁

1月,在江苏人民出版社出版《国外马克思主义哲学思潮》(上中下卷,主编)。

4月18日,思想实验。集中思考欧洲激进话语。开始读阿甘本、朗西埃。准备《文本的深度耕犁》第三卷的写作。

5月,在《学术月刊》第5期发表《回到海德格尔》一文。完成关于朗西埃的一章初稿。

7月,在《哲学动态》第7期《劳动与市民社会:黑格尔与古典经济学》一文。完成《回到海德格尔》书稿。

9月,在《马克思主义研究》第9期发表《学术文本词频统计:马克思主义思想史的一个新视角》一文。明确提出学术文本词频统计的方法,并将其运用于《回到马克思》的第三版修订中。

10月,主办第二届"中韩马克思主义研究学术研讨会"(南京)。主办第二届"鲍德里亚国际研讨会"(南京)。

12月,在《哲学研究》第12期发表《身体化隐性构序的治安逻辑》一文。开始尝试以非学术论著的理性逻辑形式写作关于构境论的《格言集》。上海《哲学分析》杂志社在南京召开第五届《哲学分析》论坛——"回到事情本身何以可能?",围绕《回到马克思》、《回到列宁》、《回到海德格尔》以及《文本的深度耕犁》进行了批评性的讨论。

2013年,57岁

1月,在《中国社会科学》第1期发表《意蕴:遭遇世界中的上手与在手》一文。

4月,在写作阿甘本的书稿时,重读福柯,决定写作《回到福柯》。

5月,在江苏人民出版社出版"马克思主义哲学博导自选集丛书"(主编),其中包括《实践塑形与历史构境——张一兵集》(第五本个人文集)一书。

6月,在南京大学出版社启动主编"当代激进思想家译丛"。

7月,在日本《情况》出版社出版マルクスへ帰れ——経済学のコンテキスト中の哲学用語(《回到马克思》)一书。

7月5日,思想实验。福柯的认知=海德格尔的存在。

8月,任教育部哲学教学指导委员会副主任。在《学术月刊》第8期发表《暴力性构序:主体对客体的存在论命名》一文。

9月,决定写作阿甘本的小册子。正式启动《文本的深度耕犁》第三卷(福柯、朗西埃、阿甘本等)写作。

2014年,58岁

1月,在江苏人民出版社出版《回到马克思——经济学语境中的哲学话语》第 3 版。在德国出版 *Back to Marx*：*Changes of Philosophical Discourse in the Context of Economics*，Universitätsverlag Göttingen，2014（《回到马克思》）。写作斯蒂格勒的研究书稿。在南京大学出版社主编出版《当代激进思想家译丛》（10 卷）。

3 月，主办"斯蒂格勒技术哲学国际学术工作坊"（南京）。接受张琳的学术访谈，梳理自己的思想进程。

4 月，在德国出版 *A Marxist Reading of Young Baudrillard*.*Throughout His Ordered Masks*，Canut Publishers（April 15，2014），Berlin and London（《反鲍德里亚》）。主办第一届"海峡两岸社会批判理论论坛"（南京）。

5 月，中共中央任命为中共南京大学党委书记。在德国出版 *Althusser Revisited*.*Problematic*，*Symptomatic Reading*，*ISA and History of Marxism*，Canut Publishers（April 1，2014），Berlin and London（《问题式、症候阅读与意识形态》）一书。

6 月，在商务印书馆出版《回到海德格尔——本有与构境》（第一卷：走向存在）一书。

7 月，在《哲学研究》第 7 期发表《再论马克思的历史现象学批判》一文。在《学术月刊》第 7 期发表《广松涉物象化范式之缘起》一文。

8 月，在俄罗斯《哲学问题》第 8 期发表 Чжан Ибин Аутентичный теоретический дискурс 《возвращение к Марксу》，в журнале：Вопросы философии，2014，№08，c. 76 - 89. A&HCI. ("回到马克思"的历史语境)一文。

9 月，读斯洛特戴克。

10 月，再读斯蒂格勒。确定将写作中有关斯洛特戴克、斯蒂格勒和维利里奥的内容放进《文本的深度耕犁》第三卷。

10 月，当选江苏省社会科学联合会主席。在日本《情况》杂志第 9·10 月号发表「廣松渉の物象化パラダイムの起源—『物象化論の構図』の構造環境論による解説」一文。主办第三届"中韩马克思主义研究学术研讨会"（韩国晋州）。

12 月，在韩国《当代文艺批评》第 95 期，2014 年冬季刊发表〈한중마르크스주의자의만남 장이빈·강신준 인터뷰〉，《오늘의 문예비평》제 95 호(2014 년겨울호)，78—97 면(《中韩马克思主义研究者的会面——张异宾·姜信俊访谈》)。

12月1日,思想实验。思考"势"概念。

2015 年,59 岁

1月,在中共南京大学第十次党代会当选党委书记。

4月,在《哲学动态》第 4 期发表《文本的阅读复权》一文。完成《回到福柯》一书。完成《无调式的辩证想象》第二版的修订。

5月,完成阿甘本一书的第二稿。

6月,任国务院学位委员会哲学评议组成员。在《文学评论》第 6 期发表《话语方式中不在场的作者》一文。在《学术月刊》第 6 期发表《回到福柯》一文。

7月,在《哲学研究》第 7 期发表《批判与启蒙的辩证法:从不被统治到奴役的同谋》一文。

9月,开始研究索恩-雷特尔。决定写作《发现索恩-雷特尔》一书。完成斯洛特戴克的一章初稿。

10月,主办第五届"广松涉国际学术研讨会"(广州)。

11月,在台湾出版《不可能的存在之真——拉康哲学映像》(繁体字版)一书。在北京师范大学出版社计划出版"国外马克思主义研究丛书"。联合主持中宣部"马克思主义理论研究和建设工程"重大项目、国家社科基金重大项目"国外马克思主义研究"。主办第二届"海峡两岸社会批判理论论坛"(台北)。在土耳其同时出版《反鲍德里亚》、《回到列宁》、《问题式、症候阅读与意识形态》和《齐泽克的马克思主义》的土耳其文版。

2016 年,60 岁

1月,完成《发现索恩-雷特尔》一书。开始编辑"江苏社科名家文库"中的《张异宾卷》(第六本个人文集)。

2月,依编辑体例,重新阅读自己过去写下的 20 余本思想笔记,完成"学术年谱"。

3月,写出"学术小传"。完成"江苏社科名家文库"中的《张异宾卷》。

4月,在《哲学研究》第 4 期发表《发现康德先天观念综合与商品交换关系现实抽象的关联》一文。

5月,开始写作关于斯蒂格勒《技术与时间》(三卷)一书研究性书稿。

6月,在上海人民出版社出版《回到福柯——暴力性构序与生命治安的话语构境》一书。在日本世界书院出版《回到列宁》一书。

跋

　　这是我的第六本个人文集，也是"江苏社科名家文库"第二辑中的一本。因为特定的要求，本书的选文标准是所谓的"代表性"，所以一部分内容与之前已经出版的文集有重叠。在本文集的辑文上，没有再选用上一世纪发表的论文，而基本是围绕着自己在新世纪出版的每一本重要的学术专著中最核心的观点发表来选择的。另外也关照到2007年之后，我公开提出构境论之后的一些观点补充，以及近期关于西方激进话语中的生命政治和事物化专题的讨论。

　　本文集里比较难写的部分，是按统一要求完成的学术小传和学术年谱。其实，我今年正好60岁，可是过去30多年大部分时间都被那些令人讨厌的、迫不得已的行政事务所侵占，学问一直处于在业余边角时间中残喘苟活的状态，终于要看到自由支配时间的曙光了。所以，总还觉得自己真正想做的不少大一些的学术规划都还刚刚开始，现在写小传或编年谱，也只是一些原创思想的前期孕育和发展线索的交待，特别是关于学术年谱的记忆链，我并没有专门做编年记录。好在自1984年3月开始，我一直坚持做了所谓的"思想笔记"，至今已经存下近20本，除去一本遗失外，都较好地保留下来，这为我写学术小传和学术年谱起到了关键性的支撑作用。这一次倒有机会看看自己30多年的学术研究历程，真是感慨良多，以后如果有机会，希望能出版这些笔记，以示后学。

　　感谢江苏省委宣传部和江苏人民出版社的相关领导，特别要感谢负责此文集编辑的石路先生，没有他们的大力支持和努力编校工作，此文集不会以如此经典和精美的方式呈现给读者。

张异宾

2016年3月17日于南京

2016年7月14日校定于云南双柏县城

后 记

2013 年,江苏省委、省政府表彰了首届 10 位"江苏社科名家",在省内外产生广泛影响。为彰显江苏社科强省建设成效,打造江苏社科名家的整体形象,发挥社科名家的学术引领示范作用,江苏省委宣传部、省社科联决定编纂出版《江苏社科名家文库》(以下简称《文库》),集中展现社科名家的学术成就和治学经验。2015 年 6 月《文库》(第一辑)问世后,受到广泛好评,《新华日报》曾辟专版予以宣传、推介。

2015 年,江苏省委、省政府表彰了第二届"江苏社科名家",他们是:许钧、刘志彪、杨亦鸣、张异宾、张颢瀚、周晓虹、赵曙明、钟甫宁、莫砺锋和樊和平共 10 位专家。经请示省委宣传部同意,省社科联正式启动《文库》(第二辑),编纂工作历时一年。省委常委、副省长杨岳,省委常委、宣传部长王燕文担任《文库》编委会主任;省委宣传部常务副部长周琪,省社科联党组书记、常务副主席刘德海,凤凰出版传媒集团董事长张建康担任《文库》编委会副主任;江苏省社科联党组副书记、副主席江兴国,省社科联党组成员、副主席徐之顺,凤凰出版传媒股份有限公司总编辑佘江涛,省委宣传部理论处处长李扬,江苏人民出版社总经理徐海担任编委会委员。编委会下设编辑部,徐之顺兼任编辑部主任,省社科联学会部负责编辑部的具体工作。

第二辑《文库》的编纂方针、装帧设计等与第一辑基本一致。江苏人民出版社将第二辑《文库》编纂工作列入了 2016 年度重点出版项目计划。徐海总经理负责牵头协调,韩鑫总经理助理协助,第四编辑室投入了精干的编辑力量,编辑室主任张凉具体组织实施书稿的编校工作。

《文库》(第二辑)的作者均在岗在职,公务繁忙,但他们克服种种困难,严谨细致撰稿,并按规定时间高质量地完成书稿,为《文库》如期出版付出了辛勤努力。双传学(新华日报社总编辑、党委副书记)、刘德海、汪兴国、徐之顺、李扬等同志参加了书稿的统稿工作。李扬以及省社科联学会部程彩霞、夏东荣、何国军、鱼雪萍等同志承担了《文库》(第二辑)编纂出版的组织联络工作。

《文库》(第二辑)编纂出版工作还得到南京大学、江苏省社科院等作者所在单位的大力支持,相关单位为作者配备学术助手,为编纂工作顺利推进提供了条件。在此,谨对各有关单位领导和各位专家、学者表示由衷的感谢!

由于水平和时间所限,书中难免疏漏和不当之处,恳请广大读者予以指正。

《江苏社科名家文库》编委会

2017 年 1 月 10 日

图书在版编目(CIP)数据

江苏社科名家文库.张异宾卷/张异宾著.—南京：
江苏人民出版社,2016.9
ISBN 978-7-214-19565-4

Ⅰ.①江… Ⅱ.①张… Ⅲ.①社会科学-文集②马克
思主义哲学-文集 Ⅳ.①C53②B0-0

中国版本图书馆 CIP 数据核字(2016)第 214606 号

书　　　名	江苏社科名家文库·张异宾卷
著　　　者	张异宾
责 任 编 辑	石　路
责 任 监 制	王列丹
出 版 发 行	凤凰出版传媒股份有限公司
	江苏人民出版社
出版社地址	南京市湖南路 1 号 A 楼,邮编:210009
出版社网址	http://www.jspph.com
经　　　销	凤凰出版传媒股份有限公司
照　　　排	江苏凤凰制版有限公司
印　　　刷	江苏凤凰通达印刷有限公司
开　　　本	718 毫米×1000 毫米　1/16
印　　　张	21.25　插页 4
字　　　数	320 千字
版　　　次	2017 年 1 月第 1 版　2017 年 1 月第 1 次印刷
标 准 书 号	ISBN 978-7-214-19565-4
定　　　价	52.00 元

(江苏人民出版社图书凡印装错误可向承印厂调换)